미래를 역전하는 힘

Five Minute Biographies

데일 카네기
인생경영론

데일 카네기 **지음** | 이종인 **옮김**

현대
지성

나의 '인생책'이었던 『자기관리론』을 뛰어넘는 이 책이 드디어 우리나라에 소개된다는 사실만으로 가슴 벅차다. 시대가 변할 때 같이 변하는 것은 성공 법칙이라고 할 수 없다. 모든 것이 변하는 시대에도 절대 변하지 않는 것이 진짜 성공 법칙이니까. 우리와 다른 세기에 살았던 데일 카네기의 보석 같은 가르침이 고스란히 담겨 있는 이 책을 강력 추천한다.

하와이 대저택_40만 유튜버, 국내 최고 마인드셋 전문가

차례

1장 나를 믿고 끝까지 가기

6장 인생을 대하는 빛나는 태도들

일러두기

1. 이 책 『인생경영론』의 원문은 데일 카네기가 1937년에 출간한 『*Five minute biographies*』의 초판이다. 48인의 인물을 모두 완역했으며, 여기에 더해 1944년에 출간한 『*Dale Carnegie's Biographical round-up*』에서 12명의 인물을 선별해 60인으로 구성해 소개하고 있음을 밝힌다.

2. 본문에 나오는 무게 단위인 파운드는 그램과 킬로그램으로 변환해 표기했고, 거리 단위인 마일은 미터와 킬로미터로 변환해 표기했다.

3. 본문의 주석과 마지막에 나오는 '인생경영 포인트'는 역자가 작성했다.

이 책은 카네기의 성공 시리즈 중 하나인 『인생경영론』을 완역한 것
이다. 카네기는 『인간관계론』, 『자기관리론』, 『성공대화론』 그리고 『인
생경영론』을 펴내 직장인들에게 성공의 비결을 가르쳤다. 1순위 비법
으로는 좋은 인간관계를 유지하는 것을 강조했다. 원만한 인간관계
를 위해서는 사람들과 대화를 잘해야 하고 그러려면 자기 자신에 대
한 자신감이 있어야 하므로 불안과 초조 그리고 불길한 예감을 잘 다
스려야 한다고 했다. 그리고 이 책 『인생경영론』에서는 전 세계적으로
활약이 대단했던 60인의 각계각층 인사들의 짧은 전기를 소개하면서
그들이 성공한 과정을 핵심 추적하고 있다.

　이 책의 원래 제목이 『5분 전기 *Five minute biographies*』라는 것은 의미심장
하다. 누군가에게 5분의 시간을 주고서 당신의 인생을 한번 요약해보
라고 한다면 어떤 반응이 나올까? 가장 중요하다고 생각하는 부분부
터 먼저 이야기할 것이다. 따라서 '5분 전기'는 그 사람의 생애 중 가
장 의미 깊은 사건을 집중 조명한 것이 된다.

유명 인사든 무명 인사든 성공하는 인생의 세 가지 요소는 배우기, 벌어들이기, 동경하기라는 공통점이 있다. 소정의 학업 과정을 이수했으니 더 이상 배울 게 없다고 중단하는 것이 아니라 평생을 통해 그때그때 상황에 맞게 꾸준히 배우는 사람들이다. 또 필요에 따라서는 기존에 알고 있던 것을 모두 내버리고 전면적인 배우기에 다시 나서야 한다는 뜻이기도 하다. '벌어들이기'는 직업의 귀천을 따지지 않고 열심히 일하는 것을 의미한다. 성공은 어떤 일이든 끝까지 해냈을 때 얻을 수 있는 것이다. 노력하지 않는다면 성공이라는 말은 나와는 상관없는 단어일 뿐이다. '동경하기'는 지금보다 더 나은 상태를 꿈꾸고, 더 새로운 사람이 되려는 마음가짐을 말한다.

우리는 태어나는 순간부터 각자의 인생 이야기를 쓰고 있고, 그 이야기는 모두 기승전결 구조를 갖고 있다. 우리가 매순간마다 어떤 행동과 선택을 하는가에 따라 결과는 달라진다. 『인생경영론』은 60인의 유명 인사들이 '만들어내는' 이야기에 집중하고 있다. 즉 인생의 전환점에서 그들이 어떻게 행동했느냐를 중점적으로 살펴본다. 미리 준비하고 있지 않으면 전환점의 의미를 알아보지 못하고 그냥 흘려보낼 수도 있기에 이 책에서 등장하는 인물들의 대응 방식은 우리에게 귀감이 될 것이다.

가령 퀴리 부인을 보라. 그녀는 찢어지게 가난한 집에서 태어나 귀족 집의 가정교사 노릇을 하다가 그 집 아들로부터 청혼을 받았다. 하지만 그의 부모에게 가난하다고 모욕을 당한 것이 인생의 계기가 되어 온 세상에 이름이 알려지는 과학자의 길을 걷게 된다.

또 영국의 탐험가 로버트 펠컨 스콧의 고귀한 도전 정신과 죽음도 두려워하지 않는 용기는 아주 감동적이다. 그는 최초로 남극점에 도달하려 했으나, 그곳에 도착하고 나서 자기보다 먼저 온 사람이 있음을 알았다. 모험은 실패했고, 끝내 죽음이라는 엄청난 시련에 직면했으나 의연하게 남극의 모진 바람을 마주한 그를 보면 인생의 의미를 되새기게 된다.

아버지가 사온 장난감 프로펠러 모형을 보고 하늘을 날아보겠다고 생각한 라이트 형제, 그리스 독립 전쟁에 온몸을 바쳐 헌신하겠다고 결심한 시인 바이런도 인생의 전환점에서 어떻게 행동해야 하는가를 보여준다. 그 전환점 앞에서 선택한 행동에 따라 라이트 형제는 비행기라는 엄청난 문명의 이기를 발명했고, 바이런은 '바이런적 영웅'이라는 칭호를 후대에 얻었다.

『인생경영론』은 정치가, 작가, 사업가, 연예인, 모험가, 종교인 등 여섯 분야에서 아주 흥미로운 인생을 소개하고 있는데 그들의 스토리가 담고 있는 몇 가지 주제는 대체로 동일하다. 그것은 자신의 능력을 믿고 어려운 한때를 참고 견디며 기회를 기다리는 것 그리고 일관된 열정을 갖는 것이다. 이는 바다를 본 사람은 작은 시냇물을 보고서는 만족하지 못하는 것과 같다. 크고 넓고 멋진 인생의 목표를 세웠기 때문에 인생의 어떠한 시련도 마다하지 않고 견뎌내 끝내 그 비전을 성취하고야 마는 것이다.

카네기는 미국인답게 돈을 중시한다. 그래서 등장인물이 돈을 얼마 벌었는지도 구체적으로 제시한다. 그러면서 돈이야말로 실은 인생의 원칙이 아니겠냐고 암시하기도 한다. 그러나 카네기는 돈을 많이 번 사람들이 세간의 존경을 받게 되는 결정적 이유도 함께 제시하면서 적절한 균형 잡기를 잊지 않는다. 또한 돈에 대한 균형 감각을 강조하기 위해 온통 축재에만 관심을 쏟은 사람들의 비참한 결말도 함께 소개하고 있다.

짧으면서도 핵심적인 메시지를 전하는 『인생경영론』은 각 인물을 다룬 내용이 200자 원고지 20~30매에 정도에 불과하므로 시간이 날 때마다 순서에 얽매이지 않고 아무 인물이나 펼쳐놓고 읽어보기 좋다. 또 인물들이 저마다 색다른 인생의 교훈을 제공하고 있으므로 다양한 시각에서 인생을 조감하는 기회가 될 것이다. 이 책에는 위대한 인물들뿐만 아니라 평범한 사람들도 많이 등장해 누가 읽더라도 공감할 부분이 많으므로 많은 이들이 읽어보면 좋겠다. 마지막으로 각 인물의 전기 끝부분에 간단한 인생경영 포인트가 제시되어 있는데, 이것은 모두 옮긴이가 추가한 것임을 밝힌다.

이종인

1장

나를 믿고 끝까지 가기

무언가에 열정을 품으면 끝을 보아라

―――――― 라이트 형제 ――――――

당신은 아들이 있는가? 그렇다면 아들에게 쥐여준 장난감이나 책이 아이의 삶을 변화시킬 수 있다는 것을 알고 있는가? 구체적인 사례를 들어보겠다.

1878년, 그리스도 형제 연합 교회의 주교는 아이오와주 시더래피즈에 살고 있었다. 6월 어느 날 교회 업무차 여행 중일 때 그는 두 아들에게 주려고 기계와 관련된 장난감을 하나 샀다. 집으로 돌아오자 두 아들은 달려와 아버지를 맞이했고 그는 두 아들에게 말했다. "얘들아, 너희 주려고 사왔단다. 받으렴." 이어 그는 아들들을 향해 장난감을 던졌다. 하지만 이 장난감은 두 아이에게 곧장 가지 않고 깜짝 쇼를 선보였다. 천장까지 날아갔고 몇 초 동안 공중에 머물며 파닥이다가 마침내 바닥으로 떨어진 것이다. 아이들은 와! 하고 소리를 지르며 달려가 장난감을 집었고 흥분으로 두 눈이 휘둥그레졌다.

그것은 코르크, 대나무, 종이로 만든 15센티미터 길이의 장난감 비행기였다. 비행기는 빙글빙글 도는 프로펠러에 의해 공중에 한참 머물러 있었는데, 작은 종이 프로펠러는 꼬인 고무줄이 풀리면서 돌아 갔다. 장난감 덕분에 두 아이는 비행에 관심을 갖게 되었고 마침내 이 이야기를 읽는 모든 사람에게 영향을 미치는 비행기를 발명한 사람 이 되었다. 수천 년 전 화약이 발명된 이래로 비행기처럼 인간의 생활 방식을 크게 변화시킨 발명품은 없다. 두 소년의 이름은 윌버 라이트 Wilbur Wright 와 오빌 라이트Orville Wright 다.

라이트 형제는 아버지가 사준 장난감 비행기를 산산조각 날 때까지 가지고 놀았다. 그러고는 또 다른 장난감을 살 돈이 없어 그 조각들을 조립해 새로운 장난감 비행기를 만들었다. 나중에 그들은 연을 만들 고 날리기 시작했는데 품질이 꽤 괜찮아서 마을 다른 소년들이 돈을 주고 살 정도였다.

그때부터 윌버와 오빌 라이트는 하늘을 날고 싶다는 열망에 푹 빠 졌다. 그들은 몇 시간이나 풀밭에 반듯하게 누워 스스로 만든 연이 공 중에서 펄럭이는 것을 지켜보았고, 제비와 참새 그리고 비둘기가 날 아가는 모습을 지켜보기도 했으며, 매가 날개를 펄럭이지 않고 30분 동안 바람의 부력을 받으며 높이 솟구치는 것도 주의 깊게 살폈다.

어느 날 형제는 신문 기사로 오하이오주 데이튼에서 베를린 출신의 오토 릴렌탈이라는 엔지니어가 비행하던 중 추락해 사망했다는 소식 을 접했고, 그 엔지니어의 시도에 깊이 감명을 받았다. 릴렌탈이라는 사람은 지난 몇 년 동안 때때로 활공을 해왔다. 그의 비행 방식은 어 깨에 거대한 날개 한 쌍을, 몸에는 꼬리를 끈으로 묶는 것이었다. 때문 에 릴렌탈은 비탈 아래로 달려 내려가야 비로소 활공할 수 있었다. 하 지만 이런 시도는 누구보다 비행에 더 근접한 것이었다. 이 기사를 읽 은 것은 윌버와 오빌 라이트의 삶에 전환점이 되었다. 매가 공중에서 바람을 받아 활공하는 것처럼 인간도 그렇게 할 수 있다는 것을 릴렌탈이 입증했기 때문이다.

이내 윌버와 오빌 라이트는 하늘을 날아보고 싶다는 아이디어를 품었고 그것은 그 후 한평생의 열정과 집착이 되었다. 형제는 워싱턴 스미스소니언 협회에 편지를 보내 인간 비행에 대해 다룬 과학 논문 목록을 입수했고, 열정적으로 논문들을 읽으면서 비행을 전문적으로 연구했다.

마침내 4년 동안의 연구를 마친 형제는 시험 삼아 직접 글라이더를 제작해보기로 했다. 당시만 해도 자기들이 만든 기계가 시공간에 대한 개념을 대변혁시키고 세계 지리를 완전히 바꿀 것이라고는 생각하지 못했다. 하지만 그들의 발명품은 정확히 그런 목적에 부응했다. 비행기의 속도는 아주 빨라서 사람들은 60시간 안에 지구상의 어디든 갈 수 있었다. 비행기는 사람들이 생각하는 지구의 크기를 5분의 1로 축소시켰고, 여러 면에서 10분의 1까지 줄였다.

오빌과 윌버 라이트는 자신을 과학자나 발명가로 생각했을까? 전혀 그렇지 않았다. 여가에 비행이라는 스포츠를 즐겼을 뿐이었다. 다른 사람이 스키나 등산 같은 스포츠를 즐기는 것과 다를 바가 없었다.

생계를 꾸려야 했던 때부터 형제는 오하이오주 데이튼에서 작은 상점을 운영했고, 그곳에서 자전거를 팔고 수리했다. 꿈을 실현하는 유일한 시간은 가게를 닫고 난 이후의 저녁 시간뿐이었다.

그들은 15달러를 들여 첫 글라이더를 만들었다. 여기에는 두 쌍의 날개가 있었는데 날개 하나가 다른 날개 위에 올라간 형태였고 몸통이나 꼬리는 없었다. 하지만 글라이더가 날아갈 수 있도록 앞에 작은 장치는 하나 달고 있었고, 아직 엔진은 없었다.

라이트 형제는 휴가 때 이 글라이더를 날려보기로 했다. 그들은 미국 기상청에 의뢰해 글라이더를 날리기 최적의 장소가 노스캐롤라이나주 키티호크의 킬 데블 힐이라는 정보를 받아냈다. 그곳은 늘 바다로부터 강한 바람이 불어왔고, 땅은 부드러운 모래로 가득했다. 그들은 키티호크에서 글라이더를 시험했고 나름 성공을 거두었다. 형제는 글라이더를 메고 비탈 아래로 달려 내려가면서 공중에 떴다. 물론 공중에 머문 것은 고작 몇 초에 불과했다. 다음 해에 그들은 더 크고 나은 글라이더를 만들었다. 하지만 다시 한번 결과는 실망스러웠다. 윌버 라이트는 너무 실망한 나머지 인간은 앞으로 천 년 동안 비행하는 법을 배우지 못할 것이라고 단언했다.

어느 뛰어난 엔지니어가 그들을 격려하지 않았더라면 모든 비행 시도를 포기해 형제가 비행기를 발명하는 일은 없었을 것이다. 『비행 기계의 발전Progress in Flying Machines』이라는 책을 펴낸 옥타브 샤누트Octave Chanute로 라이트 형제의 시도를 높이 평가하고 격려함으로써 그들을 다시 비행에 나서게 했다. 라이트 형제가 키티호크에서 활강하는 모습을 본 뒤, 그는 형제에게 결과가 좋지 않아 실망도 크겠지만 비행 거리에서는 모든 기록을 경신했고 이제 세상에서 가장 성공한 두 비행사가 되었다는 점을 잊지 말라고 조언했다.

형제는 옥타브 샤누트 같은 유명 인사에게서 그런 칭찬을 듣자 깜짝 놀랐고, 동시에 다시 일어설 힘과 용기를 얻었다. 그들이 대학을 다니지 않아 기계 공학에 대한 교육을 받은 적이 없는데도 그런 칭찬을 해주었다는 것에 더욱 놀랐다. 또한 옥타브 샤누트가 시카고 서부 엔지니어 협회를 대상으로 비행 실험에 관한 강연을 해달라고 윌버에게 요청했을 때 라이트 형제는 또 한번 놀라면서 기뻐했다.

윌버 라이트는 비행기 날개에 미치는 바람의 영향에 대한 과학자들의 수치가 완전히 잘못되었다고 시카고 강연에서 지적했다. 동생 오빌은 형의 그러한 전면적 비판에 크게 놀랐다. 그래서 이에 대한 대책으로 오빌은 비행 관련 수치를 점검하기로 마음먹었다. 그는 45센치미터 정도 되는 길이의 나무 상자를 가져와 양쪽 끝을 부수어 터널을 만들고, 바람을 일으키기 위해 한쪽 끝에 선풍기를 설치했다. 그리고 나무 상자 윗부분에는 유리를 끼워 넣어 작은 비행기가 날개의 크기와 모양에 따라 바람에 어떤 영향을 받는지 살필 수 있도록 만들었다. 당시 오빌은 자신이 만든 것이 세계 최초의 풍동風洞*이라는 것을 알지 못했으며, 독학한 자전거 수리공에 불과한 자신이 박식한 과학자들이 수집한 풍압에 대한 모든 수치 도표가 완전히 틀렸음을 증명할 줄은 상상조차 하지 못했다. 오빌 라이트가 이와 같은 풍동 검사로 얻은 지식이 없었더라면 라이트 형제는 물론 그 누구도 하늘을 날아가는 비행기를 만들지 못했을 것이다.

이 실험은 현대 항공술의 밑바탕이 되는 여러 기술적 사실들을 밝혀냈다. 윌버가 시카고에서 비행 실험에 대한 강연을 하지 않았더라면 라이트 형제는 이 실험을 절대 하지 않았을 것이다.

그들은 직접 제작한 마지막 글라이더로 1천 번의 성공적인 비행을 해냈지만 여전히 활공에 적합한 바람은 거의 찾을 수 없어 몹시 화가 났다. 보통 바람은 지나치게 약하거나, 강하거나 아니면 돌발적이었다. 형제는 거의 자포자기한 상태에서 인간의 비행 시도 역사상 최고의 변혁을 일으킬 결정을 내렸다. 그것은 바람이 때맞추어 불어오지 않으면 사람이 적합한 바람을 인공적으로 만들어내자는 것이다. 어떻게? 가솔린 엔진을 비행기에 설치해 프로펠러에 연결시키고 엔진의 힘으로 돌리는 것이다. 어떠한 제조사도 그들이 바라는 경량 모터를 만들지 않았으므로 그들은 밤 시간을 이용해 자신들의 자전거 가게에

---

* 항공기의 모형이나 부품을 시험하는 통 모양의 장치

서 직접 모터를 제작했다. 그들은 모터를 포함해 비행기 한 대를 만드는 데 8백 달러도 들이지 않았다.

1903년 12월 17일 노스캐롤라이나주 키티호크의 킬 데블 힐에서 형제는 이 기계로 인류 역사상 최초의 비행을 해냈다. 모든 것이 얼어붙을 정도로 추운 날이었고, 비행기를 만지작거리는 형제는 손이 얼지 않게 하려고 팔을 찰싹찰싹 때려야 했다. 하지만 날이 그렇게 추워도 오빌 라이트는 비행기 전체의 무게를 늘리지 않으려고 외투를 입지 않고 비행기에 탔다.

정확히 10시 35분에 오빌 라이트는 큰 소리를 내는 비행기에 올라타 몸을 쭉 뻗고 엎드려 시동을 걸었다. 그 기이한 기계는 배기관을 통해 불꽃을 내뿜으며 공중으로 날아올랐고, 마구 날뛰는 야생마처럼 힝힝거리며 하늘 높이 올라갔다. 그리고 불가능한 일이 벌어졌다. 공기보다 더 무거운 기계가 실제로 공중으로 치솟아 120피트(약 36미터) 상공까지 날아갔다! 인류사에서 가장 중대한 사건 중 하나였다. 하지만 오빌 라이트는 이 역사적인 업적에서 아무런 스릴도 느끼지 못했다고 자백했다. 그 멋진 물건이 제대로 움직일 것이라고 예측했고 실제로 그렇게 된 것뿐이었다. 그것이 전부였다.

라이트 형제가 인류사에서 최초로 성공적인 비행을 한 후 집으로 돌아갔을 때 무슨 일이 벌어졌을까? 환영 위원회와 취주 악단이 기다리고 있었을까? 아니, 그런 것은 전혀 없었다. 그들 고향의 신문사 중 하나가 형제의 비행 성공을 보도했지만, 별로 중요하지 않다는 듯 건성으로 소식을 전했을 뿐이다.

1년 뒤 라이트 형제는 거의 매일 40킬로미터를 비행했다. 오하이오주 데이튼 근처 소 방목용 초원을 넘어가는 긴 비행이었다. 하지만 데이튼 신문사들은 이런 기적을 전혀 언급하지 않았다. 신문사들은 사이 존스라는 사람이 심한 감기에서 회복되었고, 스미스 부인이 어머니를 방문하고 집으로 돌아왔다는 등 사소한 소식은 시시콜콜 기사화했지만, 소 방목용 목초지 위를 날아가는 비행기에 관해서는 일절 언급하지 않았다. 세상의 지리를 바꾸고 전쟁의 기술에 일대 변혁을 일으킬 만한 대사건인데도 말이다!

오랜 시간 동안 과학 잡지들은 라이트 형제의 비행기에 대해 한마디도 하지 않으려 했다. 사실이 아니거나 중요하지 않다고 생각했기 때문이다. 심지어 잡지 중에서 비행기를 처음으로 다루어준 잡지는 『양봉 문화의 여러 소식들』이라는 양봉업 잡지였다.

3년 동안 라이트 형제는 계속해 육군성에 접촉해 오하이오주 데이튼으로 사람을 보내 비행기가 작동하는 모습을 봐달라고 요청했다. 형제는 비행기가 전시에 정찰 목적으로 유용하게 쓰일 것이라고 생각했다. 하지만 워싱턴의 완고하기 짝이 없는 육군 장교들은 비행기처럼 허깨비 같은 물건이 실전에 도움이 되리라고 생각하지 않았다.

마침내 라이트 형제의 첫 비행 후 거의 4년 뒤에야 육군성은 비행기 한 대를 사기로 결정했다. 육군성은 비행기 구매 입찰 건이 있다고 널리 공고했다. 하늘을 날 수 있는 비행기를 만들 수 있는 회사가 이 세상에 딱 하나뿐인데 비행기 구매를 입찰에 붙이겠다니! 길버트와 설리번의 코미디극이나 마찬가지인 이야기였다.

윌버 라이트는 1912년 장티푸스로 사망했지만 오빌 라이트는 현재 (1937년) 67세로 오하이오주 데이튼에서 살고 있다. 여태껏 미혼인 그는 지극히 겸손하며 직함, 명예, 돈 따위에는 신경 쓰지 않는다. 또한 그는 언론의 관심을 싫어해 신문 기자들과의 인터뷰를 매번 거절한다.

오빌과 윌버 라이트가 해낸 첫 비행은 고작 12초 지속되었을 뿐이지만, 이 12초는 인류사의 새롭고 장대한 시대가 시작되었음을 우레처럼 커다란 소리로 알렸다. 드디어 인류가 오랜 세월에 걸쳐 소망해왔던 위대한 꿈이 실현되었다. 마침내 인류는 땅의 구속을 벗어던졌고 별을 향해 날아올랐다.

라이트 형제(윌버 1867~1912, 오빌 1871~1948)는 아버지로부터 선물받은 작은 장난감을 보고서 공중을 날고 싶다는 생각을 품었고 장난감에서 프로펠러의 원시적 개념도 얻었다. 주위의 사소한 물건들을 예민하게 관찰하는 것이 얼마나 중요한 일인지 보여주는 사례다.

처음에는 공중을 날아가는 참새와 비둘기를 관찰했고, 이어 날갯짓을 하지 않아도 바람의 부력만으로 30분 이상을 나는 매를 유심히 관찰했다. 그리고 처음에는 바람의 힘을 빌려 공중을 날았으나 곧 인공바람을 직접 만들어냈다. 소위 프로펠러의 발견이었다. 필요는 발명의 어머니라는 사실을 몸소 증명한 것이다.

노르웨이의 한 사진작가는 어느 날 나비의 양 날개에서 D자 비슷한 무늬를 보고서 나비 날개에서 알파벳 스물여섯 개의 무늬를 찾아낼 수 있지 않을까 생각했고, 온 세상의 나비를 쫓아다니면서 마침내 모두 찾아냈다고 한다. 여기서 중요한 것은 실제로 나비의 날개에 스물여섯 개의 알파벳이 모두 무늬로 새겨져 있다는 사실이 아니다. 무언가에 열정을 품으면 그것을 해내고 마는 정신력을 눈여겨보아야 한다.

자연은 우리가 지금껏 발명하지 못한 많은 것들을 구상하게 만드는 거대한 영감의 원천이다. 세상 일이 다 그러하듯이 훌륭한 일

앞에는 반드시 성공을 가로막는 장애물이 있기 마련이다. 만약 그러한 장애를 이겨내지 못했더라면 과연 성취 뒤에도 보람이 있을까? 라이트 형제는 간절한 소망의 힘으로 모든 장애를 극복하고 마침내 인류 최초로 비행기를 발명해 역사에 길이 남았다.

시련은 마음의 시금석이다

―――― 퀴리 부인 ――――

퀴리 부인은 앞으로도 천 년은 더 기억될 극소수의 위대한 여성 과학자 중 한 명이다. 그녀의 원래 모습은 수줍고 소심하지만 위대한 과학자들조차 발견이 불가능하다고 여긴 화학 원소를 분리해냈다. 그녀는 과학에 알려진 다른 어떤 원소와 비교해도 무척 새로운 것, 즉 끊임없이 에너지를 내뿜는 원소를 발견했다. 그리고 그것을 라듐이라고 명명했다.

라듐은 우리가 여전히 싸우고 있는 암과의 전쟁에 가장 크게 이바지했다. 라듐으로 인해 수천 명의 암 환자가 완전히 치유되거나 끔찍한 고통을 크게 완화시킬 수 있었다. 완치되지 않더라도 환자들의 수명이 여러 해 느는 경우가 많았다.

장차 퀴리 부인이 될 여성은 파리 대학에서 물리학과 수학을 공부했다. 그때 그녀는 너무 가난하고 굶주려서 실신까지 할 정도였다. 52년 뒤 자신의 삶을 다룬 영화로 한 영화 제작사가 무려 1백만 달러의 수익을 올릴 것이라는 사실을 알았더라면 그녀는 얼마나 놀랐을까! 자신이 이룬 업적으로 두 번이나 노벨상을 받은 유일무이한 인물이라는 사실을 미리 알았더라면 또 얼마나 놀랐을까! 그녀는 1903년 물리학 분야에서 뛰어난 업적을 이루어 처음 노벨상을 받았고, 1911년에는 화학 분야의 걸출한 업적으로 두 번째 노벨상을 받았다.

하지만 어린 시절 조국 폴란드에서 거만하고 부유한 어떤 가문에서 모욕을 당하지 않았더라면 과학자가 되는 일도, 라듐을 발견하는 일도 아예 없었을지 모른다.

스토리는 이러하다. 그녀는 열아홉이었을 때 폴란드에서 한 부유한 가문에 고용되어 열 살짜리 여자아이를 돌보며 공부를 도왔다. 그러던 중 이 집의 장남은 성탄절 연휴를 보내기 위해 대학에서 집으로 돌아와 새 가정교사인 마리 퀴리Marie Skłodowska Curie와 함께 춤을 추고 스케이트를 타는 일상을 보냈다. 그녀의 아름다운 태도에 매료되고 반짝거리는 재치와 시작詩作 능력에 기뻐한 그는 이내 사랑에 빠져 그녀에게 청혼했다. 하지만 그의 어머니는 그 말을 듣고 거의 혼절할 뻔했고 아버지는 분노를 참지 못하고 길길이 날뛰었다.

"뭐야! 내 아들이 돈 한 푼 없는 처녀에게 청혼했다고! 지위도 없고, 남의 집에서 일하고 있는 천한 여자한테!" 그녀는 이 모욕에 큰 충격을 받았다. 결혼에 대한 생각은 모두 접고 파리로 가서 공부하며 평생 과학자로 살기로 결심한 순간이었다.

1891년 이 젊은 폴란드 숙녀 마냐(마리아의 애칭) 스크워도프스카는 파리 대학에서 과학을 공부했다. 그녀는 지나칠 정도로 수줍고 소심해 친구를 잘 만들지 못했고, 너무 학업에만 열중해 친구를 위해 시간을 낼 수도 없었다. 그녀는 공부하지 못하는 시간은 모두 잃어버린 시간이라고 생각했다. 그녀는 가정교사로 일하며 저축한 얼마 되지 않는 돈으로 4년 동안 살아야 했고, 추가로 들어오는 돈이라고 해봤자 폴란드에서 수학 교사로 일하는 아버지가 때때로 보내주는 소액의 루블화뿐이었다.

그녀는 하루에 60센트로 살아야 했다. 방세, 식비, 의류비, 난방비, 대학에서 써야 하는 용돈 등을 모두 마련하려면 극도로 절약해야 했다. 그녀가 살던 방에는 창문이 하나뿐이었고 그마저도 천장에 낸 채광창이었다. 가스, 전기가 없는 것은 물론이었고 최악으로 난방도 되지 않았다. 그녀는 겨울을 석탄 두 포대만으로 나야 할 정도로 형편이 아주 나빴다.

귀중한 석탄을 아끼고자 그녀는 종종 겨울밤에도 난로를 켜지 않았고, 무감각한 손가락과 덜덜 떠는 어깨를 애써 다독이며 수학 문제에 매달렸다. 침대에 눕기 전이면 체온을 보존하려고 수건, 베갯잇, 시트, 여벌의 옷을 몽땅 꺼내 침대 위에 올려놓았다. 그럼에도 여전히 덜덜 떨릴 정도로 추웠다. 때로 그녀는 의자를 가져와 침대 위에 올려놓기도 했는데 그 의자가 덜덜 떨리는 몸에 어떻게든 온기를 더해주지 않을까 하는 절박한 마음에서 그렇게 한 것이다.

그녀는 요리할 식재료도 거의 없었을 뿐만 아니라 설사 있다 해도 귀중한 공부 시간을 빼앗긴다는 느낌 때문에 요리를 거의 하지 않았다. 때로는 얼마 남지 않은 빵에 버터를 발라 묽은 차를 곁들여 먹으며 몇 주를 버텨야 했다. 종종 어질어질하다가 비틀거리며 침대에 쓰러져 의식을 잃기도 했다. 의식이 돌아오면 그녀는 스스로 물었다. "내가 왜 기절했지?"

그녀는 자기가 앓고 있는 병이 완만한 아사餓死라는 것을 인정하기 싫었다. 한번은 대학에서 수업을 듣던 중 기절했고, 다시 의식이 돌아왔을 때 며칠 동안 체리 몇 개와 무 한 단만 먹었다는 것을 의사에게 실토해야만 했다.

하지만 파리의 어떤 다락방에 살던 이 여학생을 너무 안쓰럽게 보지 않아도 된다. 이 여학생은 10년 뒤에 세상에서 가장 유명한 과학자가 될 것이기 때문이다. 그녀는 학업에 극도로 열중했고, 그야말로 지식에 대한 깊은 열망에 사로잡혀서 굶주림에 전혀 동요되지 않았다. 추위조차 그녀의 내면에서 불타오르는 불꽃을 꺼뜨릴 수가 없었다.

파리에 도착하고 3년 뒤 마냐 스크워도프스카는 그녀가 사랑을 느낄 수 있는 유일한 부류의 남자와 결혼했다. 그녀처럼 과학에 완전히 헌신한 사람이었고 이름은 피에르 퀴리였다. 그는 겨우 서른다섯이었지만, 프랑스에서 가장 저명한 과학자 중 한 사람이었다.

결혼하던 날 부부가 가지고 있던 세속적인 물건은 두 대의 자전거가 전부였다. 신혼여행도 자전거를 타고 프랑스 시골 지역을 돌아보는 것에 불과했다. 여행을 하며 점심엔 빵, 치즈, 과일을 먹었고 밤엔 색이 바랜 벽지에 촛불이 은은하고도 기이한 그림자를 드리우는 마을 여관에서 잤다.

3년 뒤 퀴리 부인은 박사 학위를 준비했다. 학위를 얻기 위해서는 독창적인 연구를 하고 그 내용을 보고서로 완성해야 했다. 그녀는 최근에 발견한 수수께끼를 풀기 위해 연구에 연구를 거듭했다. 그것은 우라늄이라 불리는 금속이 광선을 발산하는 이유를 알아내는 것이었다. 위대한 과학적 모험의 시작이자 화학의 매혹적인 수수께끼를 파고 들어가는 여정이었다.

퀴리 부인은 어떤 물질이 그런 신비로운 광선을 발산하는지 알아보기 위해, 기존에 알려진 모든 화학 물질과 수백 가지의 광물을 검사했다. 마침내 그녀는 그 강력한 광선이 어떤 미지의 원소 때문에 발사된다고 결론을 내렸다. 그리고 퀴리 부인의 남편 피에르 퀴리도 자신이 하던 실험을 그만두고 신비로운 새 원소를 발견하려는 그녀의 연구를 도왔다.

몇 달 동안 실험한 뒤 퀴리 부인과 남편은 과학계에 폭탄이나 다름 없는 충격적인 보고서를 제출했다. 부부는 우라늄의 방사선보다 2백 만 배 더 강력한 방사선을 지닌 금속을 발견했다고 보고했다. 이 기적 적인 금속의 광선은 나무, 돌, 철, 구리를 관통할 수 있으므로 오로지 두꺼운 납판으로만 막을 수 있었다. 보고서에 쓴 것처럼, 이 발견이 사 실이라면 과학자들이 몇 세기 동안 믿어온 근본적인 이론이 완전히 전복될 것이었다.

그들은 이 기적적인 물질을 가리켜 라듐이라 명명했다. 이전에 라 듐과 조금이라도 비슷한 원소는 전혀 없었다. 이것은 깜짝 놀랄 정도 로 다른 모든 금속과 달라서 냉철한 과학자들은 그런 금속이 존재할 수 있는지조차 의심했다. 그들은 증명을 요구했다. 순수한 라듐을 보 여주면 관찰하고, 검사하고, 원자량을 알아내겠다는 것이었다.

퀴리 부인과 남편은 이후 4년(1898~1902) 동안 라듐의 존재를 증명 하는 작업에 몰두했다. 부부는 0.1그램의 라듐을 생산하고자 밤낮없 이 일했는데, 양으로 따지면 겨우 작은 완두콩 한 알의 절반 크기에 불과했다.

이 라듐은 무려 광석 8톤을 끓이고 정제해야 추출되었다. 부부는 예 전에 의대생들이 해부실로 쓰던 버려진 낡은 창고에서 작업했다. 바 닥도 없고, 지붕에 구멍이 나 있었으며, 난로는 낡아서 그리 따뜻하지 않은 곳이었다. 겨울이 되면 부부는 집밖에 있는 것이나 마찬가지였 다. 광석과 화학 물질을 끓일 때 나오는 매운 연기는 퀴리 부인의 눈 을 따갑게 찔렀고 숨 막히게 했다. 4년 동안 부부는 그런 형편없는 창 고에서 일했다. 마침내 피에르는 점점 의욕이 꺾이더니 상황이 좀 더 좋아질 때까지 연구를 중단하길 바랐다. 하지만 부인은 단호히 거부했다. 부부는 0.1그램의 라듐을 실제로 생산할 때까지 작업을 고집스럽게 밀고 나갔다.

그리고 마침내 라듐을 발견해 퀴리 부인은 세상에서 가장 유명하고 성공한 여성이 되었다. 그런 영광과 예우를 받으며 지낸 시절에 그녀는 행복했을까? 그렇지 않았다. 끔찍하게 낡은 창고에서 흙바닥을 밟으며 연구에 매진했던 4년이 인생에서 가장 행복했노라고 분명하게 말했다. 추위로 몸을 덜덜 떨었고, 피로로 쓰러지기도 했지만, 자기가 정말 사랑하는 일에 모든 시간을 쏟아부은 나날이었다.

1902년 퀴리 부인과 남편은 그들의 업적에서 나오는 큰돈으로 부자가 될지, 아니면 과학 연구의 이타적인 목적에 충실한 삶을 살아갈지 결정해야 했다. 그때 이미 라듐은 암 치료에 없어서는 안 될 귀중한 물질이 되어 있었다. 라듐 수요는 점점 늘었고, 퀴리 부인과 남편 이외에 그 누구도 라듐을 생산하는 법을 알지 못했다. 부부는 마음만 먹는다면 라듐 추출법에 대한 특허를 출원해, 전 세계에서 생산되는 모든 라듐에 대해 사용료를 받을 수도 있었다.

라듐은 생산하면 곧바로 수익을 낼 것이므로 퀴리 부부가 상업적인 라듐 제조자로부터 사용료를 받는다고 해도 부부를 비난할 사람은 없을 것이다. 그런 막대한 사용료는 부부와 두 딸에게 평생 동안 수익을 보장하고, 힘들고 단조로운 일에서 벗어나게 하며, 심화 연구를 위한 멋진 연구소를 지을 수 있게 해줄 것이다. 하지만 퀴리 부인은 자신의 발견에 대해 단 한 푼의 돈도 받지 않겠다고 선언했다. 그것은 인간의 본성에 대해 다시 깨닫게 하는 일대의 사건이었다. 그녀는 이렇게 말했다. "돈을 받는 건 있을 수 없는 일입니다. 과학 정신에 위배되는 일이니까요. 게다가 라듐은 질병 치료에 활용될 겁니다. 환자를 도와야 할 상황에서 그걸로 이득을 보려 한다는 건 있을 수 없는 일이에요."

그녀는 예수와 같은 이타심으로 엄청난 부와 상대적 빈곤 그리고 편안한 삶과 봉사하는 삶 사이에서 모두 후자를 선택하는 결단을 내렸다.

인생경영 포인트

퀴리 부인(1867~1934)은 대부분의 여성이 과학 분야에 진출하지 못했던 시대에 각기 다른 분야에서 노벨상을 수상하는 커다란 업적을 남긴 위대한 과학자다. 노벨상을 받은 최초의 여성이며, 노벨상을 두 번 받은 최초의 인물이고, 서로 다른 분야에서 수상한 것으로는 역사상 유일하다.

퀴리 부인의 위대한 점은 가난한 시절에 자신이 품었던 고결한 학문의 정신을 끝까지 간직했다는 데 있다. 그녀는 과학과 부귀영화는 함께 갈 수 없다고 생각하고 학문에 임했다. 뿐만 아니라 어린 시절 극도의 가난을 겪었기에 부인은 타인의 고통에 공감하는 능력도 갖고 있었다. 때문에 암 환자가 라듐 치료를 받아야 하는데 돈이 없어서 치료를 포기할 때의 고통을 상상하고, 라듐 발견으로 인한 막대한 로열티가 예상되는데도 흔쾌히 포기할 수 있었다. 만약 돈을 벌 생각으로 라듐을 발견하려 했다면 4년간 헛간 실험실에서의 극심한 고통은 견뎌내지 못했을 것이다.

인생에서 가장 바람직한 모습은 무슨 일이 되었든 자기가 정말로 좋아하는 일을 실천하는 것이다. 라듐을 발견하기로 마음먹은 뒤에는 라듐 이외의 다른 어떤 것은 전혀 생각하지 않은 퀴리 부인처럼 말이다. 뚜렷한 목표 의식이 있어야 비로소 목표에 도달하는 것이 인생의 이치다. 『논어』에는 어떤 남자가 어떤 여자를 아주 사랑하는데 길이 너무 멀어 가지 못한다고 불평하자, 남자가 여자를 진정으로 사랑하지 않는 것이라고 지적하는 다음과 같은 문장이 나온다. "당체의 꽃이여, 바람에 펄럭이는구나. 어찌 님을 생각하지 않으리오마는 집이 너무 멀구나. 공자님이 말씀했다. 생각이 모자라는 게지, 어찌 멀다 할 수 있을까?未之思也, 夫何遠之有" 정말로 사랑한다면 모든 장애를 이겨낼 수 있다. 시련은 마음의 진정한 시금석이라는 말은 그런 이유에서 비롯되었다.

무언가에 미쳐본 적이 있는가?

─── 플로렌즈 지그펠드 ───

24년 동안 《지그펠드 폴리스Ziegfeld Follies》*라는 연극은 브로드웨이의 무대 위에서 최고로 반짝였다. 어떤 시사 풍자극도 그토록 화려하게 무대에 오르거나 그런 즐거운 함성 속에서 찬사를 받지 못했다. 또 어떤 시사 풍자극도 그처럼 많은 돈을 벌어들이거나 많은 돈을 잃어보지도 못했다.

플로렌즈 지그펠드Florenz Ziegfeld는 지구상에 있는 어떤 남자보다도 미녀들의 전화번호를 많이 알고 있었다. 그가 갖고 있던 '푸른 미녀 명단'이라는 수첩에는 매력이 넘치는 수천 명의 여자들의 이름, 주소, 전화번호가 적혀 있다. 매일 50~60명의 출세하려는 젊은 비너스들이 그의 앞에서 미모를 뽐내며 지그펠드의 날카로운 평가를 받으려고 애썼다.

---

* 폴리스는 folly의 복수형으로 가벼운 연극풍의 풍자극을 가리킨다. '레뷰'라고도 하는데 시사 풍자극, 음악, 무용 따위를 곁들인 가벼운 희극을 말한다.

'미국의 미녀들을 찬미하는 신사'라는 별칭을 그는 자랑스럽게 여겼다. 실제로도 적절하고 마땅한 칭호였다. 그는 종종 눈에 잘 띄지 않는 평범하고 수수한 여자를 데려와 신비롭고 매혹적인 미녀로 변신시켜 무대에 올리곤 했다. 지그펠드의 무대에 오르려면 무엇보다도 우아한 몸매와 품위를 갖추어 그를 매혹시켜야 했다. 미녀를 에워싼 화려한 분위기는 지그펠드가 얼마든지 제공할 수 있었다.

지그펠드는 화려함의 측면에선 마치 동양의 전제 군주처럼 제왕적으로 굴었다. 배우의 의상에 아낌없이 돈을 썼고, 돈으로 살 수 있는 가장 아름다운 직물을 얻고자 유럽, 인도 그리고 아시아 시장을 샅샅이 뒤졌다. 의상의 안감조차 최상급 비단을 써야 한다고 고집했다. 피부에 닿는 옷감이 부드럽지 않으면 스스로 아름답다고 느끼지 않는다는 것이 그의 지론이었다.

심지어 자신이 염두에 두던 특정 카우보이 무리가 쓸 적절한 모자를 찾기 위해 석 달 내내 《쇼 보트 Show Boat》의 제작을 뒤로 미루기도 했다. 한번은 제작에 25만 달러를 들여 단 한 차례 무대에 올린 뒤 작품을 폐지하기도 했다. 왜? 그간 쌓아온 지그펠드 전통에 어울리지 않는다는 것이 이유였다.

그는 무슨 일을 하든 호화로운 규모로 수행할 것을 강조했다. 매일 수백 명과 연락을 주고받았다. 편지를 작성할 때는 거의 전부 구술口述에 의존했다. 어디론가 이동할 때면 순간적인 강풍에 휘날리는 낙엽처럼 국내 전보와 해외 전보를 수차례 발송했다. 가는 곳마다 그는 전보 양식을 들고 다녔다. 뉴욕의 그랜드 센트럴역에서 열차에 타서 125번가에 도착하기 전에 휴대한 전보 양식을 전부 사용하는 것이 일상이었다.

이건 좀 믿기 힘든 이야기인데, 리허설 중에 오케스트라 석에 앉아 무대 위의 배우들에게 전보를 보내기도 했다. 심지어 소리쳐서 부를 만큼 가까이 있는 사람들에게도 전보를 보냈다. 한번은 창문 밖으로 상반신을 내밀면서 반대편 창문에 있는 사람에게 이렇게 소리를 지른 적도 있었다. "이봐, 전보 보냈잖아. 왜 답장 안 해?"

공중전화 박스를 지나칠 때면 이때다 하면서 박스 안으로 들어가 여남은 명에게 바쁘게 전화를 걸어댔다. 그는 매일 아침 6시에 일어나서 직원들에게 득달같이 전화를 걸었다.

그는 17~18달러를 아끼려고 몇 시간에 걸쳐서 계획을 짜기도 했다. 그러다가 다음 날이 되면 태연하게 월 스트리트에서 10만 달러를 투자하기도 했다. 한번은 영화 배우 에드 윈Ed Wynn에게 5천 달러를 빌려 그 돈으로 미 대륙을 횡단하는 개인 열차를 대절하기도 했다.

그는 기사도를 발휘해 여자들에게 세심한 배려를 보임으로써 여자들이 스스로를 아름답다고 느끼게 하는 재주가 있었다. 공연 첫날 밤이면 코러스단에 있는 모든 여자는 그가 보낸 꽃 상자를 받았다. 심지어 그에게 일자리를 구하러 온 늙고 절반쯤 정신 나간 여자조차 다른 여자들과 똑같은 대우를 받았다.

그는 자기가 데리고 있는 유명 스타 대다수에게 매주 5천 달러의 급여를 지급했다. 종종 시즌 말이 되면 그들은 흥행주인 지그펠드보다 더 많은 돈을 계좌에 입금했다.

또한 연예 사업을 시작했을 때 업계는 통상 여자 코러스 단원에게 매주 30달러를 지급했다. 하지만 돈을 아끼지 않는 관대한 그가 책임자로 있는 동안에는 매주 125달러까지 지급했다.

지그펠드가 연예 사업에 뛰어든 것은 어린 나이인 열네 살 때였다. 그는 가출해서 버펄로 빌Buffalo Bill의 곡마단원이 되었다. 《와일드 웨스트 쇼》에서 말 타기 재주와 사냥 솜씨를 선보이는 것이 그의 일이었다.

질풍노도의 시대인 1890년대에는 허스키 목소리를 지니고 연예 사업의 강자로 알려진 유진 샌도우Eugen Sandow 밑에서 총무부장으로 일하며 큰돈을 벌었다. 당시 나이 스물다섯이었다.

2년 뒤에는 런던에 있었는데 그곳에서 파산하는 바람에 호주머니에는 단 25센트도 없었다. 몬테카를로 도박장에서 자신의 행운을 시험하다가, 운명의 수레바퀴가 엉뚱한 곳으로 돌아 무일푼으로 전락한 것이다.

하지만 이 진취적인 사업가는 무일푼이 되었다고 걱정하지는 않았다. 우아하고 친화력 높은 매너 덕분에 새로운 쇼 단원을 만났다. 그리고 유럽에서 한창 이름을 날리던 이 선풍적인 스타와 함께 의기양양하게 미국으로 돌아왔다. 쾌활하고, 재기 넘치고, 뭇 남성들의 가슴을 뛰게 하는 안나 헬드Anna Held였다. 당대의 매 웨스트Mae West라고 불릴만한 육체파 배우였다.

미국에서 가장 영리한 쇼 제작자들은 안나 헬드에게 전보를 보내제발 뉴욕으로 와달라고 간청하곤 했다. 그들은 엄청난 금액을 제시하며 그녀를 설득했다. 그렇지만 안나 헬드의 마음을 사로잡은 것은 수중에 돈 한 푼 없는 무명 인사, 스물일곱의 플로렌즈 지그펠드였다. 그는 안나의 분장실로 들어가 마음을 사로잡았고, 출연 계약을 했으며, 덕분에 갑자기 유명해졌다.

안나 헬드는 미국에서 즉각 센세이션을 일으켰다. 그녀는 미국인들의 넋을 빼놓았다. 코르셋, 얼굴용 파우더, 모자, 향수, 말馬, 칵테일, 강아지, 시가 등 온갖 제품이 그녀의 유명세를 이용하려고 그녀의 이름을 가져다 상품명으로 썼다. 미국의 동부 해안부터 서부 해안에 이르기까지 수많은 사람들이 그녀의 이름을 소리 높이 외치며 샴페인으로 건배했다. 그리고 1년도 되지 않아 지그펠드는 그녀와 결혼했다.

오랜 세월이 흘러 그는 안나 헬드와 이혼했고 이어 빌리 버크Billie Burke와 황홀한 사랑에 빠졌다. 그녀를 만난 다음 날 그는 아예 꽃집 하나를 통째로 사들여 그 안에 있던 꽃들을 전부 그녀의 집에 보냈다. 스위트 피와 난초, 카네이션부터 쇼윈도에 있던 오렌지 나무까지 하나도 빼놓지 않고 몽땅 보냈다. 꽃을 받은 빌리 버크가 전화로 감사하다는 말을 전하려고 했지만 계속 통화 중이라 그럴 수 없었다고 불평하자, 아예 그녀만이 사용할 수 있는 황금 전화를 설치했다. 그녀가 전화했음을 금방 알아차리기 위해 특별한 벨소리가 울리도록 조치하기도 했다.

지그펠드는 우유부단하게 망설이며 시간을 끌길 좋아했다. 그는 단칼에 결심하는 것을 혐오했다. 평소 당밀 알사탕 상자를 책상에 놔두곤 했는데 한 친구가 그에게 정말 당밀을 좋아하냐고 묻자 이렇게 답했다. "왜 저걸 먹는지 알려줄게. 전부 검은색이잖아? 그래서 뭘 먹어야 할지 결정할 필요가 없어. 그냥 꺼내 먹기만 하면 되는 거야."

자신의 시사 풍자극에는 세상에서 가장 유명한 희극인을 고용했지만, 정작 그들의 익살스러운 모습에 그가 웃음을 터뜨린 적은 단 한 번도 없었다. 에드 윈, 에디 캔터Eddie Cantor, 윌 로저스Will Rogers 중 누구도 그를 방긋 웃게 만들지 못했다. 그는 언제나 냉정하고 침착해 배우들 사이에서 '얼음물'이라는 별명으로 불렸다.

《지그펠드 폴리스》의 초연 개봉일은 24년 동안 한결같이 뉴욕에서 화제였다. 고급 리무진들이 몰려 길이 막혔고, 비단 모자를 쓰고 흰 담비 모피를 두른 사람들이 극장의 로비를 가득 메웠다. 머리가 잘 돌아가는 투기꾼들은 지친 사업가들에게 앞줄 두 좌석을 3백 달러라는 높은 가격에 팔았다. 무대 뒤는 시끄러운 외침과 소동으로 가득했다. 의상 담당자와 배달원은 서로 바삐 움직이다가 부딪히는 것이 예사였다. 무대 공포증이 있는 희극인들은 무대 뒤에서 대기하며 대사를 중얼거렸다. 여자 코러스들은 몹시 흥분한 채로 자기가 입을 옷을 열심히 찾아다녔다. 이런 정신 나간 듯한 혼란 속에서도 차분하고, 냉정하고, 평온한 사람은 지그펠드뿐이었다. 공연장의 손님들은 뉴욕의 멋진 행사를 위해 세련된 연미복을 입고 흰 넥타이를 맨 채 극장에 나났다. 하지만 지그펠드는 평소와 마찬가지로 평범한 회색 비즈니스 양복을 입었다. 그는 심지어 특별한 좌석에 앉지도 않았다. 그는 그저 발코니와 이어지는 계단에 서서 폴리 쇼를 지켜보았다.

1929년 월 스트리트가 붕괴되자 미국 미녀들을 찬미했던 지그펠드의 경력도 막을 내리고 말았다. 레뷰계에 불황이 들이닥쳤고, 세상에서 가장 스펙터클한 장관을 위해 출연 의상과 장식에 거금을 퍼부었던 이 마술사는 임대료도 지급할 수 없었다. 그나마 마지막 공연은 그의 배우들과 고용인들이 부분적으로 자금을 대서 겨우 상연할 수 있었다.

지그펠드는 1932년에 캘리포니아에서 죽었다. 죽기 직전 혼수상태에 빠져 있을 때는 레뷰 풍자극을 지휘하고 있다고 착각했다. 그러나 무대라고 생각한 곳은 하얀 벽지로 도배한 병실이었고, 오케스트라는 초라한 라디오 한 대에 불과했다. 또한 무대의 직원은 겁에 질린 그를 수발하는 간병인 한 사람뿐이었다. 그의 입술은 바싹 말랐고 두 눈은 고열로 붉게 충혈되어 있었다. 하지만 그는 침대에서 벌떡 일어나 앉아, 보이지 않는 출연자들에게 커다란 목소리로 지시를 내렸다.

"커튼!" 그는 소리쳤다. "빠른 음악! 조명! 마지막 피날레, 준비해!" 그러고는 마지막으로 나직이 중얼거렸다. "훌륭해! 아주 좋았어… 쇼… 아주… 좋았어."

브로드웨이의 전설적인 제작자 지그펠드(1867~1932)가 배우들에게 보여준 우호적인 태도는 곧 성공의 방정식이기도 하다. 그의 우아하고 친화력 높은 매너는 좋은 인간관계를 확립하는 데 도움을 주었다. 때문에 몬테카를로 도박장에서 전 재산을 날리는 인생 최악의 위기에서도 당대 최고의 유럽 여배우를 섭외하며 금방 재기할 수 있었던 것이다.

지그펠드는 레뷰극에 가진 것을 모두 쏟아부었다. 평범한 여자를 배우로 발탁했더라도 모든 노력을 기울여 그녀를 스타로 만들었다. 배우들과 무대 소도구에 거금을 사용하는 것도 아까워하지 않았다. 한평생 사람들을 즐겁게 만드는 쇼 비즈니스에 집념을 불태웠고, 꿈과 현실이 구분되지 않을 정도로 환상적인 무대를 만들기 위해 온갖 정성을 기울였다. 그런 집념은 죽기 전 혼수상태에서 그가 한 말에서도 그대로 드러난다. "쇼는 계속되어야 해The show must go on."

지그펠드가 보여준 것과 같은 무언가에 자신을 온전히 쏟아붓는 열정과 몰입이 없다면 인생은 얼마나 재미없을까? 일찍이 옛 사람들은 인생은 뜻과 기상으로 살아가는 것이라고 했다. 무언가에 미쳐보지 않은 사람은 절대 인생의 재미를 모를 것이다.

오직 지금 이 순간만을 생각하라

—— 에디 리켄배커 ——

ᘒ

이 이야기는 한 용감한 남자에 대한 것이다. 그는 결코 쉽게 목숨을 내놓을 사람이 아니었다. 지난 25년 동안 위험한 일에 맞서며 죽음을 희롱하며 살아왔다. 200회가 넘는 자동차 경주에서 머리카락이 쭈뼛 서는 속도로 경주로를 아주 빠르게 달리기도 했다. 1918년 제1차 세계대전이 한창 기승을 부리며 유혈이 낭자하던 시절에는 공중전을 벌여 26대의 독일 전투기를 격추시켰다. 폭발성 탄환이 머리 바로 위 몇 센티미터도 떨어지지 않은 곳에서 윙 소리를 내며 작열하는 상황 속에서 그런 쾌거를 이루어낸 것이다. 그는 가벼운 부상조차 당한 적이 없었다.

그렇다. 이것은 그 유명한 제94전투 비행대대의 지휘관이자, 제1차 세계대전에서 활약한 미국 최고의 전사 에디 리켄배커Eddie Rickenbacker 에 대한 이야기다.

전쟁 직후 나는 아주 매력적인 사람인 로스 스미스Ross Macpherson Smith 밑에서 업무 관리자로 일했다. 스미스는 호주의 에이스 파일럿으로 유명하다. 성스러운 도시 예루살렘 위로 비행기를 몰고 날았던 최초의 인물이며, 지구 반 바퀴를 비행한 최초의 모험가이기도 하다. 나는 뛰어난 전사이자 비행사인 로스 스미스와 에디 리켄배커가 서로 무척 닮은 것을 발견했다. 두 사람 다 하늘에서 굉음을 내뿜는 기관총을 발사한 사람이라고는 여겨지지 않을 정도로 아주 조용하고 나긋나긋한 목소리를 지닌 겸손한 사람이라는 점이 특히 닮았다.

에디 리켄배커는 열두 살이 될 때까지 불같은 성미에 난폭하고 버릇이 없었다. 거리에 달린 등을 박살내는 것과 같은 거친 행동을 하며 소동을 일으키곤 하는 소년 무리의 리더였다. 그러다 비극적인 사건이 벌어졌다. 에디의 아버지가 세상을 떠난 것이다. 에디는 하룻밤 사이에서 소년에서 남자로 성장했다. 그는 자신의 갑작스러운 변화를 그런 식으로 설명했다.

아버지를 안장하고 돌아오던 날 그는 가장이 되겠다고 결심했다. 학교를 그만두고 유리 공장에서 시간당 5센트를 받고 매일 12시간씩 일했다. 전차 요금 10센트를 아끼기 위해 아침마다 11킬로미터를 걸어서 공장에 출근했고 밤이 되면 다시 집까지 걸어서 퇴근했다. 소년은 꿋꿋이 앞으로 나아가겠다고 다짐했다. 아무것도 그를 막을 수 없었다. 유리 공장에서 하는 일은 단조롭고, 따분하고, 위험했다. 그는 자기 일을 대단치 않게 여겼다. 그는 화가가 되길 바랐고 색과 선으로 세상을 바라보는 꿈을 꾸었다.

그 후 야간 학교에서 그림을 공부하고 대리석으로 천사상을 깎아서 묘비 판매업자에게 넘기는 일을 했다. 오늘날 아버지의 무덤 앞에 세워진 비석에 글을 새기기도 했다. 하지만 돌을 깎아 묘비를 만드는 것은 위험한 일이었다. 대리석 가루가 폐로 들어가서 진폐증을 유발하기 때문이다. 에디는 이렇게 말했다. "어린 나이에 죽고 싶지는 않았어요. 그래서 더 안전한 일을 찾기 시작했죠."

열네 살 어느 날 아침, 마치 운명처럼 포장도로를 달리는 자동차를 처음 보았다. 그 흥미롭고 기이한 기계는 털털거리는 소리를 내며 오하이오주 콜럼버스 거리를 흥겹게 오갔다. 에디에게 그 차의 바퀴는 정말 운명의 바퀴였다. 자동차를 목격함으로써 삶이 통째로 바뀌었기 때문이다.

열다섯 번째 생일을 맞이하기 며칠 전 그는 자동차 수리 센터에 취직했다. 한때 마차 대여소였던 목조 건물에서 자동차 운전을 배웠다. 또 집 뒤뜰에 작업장을 마련하고 도구까지 만들어 자기 자동차를 제작하려 했다. 그러던 중에 머지않아 콜럼버스에 자동차 공장이 개업했고 리켄배커는 일요일마다 그 공장으로 가서 수리공으로 취직시켜 달라고 간청했다. 물론 그때마다 거절당했다. 열여덟 번을 거절당한 뒤 그는 공장주에게 이렇게 말했다. "저를 이 공장의 새 직원으로 한번 써보세요. 내일 아침부터 여기 나와 열심히 일할게요. 공장 바닥이 더럽네요. 제가 이걸 싹 쓸어내고 심부름도 할게요. 도구도 날카롭게 정비하고요."

월급은 신경 쓰지도 않았다. 그는 일할 수 있는 기회를 바랐고 마침내 그것을 붙잡았다. 자동차 공학 통신 과정에 등록해 강의를 열심히 들으면서 자기 앞에 놓인 여러 기회를 놓치지 않기 위한 준비를 단단히 했다.

그때부터 그는 빠르게 성장하며 육체노동자, 현장 감독, 보조 엔지니어, 수리공, 외판원, 지부 관리자 등 출세의 길을 거쳤다. 그러면서 빠른 속도를 향한 욕망과 위험한 모험을 향한 갈망으로 끓어올랐다. 카레이서의 화려함, 관중들이 보내는 찬사, 경주에서 생겨나는 흥분, 이런 것들이 마음을 사로잡은 것이다. 그는 그 일을 하기 위해서는 성격을 바꾸어야 한다는 것을 잘 알았다. 그래서 자신의 불같은 성미를 단호하게 제어하기 시작했다. 욱 하는 성격을 자제하는 힘을 길렀고, 자연스러워질 때까지 억지로 미소를 지었고, 마침내 그 미소로 유명해졌다.

자동차 경주는 아주 고된 일이라 강철 같은 정신력을 필요로 했다. 그는 술과 담배를 끊었고 매일 밤 10시면 규칙적으로 잠자리에 들었다. 그리고 스물다섯이 되었을 때 에디 리켄배커는 경주로를 질주하는 가장 유명한 카레이서 중 한 사람이 되었다.

재미있는 점은 지난 30년 동안 자동차로 수십만 킬로미터를 운전했음에도 불구하고 그는 운전면허를 가진 적이 없었고 심지어 지금도 그렇다는 것이다.

그는 행운의 부적 같은 것은 믿지 않는다. 친구들은 토끼발, 작은 편자, 코끼리 행운 부적을 건네주곤 했지만, 기차로 미 대륙을 횡단하던 어느 날, 창문을 올리고 모든 행운 부적을 캔자스주 평원에 내버렸다.

미국이 제1차 세계대전에 참전할 때 에디 리켄배커는 자동차 경주 업계의 우상이었다. 이때 에디는 존 조지프 퍼싱John Joseph Pershing 장군의 운전기사로 일하고자 배를 타고 프랑스로 갔다. 하지만 막상 장군을 차로 이곳저곳 데려다주는 일은 너무 따분해서 모험가의 기질에 맞지 않았다. 그는 야전에 나가서 전투에 참여하길 갈망했고 마침내 바라던 것을 얻었다. 그는 기관총이 달린 전투기를 몰게 되었고, 단 18개월 만에 전쟁 영웅으로 명성을 떨쳤으며, 세 국가로부터 훈장을 받으며 업적을 인정받았다.

그는 자기 삶을 되돌아본 전기도 펴냈다. 이 책은 총 370쪽 분량으로 빠르게 읽을 수 있으며, 그의 전투 및 비행 경험에 대한 장대한 이야기를 담고 있다. 책에는 남성적인 용기와 행동 그리고 구사일생한 모험들이 담겨 있어 손에 땀을 쥐게 한다. 이 내용들을 담은 책을 읽고 싶다면 도서관에서 에디 리켄배커가 쓴『비행대대에서의 싸움 *Fighting the Flying Circus*』을 찾으면 된다. 이 책은 공군 전투 중에서도 가장 스릴 있고 가슴 뛰는 순간과 상황을 다루고 있다.

인생경영 포인트

사람은 누구나 태어날 때부터 자기에게 딱 알맞은 직업이나 일이 정해져 있다. 단지 환경의 방해로 그것을 발견하지 못할 뿐이다. 혹은 발견했더라도 보수나 전망이 좋은 일이나 출세가 보장되는 일을 하기 위해 그것을 포기하기도 한다.

에디 리켄배커(1890~1973)는 자기가 설정한 목표로부터 벗어나는 일이 없었다. 경주로를 달려가는 자동차를 보는 순간, 자신이 필생해야 할 일이 무엇인지 깨달았다. 자동차 경주 선수가 되고 싶어 자동차 수리 센터에 취직해 운전을 배웠고, 그다음 자동차에 대해 더 많이 알고 싶어서 통신 강좌에 등록해 자동차 공학을 학습했고, 마침내 자동차 공장에서 시작해 출세의 길을 밟아나갔다. 이 모든 것은 카레이서가 되기 위한 노력이었고, 카레이서가 된 뒤에는 최고의 선수로 인정받고자 자신의 불같은 성격을 억제하고 술과 담배를 끊고 규칙적인 생활 습관을 유지하는 등 원하는 것을 이루기 위해 무엇이든지 가리지 않고 철저히 이행했다.

유럽 대륙에서 제1차 세계대전이 터졌을 때는 프랑스로 건너가 미군 사령관의 운전병이 되었다. 그러나 곧 적성에 맞지 않음을 깨닫고는 전투 비행사로 보직을 바꾸었다. 비행사라는 꿈을 품은 이후도 이전과 똑같이 경주마처럼 목표에 매진했다. 목표 달성 과정에서 생겨날지도 모르는 손해나 위험은 전혀 고려하지 않았다.

목표를 세우고 달성을 위해 일로매진 달려가는 열정과 노력은 성공을 이끌어내는 필수 조건이다. 이것을 간단하게 요약하면 다음과 같다. 밥 먹을 땐 밥 먹는 것만 생각하고, 공부할 땐 공부할 것만 생각하고, 사랑할 땐 오로지 사랑만 생각하라.

지금 하고 있는 일을 하다 죽어도
여한이 없는가?

— 로런스 티베트 —

1922년 로런스 티베트Lawrence Tibbett는 로스앤젤레스에서 아내를 부양하려고 애쓰며 힘든 시기를 보내고 있었다. 그는 일요일이면 교회에 나가서 합창단에서 노래했고, 때때로 결혼식 축가를 불러달라는 요청을 받고 〈오, 내게 약속해주오〉를 부르고 5달러를 받기도 했다.

그는 몇 년 동안 공부했지만 아무런 성과도 거두지 못했다. 하지만 친구 루퍼트 휴즈는 그를 믿으며 이렇게 말했다. "너는 훌륭한 목소리를 가지고 있으니 뉴욕으로 가서 공부를 해보는 게 좋겠어."

친구로부터 받은 간단한 격려는 티베트의 인생에서 전환점이 되었다. 용기를 내어 2천 5백 달러를 빌려 동부로 떠났다. 만약 뉴욕에서 성공하지 못했다면 그는 캘리포니아로 돌아와 화물 자동차를 팔며 생계를 이어가야 했을 것이다.

그것이 1922년의 일이다. 현재 로런스 티베트는 할리우드에서 거액을 받고 노래 재능을 마음껏 발휘하는 중이다. 당신은 아마도《악당의 노래》,《초승달》그리고《쿠바 연가》같은 영화에서 그가 노래하는 모습을 보았을 것이다. 이제 사람들은 라디오에서 그의 감동적인 목소리를 들을 수 있다. 지금은 노래 한 곡을 불러주고 1분에 3백 달러 혹은 1초에 5달러를 벌어들인다는 이야기를 들으면 그의 일생에 더 흥미를 느낄지도 모르겠다.

1922년 로런스 티베트는 너무나 가난해서 도시에 살 형편이 되지 않았다. 그래서 그는 시골에서 집을 빌렸다. 다행스럽게도 그 월셋집은 포도밭 가운데에 있어서 포도를 공짜로 먹을 수 있었다. 그는 그 당시 포도 외에는 먹을 게 거의 없던 적도 있었다고 했다. 월세는 고작 12달러 50센트였지만 그 적은 금액마저도 때로는 가수 수입으로 충당할 수가 없었다. 한번은 월세를 열 달이나 밀려서 포도를 따고 가지를 잘라내는 일로 빚을 갚아야 했다.

그는 매달 5달러를 내기로 하고 피아노를 빌렸지만 거실에 둘 수는 없었다. 집이 당장이라도 무너질 듯 낡은데다 가파른 비탈에 있었기 때문이었다. 게다가 집 앞부분은 높은 기둥으로 지탱되고 있었다. 피아노가 집 바닥을 뚫고 떨어져 포도나무 사이로 구르면서 아랫마을로 도망가지 않을까 걱정될 지경이었다.

뉴욕에 처음 왔을 때는 메트로폴리탄 오페라 하우스의 가장 저렴한 좌석 티켓조차도 구입하지 못할 정도로 형편이 어려웠다. 그는 2달러 20센트를 내고 겨우 입석 티켓을 사서, 웅장한 메트로폴리탄 오페라 하우스의 뒤쪽 구석에서 유명한 안토니오 스코티와 메리 가든의 화려한 무대를 보고 들었다. 그 시절 그는 친구들에게 돈을 빌려야만 방세를 내고 음악 수업을 받을 수 있었다.

하지만 10년 뒤 그는 메트로폴리탄의 위엄 있는 무대 위를 성큼성큼 걸어 다녔고, 청중들의 격렬한 환호 속에서 단일 공연에서만 무려 22번의 커튼콜을 받았으며, 세상에서 가장 유명한 바리톤 중 한 사람이 되었다.

매년 훌륭한 목소리를 지닌 야심찬 젊은이 수백 명이 명성과 부를 차지하려는 열망을 품고 뉴욕으로 온다. 나는 그들 중 얼마나 많이 이들이 실패하는지 궁금했다. 로런스 티베트에게 물어보자 그는 1천 명 중에 999명 정도는 실패한다고 했다. 대다수가 훌륭한 목소리가 없어서가 아니라 목소리를 어떻게 써야 하는지 몰라서 실패한다고 덧붙였다. 쇼맨십에 재능이 없고, 관중을 매혹시키지 못하고, 노래에 메시지를 담아 전달하지 못하며, 호소력 있게 청중을 전염시키는 능력이 없어서 실패한다는 것이다.

로런스 티베트는 캘리포니아주 베이커즈필드에서 어린 시절을 보냈다. 몇 년 동안 그의 아버지는 카우보이로 일했다. 말을 타고 목장을 달리면서 울타리를 수리하고, 소에게 낙인을 찍으면서, 소를 훔치려는 도둑들과 맞서 싸우는 것이 일이었다. 아버지는 진주로 장식된 손잡이가 있는 커다란 리볼버*를 벨트에 차고 사격 솜씨가 뛰어났다. 총에는 두 개의 표시가 새겨져 있었는데 소도둑 둘을 쏴서 죽였다는 뜻이었다.

티베트의 아버지는 캘리포니아주 컨 카운티의 보안관을 지내기도 했다. 집에는 여러 총기류를 둔 무기고를 갖추고, 뒷마당에서는 기다란 귀와 슬픈 눈을 한 덩치 큰 블러드하운드를 사슬 목줄을 채워 키웠다. 마을에 총격이 발생하면 티베트의 집에 전화가 울렸고 그때마다 아버지는 총을 차고 개를 데리고 급히 범죄 현장으로 달려갔다. 그는 범인을 추적하기 위해 블러드하운드를 앞서 달리게 했다. 로드(블러드하운드의 이름)는 우렁찬 소리를 내며 들판을 가로지르고 과수원을

---

* 탄창이 회전식으로 된 연발 권총

지나치며 달려갔다. 티베트 보안관은 뒤에서 목줄을 잡고 달려가면서 팔을 흔들며 이렇게 외쳐댔다. "로드가 이번에는 잡을 거야. 로드가 잡을 거라고." 하지만 로드는 범인을 잡는 대신에 보통 늙은 소나 코요테를 찾아냈을 뿐이다.

보안관 업무는 어린 로런스 티베트에게 엄청나게 흥분되고 화려한 일처럼 보였고, 어린 시절에 자기도 아버지처럼 보안관이 되어야겠다고 결심했다. 그러다 갑자기 비극적인 사건이 벌어졌다. 서부에서 가장 악명 높은 은행 강도이자 총잡이인 짐 머키니와의 총격전에서 아버지가 사망한 것이다.

그 일은 로런스 티베트의 삶을 완전히 바꾸어놓았다. 그의 아버지는 무척 독실한 사람이어서 담배, 춤, 카드놀이와 연극 공연을 아주 싫어했다. 아버지가 그렇게 돌아가시지 않았더라면 자기는 절대 가수 겸 배우가 될 수 없었을 것이라고 티베트는 내게 말했다. 아버지의 가르침이 여전히 그에게 강력한 영향을 미치고 있어서 심지어 오늘날에도 그는 한 해에 한 개 이상의 궐련을 피우지 않는다. 불가피하게 시가를 피는 날이면 자신이 끔찍하게 잘못된 짓을 저지르고 있으며, 악마가 바로 옆에 서서 멸망으로 떨어지라고 부추기는 것 같은 기분이 든다고 했다.

고등학생일 때 티베트는 열등감이 심했다. 어머니는 하숙집을 운영했다. 그는 옷이 한 벌밖에 없었는데 그나마 있는 바지는 키가 자라서 엄청나게 짧았으며, 여자 친구에게 아이스크림을 넣은 탄산음료를 사줄 돈도 없었다. 친구들은 이런 그를 무시하고 아무런 관심도 보이지 않았다. 그는 어떻게든 유명해지겠다고 다짐했고 이름을 떨칠 수 있는 방법을 찾았다. 그러나 합창단원이 되고자 했으나 아무도 받아주지 않았고, 고등학교 연극에서 역할을 맡고 싶었지만 누구도 원하지

않았다. 캘리포니아 출신 중 가장 유명한 가수가 될 운명이었던 소년
은 고등학교 콘서트에서 노래를 부르고 싶었지만 거절당했다. 목소리
에 담긴 빛나는 재능은 스물한 살이 되기 전에는 빛을 발하지 못했다.

티베트는 가장 위대한 음악은 사람을 감동시키는 것이며, 미국의
대중음악 상당수가 그렇다고 말한다. 〈완벽한 날의 끝〉은 여태까지 만
들어진 노래 중 가장 대중적인 것으로 5백만 명이 음반을 샀다. 로런
스 티베트는 소박한 노래가 진정으로 훌륭한 노래라고 말한다. 그는
자기 노래 〈올드 맨 리버〉와 〈더 랩소디 인 블루〉가 위대한 작곡가들
이 쓴 어떤 곡보다도 훌륭하다고 믿는다.

인생경영 포인트

티베트(1896~1960)는 아름다운 목소리를 지니고 있지만 오페라 가
수로 성공하지 못하는 이들의 문제점에 대해 쇼맨십 부족, 메시지
전달 능력 불충분, 매혹시키는 힘의 부족, 감동을 전달하는 능력
결핍 등을 들었다. 이것은 가수뿐만 아니라 다른 직업에 종사하는
이들에게도 똑같이 적용된다.

아무리 실력이 좋더라도 그 실력을 남들에게 보여주는 능력도 있
어야 한다. 티베트가 청중을 매혹시킨 힘은 아름다운 목소리뿐만
아니라 가수가 되기까지 고생을 극복하면서 지속적으로 확인했던
소망, 즉 무슨 일이 있어도 가수가 되어야겠다는 간절함에서 비롯
되었다. 그리스 신화 속 오르페우스가 죽은 아내 유리디체를 부활
시키기 위해 저승으로 찾아가 절절하게 노래를 불러 지하세계의 왕
을 감동시킨 것처럼 말이다.

티베트는 보안관이었던 아버지가 악당과의 총격전에서 돌아가신 일이 자기 인생을 결정적으로 바꾸어놓았다고 말했다. 아버지의 비극적 죽음과 오페라 가수로서의 길은 별 상관이 없어 보이는데, 왜 그렇게 말했을까? 이 사건은 아버지의 투철한 직업의식을 확인한 계기였을 것이다. 아버지는 보안관 업무를 위해 자신의 목숨까지 내놓았다. 그 일을 겪으며 티베트는 스스로 물어보았을 것이다. "나는 가수가 되기 위해 목숨을 내놓을 각오가 되어 있는가?" 우리가 무슨 일을 하든 그것을 하다가 중도에 죽어도 여한이 없다는 각오로 자신의 일에 매달릴 때 비로소 남다른 성공을 거둘 수 있다.

사즉생의 각오로 임하라

―――――― 샤를 드골 ――――――

1918년 11월 11일 서부 전선의 총격이 멈추었다. 프랑스 국토에서 4년간 벌어진 피비린내 나는 전쟁이 막을 내렸다. 연합군은 벨기에부터 알프스까지 진군했고, 그들의 영광스러운 분위기는 베르됭에서 절정에 이르렀다. 프랑스 군인들은 이렇게 함성을 질렀다. "적들은 이곳을 지나지 못할 것이다!"

20년 뒤 더 큰 전쟁이 세상에 닥쳤고, 프랑스는 타격을 받아 땅에 쓰러진 채 반죽음의 숨소리를 겨우 내쉬었다. 이와 같은 치명적인 고통 속에서 오직 한 사람만이 분연히 일어서서 타오르는 희망과 영감의 메시지를 널리 전했다. 하지만 1940년 그는 군사 재판에서 반역자로 사형을 선고받았다. 이 세상에서 가장 증오받는 사람이면서 동시에 가장 사랑받는 사람, 그의 이름은 샤를 드골Charles De Gaulle이다.

프랑스가 나치 독일 기갑 사단의 빠르게 굴러가는 바퀴에 박살났을 때 드골은 항복할 생각이 없었다. 프랑스 지도자들이 서명한 터무니없는 휴전 협정도 인정하지 않았다. 그는 영국으로 갔고, 그곳에서 프랑스의 자유를 위해 계속 싸웠다.

독일이 지배하는 비시 정부*는 공식적으로 드골 장군을 반역자로 선언했고, 붙잡으면 20만 달러의 보상금을 지급하겠다고 발표했다. 하지만 나치 독일의 총검 위협을 받으며 살아가는 수백만의 프랑스인에게 드골 장군은 생생하게 살아 있는 자유의 상징이었다.

1918년 휴전 기념일은 프랑스 역사상 가장 짜릿한 날이다. 창조의 여명부터 지금에 이르기까지 그날만큼 세계적인 흥분, 희망, 기쁨으로 충만했던 때는 없었다. 피비린내 나는 4년의 학살이 끝난 후, 무려 850만 명이 죽임을 당한 뒤에야, 비로소 독일은 항복했다. 1918년 우리 모두가 이제 더 이상 전쟁은 없을 것으로 굳게 믿었다. 만약 프랑스가 한 사람, 샤를 드골의 말을 들었더라면 그 후의 제2차 세계대전은 벌어지지 않았을지도 모른다. 즉, 프랑스가 드골의 주장에 따라 10개의 기갑 사단을 창설했더라면 히틀러의 군단들은 감히 라인 지방에 진주하지 못했을 것이다. 그랬더라면 히틀러가 오스트리아와 폴란드를 공격하는 일도 없었을 것이다.

드골은 현대전이 어떤 형태로 발발할지 명확하게 내다본 선각자 중 한 사람이었다. 그는 미래의 전격전을 묘사하는 책을 처음으로 쓰기도 했다. 9년 전 샤를 드골은 『미래의 군대*The Army of the Future*』라는 책에

---

* 제2차 세계대전 중 나치 독일에 부역한 프랑스의 괴뢰 정부. 1940년 6월 13일 독일군이 파리를 점령하자 필리프 페탱(1856~1951) 장군은 6월 22일 히틀러와 정전 협정을 체결하고 나치에 협력할 것을 서약한 뒤 프랑스 정부를 남프랑스의 비시Vichy로 옮겼는데, 이를 가리켜 '비시 정부'라고 한다. 비시 정부는 프랑스 국민의 희생을 막기 위한 불가피한 조치였다고 변명했으나 프랑스는 레지스탕스 운동 등으로 시종 동요되었다. 독일의 패배와 함께 비시 정부는 와해되었고 각료들은 재판에 넘겨져 처벌을 받았다. 페탱은 1945년 체포되어 부역죄로 사형 선고를 받았으나 제1차 세계대전 때의 승전 공로를 감안해 종신 금고형으로 감형되었다.

서 세상에 커다란 충격을 안겨줄 전격전에 대해 상세히 설명했다.

프랑스 군부를 지휘하던 책임자들은 독일과 국경을 마주한 곳에 강철과 콘크리트로 벽을 세우고 대포를 설치했다. 그들은 그곳을 '마지노선'이라 불렀다. 1914년부터 1918년까지 그들이 싸웠던 것과 같은 부류의 전쟁을 다시 겪을지도 모른다는 생각에 그런 방어선을 준비했던 것이다. 그들이 예상한 전쟁은 참호전과 대규모 보병대가 전진해오는 보병전이었다.

하지만 드골 장군은 다음 전쟁에서 마지노선은 아무 쓸모도 없을 것이라고 프랑스군 지휘부에 경고했다. 독일은 벨기에를 가로질러 빠르게 움직여 마지노선이 없는 프랑스-벨기에 국경 320킬로미터를 건너 침공해 들어올 것이라고 내다보았다. 또한 이런 전광석화의 공격에 프랑스 육군은 과거 나폴레옹이 발명한, 분당 2회 발사 수준의 구식 소총으로 대응하려는 어리석은 준비를 하고 있다고 지적했다. 미래의 전쟁은 속력을 높이는 가솔린 기관, 1킬로미터를 1분에 주파하는 장갑차와 탱크, 시간당 640킬로미터를 날아가는 전투기 등으로 싸우는 기계 중심의 전쟁이 될 것이라고 예측했다.

하지만 프랑스군 지도부는 드골의 의견을 황당무계하다고 여기며 비웃었다. 페탱은 드골의 책이 웃음거리라고 쏘아붙였고 명성 높은 베이강 장군은 프랑스군에 대한 사악한 모독이라고 맹비난했다. 10개의 기갑 사단 창설? 터무니없는 소리! 그 많은 탱크와 장갑차를 생산할 공장들을 어디서 찾는단 말인가? 그리고 비용은 어떻게 조달할 것인가? 전장에서 연료 보급은 어떻게 하고? 숲이 울창한 언덕과 진흙에서 탱크와 장갑차가 어떻게 싸운단 말인가?

드골의 그런 생각은 당시 조건에서 볼 때 우스꽝스럽고, 말도 안 되고, 가당치도 않았다. 적어도 프랑스인들이 보기엔 그랬다. 하지만 독일인은 그렇게 보지 않았다. 그들은 드골의 책을 읽었을 뿐만 아니라 더 나아가 심도 있게 연구했고 그것을 실행에 옮겼다. 실제로 나치 기계화 부대의 책임자는 기계화 전쟁의 모든 것은 드골 장군에게 배웠다고 히틀러에게 보고했을 정도였다.

나치 당원들은 젊었고, 새롭고 혁신적인 생각에 환호했다. 그들은 드골의 주장과 정확히 일치하는 기갑 사단을 창설해 전선에 투입했고 전쟁사를 통틀어 가장 빠르고 훌륭한 승리를 거두었다. 탱크와 전투기를 앞세운 10만 독일군이 41일 만에 프랑스군을 물리친 것이었다. 그렇다. 5천 대의 탱크와 3천 대의 전투기는 5백만 프랑스 보병의 사기를 꺾고 무릎을 꿇게 했다.

프랑스 공화국이 백기 투항하고 독일에 군인 2백만 명이 포로로 붙잡히기까지 인류사를 통틀어도 이 정도로 많은 병력이 포로로 잡힌 적은 없었다! 윈스턴 처칠의 유명한 말을 빌리자면, 이렇게 많은 사람들이 이렇게 빠르게 정복당한 적은 단 한번도 없었다.

그 치명적인 6주 동안 드골은 자기가 글만 잘 쓰는 것이 아니라 전투도 잘할 수 있다는 것을 증명해냈다. 독일 군대는 프랑스 전역을 휩쓸며 파죽지세로 해안으로 나아갔지만, 노르망디 해안 근처의 아브빌에서 드골 장군의 기계화 부대를 만나 고전했다. 그곳에서 드골은 독일군의 전선을 돌파했는데 이는 제2차 세계대전에서 프랑스가 유일하게 승리한 전투였다.

나는 과거에 뉴욕에 근거를 두고 있는 '싸우는 프랑스 군인 사절단' 소속의 피에르 베네딕투스 사령관과 인터뷰한 적이 있다. 사령관은 1년 반 정도 드골 장군과 런던에서 함께 일했는데, 그는 세상 누구보다도 드골을 존경한다고 말했다. 드골이 겉으로는 위엄 있고 냉정하게 보이지만 내면에는 밝고 빛나는 화염이 어른거리고 있다고 했다.

드골의 부하들은 그를 경외하는 동시에 아주 존경했다. 아주 친밀한 동료조차도 그의 이름을 부르지 않고 늘 '장군'이라고 칭했다. 드골은 역사, 철학, 경제학 분야의 책 읽기를 즐겼다. 또한 독실한 기독교 신자로 정기적으로 교회에 다녔고 매일 밤 기도를 올렸다.

드골 장군은 수줍음이 많은 사람이었고, 이런 성격 탓에 뻣뻣하고, 지나치게 격식을 차리며, 냉랭할 정도로 예의 바른 인상을 주었다. 어머니조차도 냉장고에서 나온 것처럼 차갑다고 말할 정도였다.

육군 대위였던 젊은 시절 어느 날 파리의 미술관에서 매력적인 프랑스 여인을 만났을 때는 그는 쥐어짤 수 있는 모든 용기를 내서 그날 오후 함께 차를 마시자고 제안했다. 하지만 너무 긴장한 나머지 차를 그녀의 옷에 쏟고 말았다. 그 후 다섯 달 뒤 드골은 그녀와 결혼했다.

제1차 세계대전 동안 드골 장군은 세 번 부상을 당했다. 마지막으로 다친 것은 베르됭에서 터진 포탄 파편 때문이었다. 그때 기절한 채로 쓰러진 그를 한 독일 순찰병이 포로로 붙잡았고 그는 다섯 번 탈출했고, 다섯 번 붙잡혔으며, 전쟁이 벌어지는 동안 대부분을 독방에서 감시를 받는 채로 지냈다. 한번은 손톱을 다듬는 줄칼로 터널을 파고 탈출을 시도하기도 했다.

그 후 드골은 1940년 6월 18일 비행기를 타고 영국에 상륙했으나 주위에는 참모도, 자금도, 병력도 없었다. 윈스턴 처칠은 열정적으로 그를 환영했고, 패배로 인해 당혹스러운 수백만 프랑스인에게 희망의 메시지를 계속 전할 것을 촉구했다. 드골은 방송에 나가서 프랑스가 비록 전투에서 패했지만, 전쟁에서 진 것은 아니라고 명확하게 말했다. 더불어 그는 프랑스 군인과 노동자들에게 영국으로 건너와 자신의 대對 독일 항쟁에 합류해달라고 호소했다.

그의 호소에 전 세계에서 신병들이 몰려들기 시작했다. 프랑스 군인들은 차를 훔쳐 타고 영국 해협까지 온 다음 뗏목을 타고 노를 저어 영국으로 들어갔다. 몇몇은 비행기를 훔쳐 타고 영국으로 날아왔다. 비행 훈련을 고작 15시간밖에 하지 않았던 어느 견습 조종사는 파괴된 전투기 세 대의 부품을 빼내 새로운 전투기를 조립해 지브롤터로 날아오기도 했다. 프랑스인 학생 다섯 명은 4미터가 조금 되지 않는 카누 두 대를 나누어 타고 노를 저어 영국에 내렸는데 그들의 품에는 교과서가 안겨 있는 상태였다.

이것은 단지 시작에 불과했다. 드골은 곧 아프리카의 프랑스 식민지 다섯 군데를 자기 편으로 끌어들였으며, 이어 인도의 프랑스 영토와 태평양의 프랑스령 섬들을 획득했다. 그리고 마침내 드골 장군의 프랑스 전사들은 비시 정부가 시리아를 내놓도록 만들었다.

드골은 프랑스가 족쇄를 차고 있는 한, 로렌의 십자가** 아래에서 프랑스 혁명의 함성인 "승리 아니면 죽음을! 자유 아니면 죽음을!"을 외치며 싸울 것이라고 선언했다.

인생경영 포인트

국난 앞에서 샤를 드골(1890~1970)과 페탱은 극명하게 갈리는 선택을 했다. 드골은 필사 항전을 택했지만 페탱은 타협을 통해 목숨을

** 로렌 지방은 프랑스의 동부 변방으로 독일과 맞닿은 지역이다. 프랑스-프로이센 전쟁(1870~1871) 때 프랑스가 패배하면서 독일 땅이 되었다가 제1차 세계대전에서 프랑스가 승리하면서 알자스 지방과 함께 다시 프랑스 땅이 되었다. 여기서는 제1차 세계대전 당시에 프랑스가 독일에 승리한 것을 '로렌의 십자가'라고 표현하면서 자유 프랑스가 앞으로 나아가야 할 길을 상징하고 있다.

구걸하기에 이른다. 페탱은 제2차 세계대전 당시 88세의 고령 노인으로 패기가 전혀 없었고, 프랑스 국민이 더 이상 희생을 당해서는 안 된다는 구차한 변명을 내세우며 히틀러의 괴뢰 단체인 비시 정부를 발족했다. 그러나 국난 앞에서 구차하게 목숨을 구걸하는 비겁한 타협은 결국 아무것도 이루지 못하고 국가의 명예만 더럽힌다는 것을 역사는 분명하게 보여주었다. 반면 드골은 앞이 전혀 보이지 않는 패퇴의 상황에서도 결사 항전을 선택했다.

국가 단위에서뿐만 아니라 개인의 차원에서도 얼마든지 중차대한 선택에 직면할 수 있다. 능력을 의심받는 상황이 올 수 있고, 중요한 시험을 앞두고 흔들리는 때도 있다. 수중에 돈이 없고 앞으로의 살 길도 불투명해 막막함을 느끼는 때도 있을 것이다. 그때는 드골처럼 굳세게 맞서면서 생사를 건 각오로 맞받아 싸워야 한다. 위기와 시련 앞에서 신념을 저버리지 말 것을 당부하며 맹자는 이렇게 말하기도 했다.

"생선도 내가 먹기를 원하는 것이고 곰발바닥도 내가 원하는 것이지만, 두 가지를 다 가질 수 없다면 나는 생선을 버리고 곰발바닥을 취할 것이다. 목숨 또한 내가 바라는 바이며 의리도 내가 바라는 바이지만, 둘 다 취할 수 없다면 나는 목숨을 버리고 의리를 취할 것이다. 삶도 내가 바라는 것이지만, 내가 원하는 것 중에는 삶보다 더 중요한 것이 있기 때문에 구차히 살려고 하지 않는다. 죽음이란 싫은 것이지만, 죽음보다 더 싫은 것이 있기 때문에 비극도 피하지 않는다."

내가 먼저 나를 믿어야 한다

———— 서머싯 몸 ————

역대 가장 훌륭한 연극을 꼽으라면 당신은 무엇을 들겠는가? 뉴욕의
연극계를 선두하는 비평가들이 비밀 투표로 역대 가장 훌륭한 연극
10개를 선정했을 때, 1위의 영예는 3백 년도 더 된 고전 《햄릿》에게
돌아갔다. 그다음 자리는 《맥베스》도, 《리어 왕》도, 《베니스의 상인》도
아닌 《비Rain》였다. 성욕과 종교에 대한 소란스러운 내용을 담은 연극
《비》는 남태평양에서 성욕과 종교 중 어느 한쪽이 사라질 때까지 싸
운다는 서머싯 몸Somerset Maugham의 동명同名 단편소설*을 연극으로 각색

---

* 서머싯 몸이 1921년에 발표한 단편. 실화를 바탕으로 한 소설로 인생의 향락을 추구
하는 미국 출신 미녀 매춘부 새디 톰슨과 성욕을 억압해야 한다고 믿으며 그녀를 교
화하려 했던 스코틀랜드 출신 선교사 데이비드 사이에 벌어지는 갈등을 다루었다.
데이비드는 새디를 교화하는 데 어느 정도 성공했으나 결국 새디의 육체적 매력에
굴복해 그녀와 성관계를 맺었고 그 후 심한 죄책감을 느껴 자살하고 만다. 새디가 그
런 데이비드를 가리켜 "남자라는 놈들은 다 똑같아!"라고 말하면서 소설은 끝난다.
여기서 '비'는 남태평양 사모아의 장맛비를 가리키는 것으로 인간의 거센 원시적 성
욕을 상징한다.

한 것이다.

몸은 《비》로 20만 달러를 벌어들였다. 하지만 그 희곡을 쓰는 데는 5분조차 걸리지 않았다. 그는 원래 「새디 톰슨」이라고 하는 단편을 썼으나 흡족하게 여기지 않았다. 하지만 어느 날 시인 존 콜턴John Colton이 그의 집을 방문해 하룻밤 머물렀고, 잠들기 전에 읽을 것을 달라고 요청했다. 이때 몸은 「새디 톰슨」의 교정쇄를 넘겨주었다.

콜턴은 그 이야기에 푹 빠졌다. 심지어 전율마저 느꼈다. 그는 침대에서 나와 바닥을 서성이며 그 이야기를 연극으로 만들어보면 어떨까 상상했다. 아주 멋지고 오래가는 연극이 될 것이었다.

다음 날 아침 그는 서머싯 몸에게 달려갔다. "이 이야기는 아주 대단한 연극이 될 겁니다. 밤새 그걸 생각했다고요. 잠들기 전에 읽으라고 이걸 주셨다고요? 웬걸요. 한숨도 못 잤습니다!"

하지만 몸은 딱히 깊은 인상을 받지 못했다. "연극?" 그가 거친 영국식 억양으로 물었다. "그래. 그렇지만 좀 변태적인 연극이 되지 않겠나. 흥행은 끽해야 6주 정도 가겠지. 이야기는 정말 거들떠볼 필요도 없네. 정말로 그래." 하지만 그렇게 거들떠볼 필요도 없다고 생각했던 연극은 대략 20만 달러를 그에게 벌어다주었다.

극본이 완성되었을 때 여러 제작자가 연출을 거부했다. 그들은 실패를 자신했다. 그러다가 샘 해리스Sam Harris가 연출 제안을 받아들였고, 그는 진 이글스Jeanne Eagels라는 젊은 여배우를 주연 배우로 내세우고 싶어 했다. 하지만 대리인은 그 추천을 반대했는데, 이름이 더 알려진 배우를 쓰고자 했다.

긴 우여곡절 끝에 진 이글스가 새디 톰슨 역을 맡아 열연하자 브로드웨이에 센세이션을 일으키며 일약 스타로 떠올랐다. 그녀는 극장을 415번이나 관객으로 가득 채우며 공연을 대성공으로 이끌었다.

서머싯 몸은 『인간의 굴레에서』, 『달과 6펜스』, 『인생의 베일』 같은 많은 유명한 장편소설과 수십 편의 성공적인 극본을 썼다. 하지만 가장 유명한 연극 《비》의 극본은 자신이 직접 쓰지 않았다.

몇몇 사람은 그를 천재라고 부른다. 하지만 글을 쓰기 시작한 이후 11년 동안은 재정적으로 엄청난 실패를 겪었다. 생각해보라! 장차 작가로서 1백만 달러를 벌게 될 그였지만, 단편과 장편소설을 쓴 첫 11년 동안은 고작 매년 5백 달러를 벌었을 뿐이다. 때로 수입이 시원치 않아서 배를 곯았고, 월급을 받는 편집 일을 하려고 했지만 일거리를 주는 데도 없었다. 몸은 내게 이렇게 말했다. "계속 글을 쓸 수밖에 없었어. 나를 취직시켜 주겠다고 하는 데가 아예 없었거든."

당시 친구들의 말마따나 몸이 글을 쓰는 일은 바보같이 보이기에 충분했다. 의과대학을 졸업해 의사 자격증이 있는 그였기에 친구들은 소설 쓰기는 그만두고 개업하라고 야단이었다. 하지만 그는 영문학 역사에 자기 이름을 크게 새기겠다는 확고한 결의를 지니고 있었다. 어떤 것도 서머싯 몸을 문학 이외의 다른 방향으로 돌려놓을 수 없었다.

「믿거나 말거나」로 유명해진 로버트 리플리Robert Ripley는 한때 내게 이렇게 말했다. "10년 동안 무명으로 노예처럼 일한 사람이 10분 만에 유명해졌지." 그런 일이 리플리와 몸 모두에게 일어났다.

서머싯 몸이 처음으로 기회를 얻게 된 경위는 이러하다. 누군가의 연극이 런던 연극 무대에서 실패했고, 극장주는 그것을 대체할 다른 작품을 찾아 돌아다녔다. 극장주는 히트작을 찾는 것이 아니었다. 리허설에 들어갈 '진짜' 연극을 찾기 전까지 일정 기간만 때워줄 정도만 된다면 평범한 것이라도 무방했다. 그는 원고를 처박아둔 책상을 뒤졌고, 서머싯 몸의 연극 대본 하나를 끄집어냈다. 「프레더릭 부인」이라는 대본이었는데, 무려 책상 서랍에 1년 동안이나 잠자고 있던 것이다. 그는 이미 과거에 원고를 읽은 적이 있었고, 대단치 않다고 여기고 방치해둔 상태였다. 그것이 평범한 수준인 것은 분명했지만 그래도 몇 주 정도는 버텨줄 수 있을 것 같았다. 그리고 대체 작품으로 연극에 올렸을 때 기적이 벌어졌다. 「프레더릭 부인」이 어마어마하게 성공한 것이다. 런던에서 그 연극 이야기를 하지 않는 사람이 없었다. 오스카 와일드Oscar Wilde의 재기 넘치는 극중 대화 이후로 이 작품만큼 영국 사람들의 흥미를 돋운 연극은 없었다.

즉시 런던의 모든 극장주는 서머싯 몸에게 극본을 달라고 달려들었다. 어제까지 파리만 날리던 극작가에게 작품이 없냐는 문의가 쇄도했다. 그는 예전에 써두었으나 팔리지 않던 원고를 책상 서랍에서 하나씩 꺼냈다. 몇 주 뒤 극본 세 개는 세 군데 극장에서 만석으로 공연되었다.

저작권 수익이 마치 황금 홍수처럼 쏟아져 들어왔다. 출판사들은 어떻게든 이 새로운 천재의 작품을 받아내려고 애썼다. 사교계는 앞다투어 그에게 초대장을 보냈다. 무명으로 11년의 세월을 보낸 끝에 서머싯 몸은 일약 귀하신 몸이 되어 메이페어 고급 주택가의 응접실에서 런던의 내로라하는 유명 인사들 사이에 끼어 건배를 하게 되었다.

자신은 오후 1시 이후에 글을 쓰지 않는다고 몸은 내게 말했다. 그는 오후에는 뇌가 마치 죽어버린 것 같다고 했다. 그는 지중해 연안 코트다쥐르의 무어풍 별장 꼭대기에 있는 펜트하우스에서 글을 썼다. 글을 쓰기 전에는 한 시간 동안 파이프 담배를 즐기면서 철학 책을 읽었다. 독일의 프랑스 침공을 피해 미국으로 건너간 이후는 사우스캐롤라이나주의 농장에서 계속 글을 썼다.

그는 내게 미신을 믿지 않는다고 했지만 자신의 책 표지에 이블아이**는 새겨 넣었다. 그리고 똑같은 디자인을 집 안에서 사용하는 식기에도 새겼다. 문구류에도 이블아이 문양을 새겼고, 심지어 놀이용 카드에도 새겨 넣었다. 벽난로 위의 장식에도 이블아이를 새겼으며, 머무르는 빌라 입구 위도 예외는 아니었다. 그런 부적의 효과를 정말로 믿는지 내가 묻자 그는 빙그레 웃을 뿐이었다.

인생경영 포인트

서머싯 몸(1874~1965)은 런던의 의과 대학을 졸업해 의사 자격증이 있었으나 작가로 성공하길 꿈꾸었다. 그는 의사 수련 시절에 런던의 빈민가인 램버스 구역을 왕진 다녔는데, 이때 그곳의 빈민 생활을 기록한 「램버스의 라이자*Liza of Lambeth*」라는 처녀작을 썼다. 그것이 호평을 받자 작가가 되려는 마음은 더욱 커졌다.

그러나 의사 노릇을 포기하고 문필업에 진출해 보니 성공이 그리 쉬운 일은 아니었다. 처녀작이 어느 정도 인정받기는 했으나 그 다음부터 아무도 그의 작품을 출판해주려 하지 않았던 것이다.

문제는 여기서부터다. 그는 마치 자기 열정이 얼마나 되는지 시험당하는 것 같았다. 마음이 약했다면 의사 자격증까지 있으니 의사생활로 되돌아갔을 것이다. 그러나 몸은 자기 재능을 믿었다. 자기가 스스로 믿어주지 않으면 세상 누구도 믿어줄 수 없다고 생각했다. 그래서 기회가 오기를 기다리며 끈질기게 글을 썼다. 팔리지 않을 것을 알면서도 절망감을 억누르며 계속 글을 썼다.

** 악마를 물리치는 주술적 상징

그러던 어느 날 우연히 기회가 찾아왔다. 그의 작품이 대타로 공연되던 날이었다. 그 후 대성공을 거두어 그다음은 누구나 알게 되었다. 자기 능력을 믿고 곤궁한 한때를 견디며 기회를 기다리는 것, 이것이 그가 성공할 수 있었던 이유다.

"나는 대단한 일을 하고 있어.
나는 너무 행복해!"

────── 하워드 서스턴 ──────

✑

반세기 전 어느 추운 날 밤, 한 무리의 관중이 시카코 맥비커 극장에서 우르르 나오는 중이었다. 그들은 웃음을 지으며 흡족한 표정을 짓고 있었는데 당대의 위대한 마술사 알렉산더 헤르만Alexander Herrmann의 공연을 보고 나온 관중이었다.

극장 옆의 인도에 서서 몸을 덜덜 떠는 신문팔이 소년은 어떻게든 이들에게 『시카고 트리뷴』을 팔려고 애썼다. 소년은 당시 무척이나 힘겨운 날들을 보내고 있었다. 외투도, 집도, 몸을 누일 침대도 없었다. 그날 밤 군중이 사라진 뒤 소년은 극장 뒤골목의 쇠 격자 모양의 맨홀 뚜껑에 누워 신문지로 몸을 덮고 잠들었다. 지하에 설치된 난방장치 때문에 그나마 따뜻한 온기가 있기 때문이다.

굶주리고 덜덜 떨면서도 그는 알렉산더 헤르만 같은 마술사가 되겠다고 다짐했다. 관중이 찬사를 보내는 모습과 안에 털가죽을 댄 따뜻한 코트를 걸치고 나오는 자기를 여자들이 극장 뒷문에서 기다리는 광경을 상상했다. 그렇게 유명한 마술사가 되면 이 극장에 다시 돌아와 무대의 주인공으로 공연을 펼칠 것이라고 엄숙하게 다짐했다.

그 소년은 바로 하워드 서스턴Howard Thurston이고 정확히 20년 뒤 맹세는 현실로 이루어졌다. 그는 공연을 마치고 예전의 골목으로 향했고, 25년 전 굶주리고 집도 없는 신문팔이 소년 시절에 극장 뒤에 자기 이름을 새겼던 이니셜을 찾아냈다.

1936년 4월 13일 숨을 거둘 때 하워드 서스턴은 최고참 마술사, 눈속임 마술의 왕으로 인정받았다. 생애 마지막 40년 동안 그는 전 세계를 여러 번 여행하며 관중에게 즐거운 혼란을 안겨주었고, 그들을 깜짝 놀라게 해 숨이 턱 막히는 스릴을 선사했다. 그의 쇼를 보려고 6천만 명이 넘는 사람이 입장권을 샀고, 수익은 거의 2백만 달러에 달했다.

서스턴이 죽기 얼마 전의 어느 날 저녁, 나는 무대 가장자리 좌석에 앉아서 그가 펼치는 공연을 볼 수 있었다. 공연이 끝난 후 그는 분장실로 가 몇 시간에 걸쳐 자신의 흥미로운 인생 이야기를 내게 들려주었다. 이 마술사가 전해주는 평범하고 진솔한 삶의 진리는 그가 무대에서 만들어내는 마술만큼이나 놀라웠다.

어린 시절 그는 말 떼를 너무 급하게 몰았다는 이유로 아버지에게 잔인하게 매질을 당했다. 머리가 돌아버릴 정도로 화가 난 그는 바로 그날 가출해버렸다. 미친 사람처럼 고래고래 소리를 내지르며 거리를 달려 고향 마을을 떠났다. 이후 5년 동안 부모는 아들의 모습을 보지도, 소식을 듣지도 못했다. 아들이 틀림없이 죽었을 것이라고 생각했다.

자기가 죽지 않고 근근이 살아간 것은 거의 기적이라고 그는 말했다. 부랑자가 되어 화물차를 탔고 구걸과 절도로 버티면서 헛간, 건초더미 그리고 버려진 건물에서 잠을 잤다. 수십 번 경찰에 체포되고, 쫓기고, 욕 먹고, 발로 차이고, 기차에서 내동댕이쳐졌다. 심지어 누군가는 총을 쏘기까지 했다. 경마 기수에다 도박사 생활도 했다. 그러다 보니 열일곱 살 때는 호주머니에 돈 한 푼 없는 채로 친구도 전혀 없이 뉴욕을 떠돌아다니는 신세가 되었다.

바로 그때 아주 의미심장한 일이 벌어졌다. 우연히 참석한 종교 모임에서 한 전도자의 설교를 듣게 된 것이다. "당신 안에는 진정한 사람이 있습니다"라는 내용이었다. 서스턴은 설교에 깊이 감명받았고 양심의 눈을 떴다. 전에 없이 마음이 흔들리면서 자기 죄를 확신했다. 양 볼에 눈물이 흘러내렸고, 제단으로 걸어가 회개했고, 기독교 신자가 되었다. 그리고 얼마 전까지 부랑자로 정처 없는 삶을 살아왔던 그가 차이나타운의 길모퉁이에서 설교를 시작했다.

그는 어느 때보다도 행복했고, 전도사로 살아가기로 결심한다. 불과 2주 만에 벌어진 일이었다. 매사추세츠주 노스필드의 '무디 바이블 스쿨(성경 학교)'에 등록하고 하숙비를 벌기 위해 잡역부로 일했다.

당시 열여덟 살이던 그는 그때까지 평생 6개월 이상 학교를 꾸준히 다닌 적이 없었다. 그는 글을 화물열차를 타고 다니면서 철로변에 늘어선 표지판을 읽으며 배웠다. 옆에 앉은 부랑자들에게 지나가는 표지판을 가리키며 무슨 뜻인지 물었던 것이다. 서스턴은 글쓰기, 산수, 철자 쓰기 등을 제대로 하지 못했다. 그래서 낮에는 성경학교에 가서 그리스어와 생물학을 밤에는 읽기, 쓰기, 산수를 공부했다.

마침내 의료 선교사가 되기로 결심한 그는 펜실베이니아 대학에 입학하려고 길을 나섰다. 그리고 바로 그때 다시 한번 그의 인생을 통째로 바꾸어놓는 사소한 사건과 맞닥뜨린다.

매사추세츠주에서 필라델피아로 가려면 올버니에서 열차를 갈아타야 했다. 기차를 기다리는 동안 우연히 극장에 들러 알렉산더 헤르만의 마술 공연을 보았고, 놀라운 마술에 관중들의 눈이 계속 휘둥그레지는 것도 지켜보았다. 마술, 특히 카드 마술은 평소에도 서스턴의 관심사였다. 자신의 우상이자 영웅인 위대한 마술사 헤르만을 마주친 이상, 이야기를 나누어보고 싶었다. 그는 열쇠 구멍을 통해 귀를 기울였고 복도를 이리저리 걸으며 헤르만이 머무르는 방의 문을 두드리려고 했다. 하지만 결국 용기를 내지 못했다.

다음 날 아침 그는 유명한 마술사를 뒤따라 기차역으로 갔고 경외심 가득한 눈빛으로 마술사를 쳐다보았다. 마술사는 시러큐스로, 서스턴은 뉴욕으로 가는 중이었다. 적어도 그는 그렇게 생각했다. 매표원에게 뉴욕행 티켓을 달라고 할 작정이었는데 그만 실수로 시러큐스행 티켓을 달라는 말이 불쑥 튀어나왔던 것이다. 그 실수가 그의 운명을 바꾸었다. 서스턴을 의료 선교사 대신 마술사로 만들었다.

유명세가 절정에 도달했을 때 서스턴은 공연으로 거의 매일 1천 달러를 벌어들였다. 하지만 그는 내게 "약장수를 따라다니며 사람들에게 카드 마술을 보여주고 하루에 1달러를 겨우 받았던 때가 인생에서 가장 행복한 시절이었다"라고 말했다. 당시 서스턴의 이름은 선명한 붉은 글씨로 휘날리는 깃발에 적혔고, 그는 '북부의 마술사'라고 불렸다. 서스턴은 미국 중서부인 오하이오주 콜럼버스 출신이지만 텍사스 지역 사람들이 보면 오하이오주는 북부에 가까웠기 때문이다.

서스턴은 자기만큼 마술에 대해 잘 아는 사람은 얼마든지 있다고 인정했다. 그렇다면 그의 성공 비결은 무엇이었을까?

적어도 두 가지 덕분이다. 첫째, 무대 위에서 자신의 개성을 자유자재로 표현했다. 그는 쇼맨십의 달인이었고, 인간의 본성이 어떻게 작동하는지도 잘 알았다. 그런 것들이 마술 지식과 함께 마술사에게 꼭 필요한 자질이라고 말했다. 모든 행동, 심지어 목소리 억양과 눈썹을 살짝 들어 올리는 일까지 미리 주의 깊게 연습한 것이며, 모든 행동거지는 초 단위로 세세히 계획된 것이었다.

둘째, 무엇보다도 자신을 보러온 관중을 사랑했다. 커튼이 올라가기 전이면 그는 무대 옆에 서서 폴짝폴짝 뛰면서 정신을 바짝 차리고 스스로 사기를 북돋았다. 그는 계속 이렇게 되뇌었다. "나는 관중을 사랑해. 그들을 즐겁게 하는 일을 사랑해. 나는 대단한 일을 하고 있어. 나는 너무 행복해, 너무 행복해!"

그는 잘 알았다. 자기가 먼저 행복하지 않으면 아무도 행복하게 만들 수 없다는 것을 말이다.

인생경영 포인트

하워드 서스턴(1869~1936)은 가난한 집에서 태어나 14세에 가출했고 여러 마을을 돌아다니면서 하루하루 힘들게 살았다. 17세에 한 전도자의 설교를 듣고서 기독교 신자가 되었고 내친김에 의료 선교사가 되겠다고 마음먹었는데, 인생이 대개 그렇듯 우연한 기회로 다른 길을 걷게 된다. 그는 평소 동경하던 마술사 헤르만을 만나 제자가 되었고 마침내 당대 최고의 마술사로 인정받기에 이른다.

마술사로서 서스턴의 성공 비결은 다른 직업 분야에서도 그대로 적용된다. 그는 마술사가 소매에서 비둘기를 꺼내 관중에게 보여줄 때에는 정말로 빈 소매 속에서 비둘기를 꺼낸다고 스스로 확신해야 한다고 말했다. 자기 일을 사랑하고 지극정성을 기울여야 그 에너지가 전달되어 일이 성공적으로 풀린다는 것이다. 일상에서 대화를 할 때도 그렇고, 동료 사이에도 이런 원리는 마찬가지로 적용된다.

무대 뒤에서 자기 자신에게 주문을 걸고 확언을 하는 서스턴의 모습은 무척 인상적이다. 결국 인생은 말하는 대로 돌아가고 이루어지는 것 아닐까? 오늘 아침 당신은 어떤 마음가짐으로 집에서 나왔는가? 마음속으로 어떤 말을 되뇌이며 하루를 시작했는가? 그 말이 당신의 인생 방향을 결정할 것이다.

마흔에야 비로소 인생이 시작된다

──────── 에반젤린 부스 ────────

내가 아는 가장 멋진 여자는 1천 번이나 청혼을 받았다. 그녀는 유명인, 어부, 농부 그리고 바워리 거리*에 사는 몹시 가난한 사람 등 많은 구혼자들에게 청혼을 받았지만 모두 거절했다. 유럽에서 유명한 왕가의 한 왕자는 몇 달 동안 그녀를 따라다니며 결혼해달라고 간청하기도 했다. 이제 그녀는 일흔이 되었지만 여전히 수많은 청혼 편지가 쇄도하고 있다. 비서는 편지들을 그녀에게 보여주지도 않는다.

그녀의 이름은 에반젤린 부스Evangeline Booth. 그녀는 가장 위엄 있는 군대인 구세군의 수장이었다. 3만 명의 장교를 거느린 구세군은 86개국의 굶주린 사람들을 먹여 살리고 80개의 언어로 사랑을 전파했다.

나는 에반젤린 부스를 만났을 때 큰 충격을 받았다. 할머니라고 불려도 전혀 이상하지 않을 나이였지만, 붉은 머리카락에 흰머리는 몇 군데 보이지 않았기 때문이다. 그녀는 온몸에 활력이 흘러넘쳤고 열

* Bowery. 싸구려 술집이나 하급 여관 따위가 많았던 뉴욕의 거리를 말한다.

정으로 불타올랐다.

마흔에야 비로소 인생이 시작된다고들 하지만 두 남자가 붙잡아야 할 정도로 난폭하고 쉽게 흥분하는 말을 이 숙녀가 타는 것을 보았다면 인생이 일흔에 시작된다고 해도 믿었을 것이다. 에반젤린 부스는 이전 주인이 다루는 것을 무서워해 헐값에 내놓은 길들여지지 않은 말을 사들였다. 그녀는 '황금 심장'이라는 이름을 가진 말에 올라타서 "자, 어서 가자!"라고 소리쳤다. 황금 심장은 펄쩍 뛰고, 뒷다리를 들어 뛰어오르고, 사방팔방으로 마구 움직였으나 그녀의 노련한 솜씨에 곧 진정되었다.

그녀는 매일 한 시간씩 말을 탄다. 말을 타고 숲을 질주하는 동안 한손에는 고삐를 잡고, 다른 한손으로는 그날 연설문을 들고 있기도 했다. 승마를 하면서 동시에 연설을 준비하는 것이다.

미국에 있을 때면 여름마다 조지 호수로 가서 잭나이프 다이빙, 터틀백 다이빙, 스완 다이빙 등의 곡예 다이빙을 즐겼다. 63세 때는 네 시간을 헤엄쳐 조지 호수를 가로질러 건너가기도 했다.

그녀는 밤마다 침대 옆에 서류 뭉치를 놓고 잠들고, 종종 깊은 밤에 깨어나 많은 글을 썼다. 어느 날 밤 그녀는 잠이 오지 않아 새벽 3시에 일어나 노래 하나를 작곡하고 가사까지 붙이기도 했다. 세 명의 비서가 집에 함께 거주하면서 업무를 돕는데도 때때로 그녀는 새벽 2시에 일어나 일을 시작하기도 했다. 자동차로 사무실에 출근하는 한 시간 동안에도 구두 지시는 계속되었다.

에반젤린 부스는 가장 오싹했던 인생 경험 중 하나로 황금을 캐러 온 사람들이 유콘으로 몰려들었던 것을 꼽았다. 누구나 기억하지만 20세기가 시작된 무렵에 알래스카에서 황금이 발견되었고, 그 소식이 전해지자 미국 전역이 흥분에 휩싸였다. 사람들은 황급히 무리지어 북쪽 알래스카로 건너갔다. 그 모습을 본 에반젤린 부스는 그곳에서도 구세군의 도움이 필요하리라고 생각했고, 정규 간호사 몇 사람과 조수 서너 명을 데리고 유콘으로 향했다.

부스 일행이 스캐그웨이에 도착했을 때 달걀은 하나에 25센트였고, 버터는 약 500그램당 3달러에 판매되고 있었다. 몇몇 사람은 굶주렸고 모두가 총을 들고 다녔다. 어디에서든 클론다이크**의 '비누 팔이 Soapy' 스미스 이야기가 들렸다. 비누 팔이 스미스와 그의 패거리는 채금지에서 돌아오는 광부들을 기다렸다가 아무런 경고도 없이 총을 쏴서 그들이 채취한 사금을 강탈해갔다. 미국 정부는 무장 집단을 보내 그를 사살하려 했지만 비누 팔이 스미스는 그들 모두를 죽이고 도망쳤다.

알래스카의 스캐그웨이는 황량하고 거친 무법천지였다. 에반젤린 부스가 도착한 날에만 다섯 명이 살해되었다.

그날 밤 그녀는 유콘강 강둑에서 모임을 주최했다. 2만 5천 명의 외로운 사람에게 설교했고, 오래전 어머니가 불러주어 그들이 기억하고 있는 〈내 영혼의 연인 예수〉, 〈나의 주님 당신께 더 가까이〉, 〈즐거운 나의 집〉 등의 노래를 함께 불렀다.

북극 지방의 밤은 절로 오한이 들 정도로 추웠는데, 그녀가 노래를 부르는 동안 어떤 남자가 담요를 가져와 그녀의 어깨에 둘러주었다.

이 많은 사람들은 새벽 한 시까지 계속 노래를 불렀다. 이후 에반젤린 부스와 그녀를 도와주는 사람들은 숲으로 이동해 소나무 아래에 임시 침소를 마련하려고 했다. 그들이 막 불을 피우고 따뜻한 코코아를 만들어 마시려고 할 때 총을 든 다섯 남자가 그들에게 접근했다.

** 유콘의 한 지역으로 황금이 발견된 곳이다.

말을 알아들을 수 있을 정도로 가까이 다가오더니 대장인 것 같은 사람이 모자를 벗으며 이렇게 말했다. "내가 그 비누 팔이 스미스요. 오늘 당신이 노래를 부르는 소리가 무척 즐거웠다는 걸 말해주려고 왔소." 그는 계속 말했다. "당신이 노래를 부르는 동안 담요를 보낸 사람이 바로 나요. 계속 쓰고 싶다면 가져도 좋소." 평소 같았다면 담요는 그리 대단한 선물이 아니었겠지만, 추위와 습기로 사람이 죽는 그곳에서는 귀한 선물이었다.

스캐그웨이에서 활동하는 동안 자신에게 어떤 위험이 닥칠 수 있는지 그녀는 물어보았고 그는 이렇게 답했다. "아니, 내가 여기 있는 한 그럴 일은 없소. 내가 당신을 보호할 테니."

그녀는 세 시간 동안 그와 이야기를 나누었다. 그날은 한밤중에도 해가 떠 있는 백야白夜였다. 그녀는 이렇게 말했다. "나는 당신에게 기회를 주고 있고, 당신은 그걸 받아들이고 있어요. 지금 하고 있는 일은 옳지 않아요. 이길 수 없어요. 그들은 당신을 조만간 죽일 거예요." 부스는 스미스에게 어린 시절과 어머니 이야기를 해보라고 권유했다. 그는 할머니와 함께 구세군 모임에 참석하곤 했으며, 노래도 부르고 박수도 쳤다고 말했다. 할머니가 숨을 거둘 때 구세군 모임에서 함께 배운 노래를 불러달라고 했다는 것도 털어놓았다.

여기 예수께서 나와 함께하시니
내 마음은 이제 눈보다 희네.
그 많던 나의 죄가 이제 깨끗해졌다는 것을 아네.
내 이름에는 이제 티끌 하나 없다네.

부스는 그에게 같이 무릎을 꿇자고 했다. 이렇게 해 여자 구세군 사령관과 북부 지대를 공포로 떨게 만든 가장 악명 높은 강도 비누 팔이 스미스는 무릎을 꿇고 기도를 올리며 북부 지대의 소나무 숲에서 함께 울었다. 양 볼에 눈물이 가득한 채 '비누 팔이'는 그녀에게 더는 사람을 죽이지 않을 것이며 자수하겠다고 약속했다. 부스는 정부에 모든 영향력을 행사해 그가 가벼운 처벌을 받게 하겠다고 약속했다.

새벽 4시가 되자 그는 떠났다. 9시가 되자 그는 부하 한 명을 통해 갓 구운 빵과 잼을 바른 작은 파이 그리고 약 500그램의 버터를 선물로 보내왔다. 그곳에서는 무척 귀한 음식이었다. 그는 총을 들고 사람들에게 밀가루와 버터를 빼앗고, 부하에게 빵과 잼을 바른 작은 파이를 굽게 하고, 그것을 알래스카에 사랑과 순수함 그리고 용서를 설파하러 온 에반젤린 부스에게 보냈던 것이다.

이틀 뒤 누군가 비누 팔이 스미스를 총으로 쏴서 죽였다. 스캐그웨이는 그를 죽인 사람의 명예를 드높이기 위해 그 자리에 기념물을 세웠다.

에반젤린 부스는 내가 만난 가장 행복한 사람 중 한 명이었다. 그녀가 다른 사람을 위해 살았기 때문이었다. 부스는 자신에게 있는 가장 큰 열정은, 만나는 모든 사람(웨이트리스나 철도 짐꾼에게도)을 조금이라도 더 나은 사람으로 만드는 것이라고 말했다. 그녀 역시 같은 길을 지나왔던 것이다.

인생경영 포인트

노년은 인생의 후반기로 청년기와 대비되는 시기다. 어떤 이는 인생은 젊은 사람들의 게임이라고 말하기도 하고, 또 어떤 이는 청년 시절을 찬양하면서 "인간은 오래 살면 살수록 더 많은 수치를 견뎌야 한다. 그러니 마흔이 되기 전에 죽는다는 것은 아주 매력적인 일이다"라고 말하기까지 했다. 그러나 이렇게 말한 사람들도 마흔 전에 죽지 않고 각각 일흔과 아흔까지 살았으므로 우리에게 아무런 감흥도 주지 못하는 게 사실이다.

에반젤린 부스(1865~1950)는 마흔 이후의 삶이 얼마든지 찬란할 수 있다는 것을 보여준 여장부였다. 나이는 숫자에 불과하다는 이야기를 몸소 실천한 사람이다. 그녀가 지니고 있는 인생에 대한 열정은 남들에게 잘 전파되었다. 그래서 무법천지나 다름없는 알래스카 유콘으로 건너갔을 때에도 그곳의 무장 강도인 비누 팔이 스미스가 밤중에 그녀를 찾아와 몇 시간 이야기를 나누면서 자기 잘못을 참회했던 것이다.

에반젤린 부스는 인생에서 열정이 너무나 중요하다는 것을 잘 알기에 그것을 남들에게 알려주고 싶어 했다. 마치 우리가 동네를 산책하는데 누군가 길을 묻는 사람이 있으면, 그곳 지리에 익숙하기 때문에 친절히 가르쳐주려고 하는 선한 마음처럼 말이다.

좋아하는 일을 하고 있습니까?

—————— 제임스 뷰캐넌 듀크 ——————

세상에서 가장 부유한 여자가 있다. 하지만 그녀의 인생은 행복하지 않았고, 결혼 생활도 불행했으며, 이혼을 앞두고도 약간의 곤란을 겪었다. 그래도 이 여인의 재산은 5천 3백만 달러가 넘었다(현재 가치로 대략 1조 원에 해당—편집자). 그녀를 가리켜 돈은 많아도 딱하고 가여운 여자라고 말들 하는데, 어디를 가든 기자와 카메라맨이 따라붙어 혼이 나갈 정도로 성가시게 했기 때문이다. 심지어 모자를 사러 가게에 가더라도 권총으로 무장한 두 명 혹은 세 명의 탐정이 따라붙어 그녀를 경호한다.

그녀에게는 막대한 규모의 사유지가 여럿 있는데 그중에서 네 곳은 미국에, 한 곳은 하와이에, 다른 한 곳은 프랑스 남동부 해안에 있다. 그녀가 소유한 뉴저지주 서머빌의 2천만 제곱미터 규모의 농장은 잔디밭이 광활하게 펼쳐져 있고, 반짝이는 연못이 여러 곳에 자리 잡고 있으며, 철쭉이 몇 천 제곱미터에 이를 정도로 풍성하게 자라고, 여러 군데에 온실이 있는 등 미국 동부의 명소로 꼽힌다.

결혼하기 한 주 전에 그녀는 붉은 양모 수영복을 입고 플로리다주의 팜비치 해안에 나타났는데 그 수영복은 3년이나 된 것이라고 솔직히 말했다. 그리고 막대한 재산에도 불구하고 그녀는 통나무가 타오르는 거대한 벽난로가 있는 곳보다 더 아름다운 결혼식 장소를 발견하지 못했다.

도리스 듀크Doris Duke를 세상에서 가장 부유한 상속인으로 만든, 그 막대한 재산은 어떻게 축적되었을까? 그 재산은 모두 담배 연기에서 나왔다.

듀크 가문의 막대한 재산에 대한 이야기는 남북전쟁* 말엽으로 거슬러 올라간다. 남부의 군대는 유린당했고, 땅과 밭은 완전히 파괴되어 황폐해졌다. 남부 사람들은 극심한 고통을 겪었다. 커피를 대체하려고 밤과 목화씨를 끓여 마셨고, 블랙베리 잎과 사사프라스 뿌리의 혼합물을 끓여 차를 대신했다. 그들은 소금을 얻겠다고 베이컨에서 떨어진 기름이 흠뻑 스민, 훈연실 바닥의 흙을 파서 끓이기도 했다. 워싱턴 듀크Washington Duke는 세상에서 가장 부유한 상속녀 도리스 듀크의 할아버지로 당시 리치먼드에서 로버트 리Robert E. Lee 장군 휘하에서 싸웠고, 악명 높은 리비 감옥에서 온갖 고초를 겪었다.

리 장군이 항복한 뒤 그는 노스캐롤라이나주 더럼에 있는 자신의 농장으로 돌아왔다. 남부 연합 정부는 그에게 한 쌍의 눈멀고 나이 든 노새를 주었고, 그는 5달러짜리 남부 연합 지폐를 어느 북부 군인에게 넘기고 50센트를 받았다. 워싱턴 듀크는 50센트 남짓의 은, 눈멀고 늙은 한 쌍의 노새, 사슬로 된 마구 그리고 엄마 없는 두 아들을 데리고

---

* 남북전쟁은 1861년부터 1865년까지 미국에서 벌어진 내전으로 결국 북부의 승리로 끝났다.

험난한 미래를 헤쳐 나가야 했다.

남부 연합군과 북부 연합군의 굶주린 병사들은 모두 인근 지역을 휩쓸며 먹을 수 있는 것이라면 무엇이든지 뜯어갔다. 유일하게 남은 것은 덜 자란 담배였다. 그와 두 아들 '벅'과 '벤'은 담배를 수확해 말리고, 히코리 나무 막대로 마구 두들겨 자루에 넣고, 마차에 싣고, 한 쌍의 늙고 눈먼 노새의 고삐를 당겨 '세계 정복'에 나섰다. 재미있는 점은 그들이 실제로 담배 업계를 정복했으며 세계를 포위한 담배 제국을 건설했다는 것이다.

한 쌍의 노새가 이끄는 마차를 끌고 그들은 담배가 귀한 노스캐롤라이나주의 남부 지역으로 갔다. 그들은 담배를 건네주고 베이컨과 목화를 받았다. 밤이면 길가에서 베이컨과 고구마를 구워서 먹고 별을 보며 잠들었다. 판매업은 담배를 경작하는 일보다 훨씬 재미있어서 그들은 담배 판매에 평생을 바치기로 결심했다.

하지만 시간이 흐르며 그들은 사납고 맹렬한 경쟁자들을 상대로 싸워야 했다. 수백 개의 회사가 파이프 담배를 만들었다. 게다가 자본도 풍부하며 영향력도 강한 대기업이었다. 제임스 뷰캐넌 듀크James Buchanan Duke는 사업에 다른 방향이 필요하다는 것을 알아차렸고, 즉시 그 일에 착수했다. 그렇게 하지 않으면 회사가 무너질 것이었다. 그는 1억 달러를 벌어줄 아주 멋진 아이디어를 생각해냈다.

바로 종이로 돌돌 만 담배를 제작하기로 한 것이다. 미국인이 그런 궐련을 한 해 1,250억 개씩 피우는 오늘날의 관점에서 보면 그 아이디어는 그리 독창적인 것으로 보이지 않는다. 하지만 1881년에는 가히 혁명적인 생각이었다. 러시아인과 튀르키예인은 몇 세대 동안 종이로 만 담배를 피워왔고, 영국 군인은 그런 담배를 크림 전쟁Crimean War에서 수입해왔다. 하지만 온 세상에 담배를 널리 알린 미국에서는

1867년까지 종이로 만 담배가 존재하지 않았다.

제임스 '벅' 듀크가 그 사업을 처음 시작했을 때는 궐련을 손으로 일일이 제작했다. 그 후 그는 담배 제작 기계를 완벽하게 개선해 하루 2천 5백 개를 만들어내던 것을 1백만 개로 늘렸으며, 처음으로 실용적인 담뱃갑도 고안했다. 윗부분이 열리는 판지로 만든 담뱃갑이 그것이다.

그는 엄청난 방법으로 사업을 했다. 연방 의회가 담배에 부과되는 세금을 줄이자, 그는 담뱃값을 절반으로 깎아 한 갑에 5센트짜리 담배를 대규모로 시장에 공급했다. 경쟁자들은 큰 충격에 빠졌다.

이어 그는 담배로 정복할 새로운 땅을 살피기 시작했다. 그리고 그가 뉴욕에 또 다른 공장을 세웠을 때는 그의 나이 고작 스물일곱이었다. 그는 스스로 몇 번이고 이렇게 말했다. "록펠러가 기름으로 큰 사업을 일으켰는데, 내가 담배로 사업을 크게 이루지 못할 건 없다." 그는 모든 수익을 담배 사업에 재투자했다. 매년 5만 달러를 버는 동안에도 비좁은 싸구려 방에서 살았고, 점심도 트럭 노점에서 가장 싼 것을 먹었다. 저녁 식사에 50센트까지는 쓰지 않으려고 했지만, 멀리 떨어진 세상의 구석구석까지 광범위하게 대리인을 고용해 파견하는 것에는 전혀 돈을 아끼지 않았다. 그는 이른 아침부터 늦은 밤까지 자신의 공장에서 마치 노예처럼 일했고, 원료가 되는 잎 관리부터 완제품 담배가 되는 과정까지 모든 것을 감독했다.

그렇게 해서 그는 1억 1백만 달러의 유산을 남겼다. 생전에 그는 미국에서 누구보다 백만장자를 많이 만들어냈다며 자랑하곤 했다. 그가 학교에 다닌 기간은 고작 4~5년에 불과했다. 한번은 이렇게 말했다. "설교자나 변호사가 되려면 대학 교육도 좋겠지만, 저한테는 무슨 소용이 있겠습니까? 뛰어난 머리는 사업 분야에서 필수적인 게 아닙니다."

이것이 제임스가 자신의 성공을 설명한 방법이다. 이어 그가 했던 말을 정확히 인용해보겠다. "제가 사업에서 성공한 건 천부적인 능력을 더 많이 가져서가 아니라, 사업에 더욱 전념하고 더 오래 매달렸기 때문입니다. 어떤 일에서든 저보다 훨씬 머리가 좋은 사람이 실패하는 걸 저는 많이 봤습니다. 그들은 헌신과 결의가 없기에 그렇게 된 것이죠."

흥미롭게도 자기에게 교육이 필요하지 않았다는 이 남자는 4천만 달러 기부해 오늘날 그의 이름을 달고 있는 훌륭한 대학을 설립했다. 그것이 노스캐롤라이나주 더램에 있는 듀크 대학이고, 대학 이사 중 한 사람이 도리스 듀크다. 그녀는 세상에서 가장 젊은 대학 이사일 것이다.

제임스 '벅' 듀크는 언론의 관심이 쏠리는 것을 싫어해 평생 인터뷰는 단 한 번밖에 하지 않았다. 그 인터뷰에서 기자는 이렇게 물었다. "듀크 씨, 엄청난 재산을 갖고 계신데, 만족하십니까?"

그러자 그는 고개를 천천히 저으며 이렇게 말했다. "아뇨, 전혀요."

인생경영 포인트

도리스 듀크의 아버지는 담배 재벌 제임스 뷰캐넌 듀크(1856~1925)다. 제임스 듀크는 '궐련'이라는 아이디어 하나로 승부해 석유 분야의 록펠러에 맞먹는 억만장자가 되었다. 회사를 크게 키우는 데에는 전혀 돈을 아끼지 않았지만 자신의 숙식에 들어가는 돈은 최대한 절약했다.

그는 자신의 성공 비결을 헌신과 결의라고 말했다. 먼저 돈을 탐한 것이 아니라 사업을 열심히 일구려 했기에 돈이 들어오게 된 것이다. 또한 돈을 많이 버는 자체에서 행복이나 만족을 얻은 것이 아니라 자기 아이디어가 구체화되어 엄청난 파급 효과를 미치는 것을 보며 만족했다. 그리고 돈의 상당 부분을 고향인 노스캐롤라이나주 더램에 듀크 대학을 설립하는 데 기부했다.

듀크의 에피소드는 인생은 역시 자기가 좋아하는 일을 해야 성공할 가능성이 높다는 것을 여실히 보여준다. 일찍이 공자는 『논어』에서 노력하는 것은 좋아하는 것만 못하고 좋아하는 것은 즐기는 것만 못하다고 말했는데 제임스 듀크는 자기 사업을 정말로 즐겼던 것이다.

자신의 가치를 확신할 것

———— 캐서린 헵번 ————

몇 년 전 어느 날 밤 뼈만 앙상히 남은 붉은 머리칼의 커네티컷 소녀가 〈블레넘 전투〉*라는 시를 낭송하려고 학교 강단으로 올라갔다. 주근깨 많은 얼굴이었지만 깨끗하게 씻어 단정했다. 관중들 사이에는 그녀의 부모, 다섯 형제자매가 기쁜 얼굴로 앉아 기다리고 있었다. 정말 멋진 낭독이 기대되었다. 하지만 슬픈 일이 벌어졌다. 소녀 캐서린이 첫 연을 낭독하려고 입을 뗄 때 갑자기 무대 공포증이 덮쳐와 말문이 막힌 것이다. 숨도 제대로 못 쉬고, 눈에는 눈물이 고였다. 결국, 망신을 당했다는 생각에 그녀는 강단에서 도망쳤다.

캐서린 헵번Katherine Hepburn은 그때 겨우 열세 살이었다. 그리고 그 나이의 딱 두 배가 되었을 때 그녀는 여러 영화에서 빼어난 모습을

---

* 블레넘은 독일 남부 바바리아 지방, 도나우 강변의 마을 이름이다. 독일식 표기는 블렌하임. 스페인 왕위 계승 전쟁 때인 1704년, 이 마을에서 영국의 말보로 공작이 이끄는 영국 군대가 프랑스 바바리아 연합군에게 대승을 거두었다. 참고로 말보로 공작은 윈스턴 처칠의 조상이기도 하다.

보이며 온갖 상을 휩쓸었다. 이를테면 1933년에는《아침의 영광》, 1934년에는《작은 아씨들》에서 열연했다.

브린마워 대학을 졸업하고 얼마 되지 않았을 때 신은 그녀에게 은혜를 베풀었다. 무대 경험이라곤 고작 보름 정도인 그녀가《큰 연못The Big Pond》이라는 브로드웨이 연극의 주연으로 발탁된 것이다. 이건 정말 어마어마한 기회였다. 하지만 리허설이 시작되면서 무대 감독과 배역을 놓고 이견이 생겨 말다툼을 벌이게 되었다. 그녀는 강력하게 주장했지만 결정권은 감독에게 있었고, 결국 일을 그만둔다.

다음으로 그녀는《죽음이 휴가를 가다》에서 중요한 배역을 맡았다. 하지만 그 연극으로 브로드웨이 무대에 진출하지는 못했다. 그녀는 필라델피아에서 해고 통지를 받았는데, 그것도 분장실에 앉아 분장을 받으며 공연을 준비하는 동안에 소식이 날아들었다. 해고 사유는 무능하다는 것이었다.

하지만 또 다른 절호의 기회가 곧 찾아왔다.《동물 왕국》에서 레슬리 하워드Leslie Howard의 상대역을 맡게 된 것이다. 그녀는 간절히 성공을 바랐다. 몇 달 동안 배역을 연구하고 거기에 맞추어 살고 꿈꾸었다. 하지만 리허설이 시작되자 같은 상황이 반복되었다. 그녀는 모든 조언을 우습게 보며 거부했고, 자기가 해석한 대로 연기하겠다고 고집을 피웠다. 결국 또 해고되었고 일을 그만둘 수밖에 없었다.

이런 행동이 어리석게 보일 수도 있다. 그녀를 비난하기 전에 본인의 해명부터 들어보자. 캐서린 헵번은 이렇게 말했다. "내 방식대로 나 자신을 표현할 수 있다면 성공할 거라고 믿었어요. 다른 사람의 말도 안 되는 지시를 따르면 작업이 생기를 잃고 실패한다고 생각했죠." 그리고 당연히 그녀가 옳았다. 그것도 완전히 옳았다.

몇 해 전에, 코네티컷주 하트퍼드에서 의사로 일하는 그녀의 아버지는 집에 체육 시설을 만들어서 여섯 아이에게 레슬링과 텀블링 그리고 곡예용 공중 그네를 연습시켰다. 덕분에 캐서린은 무척 민첩해졌고 80킬로그램이 넘는 남자를 내던지고 바닥에서 제압할 수 있게 되었다. 그녀가 50킬로그램에 불과하다는 것을 생각하면 무척 놀라운 일이다. 캐서린은 또한 멋진 스케이팅 선수이자 대단한 다이빙 선수가 되었고, 골프 실력도 워낙 출중해 연기자 대신 프로 골퍼가 되어도 충분한 정도였다. 그리고 이 모든 훈련이 그녀가 첫 브로드웨이 출연에서 대성공을 거두는 데 도움을 주었다. 《전사의 남편》에서 그녀는 이리저리 뛰어다니는 여전사 아마존을 생동감 있게 연기했다.

그녀의 연기는 무척 매력적이어서 할리우드에서도 소식을 입수했고, 스크린 테스트 뒤 출연료로 얼마를 받고 싶은지 전보로 물었다. 할리우드에서는 그녀가 주급 2백 달러 정도를 요구할 것으로 보았다. 대리인을 통해 주급 1천 5백 달러 정도면 함께하겠다고 전보를 보내자 할리우드 간부들은 그것을 인쇄 오류라고 생각했다. 전보 회사가 실수로 0을 하나 더 넣은 게 아니냐고 물었다. 이에 대한 답변은 어안이 벙벙할 정도였다. "아닙니다. 실수를 한 건 저였습니다. 주급 1천 5백 달러가 너무 적다네요."

캐서린이 할리우드에 도착했을 때 감독이 될 조지 쿠커는 헤어스타일을 바꾸어야 하며, 옷이 좀 창피하다고 말했다. 창피? 캐서린은 기가 턱 막혔다. "대체 무슨 소릴 하는 거예요!" 그녀가 말했다. "이 옷들은 파리의 가장 훌륭한 의상실에서 내 전용으로 특별히 제작한 거라고요." 그러자 조지 쿠커가 빠르게 대꾸했다. "그래? 내 평생 이보다 엉망진창인 옷을 보지 못한 것 같은데. 옷 잘 입는다고 하는 여자라면 이런 옷을 입고 욕실 밖으로 나오지 않을 거라고!" 캐서린은 어이가 없었지만 곧 웃기 시작했다.

애초 캐서린 헵번은 브린마워 대학에서 4년 동안 심리학을 공부하고 학자가 될 생각이었다. 여자라면 좋아할 만한 주름 장식과 장신구 따위는 그녀에게 전혀 중요하지 않았다. 이곳저곳에 헝겊을 댄 작업복과 징을 박은 신발을 신고 돌아다니면서 할리우드 사람들에게 충격을 안겼다. 신발도 그녀가 유럽에서 산을 탈 때 신었던 무척 육중한 등산화였다.

헵번은 초록빛이 도는 푸른 눈에다 붉은 머리카락을 갖고 있었다. 영화를 촬영할 때는 머리카락이 불처럼 보이게 하려고 매일 아침 샴푸로 머리를 감았다.

대학 시절에는 어떤 댄스 모임에서 춤을 추다가 한 남자와 부딪친 적이 있다. 남자가 사과하려고 돌아보자 그녀는 잔뜩 화가 난 표정으로 쏘아보아 그를 주눅들게 했다. 하지만 남자는 그녀에게 큰 흥미를 느꼈고, 다음 춤을 함께 추는 동안 그녀와 여러 이야기를 나누었고, 데이트를 신청했다. 달빛 속에서 여러 차례 드라이브를 하면서 사랑을 속삭인 그들은 여섯 달 만에 결혼했다. 그리고 나중에 멕시코 유카탄 반도에서 이혼했다. 캐서린은 이혼에 대해 간단명료하게 언급했다. "그게 가장 좋을 것 같았으니까요."

그녀는 3등 선실을 쓰면서 유럽 여행을 7번이나 했다. 심지어 할리우드에서 주급 1천 5백 달러를 받으면서도 3등 선실을 고집했다. 그녀는 1등석에 큰돈을 쓰는 것을 낭비라고 여겼다. 어차피 뱃멀미하기는 마찬가지여서 1등석이든 셰틀랜드 조랑말이든 구분이 안 된다는 것이다.

그녀는 사업상의 흥정에도 아주 능숙했다. 영화 《스핏파이어 *Spitfire*》 촬영을 계약대로 마친 후, 또 다른 장면을 추가 촬영해야 한다는 현장의 요청을 받아 촬영장으로 돌아간 적이 있었다. 확실한 소식통에 따르면 그녀는 그날 추가로 하루 더 일하고 1만 달러를 받았다고 한다. 캐서린은 역사상 그런 대담한 일을 해낸 유일한 여성일 것이다. 나는 그녀와 같은 스코틀랜드 혈통으로서 존경심을 금치 못한다.

인생경영 포인트

캐서린 헵번(1907~2003)은 1930년대부터 1980년대까지 50년 동안 연극계와 영화계에서 이름을 날린 유명한 배우다. 데뷔 초기에 할리우드에서 통용되던 일반적인 여성상을 깨트리는 대담하고 자기주장이 강한 성격파 여배우로 이름을 알렸다. 1933년 《아침의 영광》이라는 영화로 첫 아카데미 주연상을 받았고 그 후 1967년, 1968년 그리고 1981년에 《황금 연못》으로 세 번 더 아카데미상을 받았다.

헵번은 평소 자기주장이 강했기 때문에 여러 번 좌절을 겪었다. 하지만 고집과 일관성은 사실 종이 한 장 차이고, 이 두 가지 선택 사이에서 우리가 기댈 수 있는 것은 오로지 자기 자신뿐이다. 아무리 여러 번 좌절했어도 헵번이 과감히 자기주장을 밀고 나갈 수 있었던 것은 자신의 가치를 확신하기 때문이었다.

초나라 사람 화씨和氏는 자기가 갖고 있는 옥돌을 왕에게 바쳤으나 주위 사람들이 잡석이라고 하는 바람에 국왕 경멸죄로 왼쪽 발이 잘렸다. 두 번째로 다시 구슬을 바쳤을 때에도 또 다시 평범한 돌이라는 판정을 받아 나머지 오른쪽 발마저 잘렸다. 화씨가 슬피 울며 피눈물을 흘리자 왕이 그 소식을 듣고서 연유를 물으니 화씨는 이렇게 대답했다. "저는 발이 잘려 슬퍼하는 게 아닙니다. 보옥을 잡석이라 하고 정직한 사람을 거짓말쟁이로 모니 그것이 슬플 따름입니다." 그리고 왕이 그 옥돌을 다듬으니 과연 천하의 밝은 구슬이었다.

남들이 뭐라고 하든 자신이 믿는 것을 지켜내는 용기가 화씨와 헵번의 인생에서 돋보인다. 우리는 누구나 천하의 밝은 구슬, 큰 바위 얼굴이 될 잠재력을 갖고 있다. 단지 자기 신뢰와 부단한 노력이 부족할 뿐이다.

2장

인간관계, 모든 성공의 핵심

조직과 관계를 중시한 덕장

—— 드와이트 아이젠하워 ——

20세기 초에 한 고등학생이 캔자스주의 주간지 『애빌린 뉴스』의 사무실에 들렀다. 그는 편집장이 소장하던 책 하나를 집었는데, 역사상 뛰어난 군사 지휘관으로 평가되는 한니발을 다룬 책이었다. 그는 한니발 이야기에 완전히 빠져들었다. 코끼리를 이끌고 알프스 산맥을 넘어 로마인과 15년을 싸운 한니발 이야기는 아주 매력적이었다. 이 캔자스 소년은 전사戰史에 매료되었고, 에드워드 기번의 『로마 제국 쇠망사』*를 탐독했다. 이어 그는 몇 달에 걸쳐 미국사를 다룬 책들을 열심히 읽었고 거기에는 리, 그랜트, 워싱턴, 스톤월 잭슨 등 미국의 유명한 장군들의 전기도 포함되었다. 그는 역사, 특히 전사에 매료되었다.

그가 다닌 애빌린 고등학교의 연감에서는 언젠가 아이젠하워가 예

---

* 에드워드 기번(1737~1794)이 쓴 총 여섯 권의 역사서로 1787년에 완간되었다. 역사 분야의 가장 위대한 저서로서 인간의 사상과 박학이 만들어냈다는 평가를 받는다. 이 책은 무려 13세기에 걸친 내용을 담고 있으며 아름다운 문장과 장대한 스케일로 많은 독자들을 매혹시켜왔다.

일 대학교에서 역사를 가르칠 교수가 될 것이라고 예상했다. 하지만 그 예측은 조금 벗어났다. 예일 대학교에서 역사를 가르치는 대신, 예일 대학교에서 다른 교수들이 가르칠 역사를 만들어낸 것이다! 그렇다. 그는 한니발과 코끼리 떼가 이룬 것보다 우리에게 훨씬 더 큰 영향을 미치는 위대한 역사를 만들었다. 그 소년의 이름은 드와이트 데이비드 아이젠하워Dwight D. Eisenhower였고, 친구들은 '아이크'라고 불렀다. 아이크 아이젠하워는 캔자스주 애빌린의 밀밭에서 성장한 평화를 사랑하는 소년이자, 서유럽에서 3억 명의 운명을 결정한 연합군을 지휘한 위대한 장군이다.

1944년 6월 5일 새벽 4시 아이젠하워 장군은 그다음 날인 6월 6일에 유럽 전선에 참전하기로 결정했다. 육군, 해군, 공군의 책임자들 및 기상 전문가들과 30분 동안 대화를 나누고 내린 결정이었다. 영국의 어떤 매력적인 시골 저택 거실에서였다. 사실, 이틀 전 아이젠하워 장군은 즉시 대륙 침공을 시작하라는 명령을 내렸다가 30분 뒤 취소했다. 날씨가 갑자기 변했던 것이다. 그런데 날씨가 이제 더욱 유리한 상황으로 변했다. 유럽 침공을 거기서 더 지연한다면 이미 전함에 올라 빨리 공격하길 바라는 군인들의 사기를 떨어뜨릴 수 있었다. 관련된 모든 찬반양론을 세심하게 살핀 뒤 장군은 드디어 결정했다. "이러한 요소들을 종합적으로 고려해보니 지금 공격하는 게 더 좋겠다는 판단이 섰다."

어떠한 열의나 흥분도 없이 내놓은 이 한마디로 길고 피비린내 나는, 전쟁사에서 가장 큰 규모의 수륙 양용 작전이 개시되었다. 캔자스에서 설거지하고 우유를 짜던 소년 아이크 아이젠하워는 일찍이 한 사람의 손에 쥐여진 적이 없는 영향력을 행사했다. 그는 승진을 거듭해 마침내 연합군의 서부 전선에 배치된 병력을 지휘하는 총사령관이 되었다. 보병, 포병, 공병, 해군 그리고 머리 위에서 포효하는 폭격기 등을 전부 지휘하는 사령관이라는 뜻이다. 그렇다. 아이크 아이젠하워는 나폴레옹, 율리우스 카이사르, 한니발, 샤를마뉴의 군대를 모두 합친 것보다 더 규모가 큰 육군 부대를 지휘했다. 그는 넬슨, 호킨스, 드레이크, 존 폴 존스 그리고 듀이 제독의 함대를 모두 합친 것보다 더 큰 규모의 해군 부대를 지휘했다. 나아가 여태껏 인류가 상상해본 적이 없는 아주 대규모의 공군력 또한 지휘했다.

그는 조용하고 차분한 방식으로 이런 압도적인 책임을 감당했다. 지난 여러 해 동안 훈련해오고, 지극히 사소한 사항까지 완벽하게 준비하고, 믿기지 않을 정도로 많은 전쟁 물자를 축적한 덕분이었다.

성공을 위한 그의 방식은 무척 단순했다. 그는 이렇게 말했다. "아주 사소한 사항까지 계획하고, 커다란 죽음의 낫으로 상대방을 베어 넘긴다." 아이크의 부하이자 전문가들은 그런 방침에 따라 지극히 세부적인 사항까지 철저히 계획했다. 이를테면 유럽 침공 시에 해군의 역할에 대한 세부 사항만 타자 용지로 8백 쪽 분량이었다. 또한 그 종이와 참고해야 할 지도를 모아 무게를 달아보니 모두 140킬로그램이었다.

27년 전 웨스트포인트 육군사관학교의 청동 명판에는 아이크 아이젠하워의 이름이 새겨져 있었다. 미식축구 선수로서 뛰어난 성공을 거두었기 때문이었다. 그에게는 '캔자스 사이클론'이라는 별명이 있었다. 자신을 막아서는 모든 것을 쓸어버리는 회오리바람처럼 필드에서 상대방을 쓰러뜨렸기 때문이다. 아이젠하워의 미식축구 경력은 웨스트포인트에서 다리가 부러지면서 끝났다. 그리고 군인 경력은 유럽에서 히틀러 정권이 무너지고 독일이 재건되면서 끝났다.

아이젠하워는 루스벨트 대통령과 윈스턴 처칠뿐만 아니라 스탈린이 꼽은 최우선 연합군 총사령관 후보였다. 실제로 아이젠하워는 루스벨트 대통령이 스탈린에게 보낸 편지를 영국의 집무실 책상 서랍에 늘 보관해두었다. 편지에는 아이크 아이젠하워가 연합군의 총사령관이 될 것임을 알려주는 내용이 담겨 있었다.

34년 전 아이젠하워가 웨스트포인트에 가고 싶다는 의사를 밝혔을 때만 해도 그의 가족은 큰 충격에 휩싸였다. 가족 모두가 독실한 기독교 신자로, 전쟁 자체를 반대하는 '그리스도 형제 연합 교회'라는 종파에 소속되어 몇 세대를 살아왔기 때문이다. 아이크 아이젠하워의 할아버지는 그 교회의 목사였고 독일어로 설교했다. 부모도 교회가 설립한 대학에서 처음 만났다. 때문에 아들이 군인이 되고 싶다고 했을 때 부모가 얼마나 놀라고 충격을 받았을지 상상이 된다. 하지만 아이젠하워는 이미 결심을 굳혔고, 아무리 부모가 마음을 돌리려고 해도 소용이 없었다.

처음에 그는 애나폴리스 해군사관학교에 입학해 해군 장교가 되려고 했다. 어린 시절부터 친구였던 에버렛 해즐럿이 그곳에 갈 생각이었고, 아이젠하워도 사소한 실수만 없었더라면 분명 그곳에 입학했을 것이다. 해군사관학교는 스무 살 이하의 학생만 받는다는 입학 규정이 있었는데 아이크가 지원하려고 했던 때에는 이미 나이가 넘어 있었다.

아이젠하워 장군이 육군에서 놀라울 정도로 빠르게 진급한 이유는 풍부한 지식, 끊임없는 훈련, 뛰어난 판단력, 온화한 품성 그리고 상황을 잘 처리하는 능력 때문이기도 했지만, 무엇보다 휘하 장병을 잘 이끄는 뛰어난 리더십 덕분이었다. 리더는 아랫사람이 처벌의 두려움이나 보상에 대한 기대 없이 조직의 일을 하도록 설득하는 사람이라고 할 수 있는데, 아이젠하워 장군은 그 자질이 비상할 정도로 뛰어났다. 모두가 그를 좋아했다. 아이젠하워는 종종 '육군이 가장 선호하는 장군'으로 통했고, 그에게는 인품이라는 정의하기 힘든 자질이 풍부하게 있었다.

부인은 이렇게 말했다. "아이크는 내가 만난 사람들 중 가장 호감 가는 미소를 지닌 사람이에요. 또 대화 능력이 놀라울 정도예요. 박학다식해 거의 모든 분야에 정통하기까지 해요. 남편이 말하는 걸 듣는 건 즐거워요. 오랜 세월 함께 살아왔지만 여전히 남편한테 빠져들어요." 부인이 남편에 대해 이처럼 극찬하는 경우는 심홍색 루비를 만나는 일보다 드문 일이므로 경청할 필요가 있다.

윈스턴 처칠도 한때 아이젠하워에게 말했다. "아이크, 내가 당신을 좋아하는 건 당신이 영광을 차지하려고 이리저리 뛰어다니는 사람이 아니기 때문입니다." 처칠이 정확히 말했다.

애초 이 수사법은 아이젠하워가 한 말에서 따온 것이긴 하다. 커닝엄 제독에 따르면, 아이젠하워가 북아프리카에서 어떤 사람에게 이렇게 말했다는 것이다. "내가 자네를 좋아하는 건 자네가 영광을 차지하려고 이리저리 뛰어다니지 않아서야." 제독은 이 말을 그대로 처칠에게 전했고 나중에 처칠도 아이젠하워의 말을 그대로 인용해 아이젠하워에게 돌려주었던 것이다.

아이젠하워는 영광을 차지하려고 사방팔방 뛰어다니는 사람이 분명 아니었다. 어떻게든 주목을 받고 인기를 독차지하려던 적이 한번도 없었다. 그는 에이브러햄 링컨이 그랬던 것처럼 개인적 영광 따위는 신경 쓰지 않았다. 그는 예복에 메달을 거는 것도 거부했으며, 치장용 장식 띠를 두른 적도 거의 없었다. 시간 낭비를 싫어했으며, 심지어 영국의 중요한 사회적 모임에도 참석하지 않았다. 또한 사령부를 '아이젠하워 사령부'가 아니라 '연합군 사령부'로 불려야 한다고 고집해 관철했다.

그는 평생 술을 마시지 않았다. 극비 정보를 많이 알고 있어 술에 취하면 실수할지도 모른다는 것이 그 이유였다. 평소에는 브리지와 포커를 즐겼다. 카드놀이를 하면 대부분 이겼는데, 특히 포커에서 더 높은 승률을 기록했다. 포커의 이기는 모든 수를 알고 있으며, 상대의 인간성을 잘 읽기 때문이었다.

전쟁사에 대한 지식은 경이로운 수준이었다. 북아프리카에서 군사 작전을 수행 중일 때 누군가 이탈리아에서의 한니발 장군의 활약상을 물었다. 아이젠하워는 40분 동안 상세하게 한니발의 전쟁을 설명해 듣는 사람들을 깜짝 놀라게 했다. 사실 참모 중 한 명은 예수가 태어나기 2백 년 전에 벌어진 고대 로마의 여러 전투에 대해 아이젠하워가 그토록 많은 세부 사항을 정확히 기억하는 것은 무리라고 생각했다. 그러나 관련 사실을 역사서**에서 확인하고는 아이젠하워가 전부 옳았음을 알게 되었다. 아이젠하워는 웨스트포인트를 졸업한 이후 전사와 군사 문제를 연구하는 일에 여가 시간 대부분을 사용해왔다.

그는 속독가이기도 했다. 아이젠하워의 아들은 평상시 아버지가 서부극 잡지 한 무더기를 하룻밤에 모조리 읽어 치운다고 내게 말했다. 그런데 그가 유럽군을 지휘하기 위해 영국으로 건너가는 비행기에는 단 한 권의 책만 갖고 갔는데 그것은 바로 성경이었다.

아이젠하워는 대개 하루 16~18시간을 일한다. 그는 다섯 시간만 자면 충분하고 보통 동이 트면 일어난다. 그에게는 이런 일과가 새로울 것이 전혀 없었다. 캔자스에서 유년 시절을 보낼 때도 겨울 아침이라도 4시 반이면 일어나곤 했다. 온도계가 영하 20도를 가리키는 추운 집

** 이 역사서는 『리비우스 로마사』로 추측된다. 총 네 권으로 구성된 이 책 중 제3권 전체가 한니발의 로마 침공을 다루고 있다.

에서 일어나 부엌 난로에 불을 붙였고 가족을 위해 아침을 요리했다.

아이젠하워 장군은 평소에 잘 먹는 일에 큰 관심이 있었다. 그의 어머니는 아들만 여섯이 있었고 딸은 없었기에 어머니를 부엌에서 자주 도와드렸다. 존 아이젠하워(아이크의 아들)는 아버지가 요리 실력에 자부심을 갖고 있으며, 특히 감자 샐러드와 채소 수프를 만드는 능력은 세상에서 가장 뛰어나다고 우긴다고 내게 말했다. 장군은 부엌에서 부인을 내보내고 요리해 식사를 준비하고, 이후 설거지까지 하는 것으로 잘 알려져 있다. 그러니 부인이 남편을 훌륭한 이야기꾼이라고 칭송하는 것도 그리 놀라운 일이 아니다!

아이젠하워 장군은 웨스트포인트에서 최우등 학점을 받지는 못했다. 164명의 동기생 중 61등이었지만, 이때 최고 학점보다 대단히 중요한 무언가를 얻었다. 그것은 인생에 대한 명확한 비전이었다. 그는 한참 전에 또 다른 세계대전이 벌어질 것이라고 예측했고, 그런 이야기를 하도 많이 하고 다녀서 '재앙 예언가 아이크'라는 별명도 얻었다. 또한 전투기와 탱크가 현대 전쟁에서 대변혁을 일으킬 것이라고 내다보았다.

그는 당시 육군 항공대로 배속되길 바랐지만 아내가 반대하는 바람에 그만두었다. 그래서 탱크 쪽으로 방향을 틀었고, 미국 육군 최초의 기갑부대를 조직했다. 아이젠하워는 스물여덟 살 생일을 맞은 날 중령 계급으로 기갑부대의 부대장에 부임되었다. 아이크와 휘하 기갑부대는 1918년 11월 11일 유럽행 수송함에 올라 탔으나 그 무렵 제1차 세계대전이 갑자기 종식되었다.

이제 장군에 대한 비범한 사실을 말하고자 한다. 그는 역사상 가장 강력한 육군, 해군, 공군의 연합군을 지휘했지만 정작 본인은 전투에 직접 참여한 적이 한 번도 없었다. 심지어 소대 단위의 부대를 이끌고 야전에 나선 적도 없었다. 아이젠하워 장군보다 실전 경험이 더 많은 군인은 수만 명이 넘을 것이다. 하지만 그의 주 임무는 포격이 계속되는 전장에 나가 싸우는 일이 아니라, 전투를 치르는 장군과 제독을 서로 조화시키고 총체적으로 지휘하는 것이었다.

아이크 장군의 진짜 이름은 드와이트 데이비드 아이젠하워다. 어머니는 아들을 '아이크'로 부르는 것을 아주 싫어했다. 한번은 아이젠하워의 부인이 시어머니에게 아이크와 여행 중이며 애빌린에 잠시 들를 예정이라고 편지를 보내자 시어머니는 자신도 아들 내외를 보고 싶지만 "며느리와 여행하는 아이크가 누군지" 알고 싶다고 답장을 보내기도 했다.

아이젠하워 장군의 어머니는 나이가 지긋한 노부인으로 여전히 애빌린에서 지낸다. 어느 날 집 안의 창문가에 앉아 있던 어머니는 창문 밖 정복을 입은 군인들이 거리를 행군하는 모습을 보고서 조용한 목소리로 옆 자리의 친구에게 말했다. "내 아들도 군대에 가 있어요."

그렇죠, 어머니. 정말 군대에 아드님이 계시죠.

인생경영 포인트

미국의 제34대 대통령 아이젠하워(1890~1969)는 1954년 한국전쟁을 종식시킨 대통령으로 우리에게도 잘 알려져 있는 인물이다. 제2차 세계대진 당시 연합군 총사령관으로 전쟁을 승리로 끈 공로로 미국 대통령을 8년 지냈고, 사령관 시절이나 대통령 시절이나 한결같이 리더십의 달인이라는 말을 들었다. 그는 리더란 "다른 사람이 처벌의 두려움이나 보상의 기대 없이 조직의 일을 하도록 설득하는 사람"이라고 정의하며 그 믿음을 철저히 실천했다.

가령 1930년대 필리핀에서 근무할 때 중령이었던 아이젠하워는 현지 사령관 맥아더 장군 밑에 있었으나 뛰어난 대인관계로 계속 발탁되어 제2차 세계대전이 터지자 연합군 총사령관이라는 중책을 맡았다. 또한 평소의 리더십을 그대로 발휘해 드골과 몽고메리 등 여러 까다로운 연합군 인사들을 잘 조화시켜 전쟁을 승리로 이끌었다. 그렇게 해 과거의 상관이었던 맥아더를 제치고 미국 대통령에도 당선될 수 있었다.

그의 리더십의 비결은 작은 것도 놓치지 않는 꼼꼼함이었다. '악마'는 디테일에 깃들어 있다면서 사소한 것도 철저히 조사해 파악하고 대비했고 실전에 적용했다. '천 리 길도 한 걸음부터'라는 말을 실천한 것이다. 이를테면 영국군 사령관 몽고메리가 공명심이 많다는 사실을 파악하고서는 중요한 명예가 몽고메리에게 돌아갈 수 있도록 세심하게 배려했다. 또 파리에 입성할 때는 드골 휘하의 자유 프랑스 군대가 연합군과 함께 들어갈 수 있도록 했다.

한마디로 말해서 그는 단 한 명의 적도 만들지 않고 누구나 다 자신을 좋아하게 만드는 원만한 성품의 소유자였다. 아이젠하워의 원만한 대인관계는 리더십의 요체가 무엇인지 잘 말해준다.

용기와 투쟁을 중시한 맹장

—————— 더글러스 맥아더 ——————

미 육군의 역사에서 활과 화살부터 전투기까지 모든 종류의 전장을 경험한 장군은 한 명밖에 없다. 현재 남서 태평양 작전의 총 책임자인 더글러스 맥아더Douglas MacArther이다. 맥아더 장군은 인디언들이 쏜 화살이 윙윙거리며 날아가는 소리는 물론이고, 일본군의 급강하 폭격기가 쌔앵 하고 날아가는 소리도 들었다.

　미국 상비군 대령이었던 맥아더 장군의 아버지는 남북전쟁 종료 후 지금은 뉴멕시코주로 통합된 광대한 영토에 배속되어 근무했다. 그 시절은 실로 거칠고 사나웠다. 카스터 장군* 휘하의 미국 기병대가 인디언의 공격으로 전멸한 사건이 벌어진 때였으며, 거리에는 빌리 더 키드와 와일드 빌 히코크 같은 서부의 무법 총잡이들이 활보했다. 맥아더의 아버지와 휘하 병사들은 그런 무법천지에 치안 유지를 위해

---

* 카스터 장군(1839~1876)은 몬태나 지방의 인디언 부족을 진압하는 작전에 나섰다가, 지형 판단 착오와 작전 실패로 인디언 추장 크레이지 호스 휘하의 압도적인 전사들에 포위당해 부대원 전원과 함께 전사했다.

주둔했다.

그리고 1884년 어느 날 인디언들이 벽돌로 구축한 미군 요새를 공격했다. 당시 더글러스 맥아더는 고작 네 살이었다. 어린 맥아더는 자신을 돌보던 인디언 여자에게서 재빨리 도망쳐 방책으로 달려갔다. 그때 인디언이 쏜 화살이 간발의 차로 그의 머리 위를 지나갔다.

맥아더 장군의 가장 이른 기억은 군대의 나팔 소리였다. 그는 동화 대신 총소리와 제대 병사들이 전하는 게티스버그, 미셔너리 리지**의 영웅적인 돌격 이야기를 들으며 자랐다.

어린 맥아더는 아버지가 남북전쟁 중에 수여받은 명예 훈장을 경이로움과 찬탄의 눈빛으로 바라보곤 했다. 이 메달은 미국에서 군인이 얻을 수 있는 최고의 영예였다. 그는 언젠가 자기도 아버지처럼 명예 훈장을 받겠다고 다짐했다. 그리고 실제로 그렇게 되었다. 50년 뒤 필리핀의 바탄 반도와 코레히도르섬에서의 투지 넘치는 저항으로 명예 훈장을 받았다. 일본군은 바탄 반도의 바다와 공중을 장악했지만, 맥아더의 병력은 10배가 넘는 적과 싸웠다. 맥아더는 바탄 반도에서 피와 불로 쓴 미국 역사의 아주 감동적인 한 페이지를 작성했다.

맥아더 장군은 남을 잘 격려하는 그런 부류의 사람은 아니다. 친구들은 그를 무척 칭송하지만 그의 이름을 다정하게 부를 수 있는 사람은 거의 없다. 심지어 아내조차도 그를 '장군'이라고 부른다.

** 두 곳 다 남북전쟁의 격전지다. 게티스버그는 링컨 대통령이 "국민에 의한, 국민을 위한, 국민의 정부"라는 유명한 연설을 했던 곳이다. 1863년 7월 3일 미드 장군 휘하의 북군은 게티스버그에서 리의 남군과 격돌했다. 북군은 마침내 남군을 패퇴시켰고 이 전투는 남북전쟁의 전환점이 되었다. 1863년 9월과 11월 북군의 그랜트 장군은 조지아의 치카마우가와 채터누가 전투에서 승리해 북군은 서부전선에서 남군보다 아주 유리한 입장에 서게 되었다. 미셔너리 리지는 1863년 11월에 벌어진 채터누가 전투의 한 격전지였다.

앨런 포프Allen Lawrence Pope 대령은 맥아더와 미국의 육군사관학교 웨스트포인트 동창으로 그와 친밀하게 지낸다. 그는 맥아더가 정중한 사람이었고, 다채로운 언어로 극적으로 이야기하는 '전통적인 신사'였다고 내게 말했다. 포프 대령은 맥아더 장군이 말을 간략하게 하면서도 각 음절을 또렷하게 발음한다고 했다.

맥아더 장군은 훌륭한 군인이자 전사이지만 무척 감상적이기도 하다. 웨스트포인트에서 함께 사관후보생으로 지낼 때 포프와 맥아더는 데이비드 워필드 주연의 《더 뮤직 마스터》를 보러 갔고, 맥아더는 연극에 무척 열중해 눈물을 흘리면서 감상했다.

맥아더는 필리핀에 갔을 때 분별을 흐리게 할 정도의 더위와 지루함으로 다른 많은 젊은 장교들처럼 술과 춤에 매혹되기도 했다. 하지만 그렇게 유혹에 휩쓸릴 때면 전신 거울 앞에 서서 이등병에게 호통치는 하사처럼 자기에게 설교를 늘어놓으며 경계했다.

장군은 지난 25년간 웨스트포인트 육군사관학교를 졸업한 학생 중에 가장 높은 평점을 받은 인물이다. 동기 중에서도 최고 득점자였다. 동기들은 그가 지휘관이 될 운명이라고 생각했다. 운명은 늘 그에게 미소를 지었다. 그의 근무 기록을 여기서 간단히 소개해보겠다.

더글러스 맥아더 장군은 최연소로 소장으로 진급했다. 두 번이나 4성 장군에 임명된 첫 미국인이었고, 최연소 웨스트포인트 교장을 지냈다. 그는 다른 어떤 육군 장교보다 더 많은 훈장을 받았으며, 열 곳의 외국 정부도 그에게 훈장을 내렸다. 그는 필리핀에서 육군 장군 최초로 육군 원수가 되었으며, 연합국의 육군, 해군, 공군을 온전히 지휘한 첫 미국인이었다. 그랜트 장군 이후 최연소 육군 대장이었고, 명예훈장을 받은 첫 육군 대장이기도 하다. 필리핀 연방은 그를 군사 고문으로 대우했고, 고문의 자격으로는 세상에서 연봉이 가장 높았다. 또한 맥아더는 미국 육군의 최연소 참모총장이었으며, 4년 임기가 끝날 때 재임명된 최초의 육군참모총장이기도 했다.

이와 비슷한 기록을 달성한 사람이 미국군 역사에 또 있는가? 없다. 맥아더 장군은 제1차 세계대전 때 프랑스 생미엘에 대한 대규모 미군 공격이 시작되던 날 고열에 시달렸다. 하지만 맥아더는 84여단의 공격을 직접 지휘하기로 결심했다. 그는 몸에 힘이 없어 전선까지 걸어가지 못할 것을 두려워했다. 그래서 그는 네 명의 당번병에게 그날 아침에 들것으로 자기를 전선으로 옮겨달라고 부탁했다. 작고한 휴 존슨 장군은 심술궂고 직설적인 비평가였는데, 맥아더에 대해 이런 말을 남겼다. "맥아더 장군은 싸우다 죽든지 일하다 죽지, 절대로 침대에 누워 죽을 사람이 아니었다."

제1차 세계대전 중 포격이 난무하는 전장에 용감히 나서는 맥아더를 말릴 수 있는 사람은 아무도 없었다. 그는 휘하 병사들과 함께 직접 전투에 뛰어들어 화제가 되었다. 그런 직접적인 용맹으로 널리 칭송받았는데, 특히 휘하 장병들이 기관총 진지를 점령할 수 있도록 도운 일로 표창장을 받기도 했다. "용기가 지배하는 전장에서 당신의 용기는 가장 돋보였다."

그는 제1차 세계대전 중 독가스에 공격당했고 두 번 부상을 입었다. 또한 '총격이 벌어지는 전장에서 극도의 용맹을 보여준 것'으로 13번 훈장을 받았고, 일곱 번 더 표창장을 받았다. 1918년 국무장관인 뉴튼 베이커Newton D. Baker가 맥아더의 투지에 감탄해 그를 제1차 세계대전에서 가장 돋보인 미국 장군이라고 칭송한 것은 그리 놀라운 일도 아니다.

맥아더는 그 시절 휘하 병력과 함께 습격에 나설 때 총도, 칼도, 권총도 들지 않았고, 오로지 승마용 채찍만 들었다. 부하들은 그를 가리켜 '물불 가리지 않는 저돌적 전사'라고 불렀다. 맥아더는 자신이 용기를 보이면 병사들에게도 자연스럽게 용감함이 전해질것이라고 믿었다. 그는 모범을 보이는 것이 자기 일이라고 생각했다. 장병들이 용맹하길 바란다면 자신이 먼저 확신과 용기를 보여주어야 한다는 점을 잘 알았다. 그래서 그는 마닐라에서 사령부 위로 나부끼는 성조기를 절대 내리지 않았다. 심지어 일본 공군이 그 도시에 폭격을 가할 때에도 깃발을 내리길 거부했다. 성조기는 일본 폭격기에게 훌륭하고 확실한 목표물이었지만, 맥아더는 개의치 않고 사령부 건물 안에서 계속 차분히 일했고, 보고서 작성을 구술하고, 전보를 보내고, 전화로 명령을 내렸다. 성조기를 내리거나 더 안전한 곳으로 피신하면 장병들의 사기가 떨어질 것이라고 생각했다. 맥아더 장군은 반복해서 이렇게 말했다. "죽는 걸 두려워하지 않는 자만이 살아남을 수 있다."

맥아더는 이처럼 장병들을 고무하고 자신의 열의와 열정을 전염시켜 전투에 적극 뛰어들게 만드는 능력이 있었다. 맥아더의 지휘를 받는 군인들은 조국, 가족 그리고 자유를 위해 싸우고 있다는 명확한 목표 의식이 있었다.

『필리핀의 몰락을 보았다 *Saw the Fall of the Philippines*』라는 제목의 책을 펴낸 카를로스 로물로Carlos P. Romulo 대령은 바탄 반도와 코레히도르 섬에서 맥아더 장군의 개인 보좌관으로 일했었다. 최근에 나는 그를 인터뷰했는데, 맥아더가 바탄 전투 중에 양철 헬멧을 착용하길 거부했다고 했다. 헬멧은 장병들이 써야 하며, 자기는 그들에게 최선을 다해 용기를 불어넣어는 사람이라고 고집했다는 것이다. 어느 날 포탄 파편이 여기저기 떨어질 때 맥아더의 당번병은 자기 헬멧을 벗어 맥아더의 머리에 씌우려고 했다. 맥아더는 헬멧을 밀쳐냈고, 그러던 중에 약간의 파편으로 당번병은 손에 부상을 입기도 했다. 또한 로물로 대령은 바탄 반도에서 일본의 급강하 폭격기가 나타났을 때, 맥아더 장군이 정원에 앉아 있었다고 말했다. 그때에도 장군은 당황하지 않고 차분하게 방공호로 걸어갔고, 한 병사가 서두를 것을 촉구하자 침착하게 담배에 불을 붙이며 말했다. "날 서두르게 만들 수 있는 일본놈은 없어."

카를로스 로물로 대령이 바탄 반도의 필리핀 병사들에게 무엇을 위해 싸우는지 물었을 때 그들은 미국을 위해 싸운다는 소리는 단 한마디도 하지 않았다. 그들은 맥아더와 필리핀 대통령 케손을 위해 싸운다고 대답했다. 필리핀인에게는 맥아더가 곧 미국이었던 것이다.

그도 그럴 것이 평시에는 하류층 시민도 맥아더를 만날 수 있었다. 육군에 입대한 아들이 걱정된 맨발의 일꾼도 그와 면담할 수 있었다. 맥아더는 일꾼이 자신을 만나러 왔을 때 벌떡 일어나 맞이했으며, 떠날 때는 문까지 함께 걸어 나와 배웅했다. 필리핀 사람들은 신발도 없이 논에서 일하는 일꾼들과 직접 이야기를 나누는 장군에게 탄복했다. 로물로 대령은 맥아더가 바탄 반도에서 이등병들의 경례에 답하며 그들의 이름을 부르고 미소 짓는 것을 자주 보았다고 말하기도 했다.

육군참모총장 시절 맥아더는 자신이 뛰어난 행정 능력을 지니고 있음을 입증했다. 또한 앞날을 내다보는 비전과 선견지명도 갖고 있음을 증명했다. 그는 실제로 제2차 세계대전이 발발하기 몇 년 전에 두 번째 세계대전이 일어날 것이며, 제1차 세계대전과는 무척 다른 전쟁이 될 것이라고 예측했다. 한 시간에 1백 킬로미터의 속도로 질주하는 탱크와 시간당 640킬로미터의 속도로 날아가는 전투기가 총동원되어 싸우는 전쟁이 될 것이라고 말했다. 그는 일본과 독일이 세계를 정복할 준비를 하고 있다고 여러 번 목소리를 높여 경고했다.

미국이 맥아더의 말을 듣고 그가 요청한 기계화 부대 예산을 확보했다면 일본은 절대 진주만을 공격할 수 없었을 것이다. 맥아더 장군은 이런 엄중한 경고를 미리 해준 공로에 대해 감사의 말을 들었을까? 그렇지 않다. 오히려 민심을 소란스럽게 하는 전쟁광이라는 맹렬한 비난을 받았다.

맥아더 장군은 호주에 있는 자신의 사령부 벽에 단 하나의 좌우명을 액자에 끼워 걸어두었다. 에이브러햄 링컨이 남북전쟁 당시 자신을 비판하는 사람들에게 무슨 말이라도 한마디 하라는 친구들에게 해주었던 말이었다.

"나는 내가 아는 방식으로 최선을 다하고 있어. 그리고 이 일의 끝장을 볼 때까지 계속 그렇게 최선을 다할 생각이야. 결말이 좋게 나면 나를 향한 반대 발언들은 아무런 문제가 되지 않을 테지. 하지만 결말이 잘못되면 내가 옳았다고 열 명의 천사가 사람들 앞에 나타나 증언하더라도 아무 효력이 없을 테지."

인생경영 포인트

맥아더(1880~1964)는 한국 전쟁 때 인천 상륙 작전을 감행해 전쟁의 흐름을 바꾸어놓은 미국의 위대한 장군이다. 제2차 세계대전 종전 후에 일본 점령군 최고 사령관(1945~1951)을 지내면서 일본에 민주 국가의 틀을 잡아주기도 했다.

1950년 6월 한국 전쟁이 발발하자, 그해 9월 인천 상륙 작전으로 전쟁의 흐름을 바꾸어놓았다. 그 후 전쟁의 수행 방식을 두고 당시 트루먼 대통령과 이견을 빚어 최고 사령관직에서 해임되었고 미국으로 돌아가 대통령 자리에 도전하려 했으나 실패했다.

맥아더는 우수한 장군이었으나 필리핀 근무 시절 자신의 부하였던 아이젠하워 장군과는 여러 모로 비교가 된다. 아이젠하워가 인간관계를 강조하는 덕장이라면 맥아더는 용기와 투쟁을 중시하는 맹장이었다. 전쟁 중에는 용장이 더 쓸모가 있을지 모르나 평화로울 때는 덕장이 더 쓸모가 많다. "마상馬上에서 천하를 정복할 수는 있으나 통치할 수는 없다"라는 말은 이런 사정을 잘 요약한 것이다. 맥아더는 한마디로 재불승덕才不勝德한 장군이었다. 재주는 뛰어나나 덕성이 부족하다는 뜻이다. 덕성이란 처벌의 공포나 보상의 기대 없이 아랫사람들을 자기 편으로 끌어들이는 설득의 능력을 말한다.

상대보다 재주가 뛰어난 사람이라는 교만한 인상을 주어서는 그를 자기 편으로 만들기가 어렵다. 특히 자신의 상급자를 대할 때에는 더욱 조심해야 할 태도다. 맥아더는 상급자인 루스벨트 대통령과 트루먼 대통령을 상대로 그런 오만한 인상을 주었기에 실패했다.

자기 재주만 믿고 사회생활을 하려는 사람은 물건 판매에만 힘쓰고 애프터서비스는 게을리하는 상인과 비슷하다. 요즘은 판매보다 애프터서비스가 더 중시되는 시대가 아닌가? 이것은 영업의 요령이면서 인간관계의 핵심이기도 하다.

난초 한 송이가 산 전체를 향기롭게 한다

——— 메이오 형제 ———

의학의 역사에서 가장 놀라운 발견 중 하나는 정신병 치료에 도움이 되는 의약품을 발견한 것이다. 50년 전 강력한 토네이도가 미네소타 주의 한 마을을 휩쓸지 않았더라면 발생하지 않았을 일이기도 하다.

토네이도가 닥친 그 마을은 로체스터로, 지금은 현존하는 가장 위대한 외과의사인 메이오 형제Mayo Brothers의 고향으로 유명세를 떨치고 있다. C. H. 메이오Charles Horace Mayo 선생은 아직도 공을 들여 정신이상을 치료하는 약물을 개발 중이다. 정신박약이나 정신이상 상태인 사람에게 주입되면 빠르게 증세를 치료하는 약물이다. 혈액 순환의 흐름을 바꾸어 온전한 정신을 되찾게 한다.

이 발견이 인류에 어떤 의미를 지닐까? 여기 몇 가지 중요한 사실이 있다. 독자들이 스스로 의미를 찾아내보라.

미국 병원에는 다른 모든 질병을 합친 것보다 정신병으로 고생하는 환자가 많다. 오늘날 학교에 다니는 학생 16명 중 하나는 생애 어느 순간에는 정신병원에서 시간을 보내게 될 것이다. 지금 15세라면

20분의 1의 확률로 인생의 7년을 정신병 환자를 위한 기관에 감금될 것이다. 지난 10년 동안 정신병 환자의 규모는 거의 두 배로 늘어났다. 이 소름끼치는 증가율이 한 세기 동안 계속된다면 인구의 절반이 정신병원에 갇히게 될 것이고 다른 절반의 세금으로 그들을 먹여 살려야 한다.

이 놀라운 치료제 개발에 공을 들이는 메이오 형제는 세상에서 가장 유명한 외과의사의 반열에 올랐다. 런던, 파리, 베를린, 로마, 레닌그라드 그리고 도쿄에서 의사들이 로체스터로 와서 그들의 발밑에 꿇어 앉아 정신병과 치료법에 대해 배운다. 한 해 6만 명의 환자가 메이오 병원에 마치 성지처럼 순례 여행을 오는데 그들 중 대다수는 죽음을 벗어날 마지막 기회로 여기고 이 병원을 찾는다.

다시 말하지만 토네이도가 52년 전 중서부를 뚫고 지나가며 맹위를 떨치지 않았더라면 세상은 메이오 형제나 로체스터 혹은 정신이상 치료제에 관해 절대 들어보지 못했을 것이다.

형제의 아버지인 메이오William Worrall Mayo 선생이 70년 전 그곳에 정착했을 때 로체스터에는 고작 2천 명이 살았다. 선생이 처음으로 마주한 진료 대상은 병든 소와 말이었다.

인디언 전쟁이 발발했을 때 메이오 선생은 머스킷 소총을 들고 나가서 인디언들과 전투를 벌였다. 전장의 먼지와 연기가 가라앉자 그는 전장을 누비면서 전사자를 매장할 준비를 하고 다친 사람은 치료했다. 그에게 정기적으로 진찰을 받으러 오는 환자들은 80킬로미터 거리의 대초원에 흩어져 살고 있었다. 그들 중 다수는 잔디 뿌리와 흙이 붙어 있는 뗏장으로 지은 집에 살았다. 그들은 의사에게 진료비를 내놓을 형편이 못 되었지만 관대하고 선량한 메이오 선생은 밤새 돌아다니며 그들을 왕진하고 고통을 완화시켜주었다. 때로는 눈보라와 싸우며 왕진을 가기도 했는데 대낮인데도 바로 앞에 있는 사람의 손도 보이지 않을 정도로 거셌다.

그에겐 윌리엄William James Mayo과 찰스Charles Horace Mayo라는 두 아들이 있었고 바로 이들이 현재 온 세상에 명성을 떨치는 메이오 형제다. 두 아들은 지역 약국에서 일하며 처방을 쓰는 법과 알약을 가루 내 캡슐에 담는 법을 배웠고 마침내 의대에 진학했다. 뒤이어 대참사가 발생했는데 그것이 의학의 역사에 커다란 영향을 미쳤다.

분노한 신처럼 대초원을 휩쓸고 지나간 토네이도는 지나는 길에 있는 모든 것을 망가뜨리고, 무너뜨리고, 산산조각 냈다. 로체스터도 공격을 받아 완전히 망가졌다. 수백 명이 다치고 23명이 사망했다. 메이오 형제와 그들의 아버지는 여러 날 동안 폐허 사이를 오가며 일했다. 환자들의 상처에 붕대를 감고, 부러진 사지를 맞추고, 수술을 했다.

성 프란체스코 수녀회의 수녀원장인 앨프리드 수녀는 그들의 선행에 무척 깊은 인상을 받아 메이오 부자가 책임자가 된다면 병원을 세워주겠다고 제안했으며, 그들은 이에 동의했다. 1889년에 메이오 병원이 문을 열었을 때 선생은 70세였고 두 아들은 병원에서 인턴으로 일한 적도 없는 상태였다. "새싹 중에서도 새싹이었죠." 두 형제가 당시의 처지를 그렇게 묘사했다. 오늘날 형 윌리엄 메이오는 암에 관한 한 최고의 권위자로 널리 존경받고 있지만, 당시에는 그랬다.

형제는 서로를 높인다. 형은 동생이, 동생은 형이 자기보다 더 낫다고 생각한다. 두 사람은 모두 깔끔하게 수술을 해내는 외과의사로 명성을 떨쳤다. 그들은 정확하게 수술을 집도했으며, 대다수 외과의가 깜짝 놀랄 정도로 빠르게 손을 놀려 수술을 끝냈다. 그들은 아침 7시면 병원에 도착해 매일 네 시간을 연속으로 수술했다. 몇 년 동안 하루에 열다섯 번에서 서른 번이나 수술을 집도했다. 그럼에도 불구하고 형제는 연구를 게을리하지 않았고, 의료 기술을 발전시키려고 애쓴다. 그들은 아직도 배울 것이 한참 남아 있다고 말한다. 로체스터 도시 전체가 이제 메이오 병원 덕분에, 메이오 병원을 위해 존재한다. 이 도시에서 전차는 운행이 허용되지 않는다. 버스는 조용히 운행하고 심지어 거리에서도 사람들은 조용히 대화를 나눈다.

메이오 병원에서는 극빈자든 은행장이든 농부든 영화계 스타든 모두 대기실에서 차례를 기다려야 했으며 똑같은 대우를 받았다. 부자는 자기 분수에 따라 치료비를 냈지만, 돈을 낼 수 없다는 이유로 치료를 거부당하는 사람은 없었다.

메이오 형제가 하는 일 중 3분의 1은 자선 사업이다. 그들은 치료비 때문에 소송을 한 적도 없었고, 나중에 청구하려고 장부에 기록해둔 치료비도 없었으며, 치료비를 받으려고 환자의 집을 저당 잡은 적도 없었다. 그들은 치료 당시 환자가 자신의 형편에 따라 내놓는 적은 치료비를 받고서도 괜찮다고 말하며 돌려보냈으며, 수술을 진행하기 전에 돈을 얼마나 낼 수 있는지 물어본 적도 없었다.

어떤 환자는 자기 목숨을 구해주었다고 감사해하며 농장을 담보 삼아 치료비를 마련해 냈다. 그 일을 알게 되자 메이오 형제는 수표를 돌려주었고, 환자가 와병 중에 본 손해를 보상해주고자 오히려 자기들이 수표를 써서 보내주었다. 돈을 버는 일에 전혀 흥미를 느끼지 못했던 작은 마을의 두 소년은 이처럼 히포크라테스의 영광스러운 모범 사례가 되었다. 그럼에도 돈은 그들에게 홍수가 밀어닥치듯 쏟아졌다. 그들은 유명세를 신경 쓰지 않았으나 오늘날 미국에서 가장 유명한 외과의사로 알려져 있다.

그들의 유일한 소망은 고통받는 인류를 돕는 것이다. 병원 대기실 책상 위에는 액자에 끼워둔 글이 있는데, 그들이 성공에 대해 믿고 있는 진실을 잘 설명한다. "세상이 필요로 하는 것을 갖추도록 하라. 그러면 비록 숲 한가운데에 살더라도 당신을 찾아오는 수많은 발길이 그 숲속에 오솔길을 내리라."

인생경영 포인트

미국 미네소타주 로체스터의 메이오 병원은 1960년 가을과 1961년 초 세계적 명성의 소설가 헤밍웨이가 두 번에 걸쳐 입원해 10여 차례 이상 전기충격요법을 받았던 정신병원이다. 이 병원이 설립된 직접적인 배경은 당시 로체스터를 휩쓸고 간 토네이도였다. 그때 발생한 환자를 치료하기 위해 헌신했던 메이오 형제와 그들의 아버지에게 감동한 한 기독교 단체가 병원을 세워준 것이다. 이후 형제의 헌신적인 노력으로 병원은 명성을 더해 가게 된다.

아무리 선한 목적을 가지고 있다고 하더라도 병원도 수익을 생각하지 않을 수 없다. 하지만 메이오 형제는 세상의 계산법과는 정반대의 길을 걸었다. 돈이 없는 환자에게 치료비를 깎아주기도 했고, 더러는 받지 않기도 한 것이다. 이런 그들의 행동은 오히려 병원의 명성을 높였고 더욱 많은 환자를 찾아들게 했다.

옥돌은 땅에 묻혀 있어도 사람들이 열심히 찾아다니고, 심산유곡에 숨어 있는 한 송이의 난초는 산 전체를 향기롭게 하는 법이다. 메이오 형제의 삶이 바로 그런 경우였다.

사람을 따르게 만드는 힘

———— 레이먼드 디트마스 ————

❧

중남미산 독사 부시마스터가 뉴욕에 도착했을 때 수천 명의 구경꾼이 브롱스 동물원으로 몰려들었다. 이놈은 길이가 2미터 정도인 새끼였지만, 날카로운 송곳니에는 순식간에 죽음을 선사하는 독이 가득했다.

동물원의 파충류 관리자 레이먼드 디트마스Raymond Ditmars는 25년 동안 부시마스터를 찾아다녔고 마침내 손에 넣고 난 뒤에는 '놈'에게 먹이를 강제로 먹여야 했다. 나는 어떻게 먹이를 주었는지 물었는데 그는 간단하다고 답했다. 뱀의 입을 지레로 들어 올려 목구멍 안쪽으로 고기를 집은 막대기를 쑤셔 넣으면 된다는 것이다!

그것이 바로 레이먼드 디트마스가 뱀에 대해 갖고 있는 생각이다. 그는 수천 마리의 뱀을 취급했지만 단 한 번도 물리지 않았다. 그럼에도 불구하고 그의 무서운 친구들과 잘 어울리지 못하는 사람들을 위해 혈청 개발 작업에 적극 협조했다. 여러 해에 걸쳐 개발한 이 혈청은 뱀에 물린 수천 명의 목숨을 구했다.

소년 시절 디트마스의 아버지는 아들이 육군에서 장교로 일하길 바라 사관 학원에 보내 웨스트포인트 진학을 준비시켰다. 하지만 아무 소용없는 일이었다. 디트마스의 젊은 피는 야생의 부름에 더 매혹되었다. 그는 소년다운 열정에 불타 뉴욕에서 가장 큰 뱀 컬렉션을 만들기 시작해 결국 성공했다. 그는 주말이면 허드슨강을 따라 방울뱀과 미국 살모사를 사냥하며 시간을 보냈고, 뱀을 구입하고 교환하고 보내달라고 간청했다. 과일 수송선 선장은 그에게 보아뱀을 보내주었다. 그는 서인도 제도 과학자들에게 편지를 보내 미국 뱀과 그쪽 정글에 우글거리는 파충류를 교환하기도 했다.

마침내 뱀 컬렉션은 엄청나게 거대하고 위험할 정도로 많아져서 어머니는 아들에게 집 위층 전부를 내주어야 했다. 이 소식을 들은 여러 신문사는 흥미진진한 기사를 내보냈고, 뱀 마술사들과 서커스 관계자들은 그를 만나러 왔다. 디트마스의 집은 지역에서 일대 센세이션이 되었다.

자기가 키우는 파충류에게 먹이를 주려면 돈이 필요했기에 그는 속기를 공부했다. 아버지는 디킨스의 소설을 큰 목소리로 읽어주었고, 그는 받아 적으며 속기를 연습했다. 그는 속기로 적은 디킨스 소설들을 지금까지 가지고 있는데 무척 귀중한 보물로 여긴다. 훗날 신문 기자가 되었을 때는 차이나타운의 여러 식당의 지하에 덫을 놓고서, 그렇게 해서 잡힌 쥐를 뱀들에게 먹이로 주기도 했다.

뉴욕시는 대형 동물원을 세우기로 결정하면서 디트마스를 파충류 담당자로 채용했다. 아들이 방울뱀과 살모사를 집에서 모조리 빼내 뉴욕 동물원으로 옮기자 어머니는 하느님에게 열렬한 감사 기도를 올렸다. 그때가 1899년이었다. 그 후로 뉴욕은 세상에서 가장 훌륭한 동물 컬렉션을 만들어왔다.

디트마스가 뱀에 관한 세계 최고의 권위자로만 인정받는 것은 아니다. 그가 원숭이를 여러 마리 키우면 얼마나 재미있을지 상상할 수도 있다.

몇 년 전 디트마스 박사는 스카스데일에 있는 자택에서 원숭이 몇 마리를 기르기로 했다. 그리고 어느 날 가족이 집을 떠나 있는 동안 원숭이들은 우리에서 뛰쳐나가 그들만의 축제를 열었다. 찬장 꼭대기에 오른 그들은 펄쩍 뛰어 식탁 위에 설치된 샹들리에에 매달렸다. 정말 환상적이지 않은가! 샹들리에는 마치 정글의 포도나무처럼 흔들렸다. 원숭이들은 이리저리 뛰며 방향을 휙 바꾸며 움직였고, 온갖 공중 묘기를 부려 샹들리에는 거의 천장에서 떨어질 뻔했다. 그러다가 집에는 누전까지 발생했다.

그런데 디트마스 박사는 집에 불이 난 후 몽땅 타버리지 않은 것이 더 놀라웠다고 말했다. 그날 원숭이들은 낡은 신발 한 짝을 어디선가 가져와서 피아노 건반을 마구 두드렸다. 도자기를 박살냈고, 카펫 위에 피클을 이리저리 뿌렸고, 거울에 차가운 크림을 마구 발라 더럽혔고, 재봉틀 서랍을 열어 실타래를 마구 풀었고, 집 안 곳곳에 실을 감았다. 옷장 서랍을 뒤집기도 하고, 부엌에서 프라이팬을 꺼내 위층 침대 밑에다 감추었다. 마침내 가족이 돌아왔을 때 집은 마치 허리케인이 휩쓸고 지나간 듯한 상태였다. 박사는 이렇게 말했다. "원숭이를 여러 마리 키우면 재미있다는 게 바로 이런 거로군."

인생경영 포인트

뱀을 좋아해 집의 2층을 전부 할애해 키우고, 그것을 인연으로 동물원 사육사까지 된 디트마스(1876~1942)의 인생은 한마디로 비범하다. 동물원 파충류 책임자가 되고 나서도 뱀을 모으고 키우고 구경시키는 일 이외에, 또다시 집에 원숭이 여러 마리를 기를 정도로 동물을 사랑했으니 말이다.

집을 잠깐 비운 뒤 키우던 원숭이가 집 안을 난장판으로 만들어 놓은 것을 본 디트마스가 중얼거린 "원숭이를 여러 마리 키우면 재미있다는 게 바로 이런 거로군"이라는 말은 그의 비범함과 카리스마를 단적으로 보여준다.

카리스마는 다른 사람을 매료시키고 영향을 끼치는 능력으로 인간관계에서 중요한 자질이다. 특히 리더십을 이야기할 때 카리스마는 강조되곤 한다. 아무리 무서운 독사라도 카리스마가 있는 뱀꾼 앞에서 꼼짝하지 못하는데, 이는 뱀꾼이 오랫동안 뱀을 관찰하고 공부해 뱀의 약점을 잘 알고 있기 때문이다. 이처럼 카리스마는 뱀에게도 전해져 뱀꾼을 공격하지 않고 따르게 만드는데, 하물며 가장 좋은 의사소통 도구인 언어를 가진 사람 사이에는 어떠하겠는가. 누군가가 자신을 따르게 만들고 싶다면 진정으로 상대에게 애정을 갖고 행동해야 할 것이다.

모난 돌이 정을 맞는 법이다

—————— 베니토 무솔리니 ——————

무솔리니Benito Mussolini는 자기가 어린 시절 이웃 사람들에게 망나니처럼 굴었던 것을 자랑했다. 공격적이고 적대적인 그는 항상 주변의 골칫거리였다. 눈에 멍이 들고 코에 피를 흘리며 집으로 돌아오는 일이 빈번했고, 때로는 돌에 맞아 머리가 찢어진 채로 귀가하기도 했다. 하지만 집에서 멀리 떨어진 학교로 가게 되었을 때 그는 무척 여린 모습을 보였고, 고향에 대한 향수로 눈물을 흘리기까지 했다.

무솔리니의 아버지는 당대 가장 맹렬한 국제 혁명가였고, 그는 멕시코 역사상 가장 과격한 혁명가인 베니토 후아레스*의 이름을 따서 아들의 이름을 지었다.

무솔리니는 학교에서 퇴학당했고 나중에는 스위스와 프랑스에서도 쫓겨났는데 평소의 과격한 행동 때문이었다. 그는 감옥을 열한 번이

---

* 베니토 후아레스(1806~1872)는 멕시코의 국민적 영웅으로 프랑스 괴뢰국의 황제인 막시밀리안을 상대로 3년 동안 투쟁을 벌여 멕시코의 독립을 쟁취했고 이후 멕시코 대통령을 지내다 임기 중(1859~1872)에 사망했다.

나 들락거렸다.

그는 엄청난 독서가이기도 했다. 한 번은 경찰이 그를 투옥시키려고 찾아왔을 때 이런 말을 하기도 했다. "부디 이 장을 다 읽을 때까지만 기다려주시오. 그럼 같이 가겠소."

인생의 여러 단계에서 그는 사회주의자, 공산주의자, 무정부주의자, 파시스트였다. 당연히 그 과정에서 많은 적들, 그것도 숙적들을 만들었다. 여러 사람이 그를 암살하려고 했다. 무솔리니의 모토는 '위험하게 살기'였으며 실제로 그렇게 살았다. 그는 펜싱을 배웠고 수많은 결투를 벌였다. 책상에는 단검 한 자루와 권총 두 정을 두고 일했고 책장에는 폭탄을 절반쯤 채워둔 상태로 비상사태에 대비했다. 적은 그를 죽이려 들었고 그도 그런 상황에 철저히 대비했다. 한 번은 이런 일도 있었다. 경찰이 사무실을 급습한 어느 가을날 그는 서둘러 빈 난로에 폭탄을 감추었고, 그 사실을 모르는 사무실 사환은 폭탄이 여전히 난로에 있는 상태에서 불을 피웠다.

무솔리니가 1915년 이등병으로 입대하게 되었을 때는 사회주의 신문의 편집자이자 유명 인사로 이름을 날리던 시기였다. 때문에 그는 참호에서 한참 떨어진 안전한 곳에서 소속 연대聯隊의 역사를 집필하게 해주겠다는 제안을 받았다. 그는 이에 벌컥 화를 내며 이렇게 말했다. "저는 여기 글을 쓰러 온 게 아닙니다. 싸우러 왔다고요."

얼마 뒤 그의 몸은 유탄의 파편으로 크게 찢겼다. 42군데를 다쳤고, 상처를 모두 이으면 거의 1미터가 될 수준이었다.

한 번은 이렇게 말했다. "저는 의무감으로 싸우는 군인을 원하지 않습니다. 싸우는 게 즐거워서 싸우는 자들을 원합니다." 그의 영웅은 율리우스 카이사르와 나폴레옹이었고, 민병대 지휘관으로 입은 회색 외투는 나폴레옹이 입었던 옷을 그대로 모방한 것이다.

무솔리니는 빈곤 속에서 자랐다. 아버지는 지하실에서 대장간을 운영했고 어머니는 거실 위층에서 학생들 몇 명을 가르쳤다. 가족은 무척 가난해 어머니가 정부에 편지를 보내 지원을 호소할 정도였다. 하지만 어떤 답장도 받지 못했다.

무솔리니는 열다섯 살이 될 때까지 글을 읽지 못했다. 열여섯이 되어 글자를 깨우치고 나서는 외양간에 앉아 황소가 건초를 씹는 동안 빅토르 위고의 소설을 열심히 읽었다.

열여덟이 되자 그는 시급 6센트에 잡부로 일했고, 잿더미에서 감자를 몇 알 구워 먹으며 식사를 대신했고, 짚더미 위에서 잠을 잤다. 철도 짐꾼, 벽돌공, 정육점 보조로 일했지만 해고당하기 일쑤였다. 그는 터벅터벅 걸어서 스위스로 넘어갔고 빵을 구걸하면서 다리 밑에서 생활했다. 경찰은 그를 부랑죄**로 체포했다.

무솔리니는 돈에 관심을 보인 적이 한 번도 없었다. 한 번은 사회주의 신문사에서 일하던 때에 지금보다는 봉급을 더 받아야 하지 않겠느냐고 부인이 그를 강력히 설득한 적이 있었다. 그러자 그는 말했다. "돈 때문에 일하는 게 아니야. 이상을 실현하려고 일하는 거라고." 신문사가 봉급을 올려주겠다고 제안했을 때도 그는 거부했다.

굶주리고 몹시 가난할 때도 그는 우유 한 잔을 사서 가구도 없는 방으로 들어가 바이올린을 꺼내 베토벤의 제9번 교향곡을 연주하면서 굶주림에 대한 생각을 떨쳐내곤 했다.

그는 신문 편집을 하면서 종일 글을 썼고, 밤이 깊어질 때까지 열렬히 그렇게 하다가 사무실 책상에서 그대로 잠들기도 했다. 친구들이

** 19세기 영국에는 '부랑죄'라는 것이 있었다. 18세기 산업혁명으로 수많은 사람들이 몰려 들었으나 감당할 사회적 제도가 마련되어 있지 않아 일정한 주거지 없이 떠돌아다니는 사람이 부랑죄로 잡혀 들어가곤 했다.

가져다준 빵과 소시지를 먹으면서 며칠 동안 사무실에 머무르며 일하기 일쑤였다.

소년 시절에 무솔리니는 행운의 부적과 사랑의 묘약 그리고 엉터리약을 팔던 노파에게 엄청난 영향을 받았다. 노파는 꿈과 카드 한 벌을 해석해 미래를 예견하는 법을 그에게 가르쳤다. 역사적인 로마 진군을 하기 전에도 그는 탁자에 카드를 펼치고 한 번도 아니고 여러 번 조심스럽게 운세를 살폈다.

무솔리니의 애첩 마그리트 사르파티가 쓴 무솔리니의 평전에는 이런 내용이 있다. "심지어 오늘날에도 무솔리니는 밤하늘의 달에 관해 기이한 말을 한다. 달의 차가운 빛이 인간과 상황에 미치는 영향력, 잠들 때 얼굴에 달빛을 맞는 일의 위험성 따위의 말이다. 또한 그는 꿈의 징조를 해석하고 카드로 점을 치는 데 능숙하다. 그는 왜 황소가 여자의 이끌림에 순순하게 따르는지, 왜 토끼의 앞발이 그렇게 짧은지도 설명할 수 있으며 그 외에 유사한 부류의 많은 수수께끼에 대해서도 답을 제시할 수 있다."

무솔리니의 머리는 이제 반백이 되었지만, 이탈리아 신문들이 자기 나이를 언급하거나 늙었다는 사실을 강조하는 것을 싫어한다.

그는 운명론자였다. 때가 되지 않으면 죽을 일이 없다고 믿었다. 하지만 주변에는 3백 명의 경호원이 밀착해 그를 지켰고, 매일 집과 집무실에서는 폭탄 유무를 확인하는 작업이 물샐틈없이 진행되었다. 심지어 하수관까지도 샅샅이 수색할 정도였다.

그에게는 친한 친구가 없었고, 혼자 식사하는 것을 좋아했다. 그는 누구에게도 비밀을 털어놓지 않았으며 심지어 부인에게도 마찬가지였다. 한 번은 이렇게 말한 적도 있었다. "나를 낳아준 아버지가 다시 살아난다고 하더라도 절대 믿지 않는다."

매일 아침 그는 미지근한 물에 목욕을 했다. 찬물로 목욕하는 것은 신경에 좋지 않다는 생각이었다. 그는 시간을 아끼려고 아침에 직접 면도를 했다. 때로는 저녁에 이발사에게 면도를 시켰지만 말을 걸지 말라는 지시와 함께였다.

전 세계에서 받은 선물이 방 하나를 가득 채웠다. 이곳을 그는 '공포 박물관'이라고 불렀다. 무솔리니는 1934년 1년 동안 6만 명의 사람을 만났으며—한 주에 1천 명, 하루에 150명 이상이다— 한 해에 비서들에게 거의 2백만 건이나 되는 서류를 받기도 했다.

그는 어머니를 깊이 사랑해 어머니가 숨을 거두자 온몸이 마비될 정도로 큰 충격을 받았다. 그는 한때 어머니가 꼈던 작은 금반지를 오른손에 꼈다. 이 반지는 어머니가 즐겨 사용한 장신구 중 하나였으며, 동시에 아들에게 남긴 유일한 유산이다.

인생경영 포인트

이탈리아의 파시스트 독재자 무솔리니(1883~1945)는 1922년에 최연소 총리가 되었고 로마로 진군해 정권을 잡았다. 이어 1924년 총선에서 승리해 절대 다수 의석을 확보했다. 이탈리아 국민들은 그의 권위를 존중했으며 천재라고 칭송했고, 유럽과 미국에서도 높은 평가를 받았다.

그러나 그는 이탈리아 제국 건설이라는 황당한 꿈을 꾸면서 몰락하기 시작했다. 그는 제국 건설을 위해 1935년 아프리카의 아비시니아를 침공했다. 제2차 세계대전이 발발한 후에 히틀러 편을 들면서 인기가 추락했고 독일의 보호가 없으면 정권을 유지하기 어려운 상태로까지 내몰렸다. 연합군이 이탈리아를 침공해 들어오자 이탈리아 공산당은 무솔리니의 처형을 결정했다. 무솔리니는 최후의 막다른 골목에 봉착하자 내연녀 클라레타 페타치와 함께 독일 병사로 위장하고 이탈리아 국경을 빠져나가려다 발각되었다. 그리고 내연녀와 함께 총살되었다. 두 남녀는 기둥에 거꾸로 매달린 채 전시되어 일주일 동안 사람들의 구경거리가 되는 비참한 최후를 맞이했다.

무솔리니는 고집불통인데다 오만했고 친한 친구가 별로 없었다. 자기 혼자서 인생의 어려운 일들을 모두 헤쳐 나가야 했으므로 아주 고단한 삶을 살았다. 우리 속담에도 모난 돌이 정을 맞는다고 했다. 원만한 인간관계의 중요성을 다시 한번 상기시키는 사례라고 하겠다.

전쟁을 이끄는 것은 결국 사람이다

──── 버나드 몽고메리 ────

지난 2천 5백 년 동안 902번의 전쟁이 있었지만 영국 장군 버나드 몽고메리Bernad Law Montgomery 경은 전술에서 과거의 영광을 능가하는 기록을 새롭게 달성했다. 그는 역사의 모든 페이지에서 타의 추종을 불허하는 작전을 수행했다. 그와 '나일강 육군'인 영국군 제8군은 아프리카 사막을 가로질러 롬멜 장군과 나치 아프리카 군단을 15주 동안 2천 4백 킬로미터 가까이 추격했다. 이는 미국 대륙을 절반이나 횡단한 것과 같으며, 대서양에서 콜로라도주 덴버까지 가는 거리와 맞먹는다.

사막의 작전이 시작되기 전 몽고메리 장군은 휘하 장병들에게 이것이 역사에 남을 결전, 즉 제2차 세계대전의 전환점이 될 것이라고 말했다. 그리고 예상대로 그렇게 되었다. 몽고메리 장군이 이집트의 엘 알라메인에서 패했다면 나치는 이집트, 수에즈 운하 그리고 이란과 이라크의 유전까지 장악했을 것이다. 이어서 나치는 인도를 휩쓸고 일본과 손을 잡아 러시아와 중국으로부터 오는 모든 보급품을 끊어버렸을 것이다.

하지만 몽고메리 장군은 엘 알라메인 전투에서 거의 싸우지 못할 뻔했다. 제1차 세계대전 중 메테론 전투에서 폐를 심각하게 다쳐 문자 그대로 무덤으로 실려가 산 채로 묻힐 뻔했기 때문이다. 이에 대해서는 그의 어머니의 말을 인용해보자.

"쓰러진 버나드의 몸 위로 심장을 총에 맞은 버나드의 당번병 쓰러졌다. 버나드는 의식을 잃었고 치료소로 실려 갔는데, 군의관은 30분 정도 살 수 있을 거라고 했다. 부대장인 대령은 무덤을 파라고 지시했고 버나드는 커다란 화물차에 실렸다. 버나드를 매장하러 가는 중에 운전병은 시체가 약간 움직이는 것 같다는 느낌이 들었다. 그는 군의관에게 소리 질렀다. '군의관님! 이 시체, 죽지 않았습니다!'"

그 '시체'가 죽지 않은 것은 정말 다행이었다. 그는 제2차 세계대전에서 세상의 주목을 받게 된, 가장 뛰어난 영국 장군 중 한 사람인 버나드 몽고메리였기 때문이다. '엘 알라메인의 몬티'(몽고메리의 애칭)라는 별명을 가진 버나드 몽고메리 장군은 장군이라기보다는 목사에 더 가까웠다. 그는 사실 영국인이 아니었다. 런던에서 태어난 것은 맞지만 그는 아일랜드 혈통이었다. 부계와 모계가 다 그러했다. 그의 아버지 H. H. 몽고메리는 태즈메이니아 주교였고, 그 때문에 버나드 몽고메리도 스스로 어린 시절 아버지의 뒤를 따라 성직자가 될 것으로 예상했다.

1899년 열두 살 무렵 버나드는 런던의 거리에서 보어 전쟁에 나서고자 진군하는 군인들을 보게 되었다. 군악대는 마음을 뒤흔드는 군가를 연주했다. 거리는 큰 소리를 내며 응원하는 들뜬 군중들로 흘러넘쳤다. 그곳에 서 있던 소년 버나드 몽고메리는 어머니가 들려준 집안 사람들의 모험 이야기를 떠올렸다. 할아버지 로버트 몽고메리 경이 인도의 펀자브에 중장으로 부임해 인도의 반란*에서 어떻게 명성을 얻었는지에 관한 이야기였다. 그때 그 이야기를 들으면서 열두 살 소년은 감정이 벅차올라 주교가 아니라, 할아버지처럼 훌륭한 군사 지휘관이 되겠다고 결심했다. 국기가 휘날리고 군중이 응원하는 가운데 언젠가 런던 거리를 따라 진군하겠다고 마음먹었다.

몽고메리 장군의 어머니는 영국 역사에서 유명한 위인들인 크롬웰, 클라이브, 드레이크, 넬슨 등의 전기를 그에게 읽어주면서 모험심을 길러주었다. 그는 이처럼 불멸의 고전들과 영감을 주는 사상이 가득한 집에서 자랐다.

어느 날 그의 아버지는 네 명의 아들을 서재로 불러서 그들이 삶의 방향을 직접 결정할 나이가 되었다고 말했다. 아버지는 무슨 일을 하라고 아들들에게 직접 말하지 않았지만, 선택 방향과 관계없이 모두가 대영제국을 위해 살길 바란다고 말했다. 몽고메리는 샌드허스트에 있는 왕립 육군사관학교로 진학했고, 그 후 영국군의 육군 장교로서 40년을 보냈다.

그가 달성한 뛰어난 군사적 성공은 대부분 휘하 장병을 잘 이끌고 고무하는 능력에서 온 것이었다. 그는 전쟁 승리의 최우선 조건은 인적 요인이라고 분명히 말했다. "전쟁을 승리로 이끄는 건 탱크도, 장갑

---

* 세포이 항쟁. 영국의 동인도 회사는 토지세로 대표되는 벵골 지방의 조세 징수권을 1765년에 무굴 황제로부터 양도받은 것을 계기로 벵골의 토지 소유자가 되어 인도의 정치 권력자이자 영토 지배자의 길을 걷게 되었다. 이후 회사는 사실상 인도를 지배하는 통치 기구로 부상했다. 이들이 독점적 이익만을 노려 인도를 억압한 결과 1858년에 인도 원주민 병사들인 세포이의 대對 영국 반란이 발생했고, 이 반란이 진압된 이후부터 영국 정부는 인도의 식민지 통치권을 동인도 회사에서 회수해 직접 통치하기 시작했다. 그리고 1948년에 영국이 인도 지배를 포기하면서 인도는 식민지에서 벗어나 비로소 독립국이 될 수 있었다.

차도, 전함도 아니다. 그 안에 탄 사람이다."

"군인이라면 모두 눈빛에 투지가 서려 있어야 한다"라는 것이 그의 지론이었다. 또한 자신의 제8군이 세상에서 가장 훌륭한 부대라고 말했다. 부대의 병사들은 영광에 휩싸여 있으며, 적을 물리치는 일에 절대 실패하지 않고, 세상 어떠한 군대도 부대의 앞길을 막을 수 없다고 믿었다. 그는 제8군이 자기와 똑같은 확신을 갖게 했고 그들에게 앞으로 해야 할 일을 정확하게 말해주었다. 그들에게 확고한 목표를 갖게 한 것이다. 승리를 달성하기 위해 필요한 장비, 탄약을 충분히 갖추고, 공군력이 없는 한 제8군을 절대 전투에 내보내지 않을 것임을 공표했다. 몽고메리 장군은 병사들에게 자신은 전투 중에 두 가지 원칙을 지킨다고 말했다.

첫째, 절대 서두르지 않는다.

둘째, 성공에 확신이 없는 작전은 절대 수행하지 않는다.

한 번은 휘하 병사들에게 이런 메시지를 전했다. "내가 이길 수 있다는 것을 확신하지 않으면 절대로 전투에 나서지 않는다. 전투에 임하는 것이 걱정되면 싸우지 않는다. 나는 준비가 완벽하게 될 때까지 기다린다."

몽고메리 장군은 군인이기만 한 게 아니다. 그는 카키색 군복을 입은 예리한 눈의 십자군이며 탱크를 타는 목사이기도 했다. 전투에서 오는 흥분을 즐기며, 선과 악의 대大쟁투인 아마겟돈에서 하느님을 위해 싸우고 있다고 확신했다. 그의 야전 사령부에는 책 두 권이 늘 곁에 있는데 하나는 존 버니언의 『천로역정』** 다른 하나는 성경이다. 모

** 존 버니언(1628~1688)의 『천로역정』은 척박한 세상을 살아가던 존 버니언이 동굴에 들어가 꾼 꿈을 서술하는 형식을 취한다. 미덕, 죄악, 사랑, 절망, 희망 등의 추상적 개념을 의인화해 제시하며 인간은 결국 하느님의 나라로 들어가야 한다고 말한다.

든 장교에게도 성경 읽기를 권했다. 그의 영웅은 올리버 크롬웰이다. 때문에 윈스턴 처칠이 그를 크롬웰에 비유했을 때 무척 기뻐했다. 몽고메리 장군이 찬송가를 부르며 전투에 나가는 것을 보며 크롬웰 부대도 그랬을까 하는 생각마저 들 정도다.

아이젠하워, 맥아더 그리고 많은 다른 최고위 연합군 지휘관들처럼 몽고메리 장군은 신앙심이 깊은 사람이다. 그는 술을 마시지 않고, 욕하지도, 담배를 피우지도 않으며, 매일 밤 기도를 올렸고, 수입의 10분의 1을 교회에 드렸다.

그는 규율을 엄격히 강조하는 사람이기도 했다. 한 번은 군사회의에서 이런 명령도 내렸다. "흡연이나 기침은 용납하지 않겠다. 흡연은 금지할 것이다. 이제 2분 동안 기침을 하려면 해도 좋다. 이후 20분 동안 기침을 해선 안 되고, 그 후 60초 동안 기침을 허용하겠다."

몽고메리 장군은 적을 개인적으로 증오하지는 않는다. 사막의 야전 사령부에서 그는 침대 위에 롬멜의 사진을 걸어두었다. 그는 전쟁이 터지기 전에 롬멜을 한번 만났으면 얼마나 좋았을까 하고 몇 번이나 말했다. 장차 싸우게 될 사람을 미리 만나 이야기를 해보았더라면 그 사람이 수행할 작전이 무엇인지 훨씬 짐작하기 쉬웠을 것이라는 이유였다.

심지어 롬멜의 오른팔인 빌헬름 리터 폰 토마 장군을 포로로 잡았을 때 몽고메리는 그를 저녁 식사 손님으로 초청했다. 그는 그 자리에서 식탁보에 자기가 펼칠 작전의 계획을 그리며 롬멜이 이길 수 없음을 보여주었다.

몽고메리가 제12군단을 지휘하게 되었을 때 그는 다음과 같은 내용의 액자를 사무실 벽에 걸었다. "100퍼센트 적합한가? 활력이 넘치는가? 기꺼이 하려는 의지로 소리를 외치며 아침에 일어나는가?"

하지만 사실을 말해보자면 몽고메리 장군 스스로는 아침에 그런 의지의 함성을 지르며 일어나지 않았다. 말이 난 김에 더 말해보자면 그는 어떠한 함성도 지르지 않았다. 그는 심지어 호출을 받고 한 시간 뒤에도 침대에서 나오지 않았다. 아침 6시에 호출을 받으면 침대에서 차 한 잔을 마시면서 한 시간 동안 누워서 무언가를 생각하고 계획했다. 그는 부하들에게 세부 사항을 맡기고 하루를 준비했기에 절대 서두르지 않았다. 심지어 전투에 나서는 날에도 마음 편하게 생각했다. 전투 계획은 이미 완성되어 있었다. 실제 총격이 벌어지기 전에 이미 승리를 확보해놓고 전투를 벌여야 한다고 그는 말했다. 승리는 사전에 미리 세심하게 수립한 계획으로 얻을 수 있다는 이야기였다.

실제로 전투가 시작된 이후에도 몽고메리 장군은 느긋한 모습을 보였다. 엘 알라메인에서 빗발치는 포격으로 롬멜에 대한 공격을 시작했는데, 그러기 한 시간 전에 취침하러 가기도 했던 것이다. 그리고 네 시간 반 뒤인 새벽 1시 반에 부관은 보고를 하기 위해 장군을 깨워야 했다. 몽고메리는 내용을 듣고 명령을 내린 뒤 등을 끄고 다시 잠들었다. 그가 보인 극도의 자신감은 세심한 계획, 공중 장악, 탁월한 휘하 장병 그리고 훌륭한 장비에서 나오는 것이었다.

몽고메리 장군은 마흔이 될 때까지 결혼하지 않다가 앤더스 베티 카버라는 여성을 만나 결혼했다. 그에게는 데이비드라는 아들이 하나 있는데 이제 열일곱 살이다. 그의 부인은 1937년 사망했다. 아내의 죽음에 무척 상심해 그는 1년 동안 몇 명의 오랜 친구들만 보고 지냈다. 그는 아들을 가장 소중하게 여기고 그 외에는 군인 생활과 카나리아 키우기 등에 관심을 두고 살아간다. 이탈리아 작전 내내 그는 카나리아와 모란 앵무가 든 새장을 사령관 사무실에 갖다놓았다. 그 새장은 이동할 때마다 거대한 트럭에 실려 운반되었다.

그는 심지어 전투가 진행되던 때에도 짬을 내서 79세인 어머니에게 편지를 썼다. 어머니는 그가 독일을 침공하려고 영국 해협을 건널 때 손을 따뜻하게 하라고 장갑 한 쌍을 짜서 전하기도 했다. 어머니는 한 신문 기자에게 이렇게 말했다. "버나드가 이 장갑을 끼고 전장에서 잃어버리지 않길 바랍니다."

몽고메리 장군은 아버지가 네 형제에게 말해준 조언 중 몇 마디를 자신의 모토로 삼았다. 가문의 훌륭한 전통을 이으라는 것이었다. "너희들은 신사 가문에서 태어났다. 신사는 단순히 외형의 품위만 갖추지 않는다. 고결하고 고상한 마음이 더 중요하다. 신사란 수치스럽고, 비열하고, 부도덕한 건 무엇이든 멀리하면서 그런 것을 쓸데없고 혐오스럽게 여기는 사람이다."

인생경영 포인트

버나드 몽고메리(1887~1976)는 북아프리카 전투에서 사막의 여우라고 불리는 독일 롬멜 장군에게 승리하면서 일약 유명해졌다. 그 후 연합국의 휘하 8군을 거느리고 시칠리아 전투에 뛰어들었다가 본국으로 소환되어 노르망디 상륙 작전에 참여했다. 상륙 작전의 윤곽을 논의하면서 평소 철저한 준비를 강조하는 몽고메리와 과감한 실행을 주장한 아이젠하워 사이에 여러 번 갈등이 발생했으나, 승리라는 목표 아래 갈등은 곧 봉합되었다. 1944년 6월 연합국의 프랑스 침공 당시 몽고메리는 영국군과 캐나다 연합군인 제21군의 지휘를 맡아 프랑스 남부 일대에서 혁혁한 전공을 세웠고, 1945년 5월 뤼네부르크에서 독일군의 항복을 받아냈다.

몽고메리의 전략은 『손자병법』을 연상시킨다. 적을 알고 나를 알면 전쟁에서 이길 수 있다는 것은 오래전 손자가 말한 병법의 제1과 제1조였다. 그가 병사들의 감투 정신을 높이 평가한 것이나 싸우지 않고 이기는 것이 최고의 승리라고 갈파한 것도 모두 손자병법에 등장한다. 중요한 것은 그러한 원칙을 실천하는 것일 텐데 몽고메리는 알고 있는 것을 실천하는 삶을 살았다.

성공하는 사람과 그렇지 못한 사람의 차이는 결국 행동 여부다. 많은 사람들이 성공 비결을 알고 있고, 많은 말을 주고받지만 실제로는 행동에 나서지 않는 경우가 대다수다. 때문에 평범한 사람들에게 성공은 자기계발서에서나 확인하는 단어가 되었다.

인간관계는 주고받기가 기본이다

──── 로웰 토머스 ────

1916년 어느 봄날, 내 방 전화기가 울렸고 프린스턴 대학에서 법을 공부하고 학생들을 가르치던 한 남자가 만나자고 요청해왔다. 그는 사진을 곁들인 알래스카에 대한 강연을 함께 준비할 사람을 찾고 있었다. 다음 날 그를 만났을 때 나는 깊은 인상을 받았는데, 성공에 필요한 모든 것을 그 젊은 친구가 갖추었기 때문이었다. 매력적인 인품, 쉽게 전염되는 열정, 놀라운 활력, 끝없는 포부 같은 것들이었다. 나는 언젠가 이 친구가 큰 부자가 되는 것은 물론이고 아주 유명해질 것이라고 장담했다.

내 예언은 틀릴 때도 많았지만 이 건은 그대로 적중했다. 내가 만난 청년이 훗날 유명 인사가 된 것이다. 그가 올리는 수입을 정확히 알기는 어렵지만 『타임』지는 한때 그의 수입을 한 해 약 20만 달러로 추산했다.

그의 이름은 로웰 잭슨 토머스Lowell Jackson Thomas로 부인과 친한 친구들은 그냥 '토미'라고 부른다. 토미는 1930년부터 단 한 번도 쉬지 않고 미국 동부 지역에서 주 5일 동안 뉴스를 진행해왔다. 외부 후원을 받아 운영되는 일일 방송 프로그램으로는 역대 최고 기록이다. 또한 1934년부터는 영화사 폭스의 무비톤 뉴스릴(영화관 뉴스)에서 매주 뉴스를 전해왔다.

방송인으로 활동하던 시절에 로웰 토머스는 "그럼 내일까지 안녕입니다"라는 말을 수천 번도 넘게 말했고, 이것을 단어 수로 환산하면 수백만 자에 달한다. 백 권의 책을 채우기에도 충분한 분량이다.

내가 처음 로웰 토머스를 만났을 때 그는 프린스턴 대학교에서 일하는 것 외에 저녁마다 몇 달러를 받고 알래스카 여행기를 강연하고 있었다. 그가 무명 시절부터 정상에 오를 때까지 죽 그를 지켜보았다. 지금도 처음 만났을 때와 전혀 다를 바 없이 겸손하고, 진실하고, 자연스러우며 사려 깊은 사람이다. 지금까지 그 누구도 어떤 이유로든 로웰 토머스를 비판하는 것을 들은 적이 없다. 설사 이 세상에 그의 적이 딱 한 명이 있더라도 그가 누구인지 나는 모른다.

로웰 토머스는 부모로부터 깊은 영향을 받았다. 두 분 모두 교사였지만 아버지는 의사가 되기 위해 결국 교편을 놓았다. 이제 70대인 아버지는 여전히 뉴저지주에서 의원을 운영 중이며, 최근에는 큰 규모의 해군 프로젝트에 참가해 내·외과적 문제를 담당하고 있다.

소년 시절 토미의 상상력은 마르코 폴로, 마젤란, 대니얼 분 그리고 로빈슨 크루소 등의 여행기와 모험기를 읽고서 불이 붙었다. 당시 그는 언젠가 자기도 세상 멀리 여행을 떠나 모험을 기록한 책을 쓸 것이라고 결심했다. 로웰 토머스처럼 불굴의 의지를 갖고 꿈을 현실로 구체화시키는 일을 완벽하게 성공시킨 사람은 그리 많지 않다.

그는 유럽, 아시아, 알래스카 그리고 호주를 돌아다니면서 몇 년을 보냈다. 영국 왕세자와 함께 인도를 여행했고, 공식적으로 초청을 받아 아프가니스탄의 미개척 지역에 들어가 최초로 사진을 찍었다. 인도와 미얀마 정부 그리고 말레이 연합주는 특별 기차와 하천용 배를 제공했고, 그의 지시를 따라 움직이는 코끼리 여러 마리를 준비해 자국의 낯선 광경과 관습을 탐구하고 사진으로 남길 수 있도록 배려했다.

그는 모험담과 도전 정신이 가득한 책을 40권 넘게 집필했다. 제목을 몇 개만 들어보면 『아라비아에서 로런스와 함께*With Lawrence in Arabia*』, 『카이버 고개 너머*Beyond the Khyber Pass*』, 『모험의 장관*Pageant of Adventure*』, 『이들은 결코 죽지 않으리라*These Men Shall Never Die*』 등이다.

이미 소년 시절부터 로웰 토머스는 여행을 직접 하고 그 여행에 대해 강연하는 것을 꿈꾸었다. 포부를 달성하기 위해서는 공부를 해야 한다는 것을 알았다. 그는 큰 학교에 입학했고, 네 개의 교육 기관(발파라이소 대학, 덴버 대학, 시카고 켄트 법학 대학, 프린스턴 대학)에서 네 개의 학위를 받았다.

사실 그에게는 네 개의 대학은커녕 한 군데를 다닐 학비도 없었다. 그래서 여름방학이면 '유트 인디언 보호 구역'에서 소를 몰고 알팔파*를 채취해 짐마차에 던져 넣는 일을 했다. 콜로라도주에서는 황금 광산 광부로도 일했다. 나중에는 덴버와 시카고 신문사에서 신참 기자로 일하기도 했다.

겨울에는 용광로를 관리하고 식당에서 웨이터와 즉석 요리 담당자로 일하면서 하숙비를 벌었다. 어떤 교수 소유의 농장에 가서 소에게 먹이를 주고 젖을 짜기도 했다. 그는 부동산 중개업에 종사했고 부업으로 아이들 가르치는 일과 강연을 하기도 했다.

---

* 자주개자리로 불리기도 하는 쌍떡잎식물 장미목 콩과의 여러해살이풀. 간작間作 및 녹비로 널리 쓰인다.

1915년 제1차 세계대전으로 유럽으로 가는 여행길이 막혔을 때 로 웰 토머스는 좋은 아이디어를 하나 떠올렸다. 미국의 아름다운 경치 를 사진으로 찍어서 강연해보면 어떨까? 훌륭한 생각이었지만 철도 승차비, 호텔 숙박비, 사진기 구입 자금이 필요했다. 로웰 토머스는 수 중에 돈이 한 푼도 없었다. 하지만 스스로를 미국 최고의 세일즈맨으 로 만드는 열정이 있었다. 그는 철도 회사와 증기선 회사를 설득해 서 부를 통과해 알래스카로 가는 고급 여행을 무료로 갈 수 있었다.

나는 알래스카에 대한 토미의 강연을 들은 적이 있는데 광범위한 정보를 다룬 훌륭한 강연이었고, 그가 강연에서 보여준 사진도 대단 히 멋졌다. 윌슨 대통령 정부의 내무 장관인 프랭클린 레인Franklin K. Lane도 그 강연을 듣고 곧바로 매료되었다. 그리고 1917년 미국이 독 일에 전쟁을 선포할 때, 레인 장관은 로웰 토머스를 해외로 보내 전쟁 사진을 찍어서 그 사진들로 전투 정신을 고취시키자고 윌슨 대통령에 게 제안했다. 하지만 그 임명에는 한 가지 심각한 문제가 있었다. 바로 토미에게 봉급도 경비도 주지 않는 조건이었다는 것이다.

그러자 로웰 토머스는 시카고의 백만장자 18명을 설득해 10만 달 러를 빌렸다. 그렇게 여행을 떠나 제1차 세계대전 시절의 사진을 찍은 그는 1년 반 뒤 미국으로 돌아왔고, 전투에 관한 천연색 영화를 선보 였다. 그 영화는 프랑스, 벨기에, 이탈리아, 발칸 지역뿐만 아니라 앨 런비Edmund Allenby 장군이 팔레스타인에서 펼친 생생한 군사 작전도 담 고 있었다. 앨런비 장군은 예루살렘, 예리코, 베들레헴, 나사렛에서 튀 르키예인을 쫓아내고 튀르키예에 대패를 안긴 승장이다. 더욱 놀라운 사실은 토미가 제1차 세계대전에서 가장 생생하고 낭만적인 인물인 아라비아의 로런스에 관한 이야기를 전한 것이다. 수줍음 많고 조용 한 젊은 고고학자 아라비아의 로런스는 아라비아 사막의 여러 족장을 규합해 게릴라 병력을 조직했고, 튀르키예 철도와 연락선을 다이너마이트로 파괴하면서 아랍족들이 오스만 제국에 저항하도록 유도했다.

로웰 토머스의 다채로운 사진을 곁들인 강연은 몇 달 동안 뉴욕의 가장 큰 극장에서 열렸다. 나중에 그는 런던을 방문해 근동에서 벌어진 영국의 놀라운 군사 작전에 대한 이야기도 들려주었다.

나는 당시 운 좋게도 로웰 토머스와 사업 관계를 맺을 수 있었다. 런던 군중은 그의 강연을 들으려고 몇 시간 동안 줄을 서서 티켓을 샀고 나는 그 광경을 직접 보았다. 그런 대성황이 밤마다 그리고 여러 달이 지나가도록 계속되었다. 그의 강연은 코번트 가든 오페라 극장에서 열렸고 가히 폭발적인 반응을 불러일으켰다. 티켓을 사려는 사람이 워낙 많아서 그때가 런던의 그랜드 오페라 시즌임에도 불구하고 토미가 강연을 계속할 수 있도록 오페라 시즌을 한 달 연기하기도 했다. 이후 그는 앨버트 홀로 자리를 옮겨 매일 1만 5천 명에서 2만 5천 명을 대상으로 강연했다. 로웰 토머스가 아라비아 사막에서 벌어진 짜릿한 모험에 대한 이야기를 전해줄 때까지 영국인들은 아라비아의 로런스에 대해 한마디도 듣지 못한 상태였다.

10년 동안 토미는 전 세계를 돌며 이런 풍성한 사진을 곁들인 강연을 계속했다. 그는 4백만 명을 직접 마주하며 강연했고, 전 세계에서 영어를 사용하는 모든 나라에서 4천만 명 이상의 청중을 만났다.

1930년 로웰 토머스는 생애 가장 큰 행운을 잡게 되었다. 주간지 『리터러리 다이제스트The Literary Digest』에서 매일 뉴스를 방송하는 일이었다. 이를 시작으로 그는 세상사를 두루 전하는 방송인으로서 널리 명성을 떨치게 되었다. 토미는 매주 10개의 방송을 했고, 매주 이틀은 밤을 새워가며 폭스 무비톤 뉴스릴을 녹화했다. 그는 또한 막대한 양의 편지에도 답했고, 계절마다 한두 권의 책을 펴냈다. 이 모든 일을 어떻게 해낼 수 있었을까?

주변에 유능한 조직을 구축했기에 가능했다. 여기에 더해 토미는 모든 순간을 활용할 줄 알았다. 한 번은 런던에서 그와 함께 있었는데 당시 그는 호주로 떠날 예정이었다. 우리가 선착장까지 차를 타고 이동하는 중에 그는 택시에 함께 탄 비서에게 편지를 받아쓰게 했을 뿐만 아니라 부두가에 도착했을 때에는 울타리 너머로 편지를 구술하기도 했다. 그는 배에 탑승하기 위한 임시 사다리가 들어 올려지기 2분 전까지도 계속 구술을 했다.

로웰 토머스는 나이트클럽, 파티, 사교 모임 따위는 거들떠보지도 않았다. 취미는 승마, 소프트볼, 스키였다. 특히 스키는 단순한 취미 수준을 넘어 거의 강박증에 가깝게 집착할 정도였다. 겨울에는 때때로 일주일 동안 스키를 타기 위해 8천 킬로미터를 여행하기도 했다.

로웰 토머스는 덴버 대학을 다닐 때 만난 무척 아름답고 매력적인 프랜시스 라이언과 결혼했다. 부부는 로웰 토머스 주니어라는 아들을 하나 두었는데 아들 역시 세계를 여행하고 탐험하면서 경력을 쌓고 있으며, 스키가 취미로 그 실력은 아버지를 능가할 정도다.

로웰 토머스는 어느 날 저녁 뉴스 대본 다섯 페이지가 없어진 것을 마이크 앞에 앉는 순간에 알게 되었다. 방송 5분 분량의 원고를 잃어버린 것이었고, 그 빈 시간만큼 스튜디오의 음악가가 채워주어야 한다는 사실을 의미했다. 이런 대참사는 비서의 실수 때문에 벌어진 것이었다. 하지만 로웰 토머스는 그녀를 야단치지 않았다. 그녀가 사과하려 하자 그는 잊어버리라고 말했다. 그녀가 여태껏 훌륭하게 일을 해왔으니 그걸 봐서라도 이번 건은 문제 삼지 않겠다며 안심시켰다. 토미는 절대 목소리를 높이거나 화를 내며 이성을 잃어버리는 일이 없었다. 그는 인간관계의 멋진 요령을 제대로 습득한 전문가다.

오래전 어느 날 그는 보스턴에서 다양한 사진을 곁들인 강연을 하고 있었는데, 화가 난 채권자 무리가 강연 마지막 무렵에 그를 덮쳤다. 그 시기에 그는 무일푼이었고 당장 지불 이행이 불가능한 여러 긴급한 채무를 떠안고 있었다. 그때까지 큰돈도 벌어보았고 20대 시절에는 한 해 동안 1백만 달러를 벌어들이기도 했다. 하지만 일련의 불운을 겪으며 그는 큰돈을 잃었다. 채권자들과 그들의 변호사들은 카메라, 영화 그리고 영사 장비를 몰수하겠다고 단단히 벼르고 있었다. 그런데 토머스는 그들을 귀빈인 양 맞이하고 대기실에서 그들에게 차를 내왔으며, 입장을 이해한다고 말했다. 이어 아주 진지하고 품위 있는 태도로 그들에게 채무를 곧 상환할 수 있는 유일한 방법은 지금 자신이 하는 일을 계속할 수 있게 해주는 것뿐이라고 알려주었다. 채권자들은 강연장에 올 때 채무 불이행에 짜증이 나서 화가 머리끝까지 치밀어 있었지만, 떠날 때는 로웰 토머스를 자기들의 친한 친구라고 생각할 정도가 되었다. 그리고 요점은 그가 나중에 채무를 단 한 푼도 빠뜨리지 않고 다 상환했다는 사실이다! 그것이 바로 '토미'의 본 모습이다.

인생경영 포인트

자기가 하려고 하는 일을 정말로 좋아한다면 어떻게든 수단과 방법이 마련되는 법이다. 가령 런던에서 로웰 토머스(1892~1981)가 강연을 할 때 섭외 가능한 대규모 강연장이 오페라 시즌을 맞은 로열 오페라 극장뿐이었지만 시즌을 한 달 연기해주면서까지 그의 강연을 밀어주었던 것처럼 말이다.

토미의 생애에서 우리에게 특히 감명을 주는 부분은 처변불경處
變不驚의 인생 자세다. 이것은 예상치 못한 변화를 당해도 놀라지 말
라는 뜻으로 성경에도, 『논어』에도 등장한다. 뒤집어서 말하면 인생
에는 그처럼 예상치 못한 변화가 많다는 뜻이기도 하다. 토미는 방
송 사고나 채무자의 직장 급습 같은 커다란 사건에도 놀라거나 겁
먹지 않고 침착하게 응대해 위기를 넘겼다.

특히 여비서의 실수를 용서해준 것은 관끈을 끊는다는 뜻의 절
영絶纓이라는 중국 고사를 연상시킨다. 초나라의 장왕이 밤에 신하
들과 잔치를 벌였는데, 촛불이 꺼졌을 때 어떤 신하가 왕의 총희의
옷소매를 당기며 희롱했다. 총희는 어둠 속에서 그 신하의 관끈을
끊고서 왕에게 그자를 찾아내 엄벌하자고 했으나, 왕은 도리어 모
든 신하에게 관끈을 끊게 해 그 사람의 잘못을 불문에 부쳤다. 그
리고 훗날 초나라가 진나라와 싸울 때 늘 왕의 앞에 나서서 적을
물리치는 용사가 있어서 왕이 알아보았더니 예전에 밤중에 왕의 총
희에게 관끈을 끊긴 사람이었다.

인간관계는 언제나 주고받기다. 또한 인생의 8할은 남 앞에 나타
나 안면을 트는 것이라는 말도 있다. 토미가 인간관계의 전문가가
된 것은 이런 주고받기와 안면 트기를 잘했기 때문일 것이다.

3장

돈을 인생으로 불러들이는 철학

부자로 죽는 것은 수치스러운 일이다

──── 앤드루 카네기 ────

⤬

앤드루 카네기Andrew Carnegie는 의사나 산파의 도움 없이 태어났는데, 그런 외부의 도움을 못 받을 정도로 집안이 너무 가난했기 때문이다. 그리고 그는 시급 2센트로 일하기 시작해 마침내 4억 달러라는 엄청난 재산을 형성했다.

나는 그가 태어난 스코틀랜드 던펌린의 작은 집을 방문한 적이 있는데, 집에는 방이 고작 두 개 있었다. 아버지는 1층에서 직물 짜는 가게를 운영했고, 가족은 위층의 비좁고 어두운 다락에서 밥을 해먹고 잠을 청했다.

카네기 집안이 미국으로 이민 왔을 때 아버지는 식탁보를 만들어 집집마다 팔러 다녔다. 어머니는 구두장이 밑에서 구두를 세탁하고 꿰맸다. 앤드루의 셔츠가 하나뿐이어서 어머니는 그가 잠든 뒤 매일 밤 셔츠를 빨고 다림질해야 했다. 어머니는 매일 16~18시간을 일했으며, 앤드루는 그런 어머니를 마음속 깊이 사랑했다. 스물두 살에 그는 어머니가 살아 있는 한 절대로 결혼하지 않겠다고 약속했는데 실제로 어머니가 30년 뒤 세상을 떠날 때까지 그는 결혼하지 않았다. 마침내 그는 52세에 결혼했고, 62세에 유일한 자식을 얻었다.

소년일 때 그는 어머니에게 몇 번이고 말했다. "엄마, 언젠가 부자가 되어서 비단으로 만든 옷을 입고 하인을 부리면서 전용 마차도 탈 수 있게 해드릴게요." 그는 자기의 재능은 온전히 어머니로부터 물려받은 것이고, 어머니를 향한 깊은 사랑이 놀라운 출세를 만든 원동력이었다고 자주 언급했다. 어머니가 세상을 떠났을 때 그는 너무나 비통했고 슬픔의 후유증은 아주 오래 갔다. 그 후 15년 동안 어머니 이름만 나와도 눈물이 터져 나오는 바람에 이름조차도 말하지 않으려 했다. 한 번은 그가 스코틀랜드에서 한 노파의 주택 담보 대출을 대신 상환해준 적이 있었는데 이유는 단 하나, 노파의 모습이 어머니를 닮았기 때문이었다.

앤드루 카네기는 강철왕으로 잘 알려졌지만 강철 제조에 대해서는 아는 게 거의 없었다. 하지만 자기보다 강철에 대해 더 잘 아는 수백 명 혹은 수천 명을 직원으로 두었다. 그는 사람 다루는 법을 잘 알았는데, 이것이 그를 부자로 만든 결정적 요인이었다. 젊은 시절 그는 조직 운용, 리더십 그리고 사람을 부리는 데 대단한 재능을 보였다.

어릴 적에 스코틀랜드에서 어미 토끼를 잡은 뒤 곧 새끼 토끼들마저 전부 잡았는데 그 토끼들에게 먹일 것이 없었다. 하지만 그에게 근사한 아이디어가 떠올랐다. 그는 이웃 소년들에게 토끼를 먹일 클로버와 민들레를 충분히 뜯어오면 그 공로를 인정해 토끼에 그들의 이름을 붙여주겠다고 했다. 계획은 마법처럼 통했다.

몇 년 뒤 카네기는 사업을 할 때에도 사람들의 그런 심리를 적절히 활용했다. 가령 펜실베이니아 철도 회사에 철로를 팔고 싶어 고민하던 때였다. 당시 회사의 사장은 J. 에드가 톰슨이었다. 카네기는 피츠버그에 세운 거대한 제강 공장에 'J. 에드가 톰슨 제강소'라는 이름을 붙였다. 당연히 톰슨 씨는 무척 기뻐했고 톰슨 제강소에 철로를 주문하도록 설득하는 데에는 그리 큰 힘이 필요하지 않았다.

카네기는 피츠버그에서 전보 배달원으로 일했다. 일당은 15센트였지만 그로서는 큰돈이었다. 그는 그 도시에서 이방인이었다. 길을 몰라 일자리를 잃을지도 모른다는 두려움에 그는 도시의 모든 회사의 이름과 주소를 암기했다. 그는 어떻게든 전신 회사의 기사가 되고 싶었다. 그래서 밤이면 전신학을 공부하고 아침일찍이면 사무실로 달려가 전신 자판을 두드리는 연습을 했다.

어느 날 아침 전선은 중대한 뉴스로 아주 뜨거웠다. 필라델피아에서 피츠버그를 정신없이 불러대고 있었는데, 그걸 받아주는 기사가 없었다. 앤드루 카네기는 전신 자판을 황급히 두드려 메시지를 받아 전달했고 그 즉시 전신 기사로 승진했고, 봉급은 두 배가 되었다.

그는 지칠 줄 모르는 활력과 끊이지 않는 야심으로 일했다. 그리고 펜실베이니아 철도 회사가 자체 전신선을 설립하면서 앤드루 카네기는 전신 사업 본부장의 수행비서가 되었다.

어느 날 갑자기 그는 큰돈을 버는 길을 마주하게 되었다. 기차를 타고 가던 카네기를 찾아온 어떤 발명가가 자신이 발명한 새로운 침대차를 보여준 것이다. 침대차는 화물차 양쪽 측면에 조잡한 침상이 달린 것이 전부였다. 그러나 이 새로운 발명품은 오늘날 풀먼식 호화 침대차와 무척 흡사했다. 카네기는 스코틀랜드인 특유의 재빠른 선견지명을 지녔기에 이 발명품에 어마어마한 가능성이 있다는 것을 알아보았다. 그는 돈을 빌려 그 회사의 주식을 샀다. 그 후 회사는 세상이 놀랄 만한 배당금을 주주에게 안겼고, 카네기는 단 한번의 투자로 스물다섯에 매년 5천 달러의 수익을 올렸다.

한 번은 철도와 철도를 연결시켜 주던 나무다리가 불에 타서 며칠 동안 교통 정체가 일어난 적이 있다. 앤드루 카네기는 당시 전신 회사의 본부장이었다. 그는 그 사건을 통해 나무다리의 시대는 끝나고 강철의 시대가 열렸다는 것을 확신했다. 그는 돈을 빌려 회사를 차렸고 철제 다리를 건설했다. 어찌나 빠르게 돈이 쏟아져 들어오는지 현기증이 날 정도였다.

이 방직공의 아들은 그야말로 황금손을 지녔다. 행운, 그것도 경이로운 행운이 늘 그를 따라다녔다. 그와 몇몇 친구는 펜실베이니아주 서부 석유 생산 지역의 한가운데에 있는 어떤 농장을 40만 달러에 사들였는데, 한 해에 그곳에서만 1백만 달러를 벌었다. 당시에 이 영리한 스코틀랜드인은 겨우 스물일곱이었으나 매주 1천 달러라는 엄청난 수입을 올렸다. 15년 전만 해도 하루에 20센트를 받고 일했던 사람이 말이다.

1862년 에이브러햄 링컨 대통령이 백악관에서 남북전쟁으로 노심초사하고 있을 때였다. 전쟁으로 인해 물가는 치솟고 있었다. 그리고 여러 대형 사건들이 벌어지고 있었다. 미국의 국경은 더욱 넓어졌고 멀리 있던 서부가 개방되었다. 철도는 곧 대륙을 가로질러 놓일 것이고 철도 연변에 도시들이 건설될 것이다. 미국은 아주 놀라운 대도약의 시대로 진입하기 직전이었다.

그리고 앤드루 카네기는 강철 용광로에서 뿜어져 나오는 연기와 불꽃으로 그 번영의 큰 물결에 올라탔다. 그 물결 덕분에 카네기는 인류의 역사에서 이전에는 상상도 하지 못한 거대한 부를 얻었다.

하지만 그는 오로지 일만 하며 사는 사람이 아니었다. 하루 일과 중 절반 정도는 사업 구상을 하는 등 여유 있는 시간을 보냈다. 그는 주변에 자신보다 똑똑한 보좌관들이 있으며 그들을 활용해 수백만 달러를 벌었다고 말했다. 그는 스코틀랜드인이지만 지나치게 스코틀랜드인(깍쟁이)처럼 굴지는 않았다. 그는 파트너들에게 수익의 일부를 나누어 주었으며, 그렇게 하는 것만으로도 여태까지 그 어떤 사람보다도 더 많은 백만장자를 배출했다.

그는 평생 4년 동안 학교를 다녔을 뿐이지만 여행, 전기, 에세이, 경제학에 대해 여덟 권의 책을 썼고, 6천만 달러를 기부해 공공 도서관을 설립했으며, 교육의 발전에 써달라며 7천 8백만 달러를 내놓기도 했다.

그는 로버트 번스가 쓴 시를 모두 외웠다. 또한 『맥베스』, 『햄릿』, 『리어 왕』, 『로미오와 줄리엣』, 『베니스의 상인』의 유명한 대사들을 모두 암기해 아무 때나 술술 말할 수 있었다.

카네기 자신은 그 어떤 교파에도 속하지 않았지만 7천 개 이상의 파이프 오르간을 여러 교회에 기증했다. 그는 총 7천 5백만 달러를 기부했는데 날짜별로 따지면 매일 1백만 달러를 기부한 셈이었다. 한편 신문사들은 공모전을 열어 카네기가 막대한 자산을 기부하는 방법을 모았으며 가장 좋은 제안을 한 사람에게 상을 주었다. 그가 평소 부자로 죽는 것은 부끄러운 일이라고 공언했기 때문이다.

인생경영 포인트

철강왕 앤드루 카네기(1835~1919)는 번뜩이는 아이디어가 풍부한 사람이었다. 요즘 말로 돈이 되는 사업을 알아보는 뛰어난 이재의 안목을 갖고 있었다. 그가 이렇게 승승장구했던 것은 미국이 시대적으로 번영기에 있었기 때문인데, 대표적인 사업이 철도 사업이다.

철도가 미국에 처음 도입된 것은 1830년대로, 1840년에 이르러 뉴잉글랜드와 대서양에 면한 주들은 약 3천 2백 킬로미터의 철도를 갖게 되었다. 철도는 동부에서 시작해 중서부로까지 계속 뻗어나갔다. 미국 철도는 1860년에 이르러 약 4만 8천 킬로미터의 전국 규모 네트워크를 갖추었고, 1869년에는 최초의 대륙 간 횡단 철도가 완성되었다.

철도 부설 사업에는 공적 자금도 일부 들어갔지만 대부분 민간 자본이 투입되었다. 19세기 중반부터 철도 회사들은 대기업으로 성장했고, 많은 노동자를 고용했으며, 다양한 방식으로 금융을 조달했다. 또한 1861~1865년 사이에 남북전쟁이 벌어지면서 철도의 역할은 더욱 중요해졌다. 남북전쟁이 끝나고 철도는 더욱 활발하게 부설되었고 1865년에 약 5만 6천 킬로미터이던 철도 네트워크는 1880년에 15만 킬로미터까지 늘어났다.

카네기는 철도 사업 호황기에 맞추어 철도에 들어가는 철강을 공급했고, 철도 주위의 목 좋은 땅을 사들였다. 이렇게 형성된 막대한 부를 다시 금융 사업에 재투자함으로써 돈이 돈을 버는 방식으로 거부가 되었다. 과거 1970년대에 우리나라 재벌들이 돈을 번 것과 같은 방식이다. 그러나 카네기의 남다른 점은 벌어들인 돈을 대부분 사회 발전을 위한 기여금으로 내놓았다는 것이다. 노블레스 오블리주를 몸소 실천한 것이다.

카네기는 거부였지만 검소한 사람이었다. 그의 기부를 받기 위해 한 방문객이 찾아왔을 때, 카네기는 방안에 촛불 두 개를 켜놓고 책을 읽다가 촛불 하나를 껐다. 방문객은 그것이 기부를 거절하려는 인색함의 신호라고 생각했다. 그러나 카네기는 대화할 때는 촛대 하나면 충분하다면서 기부 요청을 찬찬히 듣더니 흔쾌히 받아들였다. 카네기의 외아들은 사치스러운 생활을 했는데, 기자들이 카네기에게 아들처럼 좀 누리면서 살아도 되지 않느냐고 묻자 "나는 그렇게 해줄 수 있는 아버지가 없잖소?"라고 대답하기도 했다.

엄청난 거부도 검소하게 생활했다

—————— J. P. 모건 ——————

우리가 살았던 시대에서 가장 유력한 영향력을 행사한 사람은 누구일
까? 물론 이것은 의견이 분분한 문제다. 하지만 한 가지는 분명하다.
재력적으로 가장 월등한 사람은 월 스트리트의 독재자이자 주식과 채
권계의 거물인 존 피어폰트 모건John Pierpont Morgan 이다.

하지만 그의 개인적인 모습은 거의 알려져 있지 않다. 모건을 '불가
사의한 인물'이라고 말해도 과장은 아니다. 그는 언론의 관심과 추적
을 신경질적으로 피했고, 사진사에 대한 증오는 병적인 수준이었다.

화가 났을 때는 제정신인가 싶을 정도로 거침없이 말을 내뱉었다.
실제로 그는 무척 노골적이어서 '미국에서 가장 외교적 수완이 없는
사람'이라고 불릴 정도였다.

183센티미터에 100킬로그램에 육박하는 강인한 신체를 가진 그
는 전혀 겁이 없었다. 예를 들어 어느 날 한 미치광이가 모건의 집으
로 강제 침입해 불쑥 총을 꺼내들고 쏘겠다고 위협했다. 모건은 근처
문으로 피할 수도 있었지만 그렇게 하지 않았다. 대신 그는 번쩍거리

는 강도의 권총을 향해 걸어갔다. 즉시 총알이 발사되었고 모건은 비틀거렸다. 탄환이 그의 복부를 꿰뚫었다. 비틀거리면서도 계속 앞으로 나아갔다. 모건은 미치광이에게 뛰어들었고 손에서 권총을 낚아챘다. 이후 모건은 바닥에 쓰러져 의식을 잃었다. 그는 황급히 병원으로 실려 갔다. 총알이 복부를 관통한 경로가 조금만 안 좋았어도 그는 죽었을 것이다.

최근에는 일반인이 월 스트리트 23번지에 있는 모건의 집무실에 그냥 들어가는 것이 불가능해졌다. 막강한 금융 황제가 쓰는 사무실이자 '모서리corner'라고 불리는 낮고 땅딸막한 성채는 굳게 닫혔다. 관광 가이드들은 그 건물 앞에서 표면에 남은 상흔을 가리키며 테러의 흔적이라고 상세하게 알려주고 있다. 40명의 목숨을 빼앗고, 2백 명 이상을 다치게 하고, 2백만 달러에 이르는 재산 피해를 낸 1920년 월 스트리트 폭탄 테러의 참사를 떠올리게 하는 유일한 매개체다.

테러는 정확히 정오에서 1분이 지난 시점에 발생했다. 근심 걱정 없는 행복한 무리가 수천 개의 사무실에서 쏟아져 나오는 중이었고, 모건의 요새 건너편에 세워둔 늙은 말과 수레에는 아무도 신경 쓰지 않았다.

그때 갑자기 눈이 부실 정도의 연두색 섬광이 솟구쳤고 이어 끔찍한 폭발이 발생했다. 거대한 고층 건물을 뿌리째 뒤흔들 정도의 엄청난 위력이었다. 4.5킬로그램의 강력한 폭약이 터졌고 치명적인 파편이 빗발치듯 거리로 퍼져나갔다. 수천 개의 창문이 산산조각 났고 깨진 유리는 비가 내리듯 인도로 쏟아졌다. 지면에서 12층 떨어진 차양에도 갑작스럽게 불이 붙었다. 인도로부터 6~7미터 위의 창문 난간에도 훼손된 사람의 다리, 팔, 심지어 잘려나간 머리가 나뒹굴었다. 사람들은 불구가 되어 피를 흘리며 죽어갔고 일부는 거리를 따라 비명을 지르며 피신했지만, 결국 쓰러진 사람도 많았다. 소방차의 사이렌과 구급차의 요란한 소리는 공황과 공포에 따른 대혼란을 가중시켰다. 혼돈이 정리되었을 무렵 폭탄을 싣고 온 말과 수레에 남은 것은 바퀴 조각 약간과 두 개의 말 발굽 그리고 몇 개의 너트와 볼트뿐이었다.

하지만 이 폭탄 테러의 목표물이었던 모건은 당시 유럽에 가 있었다. 그는 이 악랄한 행동을 한 범죄자들을 반드시 붙잡고 말겠다고 결심했고, 수색 과정에서 아무리 비용이 많이 들어가도 개의치 않겠다고 말했다.

사례금은 5만 달러로 책정되었다. 경찰, 연방 요원, 첩보 기관, 사설 탐정이 역사상 가장 큰 규모로 범인 수색에 나섰다. 세상의 모든 것이 수색의 대상이었다. 해외로 떠나는 배들을 감시했고 캐나다와 멕시코 국경도 엄중하게 검색했다. 범인의 단서를 잡고자 뉴욕, 시카고 그리고 열 군데나 넘는 도시의 암흑가를 샅샅이 수색했다. 막대한 비용을 쏟아부었지만 아무런 결과도 내지 못하고 끝나고 말았다. 그로부터 30년이 지났고 아직까지 폭탄 테러 사건은 여전히 미스터리로 남아 있다.

이후 두 명의 무장 탐정이 모건 사무실 앞에서 불철주야 경계를 했고, 이 낮은 건물의 지붕은 이웃 고층 건물에서 폭탄이 날아드는 것을 방지하기 위해 육중한 철판으로 덮였다.

견고하고 수수한 건물 내부에는 책상이 두 열로 늘어서 있었는데, 책상 뒤에 책상이 있는 모습이 마치 교실 같았다. 이 책상들에서 18명의 모건 파트너가 일했고, 그들 뒤엔 마치 시험 시간에 교실 감독을 하는 학교 선생님처럼 회사의 총수인 모건이 앉아 있었다.

역사상 어떤 개인 은행도 나라 사이의 첨예한 문제에서 모건 은행처럼 중요한 역할을 하지 못했다. 피렌체의 메디치 은행이나 유럽의 로스차일드 은행조차 그런 대단한 특권을 누리지는 못했다. 로스차일드는 유럽을 나폴레옹의 폭정으로부터 구했지만, 모건 은행은 제1차 세계대전에서 연합군에게 어떤 대기업보다 더 많은 자금을 지원하면서 승리에 일조했다.

1915년 모건의 회사는 역대급 규모로 외국 자금을 모집했다. 그 결과 5억 달러의 자금이 기채되었고 이것은 바다를 건너가 전쟁자금으로 활용되었다. 모건의 회사는 어마어마한 거액을 들여 무기와 보급품을 사들였으며 이는 전 세계에서 한 달 동안 일상적으로 거래되는 돈보다 더 많은 돈이었다. 한마디로, 모건은 연합군 전체의 구매 대리인이 되었다.

J. P. 모건은 뉴욕의 왁자지껄함과 매연만큼 런던의 거리에도 익숙함을 느꼈다. 그는 아버지가 살아 있을 때 몇 년 동안 회사의 영국 지점 책임자로 있었고, 그 후 귀국해 월 스트리트로 돌아갔을 때에는 오후에 차를 마시는 영국의 차회茶會 관습을 회사에 도입하기도 했다.

그는 영국 그로브너 광장에 집을 한 채 갖고 있었는데, 이 집에 하인들을 충분히 두어 언제 들러도, 심지어 몇 달을 비운 뒤에 갑자기 찾아가더라도 즉시 저녁 식사를 할 수 있었다. 굴뚝에서는 늘 연기가 솟았으며 침대는 항상 깔끔하게 정돈되어 있었다.

그는 미국 성공회의 거물이었지만 로마의 교황과도 정기적으로 서신을 교류했다. 바티칸에 들렀을 때 모건과 교황은 몇 시간에 걸쳐서 무언가를 논의했다. 그 주제는 다름 아닌 중세 이집트 언어인 콥트어로 번역된 희귀한 성경 필사본이었다.

모건의 서재에는 콜럼버스가 미국을 발견하기 5백 년 전에 옛 수도사들이 쓴 수많은 필사본이 있었다. 그는 절판된 셰익스피어 전집과 구텐베르크 성경처럼 엄청나게 값나가는 책도 소장하고 있었다. 아마

구텐베르크 성경 한 권만 해도 20만 달러는 될 것이다. J. P. 모건은 셰익스피어와 성경에 대해 박식하기로 유명한 것은 맞지만, 그는 우리처럼 훌륭한 탐정 소설을 읽는 것도 무척 좋아한다.

'위대한 모건'이라 알려진 그의 아버지처럼 J. P. 모건도 예술에 조예가 깊었다. 그는 그림, 조각, 태피스트리, 자기 그리고 보석 등에 셀 수 없을 정도로 거금을 들였다. 그가 소장하던 값비싼 그림을 내놓을 때면 모든 신문 1면의 헤드라인이 그 소식으로 뒤덮였다.

매년 크리스마스 이브가 되면 모건 저택 서재에서 독특한 행사가 열렸다. 모건의 자식들과 손주들 그리고 몇 안 되는 절친한 친구가 모여 『크리스마스 캐럴』에 나오는 스크루지의 이야기를 들었던 것이다. 특별했던 점은 이 이야기가 인쇄된 책이 아닌 디킨스가 육필로 쓴 원고에서 낭독되었다는 것이다.

엄청난 부자임에도 불구하고 모건이 느낀 즐거움의 대부분은 무척 단순한 데 있었다. 예를 들어 비가 내릴 때 낡은 모자를 쓰고 낡은 외투를 걸친 채로 밖에 나가 얼굴에 비를 맞는 것을 좋아했다.

그는 아내를 끔찍이 사랑했다. 그녀가 사망한 뒤에도 쓰던 방을 그대로 둘 정도였다. 모건의 아내는 기면증이라고 알려진 질병에 걸려 쓰러졌는데 모건의 어마어마한 재산도 사랑하는 여자를 구해낼 수는 없었다.

꽃을 지극히 사랑했던 모건 부인은 회원들에게 직접 자기 손으로 정원을 가꾸게 하는 정원 클럽에 속해 있었다. 세상에서 가장 부유한 J. P. 모건은 한때 부인이 직접 가꾸었던 정원에서 생애 마지막 순간까지 작업복을 입은 채 잡초를 뽑고 포도 덩굴 줄기를 묶었다.

1920년 모건 빌딩을 목표로 한 폭탄 테러는 2002년의 9.11 테러에 버금가는 충격적인 대참사였다. 이러한 엄청난 시련에도 불구하고 모건은 꿋꿋하게 그 참사를 이겨냈다. 엄청난 부를 성취한 사람의 특별한 자질을 보여주는 대목이 아닐 수 없다.

모건(1837~1913)은 단지 부를 쌓는 일에만 집중한 것이 아니라, 자기가 하는 은행업으로 제1차 세계대전 당시에 미국을 위시한 연합국들이 필요로 하는 충분한 자금을 지원했다. 자기 자신뿐만 아니라 주위 사람들을 모두 이롭게 한 것이다.

모건은 세계 최고의 거부였으나 개인 생활과 사생활을 소중히 여겨 가능한 한 외부에 자신을 노출하지 않았고 검소하고 수수한 생활을 했다. 그가 거부이기 이전에 평범한 사람이었음을 보여주는 대목이다.

피천득 선생의 수필 「나의 사랑하는 생활」에는 이런 문장이 나온다. "나는 갈대에 부는 바람소리를 좋아하며, 바다의 파도 소리를 들으면 아직도 가슴이 뛴다. 나는 골목을 지나갈 때에 발을 멈추고 한참이나 서 있게 하는 피아노 소리를 좋아한다. (…) 여름이면 베고의 적삼을 입고 농립을 쓰고 짚신을 신고 산길을 가기 좋아한다." 모건의 사적인 이야기는 부자나 빈자나 자연에서 위안을 얻으며, 부자는 자연의 혜택 같은 것은 무시하고 오로지 돈만 밝히는 탐욕스러운 사람이라는 생각은 편견임을 알게 해준다.

돈에 눈멀어 자신을 잃지 말라

———— 웬델 가문 ————

관광버스를 타고 뉴욕 5번가에 가면 웬델 가문The Wendel Family의 집을 볼 수 있다. 한때 뉴욕에서 가장 많이 화제가 된 그 집안은 5번가와 39번가가 교차하는 곳에 있었다. 20년 동안 집은 '수수께끼의 집'으로 불렸다. 그 집의 음침한 벽돌 벽은 탐정 이야기, 신문 기사, 연극 심지어 영화까지도 소재로 다룰 만큼 유명하다.

몇 년 동안 매일 5만 명이 그 집의 대못 친 정문을 지나쳤지만, 덧문이 내려진 창문 뒤에서 인기척을 느낀 사람은 아무도 없었다. 아마도 관광 가이드는 1미터당 1백만 달러나 나가는 마당에서 푸들이 한가하게 뛰어놀도록 내버려두는 지상 유일한 집이라고 말해줄 것이다.

웬델 가문은 뉴욕의 가장 부유한 가문 중 하나였다. 그들의 부동산은 한때 1억 달러에 달했다. 하지만 그 집안사람들은 과거 방식을 고수하는 것을 좋아했다. 남매는 에이브러햄 링컨이 일리노이 교외에 있는 초원 지대에서 무명의 변호사일 때 지어진 그 뉴욕 집에서 여전히 독신으로 살았다. 나는 그 집을 철거할 때 그 옆을 도보로 지나친

적이 있는데, 일꾼들이 노예제 시절에나 썼을 법한 아연 욕조와 대리석 세면대를 운반하는 것을 보았다.

웬델 가문은 불을 밝히는 데 가스를 썼는데 그게 전기보다 더 보기 좋다고 믿었기 때문이다. 그들은 전축 세트도, 요리나 식기를 운반하는 소형 승강기도, 사람이 타는 엘리베이터와 승용차도 없었다. 그들이 사는 집에서 유일하게 볼 수 있는 현대 문명의 이기利器는 전화뿐이었다. 그나마도 웬델 가문에 마지막으로 남아 있던 사람이 죽기 이틀 전에 설치한 것인데, 간호사가 의사를 부르는 용도였다.

웬델 가문의 집은 가치가 고작 6천 달러로 평가되었기에 변호사는 그런 집에서 하루 사는 데 드는 유지비가 1천 달러나 되는 것은 불합리하다고 가족들에게 알려주었다. 그 지적은 틀린 게 없었다. 대지는 거의 4백만 달러의 가치가 있었고 거기에 붙는 이자에다 세금까지 더하면 웬델 가문은 하루에 대략 1천 달러를 낭비하고 있는 셈이었다. 그럼에도 불구하고 웬델 가문은 전통을 고수했다.

당시 존 고틀립 웬델은 뉴욕에서 가장 많은 땅을 소유한 1인 지주였다. 그는 자기 땅 주위의 도시가 발전하면서 큰 부자가 되었다.

존 고틀립 웬델은 1914년에 숨을 거두었다. 옷장에는 1865년 남북전쟁이 끝날 때 산 양복을 똑같이 본뜬 수많은 양복이 가득했다. 양복은 40년 전 배달되었을 때 박스에 그대로 보관되어 있었다. 그는 그 오래된 양복과 똑같은 18벌을 한꺼번에 주문하곤 했다. 그는 염색한 천으로 만든 옷은 입지 않았다. 검은 색깔의 양복을 입고 싶으면 스코틀랜드의 한 회사로부터 검은 양에게서 깎은 양모를 사들이곤 했다. 또한 비가 오든 해가 나든, 겨울이든 여름이든 늘 우산을 들고 다녔다. 그는 밀짚모자 하나를 몇 년 동안 써서 모자가 말 그대로 낡아 떨어졌는데, 계절이 시작할 때마다 모자에 광택제를 발라서 밝고, 새롭고, 반짝거리는 검은색으로 만들곤 했다.

친구들을 오찬에 초대할 때는 라틴어 초대장을 보냈다. 그는 온갖 불가사의한 질병이 발을 통해 걸린다고 믿기도 했다. 때문에 땅에서 올라오는 세균의 감염을 막기 위해 구타페르카(말레이시아산 나무의 수지)로 만든 1인치 두께의 밑창을 단 신발을 신었다.

웬델의 여동생들은 음주를 맹렬하게 반대했다. 그들은 건물에서 사용할 구급상자와 약품 수납장에 0.5리터 이상의 알코올은 없다는 확답을 받아야 1백만 달러의 임대 계약서에 서명하겠다고 고집한 적도 있다. 그럼에도 불구하고 그들이 사망한 뒤 그들의 지하실에서는 1만 달러 상당의 희귀한 와인, 위스키, 샴페인이 발견되었다. 너무 오랫동안 손도 대지 않은 터라 수백 병이 식초로 변한 상태였다.

존 고틀립 웬델에게는 일곱 명의 여동생이 있었는데 그는 그들이 결혼하지 못하도록 온갖 영향력을 행사했다. 여동생들이 결혼해 자식이 생기면 집안의 재산이 분할될 것을 우려했기 때문이다. 구혼자들이 결국 돈을 차지하려고 접근하는 것이라고 여동생에게 경고했고, 그들이 여동생에게 청혼하면 다시는 우리 집을 찾아오지 말라고 노골적으로 요구했다.

여동생 중 유일하게도 리베카만 결혼했지만, 그마저도 예순이 되었을 때였다. 다른 동생들도 너무나 외롭게 늙어갔고, 배우자도 없이 자기 삶을 제대로 펼치지 못하고 죽었다. 그들의 안타까운 삶에 대한 이야기는 돈이 인생을 얼마나 무의미하게 만들 수 있는지를 보여주는 측은한 실례實例다.

여동생 중 가장 활력이 넘치던 조지애나는 가문의 제약에 대항하다 결국 피해망상증에 걸려 정신병원으로 실려 갔다. 그녀는 20년 동안 정신병원에 갇혀 있었기에 1930년 그녀가 세상을 떠났을 때 친구 대다수는 그녀가 오래전에 죽었다고 알고 있었다. 그녀는 재산이 5백만 달러에 달했지만 5센트의 행복조차 누리지 못했다.

또 다른 여동생 조지핀은 하인들만 있는 웬델 가문의 어떤 시골 저택에 혼자 살았다. 딱한 것은 그녀가 이 저택이 시끌벅적하고 행복한 아이들로 가득하고, 그들과 이야기를 나누며 함께 놀고 있다는 환상에 때때로 사로잡혔다는 것이다. 그녀는 사람들이 자신을 보러 온다는 환상에 빠져 식탁에 여섯 자리를 마련해두라고 하인들에게 지시하곤 했다. 각 코스가 차려질 때마다 그녀는 자리를 차례로 바꿔 앉아 거기에 없는 손님들의 흉내를 냈다.

여동생들이 하나씩 죽을 때마다 그들이 썼던 방은 잠겼고 덧문도 닫혔다. 마지막으로 엘라가 남았을 때는 그녀의 침실, 아래층의 식당 그리고 그녀와 다른 여동생들이 외로운 학창 시절을 보냈던 위층의 커다란 빈방만 열려 있었다. 몇 년 동안 그녀는 이제 얼마 남지 않은 충실한 늙은 하인들과 프렌치 푸들인 토비와 함께 방이 40개나 되는 그 음침한 집에서 외롭게 살았다.

푸들 토비는 엘라의 방에 마련된 자기 주인의 것과 모양이 똑같이 생긴 네 개의 기둥이 달리고 커튼이 마련된 작은 침대에서 잤다. 식당에서는 벨벳을 위에 펼친 특별한 황동 테이블에서 애완견용 비스킷과 포크촙pork chop을 먹었다.

엘라 웬델은 사망할 때 자신의 재산을 한 감리교 교회에 물려주면서 선교 사업에 쓰라고 요청했지만 사실, 그녀는 이전에 거의 교회에 다니지 않았다.

그녀는 죽을 때까지 자신에게 살아 있는 친척이 없다고 생각했다. 하지만 사후 1년 만에 마치 온 세상에서 버섯이 불쑥 솟아 오른 것처럼 자기가 그녀의 친척이라고 주장하는 사람이 2천 3백 명이나 나타났다.

테네시주에서만 290명이 나타나 그녀의 3천 5백만 달러를 나누어달라고 악을 썼다. 독일 영사관은 4백 명의 웬델 가문 친척을 대신해 사후 유산에 대한 포괄적인 요구서를 제출했고, 체코슬로바키아에서는 상속인이 너무 많이 나타나 모두 외교부를 통해 일처리를 해야 했다.

어떤 두 사람은 자기가 비밀 결혼을 통해 태어난 존 웬델의 숨겨둔 자식이라고 주장했는데, 한 명은 혼인 증명서와 유언장을 위조한 것으로 밝혀져 투옥되었다.

존 고틀립 웬델은 유언장을 남기지 않았다. 그는 "내 재산으로 변호사가 돈을 버는 걸 원치 않는다"라고 했다. 하지만 이 말을 남긴 그는 꼴이 우습게 되고 말았다. 변호사가 한 명이 아니라 무려 250명이 나타나 수백만 달러의 유산에 달려드는 사람들을 도우며 수임료를 착실히 받아낸 후에야, 비로소 유산이 정리되었기 때문이다.

인생경영 포인트

사람에게 돈은 아주 소중한 것이다. 많은 경우에 돈이 인생의 원칙이 되기도 한다.

자신의 재산을 지키기 위해 애를 쓰는 것은 인지상정이지만 뉴욕의 웬델 집안처럼 재산이 분할될까 봐 여동생을 시집보내는 것마저도 하지 않은 오빠는, 돈의 노예였을 뿐 아니라 인륜을 저버린 사람이었다. 돈으로 인해 자신의 인생뿐 아니라 여동생들의 삶마저도 비참하게 망가졌으니 돈은 만악萬惡의 뿌리라는 말이 여기에 해당한다고 볼 수 있다.

『장자』 외편 산목山木에서는 인간의 물욕에 대해 다음과 같은 이야기가 나온다. 장주가 숲에서 활을 들고 노닐다가 까치가 날아가는 것을 보았다. 그놈을 잡기 위해 쫓아가 살펴보니 매미 한 마리가 시원한 나무 그늘에 앉아서 자기 몸조차 잊고 있었다. 그리고 사마귀 한 마리가 다시 그 매미를 잡으려고 노리며 자기 몸을 잊고 있었다. 까치는 그 사마귀를 잡으려 하고, 장주는 그 까치를 잡으려고 하면서 또한 자기 몸을 잊고 있었다. 장주는 이때 홀연히 깨닫고는 화살을 내던지고 숲을 떠났다고 한다.

돈에 매몰되어 정작 우리가 보아야 할 것을 보지 못하고 지켜야 할 것을 지키지 못하면 안 된다. 그렇게 하다 보면 나 자신을 잃고 위기에 처하는 것도 순식간이다.

부와 명예가 성공의 전부가 아니다

———— 싱클레어 루이스 ————

싱클레어 루이스Sinclair Lewis를 처음으로 만난 것은 수년 전의 일이다. 당시 그와 나는 여섯 명의 낚시꾼들과 롱아일랜드 프리포트에서 모터보트를 빌려 바다로 몇 킬로미터 정도 나가 고등어 낚시를 했다. 그 시절 나는 붉은 머리의 루이스를 대단하다고 생각했는데, 그가 뱃멀미를 하는 적이 단 한 번도 없었기 때문이다. 파도가 요동치자 나는 도저히 감당이 되지 않아서 배의 바닥으로 가서 드러누웠다. 하지만 루이스는 꼿꼿하게 앉아 계속 낚시를 했다. 그림 속에 자주 나오는 바다낚시꾼의 모습 그대로였다.

오늘날 나는 싱클레어 루이스에게 또 다른 경의를 표한다. 낚시꾼으로서의 기량이 아니라(이젠 나도 뱃멀미를 하지 않고 갑판에 머무를 수 있다), 훌륭한 소설을 끊임없이 써내는 능력에 감탄하는 것이다. 누구나 할 수 있는 일이라고 생각하는 독자가 있다면 어디 한번 해보시라!

싱클레어 루이스는 1920년에 처음 미국 사회의 핵심을 건드린 소설로 대성공을 거두었다. 이전에는 문학적 영향력이 미미한 여섯 권의 책을 펴냈다. 일곱 번째 소설은 『메인 스트리트Main Street』*였는데 이 책은 마치 토네이도처럼 영미권을 휩쓸었다. 미국 부녀회는 소설을 규탄했고, 전도사들은 맹비난했다. 여러 신문도 소설 비판에 나섰다. 이 소설의 등장은 그 자체로 미국에서 진정한 문학 전쟁을 일으켰다. 소설이 미치는 영향이 4천 8백 킬로미터 떨어진 이곳 런던에서도 느껴질 정도였다.

소설은 그를 문학계의 떠오르는 스타로 만들었다. 몇몇 비평가는 이렇게 말했다. "뭐, 훌륭하죠. 하지만 잘난 척하는 그 친구는 또다시 그 정도의 성과를 낼 수는 없을 겁니다. 절대."

정말 그랬을까?

미네소타주 소크센터가 고향인 붉은 머리 남자는 또다시 소설 쓰기에 몰두했다. 그리고 단숨에 여섯 권의 베스트셀러를 써냈다. 하지만 싱클레어 루이스가 일필휘지해 책을 쓰는 것은 아니었다. 그는 계속 소설을 궁리하고 각색하고 퇴고한다.

그가 소설 『애로스미스Arrowsmith』의 개요를 작성할 때 분량은 6만 단어였는데, 그 양은 평균적인 소설의 절반 분량보다 더 많았다. 그는 한때 자본과 노동에 대한 소설을 1년 내내 공들여 썼지만, 마음에 들지 않아 곧바로 원고를 폐지함에 내버렸다. 그는 세 번이나 다른 시기에

---

* 미국 중산층 사회의 무기력한 삶을 폭로한 소설. 여주인공 캐롤 미트포드는 의사인 케니코트와 결혼해 미네소타주 고퍼 프레리라는 작은 마을에 정착한다. 그녀는 무기력한 마을에서 가정생활의 변화를 시도하고 여러 사교 단체를 만들려고 했으나 마을 주민들의 반발에 부딪친다. 그러다 그녀는 에릭 발보그라는 친절한 남자와 사랑에 빠져 가출을 감행해 워싱턴으로 간다. 그러나 거기서도 자기만의 삶을 살아내는 게 어렵다는 것을 발견한다. 2년 후 남편이 그녀를 데리러 오자, 사랑하는 마음은 그리 없지만 남편을 따라 다시 고퍼 프레리로 돌아간다. 고퍼는 '시키는 일만 하는 사람'이라는 뜻이고 프레리는 미국 중서부를 상징한다.

『메인 스트리트』 집필을 시작했고, 완성하는 데에는 정확히 17년이 걸렸다.

『메인 스트리트』 이후로도 즉시 베스트셀러에 올라간 여러 권의 책이 나왔다. 『배빗』(2011, 열린책들), 『애로스미스』, 『엘머 갠트리*Elmer Gantry*』, 『도즈워스』(2022, 휴머니스트), 『앤 비커스』, 『있을 수 없는 일이야』(2018, 현대지성) 등이 그런 소설이다.

나는 싱클레어 루이스에게 자신에 관한 가장 놀라운 사실 하나를 말해달라고 요청했다. 그는 잠시 생각하더니 문학계에서 소설가로 활동하지 않았더라면 옥스퍼드 대학에서 그리스어나 철학을 가르치거나 숲속 깊이 들어가 벌목꾼들과 함께 살았을 것이라고 했다.

그는 한 해의 절반을 뉴욕의 번화가 파크 애비뉴에서 즐겁게 지내고 다른 절반은 벌링턴에서 남동쪽으로 130킬로미터 떨어진 버몬트주 산맥 지대의 외딴 곳에서 살았다. 그는 사탕단풍나무가 가득한 138만 제곱미터 농장을 소유하고 있으며, 메이플 시럽을 직접 만들고 채소도 직접 재배한다. 그는 이발을 해야 할 때만 도시로 나온다.

이에 내가 물었다. "레드(붉은 머리인 싱클레어 루이스의 별명), 유명해지니 기분이 어때요?" 그는 이렇게 답했다. "아, 성가시지." 그는 팬들의 편지에 전부 답을 해야 한다면 절대 다른 책을 쓸 수 없는 것은 물론 잘 시간도 없을 것이라고 했다. 따라서 그는 편지 대부분을 벽난로에 던지고 불에 타는 것을 바라본다. 그는 사인 수집가를 싫어했고, 좀처럼 만찬에 참석하지 않았으며, 문학 다과회는 일부러 피했다.

내가 작가 생활 초창기에는 어려움을 겪지 않았느냐고 묻자 그는 이렇게 대답했다. "작가 생활 초창기에 겪은 고충을 늘 떠벌리는 그런 글쟁이 친구들이 있어. 그들을 볼 때마다 골치가 아파. 대다수 작가가 겪는 곤란은 딱히 고생이랄 것도 없어. 젊은 치과 의사, 변호사가 겪는 것보다 더 큰 어려움도 아니란 뜻이야. 게다가 과거 고생한 얘기를 말할 때는 세상에서 가장 생생하게 말하지. 또 그런 걸 떠벌리길 즐기기까지 한다니까."

그래서 나는 그의 과거 이야기를 슬쩍 상기시켜주었다. 그는 아침을 먹기 두 시간 정도 전에 일어나 주방으로 가서 커피 마실 물을 끓이고 식탁에서 글을 쓰곤 했다. 또 한때 150달러를 빌리고 반 년 내내 밤낮을 가리지 않고 글을 쓰는 것은 물론 직접 요리하고 설거지까지 했지만, 그 기간 동안 벌어들인 돈은 농담거리 하나를 팔고 얻은 2달러뿐이었다. 그는 그렇게 살았지만 고생이라고 할 게 전혀 없었다고 말했고, 단지 일을 배우는 중이었으며, 지난 삶을 되돌아 볼 때 문학청년 시절보다 더 나은 때도 없었다고 말했다.

나는 책이 얼마나 많이 팔렸는지 물었는데 그는 모른다고 했다. 그래서 이렇게 재차 물었다. "그렇다면 대략적인 수치라도 알려줄 수 있지 않겠어요?" 여전히 그는 이렇게 답했다. "아니, 전혀 모르겠는데."

나는 그에게 『메인 스트리트』로 얼마나 많은 돈을 벌었는지 물었다. 그는 정말로 알지 못하고 실은 신경도 쓰지 않는다고 했다. 변호사와 회계사가 그런 부분을 대신 관리해주고 있어 얼마나 많은 돈을 벌었는지 한 번도 신경 쓰지 않았다고 했다.

그는 온갖 경험을 다 했다. 아버지는 미네소타주 평원 지역의 시골 의사였고, 루이스는 때로 아버지가 수술하는 동안 환자에게 클로로포름(마취제)을 발라주기도 했다. 한때 가축 수송선의 3등 선실에 타서 대서양을 건넜고 파나마까지 가서 일자리를 얻은 적도 있었다. 그는 동시童詩를 쓰기도 했고, 잭 런던에게 줄거리나 스토리를 팔기도 했으며, 청각 장애인을 위한 잡지의 보조 편집자로 일하기도 했다.

그는 평소에 운동을 전혀 하지 않는다. 택시 문을 열고 그 안으로 들어가는 것 정도면 도시에 사는 사람이 할 운동은 다 했다는 조지 진 네이션George Jean Nathan의 말에 동의했다. 어떠한 스포츠에도 관심이 없다. 이름을 댈 수 있는 야구 선수는 베이브 루스Babe Ruth가 유일하며, 레드 그레인지Red Grange는 이름 정도는 알고 있는 유일한 미식축구 선수다.

"일했던 신문사 세 곳에서 해고됐었죠?" 내가 물었다.

"아니, 네 곳이지." 그는 말했다.

나는 젊은 작가와 내게 해줄 조언이 있는지 물어보고 싶어서 조심스럽게 운을 뗐다. "혹시 조언…." 그러자 그는 즉답했다. "없어." 그는 누군가에게 무언가를 조언한다는 것은 웃기는 이야기라고 생각했다.

어느 날 스웨덴 억양의 어떤 남자가 그에게 전화해 노벨 문학상을 받게 되었다고 통보했다. 싱클레어 루이스는 미네소타주에서 수많은 스웨덴인을 알고 지냈기에 어떤 친구가 자기에게 스웨덴 억양을 흉내내 장난치는 것이라고 생각하고 전화한 사람에게 역으로 농담을 걸기 시작했다.

몇 분 뒤, 전화로 알려온 내용이 전부 사실이라는 것을 알게 된 루이스는 깜짝 놀랐다. 정말로 문학계에서 가장 큰 영예를 누리게 된 것이다!

인생경영 포인트

싱클레어 루이스(1885~1951)는 1930년에 미국인 소설가로는 최초의 노벨 문학상 수상 작가가 되었다. 루이스가 쓴 소설 『배빗』은 속물을 가리키는 대명사가 되었고, 배비트리Babbtittry는 속물 같은 행동

혹은 저속한 실업가 기질을 가리키는 일반 명사로 널리 쓰인다.

루이스는 괴팍한 성품의 소유자였는데 거기에는 이유가 있었다. 그는 미네소타주 소크센터라는 작은 마을에서 의사 아버지의 세 아들 가운데 막내로 태어났다. 루이스는 어린 시절부터 기이하고 모순적인 성격을 드러내 마을에서 괴짜라는 평가를 받았다. 루이스 집안은 할아버지, 아버지, 큰형 클로드 등 전부 의사였다. 그래서 루이스는 자기가 의사가 되지 못한 것에 대해 심한 열등감을 느꼈고, 이를 극복하기 위해 소설 쓰기에 적극적으로 매달렸다. 나중에 유명한 소설가가 되어서도 아버지와 형이 자신의 직업을 여전히 대단치 않게 여긴다는 것을 알고서 정체성의 혼란을 느끼기도 한다.

비교적 젊은 나이인 45세에 노벨상을 받아 세계적인 작가로 명성이 확립된 이후에도 정신적 불안은 사라지지 않았다. 그는 그 불안을 엄청난 자기중심주의로 포장했고 언제나 주위 사람들로부터 재능과 중요성을 인정받고 싶어 했다. 늘 변덕이 심했고 조울증을 보였으며 신경질이 과도했고 술을 많이 마셨다. 두 번의 결혼도 모두 이혼으로 끝났다. 그는 두 아들에게도 무심했다. 가족과 소원하게 지낸 루이스는 유럽의 여러 나라를 전전하다가 1951년 1월 10일 로마에서 아무도 곁을 지키지 못한 곳에서 심장마비로 사망했다.

싱클레어 루이스의 일생은 물질적 성공만으로는 진정한 행복을 얻을 수 없음을 보여주는 대표적인 사례다. 마음의 안정과 평안 없이 부와 명예만 있는 삶은 모래 위에 지어진 성처럼 언제 무너질지 모르는 일이다.

하늘은 스스로 돕는 자를 돕는다

―――― 헬렌 젭슨 ――――

신데렐라 이야기를 좋아하는가? 실제로 그와 같은 이야기가 일어났다. 한때 '뚱보'로 불렸지만, 나중에 아주 아름다운 가수가 된 한 소녀의 이야기다.

그녀는 너무 가난해서 도저히 음악 수업을 받을 여력이 되지 않았지만, 현재는 뉴욕 메트로폴리탄 오페라 극장에서 프리마돈나로 활약하고 있다. 1930년, 소녀는 라디오 오디션을 받고 또 받았지만 아무도 그녀를 찾지 않았다. 그런데 4년 뒤 미국의 방송 편집자들은 그녀를 그해에 가장 중요한 떠오르는 라디오 스타로 지목했다.

나는 컬럼비아 네트워크의 방송에 출연하며 한 시즌을 보낸 적이 있었다. 그때 종종 스튜디오 관중석 앞줄에 앉아 있던 백금색 머리카락의 아름다운 여자를 보며 감탄을 금치 못했다. 연한 갈색 눈동자에 화려한 미모를 지닌 이 미인은 아름다운 몸매에 인간적인 매력도 넘쳐 흘렀다. 마침내 이름을 몰랐던 그녀를 직접 만나게 되었는데, 그녀가 다름 아닌 유명한 여가수 헬렌 젭슨Helen jepson이었다. 그녀는 오케스트라의 플루트 연주자 조지 모셀의 부인이기도 했다.

나는 조지에게 그녀를 처음 보는 순간 사랑에 빠졌는지 물었고, 그는 그렇다고 답했는데 중간에 헬렌 젭슨이 끼어들어 이렇게 말했다. "맞아요, 저는 처음 보고 사랑에 빠졌지만, 이 사람은 아니에요. 전 오랫동안 남편을 사랑했어요. 이 사람이 저한테 관심을 기울이기 한참 전부터요. 심지어 남편이 살았던 동네 주변을 배회하곤 했었죠. 혹시나 만날 수 있지 않을까 하고 몇 번이고 주위를 걸어 다녔어요. 어느 날 문 뒤에서 잠깐 이 사람을 봤는데 겁이 덜컥 나서 도망쳤지 뭐예요. 실제로 남편을 처음 본 건 셔토쿼호Chautauqua Lake 오케스트라에서였어요. 플루트를 연주 중이었죠. 그때 저는 고작 스무 살이었고, 이이는 서른둘이었죠. 저는 무명이었지만 남편은 업계 최고였어요. 남편을 얼마나 좋아했는지 나무들 뒤에 숨어서 남편이 지나가는 걸 몰래 쳐다보곤 했죠."

나는 헬렌 젭슨에게 자기 자신과 관련된 가장 놀라운 일이 무엇이냐고 물었고 그녀는 이렇게 답했다. "제가 결혼해서 아이도 있다는 걸 알면 대다수 사람이 놀라더라고요." 나는 옆에 있는 아이에게 이름이 무엇인지 물었고 아이는 이렇게 말했다. "거의 세 살 됐어요." "그래, 그런데 이름이 뭐니?" 그러자 딸아이가 다시 대답했다. "거의 세 살 됐어요." "그래, 알겠구나. 그런데 이름이 뭐니?" 아이가 다시 답했다. "생일이 되면 아이스크림하고 케이크를 먹을 거예요." 그 딸아이는 계속 이름 아닌 다른 것을 말했다.

헬렌 젭슨에게 미신을 믿느냐고 묻자 이런 대답이 돌아왔다. "전혀. 메트로폴리탄 분장실에서 휘파람을 불 정도니까요. 잘 아시겠지만 가수에게 이런 행동은 최악이죠." 그녀의 아이가 태어났을 때 병원 간호사는 아이의 목에 이름이 적힌 염주 목걸이를 걸어주었다. 젭슨은 그

작은 목걸이를 팔찌로 만들었고, 노래를 부를 때는 언제나 그걸 차거나 손에 쥐고 있다고 한다. 그 행동이 혹시 미신을 믿는 게 아닌지 물었고 그녀는 이렇게 응수했다. "아니죠. 그건 제 행운의 부적인데요."

헬렌 젭슨이 오하이오주 애크론의 로터리 클럽 앞에서 〈내 고향 버지니아로 보내주오〉를 부르지 않았더라면 그녀는 오늘날 음악계에서 가장 빛나는 별이 아니라, 여전히 코르셋 판매원으로 지낼 수도 있었을 것이다.

헬렌이 발탁된 경위는 이러했다. 그녀는 늘 가수가 되길 갈망했다. 그녀의 숙모는 보드빌 무대에 오르는 연예인이었는데 입지 않는 몇몇 낡은 의상들을 그녀에게 보내주었다. 어린 헬렌은 그 옷들을 입고 노래를 부르고 춤을 추면서 이웃의 다른 아이들과 공연을 하곤 했다. 나중에 고등학생일 때는 학생 합창단에서 눈에 띄었으며 졸업한 뒤에는 오하이오주 애크론의 백화점에서 코르셋 판매원으로 일했다. 점원 노릇은 따분했지만 여기서 번 돈으로 가끔 클리블랜드로 가서 음악 수업을 받을 수 있었다. 그녀는 일요일마다 성가대에서 노래를 불렀고 때로 섭정기 시대*의 의상을 입고 클럽과 사회단체 앞에서 노래했다.

어느 날 한 사업가가 로터리 클럽에서 〈내 고향 버지니아로 보내주오〉를 부르는 헬렌을 보았고, 그는 자신의 가게에서 축음기 음반을 판매할 여자 판매원이 필요했기에 그녀에게 일자리를 제안했다. 그런데 이 일은 그녀의 삶을 완전히 바꾸어놓았다. 음반 가게에서 그녀는 오페라 음반을 되풀이해 틀었고, 그것을 모방해보았으며, 제리차와 보리, 로자 폰셀 등 당대의 유명 오페라 여가수들의 노래를 따라 불렀다.

---

* 나중에 조지 4세가 된 영국의 황태자 조지는 정신 이상 증세를 보인 부왕 조지 3세를 대신해 1811~1820년 사이 섭정 자격으로 국사를 통치했다. 여기서 섭정 시대는 '아주 오래 되어 낡은'이라는 뜻으로 한 말이다.

그녀는 내게 이렇게 말했다. "예전에 축음기를 틀어놓고 경외하며 들었던 이 유명한 가수들을 이제 내가 직접 알고 지낸다는 게 꿈인지 생시인지 가끔 살을 꼬집어보기도 해요."

마침내 그녀는 필라델피아의 명문, 커티스 음악 대학의 장학생 자리를 놓고 경쟁할 기회를 얻었다. 가야 할까? 그렇게 하려면 필라델피아행 티켓을 사는 데 저축한 돈을 전부 털어 넣어야 했다. 그녀는 장학생 자리를 차지하려고 나선 2백 명의 경쟁자 중 하나일 뿐이었다.

실패한다면? 수중에 집으로 돌아올 돈이 없을 것이다. 필라델피아에서 다시 코르셋 판매원 일을 해야 할지도 몰랐다. 하지만 성공한다면 동화의 나라에 들어가게 될 것이다. 그녀는 자신의 미래를 걸고 필라델피아로 향했다. 2백 명의 경쟁자 중 몇몇은 그녀만큼 아름답고 개성 있는 뚜렷한 목소리를 지녔다. 하지만 그녀는 다른 경쟁자에게 없는 것을 갖고 있었다. 쇼맨십이 있었고, 자기를 홍보하는 능력이 있었으며, 자기 노래를 잘 전달하는 능력이 있었다. 심사위원 중 한 사람은 헬렌의 스타킹에 깔끔하게 꿰맨 자국이 있는 것을 보았다. 그는 스타킹을 기워 신을 정도로 센스가 있는 야무진 여자를 좋아했다. 그렇게 헬렌 젭슨은 장학생이 되었다.

그녀와 또 다른 여학생은 도시 외곽에 방을 얻었다. 그들은 5층까지 계단을 걸어 올라야 했다. 추운 겨울날이면 두 사람은 서로 붙어 앉아 체온을 유지하려 애썼다. 그들은 촛불을 켜서 바닥에 놓으면서 그것을 난로라고 상상했다. 그들은 하루 50센트만 식비로 쓸 수 있었기에 작은 원반형 가스 가열판에서 간단한 식사를 만들어 먹었다. 때로 그들은 저녁에 수프만 먹었지만 〈라 보엠〉에서 나오는 여러 노래를 부르며 프랑스 파리에 와 있다고 상상했다. 고생만 가득하다고 여길 수도 있지만 그렇지 않았다. 그들은 마음껏 즐거운 시기를 보내고 있었다.

내가 헬렌 젭슨의 특징 중 가장 감탄하는 것은 성공, 명성, 돈이 그 녀를 버릇없는 사람으로 만들지 않았다는 점이다. 그녀는 지금도 15년 전 오하이오주 애크론에서 손수 방바닥을 쓸고 아버지를 위해 포크촙을 만들 때처럼 서민적이고 겸손하다.

인생경영 포인트

'사랑은 불love is fire'이라는 말이 있다. 여기서 불은 사람의 심장을 뛰게 만드는 열정과 같은 말일 것이다. 헬렌 젭슨(1904~1997)은 열두 살 연상의 남편에게 첫눈에 반했고, 그 사랑이 노래에 대한 열정으로 이어져 그녀를 남다른 가수로 만들었다.

커티스 음대 장학생 선발 대회에 면접을 보러갔던 헬렌은 잘 기운 스타킹을 신고 갔다. 그것을 놓치지 않고 본 심사위원은 '가난은 중요하지 않고 그것을 이기려고 애쓰는 마음이 중요하다'라는 삶의 진리를 알고 있는 사람이었다. 2백 명의 경쟁자 중에서 헬렌보다 뛰어난 노래 실력을 가진 학생도 있었겠지만 심사위원은 젭슨의 평소 마음가짐을 높이 평가해 장학생으로 뽑아주었다. 하늘은 스스로 돕는 자를 돕는다는 말은 바로 이런 경우를 가리키는 것이다.

헬렌은 가수로 성공해 명성과 돈을 얻었지만 가난했던 시절의 겸손한 마음을 잊지 않았다. 세상에는 성공으로 망한 사람들이 얼마나 많은가! 어떤 자리나 지위를 얻을 때까지는 열심히 일하다가도 마침내 그것을 얻으면 자신의 소망이나 열정 따위는 다 잊고 원래부터 그 자리에 있었던 것처럼 거들먹거리다가 몰락한다. 헬렌은 자기 스스로를 돕는 인생 태도를 잘 알고 있었던 셈이다.

돈의 노예가 되지 말고
돈이 나의 노예가 되게 하라

— 존 록펠러 —

존 록펠러John D. Rockefeller는 세 가지 놀라운 일을 해냈다. 첫째, 그는 역사상 가장 큰 부를 축적했다. 땡볕 아래 시급 4센트를 받으며 감자를 캐는 일로 커리어를 시작한 그는, 1백만 달러를 모은 사람이 미국 전역에 여섯 명도 되지 않았던 시절에도 10~20억 달러로 추정되는 재산을 축적하기에 이른다.

그가 처음으로 사랑에 빠진 어떤 여인은 그의 청혼을 거부했다. 놀랍게도 그에게서 미래가 안 보인다는 것이었다. 그녀의 어머니는 록펠러 같은 사람에게 '딸을 내던지는' 짓을 하지 않겠다고 말했다.

록펠러가 해낸 두 번째로 놀라운 일은 역사상 누구보다도 많은 돈을 거저 나누어 주었다는 점이다. 그는 7억 5천만 달러를 기부했는데, 이는 예수 탄생 이래 매분마다 75센트를 기부했다는 의미다. 달리 말하면 모세가 이스라엘 백성을 이끌고 홍해를 건넌 이후 지금까지 약 3,500년 동안 매일 6백 달러를 기부했다.

록펠러에 관해 세 번째로 놀라운 일은 그가 97세인데도 여전히 건

재한다는 것이다. 그는 미국 전체에서 엄청난 증오와 미움에 시달린 사람이었다. 죽이겠다고 협박하는 편지를 수천 통 받았다. 그는 밤낮을 가리지 않고 무장 경호원의 호위를 받아야 했다. 광대한 기업을 구축하고 관리하느라 엄청난 피로와 압박을 느꼈다. 그런 사업상의 심적 부담은 대개 여러 사업가들의 수명을 단축시킨다. 가령 철도 건설업자 해리먼Edward Henry Harriman은 61세에 죽었다. 울워스F. W. Woolworth는 5~10센트 균일 제품을 판매하는 잡화점 체인을 세웠지만 67세에 숨을 거두었다. 제임스 '벅' 듀크는 담배로 1억 달러를 벌었지만 68세에 죽었다. 하지만 존 록펠러는 울워스, 듀크 그리고 해리먼을 모두 합친 것보다 훨씬 많은 재산을 벌고도 장수했다. 백인 남자 1백만 명 중 30명만 97세까지 산다는 사실을 기억하자. 그리고 틀니 없이 97세까지 사는 사람은 1백만 명 중에 한 명도 없을 정도의 확률이다. 하지만 존은 97세에도 틀니를 끼지 않았다!

그 장수 비결은 무엇일까? 아마도 장수하는 체질을 물려받았을 것이다. 이런 체질은 차분하고 잔잔한 성품에 의해 더욱 강화되었다. 그는 절대·흥분하지 않았고 서두르지도 않았다. 세계 최대의 석유 기업 스탠더드 오일 컴퍼니의 사장일 때, 그는 브로드웨이 26번지 사무실에 소파를 두고 무슨 일이 있어도 정오가 되면 매일 30분씩 낮잠을 잤다. 그는 그때 이후로 매일 다섯 번의 낮잠을 자는데 이 버릇은 세상을 떠날 때까지 계속될 것이다.

55세 무렵에는 건강에 이상이 생긴 적이 있었다. 그런데 이는 의학의 역사상 가장 다행스러운 사건이기도 했다. 이를 계기로 해서 록펠러가 질병 퇴치를 위한 의학 연구에 수백만 달러의 기부금을 내놓았기 때문이다. 그가 건강의 중요성을 깨달은 덕분에 록펠러 재단은 전세계 사람들의 건강 증진을 위해 매달 1백만 달러를 기부하고 있다.

1932년 끔찍한 콜레라가 유행할 때 나는 중국에 있었다. 빈곤과 무지 그리고 질병이 가득한 상황에서도 나는 베이징의 록펠러 의과대학에 가서 콜레라 백신을 맞을 수 있었다. 아시아를 비롯한 지구 먼 곳에서 고통받는 인류를 위해 록펠러가 얼마나 많은 일을 해냈는지 그때가 되어서야 처음 깨달았다. 록펠러 재단은 인체에 해로운 기생충을 세상에서 박멸하려고 했다. 또 재단은 말라리아와의 싸움을 승리로 이끌어가고 있다. 재단 의사들은 그 무서운 황열병에 대한 백신도 발견했다.

존 록펠러는 어머니의 칠면조 기르는 일을 도우며 처음으로 용돈을 벌었는데, 이후 죽을 때까지 3천만 제곱미터에 이르는 사유지에서 수많은 칠면조를 키웠다. 그는 칠면조 무리를 보면서 어린 시절을 떠올리곤 했다. 그는 칠면조를 돌본 대가로 어머니가 준 용돈을 벽난로 선반 위 금이 간 찻잔에 모두 모아두었다. 그는 농장에서 하루에 37센트를 받고 일했는데 50달러가 될 때까지 급여를 모두 저축했다. 이후 그는 50달러를 7퍼센트의 이자를 받고 고용주(어머니)에게 빌려주었고, 이 50달러가 1년이면 자신이 열흘 동안 고된 노동을 하는 것만큼 벌어준다는 사실을 깨닫게 되었다. "그걸 보고서 결심했습니다." 그가 말했다. "내가 돈의 노예가 되느니 돈을 내 노예로 삼자고 말입니다."

존 록펠러는 아들에게 용돈을 너무 많이 주어 버릇없는 아들로 자라는 일이 없도록 아주 조심했다. 예를 들어 그는 아들이 농장에 수리가 필요한 울타리 말뚝을 보고 신고할 때마다 하나당 1페니를 주었다. 어느 날 아들은 열세 개를 확인하고 신고해 13센트를 받았다. 또 존 록펠러는 아들이 한 시간 동안 펜스를 수리했을 때는 15센트를 주었다. 그의 부인은 아들이 한 시간 동안 바이올린을 연습하면 5센트를 주었다.

고등학교를 마치고 몇 달 동안 상업학교에 다닌 적은 있지만 존 록펠러는 대학에 다닌 적은 없다. 그는 열여섯에 학문적인 공부를 완전히 그만두었지만 시카고 대학교에 5천만 달러를 기부하기도 했다.

그는 늘 교회에 큰 관심을 보였다. 젊은 시절 그는 주일 학교 선생님이었으며, 경박한 오락 활동을 경계하면서 춤을 추지도, 카드놀이를 하지도, 극장에 가지도, 음주 및 흡연을 하지도 않았다. 그는 식사 때마다 기도를 했고, 매일 다른 사람이 읽어주는 성경 구절을 들었으며, 거기에 더해 매일 희망찬 메시지가 담긴 시나 기도문을 듣기도 했다.

록펠러의 재산은 여전히 분당 1백 달러의 속도로 증가하고 있고, 그의 유일한 포부는 지상에서 백 년을 사는 것이다. 백 번째 생일인 1939년 7월 8일에도 살아 있다면 포캔티코 힐스에 있는 개인 농장에서 악단을 지휘할 것이라고 그는 말했다. 그리고 악단이 연주할 곡은 〈매기의 추억〉이다.

인생경영 포인트

사람의 목숨은 자신이 결정하는 것이 아니어서 천수天數라는 말이 생겼다. 석유 재벌 록펠러(1839~1937)는 1939년까지는 살지 못하고 100세에서 2년이 모자라는 98세로 1937년 5월 23일까지 살다가 세상을 떠났다. 그의 사업체와 자선 사업은 아들이 이어받아 계속 해나갔다. 록펠러가 생전에 내놓은 기부금은 5억 달러에 이르렀고 그 아들이 내놓은 것까지 합치면 총 25억 달러에 달한다.

미국의 부자들은 노블레스 오블리주를 실천해왔고 그런 점에서 록펠러 가문도 예외는 아니다. 이 자선의 정신은 결국 자신의 성공은 모두 하느님이 내려주신 것이라는 철학에서 나온다. 원래 하느님의 것이었던 재물을 다시 사람들에게 나누어 줌으로써 하느님의 뜻을 실천한다는 것이다.

이러한 정신을 가장 잘 밝힌 것이 막스 베버의 『프로테스탄트 윤리와 자본주의 정신』이다. 베버의 책은 프로테스탄트 윤리, 구체적으로 칼뱅의 예정설이 자본주의 정신을 가져왔다고 주장한다. 정직하게 돈을 많이 버는 것이 하느님을 기쁘게 하는 일이라는 것이다. 이것은 신약성경 마태복음 25장에 나오는 달란트의 비유가 뒷받침한다. 주인에게서 다섯 달란트를 받아서 열 달란트로 늘린 종은 주인의 칭찬을 받는데, 한 달란트를 받아서 그대로 가지고 있다가 주인에게 도로 돌려준 종은 비난을 받았다는 내용이다.

당신은 당신에게 주어진 달란트를 어떻게 사용하고 있는가? 용기가 없어 달란트를 그냥 가지고만 있는가, 적극적으로 굴리고 불려서 키우고 있는가? 아니면 이미 수중에 한 달란트마저도 없는가? 돈의 노예가 되지 않고 돈이 자신의 노예가 되도록 만들었다는 록펠러의 말을 기억하고 행동해야 할 것이다.

노블레스 오블리주의 진정한 의미

—— 앨 졸슨 ——

내가 아는 한 미국에서 1백만 달러짜리 계약서를 호기롭게 찢어버린 배우는 단 한 사람뿐이다. 당신은 그를 영화에서 보았을 것이며, 그의 노래를 들었을 것이고, 그가 건네는 농담에 웃었을 것이다. 그는 사상 처음으로 유성有聲영화를 만들었다. 또한 할리우드에서 가장 많은 사람들을 매표소로 끌어들인 영화를 만들어 1천 2백만 달러를 벌었다. 역대 다른 어떤 영화도 접근조차 하지 못한 매표 기록이었다.

그 영화는 바로 애사 요엘슨 주연의 《노래하는 바보》인데 요엘슨은 곧 앨 졸슨Al Jolson이다. 졸슨은 한때 주당 3만 1,250달러의 급여를 받았고, 6개월 이상 단 하루도 일하지 않았는데도 그 돈을 받았다. 그러니 거의 1백만 달러를 무노동으로 번 것이다. 확실한 것은 그는 연기할 준비가 되어 있었다는 점이다. 하지만 그의 회사 유나이티드 아티스츠에는 당시 촬영할 대본이 전혀 없었고 그는 한가하게 골프나 치면서 미국 대통령의 월급을 벌어들였다.

이어 그는 예상하지 못한 뜻밖의 관대한 행동을 하여 냉소적이고 실리적인 할리우드에 온기를 불어넣었다. 당시는 불황이 막 닥친 때였고, 졸슨이 평생 알아온 친구인 유나이티드 아티스츠 사장인 조지프 솅크는 큰돈을 잃었다. 계약상으로 조지프 솅크는 앨 졸슨에게 1백만 달러 이상을 더 지급해야 했지만 그는 계약서를 찢어서 조지프 솅크에게 돌려주며 이렇게 말했다. "계약은 잊어버려! 내가 한 게 아무 것도 없으니 자네도 내게 더 돈을 줄 필요 없어."

철강계 거물인 찰스 슈와브도 한때 매해 1백만 달러를 보장한 연봉 계약서를 찢어버림으로써 월 스트리트에 일대 센세이션을 일으켰다. 하지만 가난했던 이 배우는 철강업계의 거물도 아니면서 1년에 2백만 달러를 지급하겠다고 보장한 계약서를 찢어버린 것이다. 더욱 놀라운 것은 아무도 그렇게 요구하지 않았고, 그런 행동을 해주기를 기대하지도 않은 상황에서 그렇게 행동한 것이다.

앨 졸슨은 어렸을 때 결핵에 걸렸다. 치료를 받고자 무료 진료소에 갔을 때 의사는 그에게 당장 시골로 떠나지 않으면 6개월 안에 죽을 수 있다고 했다. 처방전이 무료로 나왔기에 약도 당연히 무상인 줄 알았다. 하지만 약을 받으러 갔을 때 약병 한 통에 10센트를 내야 한다는 것을 알게 되었다. 그는 약을 사지 못했다.

약을 먹지 않고 또 의사의 치료를 받지 않았지만 그는 저절로 건강을 회복했다. 하지만 10센트가 없어서 죽을 수도 있겠다는 기분이 어떤 것인지는 평생 잊지 않았다. 그 때문에 현재 뉴욕주 새러넥 레이크의 애디론댁산맥에 있는 결핵 요양소에 가난한 사람들이 무료로 치료를 받을 수 있도록 매년 2만 달러를 기부하고 있다. 그는 이런 후원을 11년 동안 해왔고, 자신이 목숨을 구한 사람들을 직접 만나보지도 않았다.

나는 종종 다른 사람의 생일을 궁금해한다. 하지만 앨 졸슨에게 언제 태어났는지 물어보았을 때 그는 모른다고 했다. 마흔다섯이거나 쉰 정도라고 했지만 확실한 것은 아니었다. 그는 러시아의 가난한 부모 밑에서 태어났고 초가지붕에 돌바닥이 있는 작은 오두막에서 살았다. 오늘이 어제와 다를 것이 없었고, 한 해가 지나간다 해도 아무런 변화를 기대할 수 없었기에 그의 부모는 아이의 생일 같은 사소한 일을 기억하려 들지 않았다. 그래서 그는 자기가 태어난 해가 1885년인지 1886년인지 1888년인지 감조차 없었다.

하지만 유명해진 뒤로는 친구들이 생일 선물을 해주려 했기 때문에 생일을 하나 정해야 했다. 그는 가을에 태어나는 것은 그리 좋은 일이 아니라고 생각했다. 영화 시즌이 시작되는 가을에는 배우들이 늘 돈이 없었기 때문이다. 배우들은 보통 봄에 돈이 잘 돌아가고, 그중에서도 5월이 멋지고 따뜻한 달이라고 생각해 1888년 5월 26일에 태어난 것으로 정했다. 그는 생일이 정확하지 않은 것을 인정했지만 그래도 실제 생일에 거의 근접하다고 생각했다. 1888년으로 한다고 해도 실제 태어난 해에서 4~5년 이상의 오차는 없을 것으로 보았다.

졸슨은 아이일 때 처음으로 무대에 섰다. 《빈민가 아이들》이라고 하는 연극에서 단역을 맡았던 것이다. 대사 한 줄을 받았는데 무대로 달려가 "유대인을 죽여라!"라고 외치는 것이었다.

당시 그의 아버지는 주중에 코셔Kosher* 정육점에서 소를 잡고 안식일에는 유대교 회당에서 노래를 부르는 독실한 유대교 신자였다. 때문에 아버지가 아들이 극장에서 "유대인을 죽여라!"라고 외쳤다는 소식을 들었을 때 어린 졸슨의 배우 경력이 그 자리에서 끝장날 뻔했다.

---

* 구약성경 레위기 11장의 율법에 의거해 음식이나 식기가 그 율법을 저촉하지 않는 깨끗한 상태를 말한다. 여기서는 그런 깨끗한 음식을 만드는 정육점이라는 뜻이다.

졸슨이 뉴욕에 처음 갔을 때 그는 무일푼이었다. 사정이 그런 만큼 워싱턴에서 뉴욕으로 가는 기차에는 무임승차를 해야 했다. 그리고 뉴저지주 뉴어크에 도착했을 때 너무 순진해서 그곳이 뉴욕인 줄 알았다. 그는 기차에서 내려 저지 초원의 덤불 속에서 하룻밤을 보냈다. 아침에 깨어났을 때는 다리며 손이며 모기에 물리지 않은 곳이 없었고 물린 곳은 따갑고 부풀고 피가 났다.

마침내 뉴욕에 도착했을 때 그는 공원 벤치, 부둣가에 세워진 트럭, 바람이 덜 부는 들판 한구석 등에서 잤고 며칠씩이나 굶주린 채 돌아다녔다. 당시 그가 바랄 수 있는 최선의 결과는 바워리 거리의 싸구려 술집들에서 '푼돈을 얻을' 기회를 잡는 것이었다. 일찍이 연극 프로듀서인 리 슈버트는 대도시에서 이름값만으로 극장을 가득 채울 수 있는 정통파 배우가 두 사람 있다고 했는데, 하나는 프레드 스톤Fred Stone이고 다른 하나는 앨 존슨이었다.

하지만 앨 존슨이 처음 윈터 가든 극장의 무대에 섰을 때는 크게 슬펐다고 한다. 무척 지루하게 느껴지는 쇼였고, 자정이 지날 때까지 무대 위에서 열심히 뛰었지만 관중들의 반응은 차가웠다. 아무런 갈채도 받지 못했고 관중에게 아무런 영향도 미치지 못했다. 그날 밤 막이 내린 뒤 그는 휘청거리며 브로드웨이를 걸어갔고, 너무 낙담해 구역질이 올라올 정도였다. 그는 54번가에 살았지만 멍한 상태로 90번가까지 계속 걸었다. 집에서 46블럭이나 멀어진 뒤에야 비로소 자기가 지금 어디에 있는지 자각했다.

당시 존슨은 언젠가 자기 이름이 브로드웨이 위의 오로라처럼 빛날 것이며, 매니저들이 분당 10달러를 주겠다고 하면서 자기에게 달려들 것이라고는 상상조차 하지 못했다. 당시 그의 생각에는 아주 황당무계한 꿈에서도 나올 수 없는 이야기였던 것이다.

자기가 언제 태어났는지 생년월일도 제대로 모르는 빈한한 가정의 소년이 20세기 미국에서 가장 인기 있는 엔터테이너로 성장한 과정은 우리에게 깊은 감동을 준다. 처음 무대에 섰을 때 관중들의 반응이 너무나 차가워서 큰 충격을 받고, 브로드웨이에서 90번까지 무작정 걸어갔다는 이야기에도 공감이 된다.

바람 부는 3월과 비 오는 4월이 꽃피는 5월을 만든다는 말이 있다. 그런 어려움을 모두 겪어내고 인생에서 성공을 거두었으니 다른 사람의 모범이 되는 것이다. 문제는 성공을 거둔 다음의 일이다. 그토록 원하던 것을 이룬 후에는 "겨우 이게 다야?" 하는 허무함이 밀려올 수 있다. 인생은 무의미하다는 허무주의에 내몰릴 만한 위기를 만날 때 예로부터 이런 상태에 있는 이들에게 현자들이 해준 두 가지 조언이 있다.

하나는 성공으로 만들어낸 재산을 일부 헐어서 남에게 무상으로 베풀라는 것이다. 그리고 다른 하나는 지금 이 순간 하는 일에 집중하라는 것이다. 앨 졸슨은 2백만 달러 계약서를 찢어버리고, 결핵 요양소에서 가서 가난한 사람들이 무료로 치료받을 수 있도록 매년 2만 달러를 기부함으로써 이 조언을 제대로 실천했다.

어떻게 돈을 벌 것인가?

───── 바실 자하로프 ─────

∽

바실 자하로프Basil Zaharoff. 그는 세상에서 가장 부유하고, 가장 비밀스러우며, 가장 지독하게 비난받은 사람이었다. 20년 전에는, 이 남자를 죽이면 10만 달러를 주겠다는 놀라운 공고도 붙었다. 많은 책이 그를 주제로 다루었다. 그는 국제적 의심과 국가적 증오를 불러일으킨 아주 놀라운 인물이었다.

바실 자하로프는 지독하게 끔찍한 가난 속에서 태어났으나 세상에서 가장 거대한 재산을 모은 사람이 되었다. 그의 주된 사업은 기관총, 대포, 고성능 폭약 판매였다. 이 무기 상인을 다룬 어떤 전기는 이렇게 시작한다. "1백만 명의 묘비가 그의 기념비가 될 것이고, 그들이 죽어가며 낸 신음은 그의 묘비명이 될 것이다."

28세였을 때 자하로프는 주급 25달러와 수수료를 받고 무기를 파는 일을 처음 했다. 그는 당시 그리스에 살고 있었다. 그는 총을 판매하는 유일한 방법은 없는 수요라도 일부러 만들어내는 것임을 잘 알았다. 그래서 그는 그리스인들의 전쟁 공포를 자극했고 피에 굶주린 적에게 둘러싸여 있으니 조국을 지키려면 반드시 총을 사야 한다고 선전했다. 그것이 50년도 더 전의 일이다. 이런 전쟁 공포증의 물결은 그리스 전역을 휩쓸었다. 군악대가 공연하고, 국기가 나부꼈다. 연설가들은 군중에게 전쟁을 부추기는 장광설을 늘어놓았다. 그리스는 군대 규모를 늘렸고, 자하로프에게 총을 사들이는 것은 물론 잠수함까지 구입했는데, 이 잠수함은 당시 최초로 건조된 군용 잠수함이었다.

무기 거래로 거액의 이익을 챙긴 자하로프는 튀르키예로 가서 이렇게 말했다. "그리스인들이 하는 짓을 보십시오. 여러분을 세상에서 없애버릴 준비를 하고 있습니다." 그러자 튀르키예인들도 두 척의 잠수함을 사들였다. 양국 간의 군비 확장 경쟁은 계속되었고, 자하로프의 무기 중개 사업은 본격적으로 커졌다. 그 결과 이 무기 거래상은 피에 흠뻑 젖은 3억 달러의 순수익을 얻었다.

자하로프는 전통적으로 오랜 적대국으로 대치하는 나라들의 두려움을 부추기면서 서로 무장시켜 전쟁을 조장했다. 그 일을 50년 이상했다. 예를 들어 러시아와 일본이 대립하는 동안 그는 양쪽 모두에게 무기를 팔았고 스페인과 미국이 전쟁하는 동안에는 미국 군인을 죽인 탄환을 팔았다. 제1차 세계대전 중에는 독일, 영국, 프랑스 그리고 이탈리아의 군수품 공장에 엄청난 재고를 쌓아놓았다가 판매했다. 그렇게 해서 그의 부는 상상할 수 없을 정도로 엄청나게 불어났다.

50년 동안 그는 고양이처럼 조용하게 움직이면서 유럽의 여러 국방부를 몰래 출입했다. 자신의 동정을 철저히 통제하면서 극도로 비밀스럽게 마치 그림자처럼 움직였다. 그는 용모가 자신과 똑닮은 두 사람을 고용했다고 한다. 대중 앞에 나타나서 가짜 자하로프 행세를 하도록 했다. 실제로 그가 어떤 도시에서 은밀한 일을 진행 중일 때 이 가짜는 베를린이나 몬테카를로에 나타남으로써 그를 목격했다는 신문 기사가 실리도록 유도했다. 그는 흔쾌히 카메라 앞에 나서는 일이 없었다. 자신을 향해 쌓여가는 엄청난 맹비난에도 불구하고 절대 인터뷰를 수락하지 않았다. 뿐만 아니라 자신을 옹호하지도, 했던 일을 해명하지도, 반격하지도, 답변하지도 않았다.

잘 생기고, 키가 크고, 매력적이던 그는 26세였을 때 17세의 어린 여성과 사랑에 빠지게 되었다. 그는 아테네에서 파리로 여행하던 중 기차에서 그녀를 만났고, 당장 청혼하려고 했다. 하지만 불행하게도 그녀는 이미 절반쯤 광인인 데다 나이도 두 배가 많은 어떤 스페인 공작과 결혼한 상태였다. 가톨릭 신자인 그녀의 종교적 신념 때문에 이혼은 불가능했다. 자하로프는 거의 50년 동안 그녀를 기다리며 연모했다. 마침내 1923년 그녀의 남편이 정신 병동에서 죽고 난 뒤 1924년, 자하로프는 그녀와 결혼했다. 당시 그녀의 나이는 65세였고, 자하로프는 74세였다. 그리고 결혼 2년 뒤에 그녀가 숨을 거두었다. 그녀는 48년 동안 자하로프의 연인이었고, 18개월 동안 그의 부인이었다.

자하로프는 죽을 때까지 파리 근처의 장엄한 성에서 여름을 보냈다. 하지만 그의 출생은 그런 화려한 곳과는 아주 거리가 먼 튀르키예의 남루한 오두막, 그것도 진흙으로 만들어 창문이 아예 없는 오두막이었다. 어린 시절 그는 흙바닥에서 잤고, 넝마를 발에 둘러 차가운 발을 데웠으며, 밤을 굶는 일이 먹는 일보다 더 많았다. 그는 고작 5년만 학교에 다녔지만 14개의 언어를 말할 수 있었고, 옥스퍼드 대학은 그에게 명예 민법학 박사를 수여하기도 했다.

그리고 런던에 처음 도착했을 때는 절도 혐의로 투옥되었지만 30년 뒤에는 영국 국왕에게 기사 작위를 받았다.

1909년 어느 여름날 이 비밀스러운 유럽인은 파리의 유명한 동물원을 걷는 중이었다. 그는 그곳의 원숭이가 지저분하고 굶주렸으며, 가장 인기 높은 사자마저도 류머티즘으로 고통을 받고 있다는 사실을 알고서 충격을 받았다. 동물원의 모든 것이 곧 허물어져 폐허가 될 것처럼 보였다. 자하로프는 관리인을 불러 신랄하게 야단쳤다. 관리자는 자기 앞에 있는 사람이 세상에서 가장 부유한 사람 중 하나인 것을 알지 못하고 제대로 동물을 보살피려면 50만 프랑이 필요한데 그런 돈이 없다고 심드렁하게 대답했다. 그러자 자하로프는 이렇게 말했다. "그게 필요한 전부라면 여기 있네." 자신이 팔아치운 탄환으로 수백만 명을 죽인 이 남자는 동물 몇 마리를 보살피라고 무려 10만 달러의 수표를 끊어준 것이었다. 관리자는 서명의 이름을 제대로 알아보지 못해서 모르는 사람이 자기에게 허튼 장난을 치고 있다고 생각했다. 그래서 그 수표를 다른 서류 더미 속에 던져놓고 그 일을 까맣게 잊어버렸다. 몇 달 뒤 그가 우연히 친구에게 수표를 보여주었을 때 그 서명이 프랑스에서 가장 부유한 사람의 실제 서명이라는 사실을 알고 깜짝 놀랐다.

자하로프는 85세에 건강을 잃고 휠체어를 타고 다녀야 했다. 그는 비극적인 모습으로 외롭게 죽어갔다. 여생의 주된 관심사는 아름다운 장미가 핀 정원을 가꾸는 일이었다. 그는 50년 동안 일기를 써왔고, 분량은 무려 53권에 달했다. 소문에 의하면 그는 숨을 거둘 때 비밀스러운 기록이 담긴 일기를 모두 파기하라고 지시했다고 한다.

인생경영 포인트

자하로프(1849~1936)는 가난한 그리스인 부모 밑에서 태어났으나 부모가 러시아에 유배를 가면서 이름을 러시아식으로 바꾸어 현재

와 같은 이름을 갖게 되었다. 제1차 세계대전 당시에 무기 중개상으로서 공로를 인정받아 프랑스 당국으로부터 훈장을 받았고, 프랑스 시민권까지 얻었다.

그가 기차에서 만났다는 17세의 여자는 일종의 내연녀였다. 그는 당시 유부남이었는데 이 여자 때문에 아내를 버렸고 50년 가까이 내연녀를 기다렸다가 마침내 결혼했다. 자하로프는 '죽음의 상인', '유럽의 신비스러운 인물' 등의 별명을 얻기도 했다.

인생에 대해 두 가지의 상반되는 말이 있는데, 하나는 "비밀이 전혀 없는 사람은 시시한 사람이다"라는 것이고 다른 하나는 "내 모든 생활이 투명해 이 세상을 떠날 때에는 그 어떤 허물도 없이 공기처럼 가볍게 바람처럼 빠르게 가고 싶다"라는 것이다. 자하로프의 인생은 비밀이 많았기에 전자의 경우라고 할 수 있다. 하지만 그는 자신의 비밀 일기를 사망 직전에 모두 불태워버렸다. 또한 그가 동물원에 10만 달러의 수표를 건네주는 자비의 행동을 한 것은, 생전에 팔았던 무기로 인해 죽은 사람들에 대한 죄의식을 지우려는 마음도 있었을 것이다.

당신은 자기 인생에 어떻게 돈을 불러들이겠는가? 어떻게 번 돈이 가장 가치 있다고 생각하는가?

벌어들인 만큼
마음껏 쓰면서 즐기는 인생

―――――― 짐 브래디 ――――――

∽

브로드웨이의 하룬 알라시드*Haroun AlRaschid라고 불리는 "다이아몬드" 짐 브래디"Diamond" Jim Brady는 제1차 세계대전 중에 죽었다. 그의 죽음으로 브로드웨이 극장가에서는 가장 믿기 힘든 현상 하나가 사라졌다. 생전에 브래디는 옛 로마 황제들이 나이팅게일의 혀를 식사로 즐겼던 시절 이후, 이 세상이 일찍이 본 적이 없는 아주 시끌벅적한 파티를 개최했었다. 때로는 같은 도시의 다른 장소에서 동시에 다섯 개의 파티를 열어 흥청망청 놀기도 했다. 이런 파티는 17시간 동안 시끌벅적하게 계속되었고, 비용도 10만 달러에 이르렀다. 그는 손님이 귀가할 때 기념품을 선물하길 좋아했다. 주로 다이아몬드 브로치나 다이아몬드 시계 같은 작은 장식품이었는데 하나당 1천 달러는 되는 것이었다.

브로드웨이의 방탕한 남자 다이아몬드 짐은 뉴욕 부둣가에서 그의

---

* 페르시아 아바스 왕조의 제5대 칼리프의 이름. 여기서는 '엄청난 실력자'라는 뜻이다.

아버지가 임차한 술집의 위층 집에서 태어났다. 그는 동요집을 배우기도 전에 술병에서 코르크를 빼내는 법부터 먼저 배웠다. 하지만 그는 평생 술을 한 방울도 마시지 않았다. 다만 브로드웨이를 장악하는 동안 그는 수백 달러를 술값으로 썼다. 서반구에 있는 누구보다도 더 많은 샴페인과 라인강 지역의 와인을 사들였고, 친구들에게 이런 술을 아낌없이 베풀었다. 친구들이 만취하는 동안 다이아몬드 짐은 그들 곁에서 자신의 사소한 목마름을 커다란 슈타인 맥주잔에 루트 비어(식물 뿌리를 써서 만든 탄산음료)를 채워 해결했다.

그는 몸무게가 114킬로그램이나 나갔고, 먹는 것을 즐겼다. 매일 밤 15가지 요리가 나오는 저녁을 게걸스럽게 먹었는데 메인 요리의 양은 두세 배로 해서 먹었다. 그리고 초콜릿 450그램을 먹었고, 극장에서 먹을 박하사탕 박스도 챙겼다. 그는 매주 친구들에게 수백 개의 사탕 박스를 보냈다. 과자류 청구서만 매달 평균 2~3백 달러였다. 그는 차와 커피를 몹시 싫어했지만 오렌지 주스는 아주 좋아했다. 그는 턱 아래에 냅킨을 끼우기 전에 오렌지 주스를 4리터 가까이 해치웠고, 종종 식사를 하면서도 비슷한 양을 마구 들이켰다. 한 번은 앉은 자리에서 여섯 마리의 치킨을 먹어치우기도 했다. 다소 황당하게 들릴지도 모르겠는데, 브래디가 나이 들어 위장 수술을 받게 되었을 때 의사는 그의 위 크기가 일반인의 여섯 배라는 사실을 발견했다.

다이아몬드 짐 브래디는 어떻게 수백만 달러에 이르는 재산을 모았을까? 그는 폭발적인 성장을 하는 미국에서 태어난 가장 숙련된 세일즈맨이었다. 게다가 그에게는 행운이 따랐고 그는 기회를 잘 잡았다. 미국 철도가 나무로 된 객차였던 초기부터 그는 앞날을 내다보고 철제 객차를 팔기 시작했다. 미국은 변경 지대가 서부로 확장되는 중이었다. 철도는 고리 올가미를 던지듯 동서로는 대서양에서 태평양으로,

남북으로는 캐나다에서 멕시코 만까지 빠르게 설치되었다.

그가 처음 철제 객차를 판매하기 시작했을 때만 해도 여전히 실험적 사업이었기에 아무도 구매하려고 하지 않았다. 그래서 그는 아주 놀라운 조건으로 계약할 수 있었고 그것이 훗날 대박을 터뜨렸다. 그 계약은 철제 객차를 하나 팔 때마다 그에게 33.3퍼센트의 수수료를 지급한다는 것이다. 이내 미국의 모든 철도가 철제 객차를 납품해달라고 아우성을 치게 되었다. 그들은 객차를 얻기 위해 모자를 벗어 손에 들고서 공손하게 다이아몬드 짐 브래디를 찾아올 수밖에 없었다. 당시 그에게는 경쟁자가 아예 없었기 때문이다. 그는 철제 객차 판매로 1천 2백만 달러를 벌어들였다. 그는 시대가 만들어낸 인물이었다. 50년 뒤에 태어나 오늘날 철제 객차를 팔려고 했다면 집안의 식료품비도 제대로 마련하지 못했을 것이다.

다이아몬드 짐은 서커스의 왕, 바넘Barnum 이후로 가장 기이한 홍보를 함으로써 미국 동부 메인주의 스코히건부터 서부 뉴멕시코주의 산타페까지 유명세를 떨쳤다. 문자 그대로 자신을 다이아몬드로 꾸민 것이다. 그는 날마다 다른 보석 세트를 착용했으며 하루에 예닐곱 번씩 보석을 바꾸어 착용하는 일도 잦았다. 그는 2,548개의 반짝이는 다이아몬드와 19개의 루비를 몸에 달고 브로드웨이를 산책하곤 했다. 그는 자전거와 자동차 모양의 셔츠 장식 단추, 기차 엔진과 화물 철도 모양의 소맷동 단추를 착용했는데 이런 물건 역시 아주 고가품이었다.

그는 황당무계하다고 생각될 정도로 돈을 많이 썼다. 축제날이 되면 뉴저지주에 있는 그의 농장에서는 황금을 도금한 들통에다 우유를 받았다. 그의 당구대는 홍옥수와 청금석으로 상감 장식이 되어 있었다. 그의 포커칩은 오닉스와 진주로 제작되었다. 그는 집에 가구를 설치하면서 실내 장식가에게 30만 달러 이상을 지급했으며, 그마저도 쉽게 싫증을 느껴서 집에 있는 가구를 해마다 친구들에게 거저 나누어 주고 새 가구를 사들였다.

그는 여배우 릴리언 러셀Lillian West에게 수백 개의 다이아몬드, 루비, 사파이어, 에메랄드를 박은 황금 도금 자전거를 선물하기도 했다. 몸매가 날씬하고 맵시 있는 릴리언이 5번가에 그 자전거를 타고 나타나자 사람들이 몰려들어 교통 체증이 일어날 정도였다!

다이아몬드 짐은 5천 개의 손수건, 2백 개의 정장을 갖고 있었고, 무릎까지 오는 프록 코트와 비단 모자를 착용하지 않고서는 사람들 앞에 절대 나서지 않았다. 심지어 개들만 구경꾼으로 있는 마른 초원을 선로 보수용 수동차手動車를 타고 서부 철로를 혼자 이동할 때도 짐은 프록 코트와 비단 모자를 착용하고 다이아몬드를 잔뜩 박은 지팡이를 들고 있었다.

다이아몬드 짐의 위장은 일반인보다 여섯 배 더 컸고 배포도 그만큼 컸다. 오랜 세월 그는 불운을 겪고 있다면서 자신을 찾아와 도움을 청하는 거의 모든 사람에게 후하게 돈을 빌려주었다. 그런 돈 대부분을 돌려받을 수 없다는 것을 알았지만 그는 신경 쓰지 않았다. "어리숙한 호구가 되는 일도 재미있죠. 감당만 할 수만 있다면요." 그는 이렇게 말했다.

죽음이 얼마 남지 않았음을 알게 되었을 때 그는 자신이 사람들에게 빌려준 차용증의 금액을 모두 합하니 20만 달러에 이른다는 것을 알게 되었다. 삶을 마감하면서 그가 했던 일 중 하나는 이 차용증을 모조리 불태워버리고 유언 집행인들에게 빚을 받지 말라고 단단히 일러둔 것이다. 그는 이렇게 말했다. "이제 곧 죽겠네요. 내 뒤에 사람들을 가슴 아프게 하는 일이나 골칫거리는 남겨두지 않겠습니다."

브래디가 사망하자 실질적으로 그의 막대한 재산은 자선 단체로 넘어갔다. 그의 다이아몬드와 루비 그리고 에메랄드는 대략 2백만 달러의 가치로 추산되었다. 이것들은 전부 다른 반지의 장식으로 들어가 재판매되었다. 오늘날 수많은 여성들은 한때 다이아몬드 짐에게 엄청난 매력을 더했던 보석들 중 하나를 착용하고 있을 것이다.

모두가 다이아몬드 짐을 '사랑했지만' 그는 평생 미혼이었다. 그는 릴리언 러셀의 무릎에 1백만 달러를 내놓으며 결혼해달라고 했지만 그녀는 거부했다. 한때 그는 이렇게 말했다. "세상에 나처럼 못생긴 놈하고 결혼하려는 여자는 없겠지." 그리고 브래디는 탁자에 얼굴을 묻고 어린아이처럼 울었다.

인생경영 포인트

짐 브래디는 목제 차량 시대에 곧 철제 차량 시대가 올 것임을 내다보았기에 큰돈을 벌었다. 큰돈을 벌려면 시대가 어떻게 변하고 있는지를 알아야 한다. 알기만 해서는 안 되고 그에 맞추어 행동에 나서야 하고, 그 행동을 가로막는 장애물을 극복하려는 의지가 있어야 한다.

브래디는 큰돈을 번 이후에 영화 《위대한 개츠비》처럼 화려한 파티를 개최하면서 인생을 즐겼다. 들고 다니는 지팡이를 수천 개의 다이아몬드로 꾸미기도 했으며, 집 안의 가구가 싫증나면 조금의 고민도 없이 바꾸었다. 또 돈으로 여자의 마음을 사로잡으려고 하기도 했다. 여러 모로 돈을 펑펑 쓴 인생이지만, 그저 자신의 쾌락만을 위해서 쓴 것은 아니라는 점이 눈에 들어온다.

그는 의외로 단 한 방울의 술도 마시지 않았고, 큰돈을 가진 만큼 배포도 커서 도움을 요청하는 이에게는 돈을 돌려받지 못할 것을 알면서도 선뜻 빌려주었다. 뿐만 아니라 빌려준 돈의 상환을 독촉하지도 않았다. 그가 돈을 빌려주면서 한 "어리숙한 호구가 되는 일도 재미있죠. 감당만 할 수만 있다면요"라는 말은 그의 관대함을 잘 드러낸다. 또한 죽음에 임박해서는 갖고 있던 차용증들을 호쾌하게 불태워버려 사람들의 빚을 전부 탕감해주었다. 그는 자기 힘으로 일궈낸 큰 부를 자기 뜻대로 호쾌하게 쓰다 갔다.

큰돈을 벌었지만
여전히 아끼며 사는 인생

—— 헤티 그린 ——

헤티 그린Hetty Green은 한때 미국에서 가장 부유한 여자였다. 숨을 거둘 때 그녀의 가치는 최소 6천 5백만에서 1억 달러에 이르렀을 것이다. 하지만 집에서 일하는 대부분의 파출부조차도 그녀가 입는 옷보다 더 좋은 옷을 입었고, 저녁도 더 훌륭한 것을 먹었으며, 잠도 더 나은 침대에서 잤다. 그녀의 수입은 분당 5달러, 시간당 3백 달러였지만 조간 신문을 2센트에 사서 읽고 그것을 되팔기까지 했다.

추운 겨울날이면 그녀는 체온을 유지하려고 신문지를 자주 몸에 둘렀다. 그녀는 두 곳의 철도를 완전히 사들였고(그야말로 몽땅!), 미국 거의 모든 철도의 채권을 소유했다. 하지만 기차 여행을 떠날 때는 절대 사치스러운 침대차에 타지 않고 밤새 일반 객차에 앉아서 갔다.

한번은 저녁파티를 하려고 하니 보스턴의 파커 하우스 호텔에서 보자고 친구들에게 전했다. 모두가 대단한 행사가 될 것으로 여겨 여자들은 야회용 겉옷을 입고 나타났고, 남자들도 야회복을 입었다. 하지만 손님들이 도착하자 헤티는 그들을 데리고 호텔에서 나가더니 한참을 걸어 싸구려 식당으로 데려가 싸구려 식사를 대접했다.

때로 보스턴에 있을 때 그녀는 파이 골목이라 불리는 지역의 한 식당에서 끼니를 해결하곤 했다. 그 도시의 파이 골목은 삶은 콩 한 접시를 3센트에, 작은 쐐기 형태의 파이를 2센트에 먹을 수 있는 곳이다. 그녀의 수입은 당시 초당 8센트 이상으로 버는 만큼만 먹어야 한다면 초당 네 개의 파이를 먹어야 했다.

78세가 되었을 때 한 신문 기자가 그녀에게 아직 정정하신데 건강의 비결이 무엇이냐고 물었다. 그녀는 등심 스테이크, 감자튀김, 우유를 탄 차를 매일 아침 식사로 먹고 스테이크와 우유에 있는 세균을 죽이려고 종일 구운 양파를 씹는다고 했다. 안타깝게도 그녀는 양파에 있는 세균을 죽이려면 무엇을 씹어야 하는지는 말하지 않았다.

1893년 불볕더위가 기승을 부리던 어느 날 헤티 그린은 아버지에게서 물려받은 창고의 다락으로 기어올라갔다. 7월 땡볕은 쇠로 된 지붕을 달구었고 다락을 뜨거운 지옥과 별반 다를 바 없는 수준으로 만들었다. 그런 살인적인 더위에서 그녀는 색깔 있는 넝마와 흰 넝마를 분류하는 일을 몇 시간이나 했다. 폐품 수집업자가 흰 넝마는 다른 것보다 1센트를 더 쳐주었기 때문이다!

그녀는 월 스트리트에 투자한 종목들의 현황을 살피면서 대부분의 시간을 보냈다. 그것은 위험한 일이었고 그녀도 아는 바였다. 또한 뉴욕에서 아파트를 빌리거나 가구를 하나라도 사면 세무 관리자가 급습해 매년 3만 달러를 가져갈 것도 알았다. 그래서 세금 징수인을 피하고자 싸구려 하숙집을 전전하며 살았다. 심지어 절친한 친구도 대체로 어디에 숨어 지내는지 몰랐다. 그녀는 가명으로 살았고, 넝마를 걸쳤고, 짐도 얼마 없었기에 지불 능력을 의심하는 하숙집 여주인들은 빈번히 그녀에게 숙박비를 선불로 내라고 요구했다. 그러나 나이가 들면서 기적이 벌어졌다. 한 친구가 그녀를 설득해 미용에 3백 달러를 쓰게 되었고 그 대우를 받을 때마다 확실히 한 살씩 더 젊어 보였다.

어떤 사기꾼이 자기 서명을 위조해 수표를 발행할 것이 걱정되었던 그녀는 절대 필요한 상황이 아니면 서명하지 않았다. 그녀는 편지로 받은 봉투를 모두 모았고, 답장은 이 빈 봉투 뒷면에 작성했다. 이렇게 하니 그녀는 서명해야 할 필요가 없었다.

내 친구인 보이든 스팍스Boyden Sparkes는 『돈을 사랑한 여인, 헤티 그린Hetty Green, A Woman Who loved Money』이라고 하는 전기의 공저자다. 그는 헤티 그린이 뉴욕의 케미컬 내셔널 은행에 막대한 금액을 예금했고, 적어도 그 은행이라면 자기 집에 있는 것처럼 편히 여긴다고 내게 말했다. 그녀는 은행에 여행 가방을 맡겼고, 은행 금고에는 오래된 옷과 먼지투성이 덧신을 놔두었다. 그녀는 은행으로 낡은 마차를 가져와 바퀴를 떼어내고 마차 틀만 은행 2층에 보관했다. 또 아파트에서 사는 것을 포기했을 때에는 가구를 은행 창고에 보관했다.

그럼에도 불구하고 그녀는 많은 측면에서 상냥한 마음씨를 지녔다. 예를 들어 은행에 한 늙은 수위가 있었는데 그는 창문을 닦고 심부름을 했으며 부랑자 같은 모습을 하고 있었다. 어느 날 은행은 그를 해고했고, 헤티 그린은 무척 안쓰러운 마음이 들어 거의 한 주 동안 여기저기 알아보고 그가 다른 일을 얻도록 해주었다.

그녀는 중풍으로 81세에 사망했는데, 중병을 앓던 그녀를 돌보던 간호사들은 흰 유니폼을 착용하는 것이 허락되지 않았다. 그들은 외출할 때 입는 평범한 옷을 입었다. 그래야 헤티가 그들이 간호사가 아니라 평범한 고용인이라고 생각할 수 있었기 때문이다. 그 늙은 숙녀는 비용이 많이 드는 숙련된 간호사가 옆에 있다고 생각하면 평화롭게 숨을 거두기 어려웠던 것이다.

헤티 그린은 큰돈을 갖고 있으면서도 돈을 쓰기 아까워한 사람, 즉 구두쇠였다. 구두쇠와 관련된 몇 가지 이야기를 소개해볼까 한다.

중국 선교사 마테오 리치Matteo Ricci는 북경의 한 부자가 매일 주판을 가지고 그날의 수입과 지출을 파악하는 일을 인생 최고의 즐거움으로 삼는 것을 보고, 인생에는 돈이 아닌 다른 즐거움도 있다면서 주판을 잠시 내려놓고 천주를 모셔보라고 했다. 그 부자는 그렇게 하겠다면서 석 달간 주판을 멀리 했으나 곧 다시 주판을 잡으면서 마테오 리치에게 말했다. "세상에 이 주판으로 그날의 수입을 따져보는 일만큼 재미있는 일은 없습니다!"

한편 구두쇠를 단편적으로 보여주는 또 다른 이야기도 있다. 부산에 사는 어떤 부자 구두쇠가 서울에 왔다가 중병에 걸려서 언제 죽을지 모른다는 의사의 진단을 받았다. 구두쇠는 죽더라도 고향인 부산에 가서 죽겠다며 귀향 채비를 서둘러 서울역에 가서 기차표를 샀다. 그런데 그 기차표의 종착역은 부산이 아니라 대전이었다. 친구가 옆에서 왜 대전 가는 표를 끊었느냐고 물으니 대전에 도착하기 전에 죽으면 기차표 값이 아까워서 어떻게 하겠느냐며 대전에 도착하면 다시 대구까지 표를 끊을 것이라고 대답했다.

돈을 벌어서 착착 모으는 것 그 자체를 좋아하고 인생의 목적으로 삼는 사람이 바로 구두쇠다. 흔히 그들은 이렇게 말하곤 한다. 돈에는 눈이 달려 있어서 돈을 사랑하는 사람들에게만 찾아오고, 돈을 우습게 보는 사람들은 귀신같이 알아보고 그들은 절대 찾아가지 않는다고 말이다.

헤티 그린도 그런 삶을 살았다. 큰돈을 벌고 나서도 여전히 빈자처럼 생활했다. 2센트에 사서 한번 읽은 조간신문을 되팔기도 했고, 1센트를 더 쳐준다는 말에 폐품을 분류하는 고된 노동도 마다하지 않았다. 자기 집의 모든 파출부보다 더 허름한 옷을 입고, 더 빈약한 식사를 하고, 더 낡은 침대에서 잤다.

헤티 그린은 앞서 등장한 짐 브래디와 완전히 반대되는 인생을 살았다. 당신은 돈에 대해 어떤 철학을 가지고 있는가? 헤티 그린처럼 살고 싶은가, 짐 브래디처럼 살고 싶은가?

4장

도전해야만 열리는 인생의 문

모순적 마음 사이 어떤 결정을 내리는가?

──────── 시어도어 루스벨트 ────────

✑

1919년 1월에 일어났던 사건을 나는 절대 잊지 못한다. 당시 나는 롱 아일랜드의 캠프 업튼에 있는 부대에 소속되어 복무 중이었다. 어느 날 오후 한 파견대가 언덕으로 행군했고, 공중에 소총을 들어 올려 예포를 발사했다. 루스벨트가 사망한 것이다! 미국 역사상 가장 극적인 대통령이었던 시어도어 루스벨트Theodore Roosevelt가 말이다! 그는 비교적 젊은 나이에 세상을 떠났다. 여전히 살아 있었더라면 클래런스 대로*보다 한 살 어렸을 것이며, 윌리엄 랜돌프 허스트**보다는 네 살 더 많았을 것이다.

테디 루스벨트에 관한 모든 일은 비범함 그 자체였다. 예를 들어 안경을 쓰지 않으면 그는 3미터 떨어져 있는 절친한 친구마저도 알아보지 못할 정도의 근시였지만, 소총 사격에는 전문가여서 아프리카에서

---

*   미국의 유명한 변호사. 252쪽 참고
** 미국의 신문경영자. 276쪽 참고

달려드는 사자를 총으로 쏴 쓰러뜨렸다. 그는 몸집이 큰 짐승도 가볍게 제압하는 사냥꾼이었지만, 한 번도 낚시를 해본 적은 없고, 새를 쏴본 적도 없다.

어린 시절에는 병약해 천식으로 고생했다. 건강을 위해 서부로 갔고 카우보이가 되어 별을 보며 잠을 자는 등 거친 생활도 했다. 그런 덕분에 당시 유명한 권투 선수 마이크 도노번과 권투할 정도의 훌륭한 체격을 갖추게 되었다. 남아메리카의 황야를 탐험했으며, 융프라우와 마테호른을 올랐고, 심지어 총알이 빗발치는 쿠바의 산후안 언덕을 오른 적도 있다.

루스벨트는 자서전에서 어렸을 때는 겁을 잘 먹고 다치는 것을 무서워했다고 밝혔다. 하지만 손목, 팔, 코, 갈비뼈, 어깨를 다쳐가면서도 위험을 피하지는 않았다. 다코타주에서 카우보이였을 때는 말에서 내동댕이쳐져 뼈에 금이 갔는데도 다시 안장에 올라 소를 몰곤 했다.

두려워했던 일을 참고 함으로써 용기를 키울 수 있었다고 그는 말했다. 죽을 정도로 겁이 나긴 했어도 일부러 용감한 사람처럼 행동해 두려움을 극복한 것이다. 마침내 포효하는 사자나 포성을 울리는 대포조차 두려워하지 않을 정도로 무척 용감해졌다.

1912년 대선에서 연설을 하러 이동 중인 루스벨트의 가슴을 반미치광이가 쏘았다. 루스벨트는 총에 맞았다는 사실을 누구도 눈치채지 못하게 했다. 강당으로 가서 연설을 시작했고, 피를 너무 많이 흘려 쓰러지기 직전까지 계속했다. 그 후 곧장 병원으로 실려 갔다.

백악관에 대통령으로 있을 때는 베개 옆에 장전된 리볼버를 두고 잤고, 산책을 나갈 때는 언제나 소형 권총을 지니고 다녔다.

당시 루스벨트는 한 육군 장교와 권투를 한 적이 있다. 장교는 왼쪽 눈을 정확하게 때렸고, 혈관이 터져 시력은 크게 손상이 되었다. 그는 청년 장교가 무슨 일을 저질렀는지 알길 바라지 않았다. 대신 장교가 다시 권투를 하자고 요청했을 때 거절했고, 장교는 대통령이 권투를 하기에는 너무 나이가 들었다고 짐작할 뿐이었다. 몇 년 뒤 루스벨트는 왼쪽 눈의 시력을 완전히 잃었지만 관대한 그는 절대 포병대 대위에게 그 일이 알려지지 않도록 단속했다.

루스벨트는 오이스터 만의 자택에서 쓰는 장작을 모두 직접 쪼개서 마련했고, 농장 인부들과 함께 들판에 나가 건초 말리는 작업도 했다. 그러고는 정원사에게 다른 일꾼들이 받는 임금만큼 달라고 우기기도 했다.

단 한 번도 담배를 피우지 않았고 욕설을 하지도 않았다. 술을 마시긴 했지만 그것도 어쩌다 밤중에 한번 밀크셰이크에다 브랜디를 한 티스푼 넣어서 마시는 정도였다. 하인이 밀크셰이크에 브랜디를 탔다고 말하지 않으면 브랜디가 들어가 있는지조차 모를 정도의 양이었다. 하지만 술고래라는 소리를 너무 빈번히 들어서 마침내 그런 중상모략을 제지하기 위해 명예 훼손 소송을 걸기도 했다.

백악관에서 대통령직을 수행하는 바쁜 와중에도 그는 시간을 내 무수히 많은 책을 읽었다. 오전 내내 5분 간격으로 인터뷰를 계속해야 할 때도 옆에 책을 한 권 두고 방문객이 왔다 갔다 하는 짧은 시간을 이용해 읽었다.

여행을 할 때면 보통 셰익스피어나 로비 번스(스코틀랜드 시인 로버트 번스의 애칭)의 문고본을 갖고 다녔다. 다코타주에서 소를 몰던 시절에는 깜빡이는 모닥불 옆에 앉아 어느 카우보이에게 햄릿 한 권을 통째로 소리 높여 읽어준 적도 있다. 브라질 정글을 여행할 때는 저녁 시간을 에드워드 기번의 『로마 제국 쇠망사』를 읽으며 보냈다.

음악을 즐겼지만 음치였다. 혼자 일하는 중에는 종종 〈나의 주님 당신께 더 가까이〉를 즐겨 불렀다. 한 서부 도시의 거리를 말을 타고 지날 때에도 그는 환호하는 군중에게 모자를 벗어 답례하며 내내 〈나의 주님 당신께 더 가까이〉를 불렀다.

루스벨트는 취미가 많았다. 백악관에 있을 때 한 번은 유명한 워싱턴 신문사 기자에게 전화를 걸어 당장 대통령 관저로 와달라고 했다. 이 요청에 흥분한 기자는 국정에 관한 독점 인터뷰를 할 수 있을 것으로 생각하고 회사에 전보를 보내, 당장 호외를 찍을 준비를 하라고 당부했다. 백악관에 기자가 도착하자 루스벨트는 정치에 관해서는 한마디도 하지 않았고 대신 백악관 뜰에 있는 속이 빈 고목으로 데려가더니 부엉이 새끼가 있는 둥지를 보여주었다.

한번은 서부로 기차를 타고 이동한 적이 있는데, 대통령 전용칸에서 내각의 장관들과 이야기를 나누던 중이었다. 그러다 창밖으로 한 농부가 철도 옆 옥수수밭에 서서 모자를 벗어 경의를 표하는 모습을 보았고, 루스벨트는 이것이 미국 대통령에게 보내는 인사라는 것을 알아채고 벌떡 일어서서 기차 맨 뒤로 달려가 모자를 벗어 열렬히 흔들며 답례했다. 결코 정치적 보여주기로 그런 행동을 한 것이 아니었다. 진심으로 시민들을 좋아했기에 인간 대 인간으로서 그렇게 한 것이다.

말년에 그의 건강은 쇠약해지기 시작했다. 고작 예순이었지만 그는 늙고 있다는 점을 여러 번 언급했다. 자기처럼 나이 든 친구에게 이런 편지를 보냈다. "자네와 나는 이제 사격호射擊壕*** 속에 들어와 있어. 그러니 언제든 어둠 속으로 떨어질 준비를 해야 해."

*** 원어는 rifle pits. 사격호는 보병 전투에서 적과 대치할 때 소총수를 보호하기 위해 파 놓은 참호를 말한다. 여기서는 상대방 소총수가 쏜 총에 맞아 언제 죽을지 모른다는 뜻이다. 총격을 죽음에, 죽음 이후의 상태를 어둠에 비유하고 있다.

루스벨트는 1919년 1월 4일 잠이 든 채로 편안히 숨을 거두었다. 마지막으로 남긴 말은 다음과 같았다. "불 좀 꺼주게나."

미국의 26대 대통령(1901~1908) 시어도어 루스벨트(1858~1919)는 동부 상류 계층 출신으로 하버드 대학을 나온 후 뉴욕주 의원으로 정계에 입문했다. 그 후 미국-스페인 전쟁이 일어나자 의용군을 이끌고 쿠바에서 싸워 용감한 전사라는 명성을 얻었다. 1898년 뉴욕 주지사로 당선되었을 때는 부패 공무원을 숙청해 혁신 정치가로 이름을 널리 알렸다. 시어도어는 1900년 부통령이 되었는데, 당시 대통령 매킨리가 1년 뒤 1901년 9월에 어느 무정부주의자에 의해 암살당하는 바람에 그가 남은 3년의 대통령 자리를 승계했다. 그는 무난하게 처신해 1904년의 대통령 선거에서 당선되었다. 1908년 선거에도 다시 나올 수 있었으나, 평소 약속한 대로 자리에서 물러나고 대신, 공화당 후보인 태프트를 밀어주어 당선시켰다. 그러나 대통령이 된 태프트는 루스벨트만큼 혁신파가 아니었고 이 때문에 공화당은 보수와 혁신의 두 파로 나뉘었다. 1912년 선거에서 공화당 후보는 루스벨트와 태프트 두 사람으로 분열되었고, 민주당은 우드로 윌슨이 혼자 나오는 3파전이 벌어져 결국 윌슨이 승리했다.

인생 대부분의 순간은 모순적인 마음 사이 우리가 어떤 결정을 하느냐에 달려 있다. 집에 있을 때에는 모험을 떠나고 싶고 막상 모험 길에 오르면 빨리 집으로 돌아가고 싶어지는 것처럼, 인생은 모순어법의 형태로 우리를 시험한다. 권력을 얻으려면 큰 야망을 갖고 물러설 줄 모르는 집념이 있어야 하지만, 동시에 어느 정도 합리적 범위 내에서 멈출 줄도 알아야 함을 루스벨트는 알고 있었다. 인생의 생존 조건에 부수되는 근원적 모순을 통찰했던 것이다.

대부분의 사람들은 건강해지고 싶지만 운동은 하기 싫어하고, 돈을 많이 벌고 싶지만 아무런 도전은 하지 않는다. 이제는 인생의 모순어법을 파악하고 제대로 된 선택을 해야 할 때다.

절대 위험에서 도망치지 말라

———— 윈스턴 처칠 ————

발생 당시에는 그다지 중요하지 않았던 사소한 일이 때로는 역사의 전환점이 되기도 한다는 사실에 나는 깊은 인상을 받는다. 예를 들어 남북전쟁 발발 4년 전 1857년의 공황 때, 레너드 제롬이라는 남자가 월 스트리트에 6백만 달러 넘게 투기한 일이 그렇다. 당시 레너드 제롬 본인을 제외하곤 그 누구도 대수롭지 않게 여겼다. 하지만 돌이켜 보면 그 사건이 오늘날의 역사에 엄청난 영향을 미쳤다. 레너드 제롬이 월 스트리트에 막대한 금액을 투기하지 않았더라면 윈스턴 처칠Winston Churchill은 절대 태어나지 못했을 것이다. 월 스트리트 투기꾼 레너드 제롬은 바로 윈스턴 처칠의 할아버지다.

윈스턴 처칠의 할아버지는 6백만 달러로 『뉴욕 타임스』의 지분을 일부 사들였고, 미국에서 처음으로 대형 경마장 두 군데를 건설했으며, 전 세계를 여행했고, 영국의 귀족들을 접대했다. 덕분에 아름답고 매력적인 딸 제니 제롬은 랜돌프 처칠 경을 만나 결혼했다. 이 결혼으로 1874년 11월 30일 영국의 가장 유명한 성 중 하나인 블레넘 궁전에서 윈스턴 처칠이 태어났다.

절반은 미국인인 윈스턴 처칠은 지금 가장 정력적이고 놀라운 영국인으로 활동 중이다. 그가 살아온 삶은 얼마나 대단한가! 생에 그토록 많은 자극과 모험 그리고 즐거움과 삶을 향한 열정이 가득한 사람은 역사상 다시는 없을 것이다. 그는 30년 넘게 막대한 권력과 영향력을 행사했다. 1911년 현역 장성이 아닌 민간인 신분으로 영국 해군을 이끄는 해군 장관이 된 그는 30년 넘게 여러 사건에 강력한 영향을 미쳤다.

어렸을 때 윈스턴 처칠은 군인을 꿈꾸며 종일 장난감으로 군대를 만들며 놀았다. 나중에는 유명한 샌드허스트 육군사관학교를 졸업했다. 몇 년 동안 영국 육군에서 직업 군인으로 근무했고, 인도에서 벵골 창기병 부대에 소속되어 전투에 참가했으며, 수단 사막에서는 키치너 경과 함께 수단 원주민들을 상대로 싸웠다.

윈스턴 처칠은 1900년 담대하고 용기 있는 행동으로 유명해졌다. 그런 유명세를 타고 불과 스물여섯의 나이에 국회의원으로 선출되어 의회에 입성하기도 했다. 그 일의 경과는 이러하다.

1899년 그는 월급 1,250달러를 받으며 『모닝 포스트』의 전쟁 특파원 자격으로 아프리카 남부로 황급히 떠났다. 보어 전쟁* 소식을 영국 국민들에게 전하기 위해서였다. 비싼 대가를 치러야 했지만 가치가

---

* 1899~1902년 영국과 남아프리카의 보어인 사이 벌어진 전쟁. 보어인Boer(농민이라는 뜻)은 네덜란드의 후손을 가리킨다. 이 당시 영국은 아프리카 남단에 케이프 식민지를 두고 북방으로 세력을 확장하고 있었는데, 이때 북방에 있던 트랜스바알 공화국에서 금광이 발견되었고, 오렌지 자유국에서는 다이아몬드가 발견되었다. 영국은 이 천연자원을 노려 북방으로 진출해 전쟁을 벌였다. 1902년 5월에 네덜란드계의 두 나라가 영국에 항복했고 영국령으로 편입되었다. 영국은 보어인들에게 자치를 약속하고 3백만 파운드의 보조금을 주면서 보어인들을 영국의 협력자로 만들었다.

있다고 여겼다. 윈스턴 처칠은 곧 영국 역사상 가장 유명한 전쟁 특파원으로 떠올랐다. 뉴스를 전할 뿐만 아니라 직접 뉴스거리를 제공하기도 했다. 포격을 받는 무장 기차를 타고서 적의 영토로 진입하고, 보어인들에게 붙잡혀 포로 수용소에 투옥되었다가 획기적으로 탈출하는 것으로 뉴스를 만들어냈다. 보어인들은 그가 탈출하자 당연히 격분했다. 영국 귀족의 아들이자 가장 유명한 포로를 놓친 꼴이었다.

보어인들은 생사를 따지지 않고 그를 붙잡아 오면 엄청난 포상을 하겠다고 약속했다. 탈출 이후 처칠은 보어 군인들이 경계하고 있음에도 철도와 다리를 따라 수백 킬로미터를 이동했다. 숲, 들판, 탄광을 가리지 않고 잠을 청했으며, 늪에 뛰어들었고, 강에서 헤엄치기도 했다. 터벅터벅 아프리카 평원을 걸어가는 그의 머리 위로는 굶주린 콘도르(거대한 맹금류)들이 날아다녔는데, 새들은 그가 탈진해 쓰러지기만을 기다렸다.

윈스턴 처칠의 탈출기는 더할 나위 없이 흥미진진한 기삿거리였다. 게다가 그는 이야기를 읽는 사람이 숨도 못 쉴 정도로 극적으로 전개해나가는 방법도 알았다. 『모닝 포스트』에 탈출기를 기고했고, 극적인 사건과 긴장감 가득한 이야기는 1900년에 일대 큰 반향을 일으켰다. 모든 영국인들이 흥분과 전율을 주체하지 못하고 열성적으로 읽었다. 윈스턴 처칠은 고국에서 나라의 영웅으로 환영받았다. 그의 업적에 관한 노래가 만들어졌고, 그가 강연하는 곳마다 어마어마한 군중이 몰렸다. 그의 명예로운 행동에 사람들은 열광했고, 마침내 열화와 같은 성원 덕분에 의원으로 선출되었다.

처칠은 '절대 위험에서 도망치지 않는다'라는 말을 오랫동안 인생의 좌우명으로 지녔다. 1921년 미국으로 가서 45번 강연을 했고, 매 강연마다 1,100달러를 받았다. 한번은 런던 경찰국에서 그가 미국에서 암살될 위험이 있다는 것을 알아내 경고했다. 영국의 특정 지역 출신의 무리가 '암살회'라는 조직을 미국에서 결성했는데, 당신이 영국의 권위를 상징하므로 총격을 당할지도 모른다는 것이었다. 이런 경고에도 불구하고 처칠은 곧 바로 강연 투어에 나섰다.

한 서부 도시에 도착했을 때 암살회 일원들이 저녁에 있을 강연 입장권을 샀다는 소식을 그는 들었다. 도시의 경찰서장은 이를 경고하며 당장 강연을 취소하라고 했지만 처칠의 매니저인 루이스 앨버는 취소를 거부했다. 처칠도 이렇게 응수했다. "앨버, 자네가 맞아. 위험에 직면했다고 절대 도망쳐선 안 돼. 그렇게 하면 위험이 더욱 커질 뿐이야. 움츠러들지 않고 즉각 대응하면 오히려 위험은 줄어들지. 그게 무엇이든 절대 도망쳐선 안 돼, 절대!"

윈스턴 처칠은 위험에서 도망치지 않고 오히려 그것을 향해 뛰어드는 일이 잦았다. 그가 초대 해군 장관이 되었을 때, 영국에 공군력으로는 전투기 여섯 대와 비행사 여섯 명밖에 없었다. 그때가 1911년이었는데, 사람이 처음으로 하늘을 날아오른 지 고작 8년밖에 지나지 않은 시점이었다. 모든 비행이 죽음을 판돈으로 걸고 도박을 하는 시절이었는데, 처칠은 고집을 부리며 비행기에 타곤 했다. 비행기를 직접 조종하면서 연달아 충돌 사고를 겪었고 간신히 죽음을 피하길 여러 번이었다. 정부는 그에게 비행하지 말라고 강력히 권고했지만 단호히 거부했다. 비행의 전율과 위험을 즐겼고, 직접 비행해 지식을 얻고자 했다. 무엇보다도 비행기가 앞으로 전쟁에 대변혁을 일으킬 것이라고 예측했으므로 비행 지식을 매우 중요시했다. 윈스턴 처칠은 거의 혼자 힘으로 영국의 공군력을 구축했다.

처칠에게서 돋보인 또 다른 자질은 불도그처럼 완강한 투지였다. 그가 어렸을 때 독학한 것이 그런 자질을 잘 보여준다. 그는 학업 성적이 형편없는 학생이었다. 라틴어, 그리스어, 수학, 프랑스어를 경멸했다. 외국어 공부에 열을 올리기 전에 영어에 먼저 통달해야 한다고 굳게 믿었고 당연히 옳았다. 하지만 외국어와 수학을 경멸했기에 늘 초등학교 성적이 최하위권에 머물렀다. 여기서 놀라운 사실을 하나 말하면, 수학을 경멸했던 이 소년이 나중에 재무장관이 되어 4년 동안 영국의 재정을 관리했다는 것이다!

샌드허스트 육군사관학교에 입학하려고 세 번이나 시험을 보았지만 전부 떨어졌다. 네 번째 시도에서 겨우 입학에 성공할 수 있었는데, 4전 5기였던 셈으로 그의 뚝심을 엿볼 수 있다.

영국에서 가장 저명한 학교인 해로 스쿨과 샌드허스트 육군사관학교를 졸업한 어느 날, 수많은 대학 졸업생이 그런 것처럼 처칠도 깨달았다. 바로 자신이 아무것도 모른다는 점이다. 그는 당시 스물 둘이었고 인도 주둔 영국 육군에서 장교로 근무하고 있었다. 그는 거기서 독학을 하겠다는 고귀하고도 대단한 결심을 한다. 고국의 어머니에게 편지를 보내 전기와 역사, 철학 그리고 경제학에 대한 책을 보내달라고 부탁했다. 지독히 더운 오후에 동료 장교들이 낮잠을 즐길 때에도 그는 플라톤부터 에드워드 기번 그리고 셰익스피어에 이르기까지 모든 고전을 탐독했다. 훗날 처칠의 연설과 책에서 등장하는 명쾌하고 이해하기 쉬운 문장은 이때 독학한 것이다. 그의 간명한 문장은 마치 앞으로 행진하며 노래하는 듯한 분위기를 풍겼다. 말을 더듬는 버릇 때문에 연설을 잘하지 못했던 처칠은 노력하고 또 노력해 당대에서 가장 영감을 주는 연설가로 우뚝 섰다.

총리일 때 윈스턴 처칠은 하루 14~17시간을 일했고, 매주 하루도 쉬지 않고 일하는 때도 많았다. 심지어 오늘날에도 그는 엄청난 추진력과 활력으로 일하고 있어 여러 명의 비서들을 아주 바쁘게 만든다.

일하는 동안 잠깐잠깐 긴장을 풀고, 피곤함을 느끼면 적절히 휴식을 취하기 때문에 이렇게 장시간 일할 수 있었다. 아침이면 10시 반까지 침대에서 나오지 않지만, 일어나기 전 세 시간 동안에 두꺼운 시가를 입에 물고 침대에 누워서 전화하고 서신 내용을 구술하고 신문, 보고서, 전보를 읽는다. 그런 다음에야 비로소 천천히 일어나서 구식 면도날로 면도를 했다.

오후 1시에 점심을 먹고 한 시간 동안 낮잠을 잔 뒤 오후 일과를 시작한다. 오후 5시가 되면 다시 침대에 누워 30분 동안 잔다. 저녁을 먹고 나서는 자정까지 일하는 경우가 많다.

윈스턴 처칠의 연설집은 『영국이 잠든 동안While England Slept』이라는 제목으로 출간되었다. 여러 해 동안 대다수 영국 정치인들은 잠들어 있었다. 세상을 압도할 전쟁이 곧 닥쳐오는 상황인데도 그것을 감지하지 못했다. 오로지 처칠만이 장차 히틀러가 일으킬 심각한 위험을 예감하고 경고했다. 1933~1939년까지 6년 동안 그는 거의 매일 독일이 재무장하고 있고 히틀러가 탱크, 총기, 전투기를 만들고 있으며, 궁극적으로 영국을 폭격하고 영국 함대를 침몰시켜 세계를 정복하려고 한다고 강력히 주장했다. 그는 이 모든 것을 예견했다. 영국이 그의 예언을 듣고 철저히 무장했더라면 제2차 세계대전은 여전히 한 미치광이의 머릿속을 오가는 황당무계한 꿈으로 끝나고 말았을 것이다.

인생경영 포인트

윈스턴 처칠(1874~1965)은 제2차 세계대전 당시 히틀러에 맞서 싸워 조국을 지켜낸 영국의 총리다. 그의 평소 좌우명은 절대 위험에서 도망치지 말라는 것이었는데 이런 신념을 어린 시절부터 키워왔기 때문에 국난에도 국가를 승리로 이끌 수 있었다.

노벨상 수상 작가인 어니스트 헤밍웨이는 처칠에게 영감을 받아 위험에서 도망치지 말고 감연히 맞서라는 뜻으로 "압력 아래에서의 우아함grace under pressure"이라는 말을 쓰기도 했다. 후일 이 말은 케네디 대통령이 제일 좋아했다고 한다.

처칠의 생애 중에 또 다른 교훈을 주는 대목은 스스로 무식하다는 사실을 깨닫고 플라톤, 에드워드 기번, 셰익스피어를 공부하면서 극복했다는 점이다. 사람은 나이가 들면 자기가 부족하다는 사실을 인정하기 싫어하는데 깨끗이 시인하고 공부에 나선 것은 정신적 용기를 보여준다.

처칠은 고집이 셌지만 민주주의는 철저히 믿었다. 항구적인 평화를 원하면 전쟁도 불사했다. 제2차 세계대전 당시에 영국은 항구적 평화를 원했지만 히틀러의 과대망상적 요구사항을 꿰뚫어보고 더 이상 양보하지 않고 과감하게 맞섰다.

처칠이 보여준 또 다른 용기는 제2차 세계대전 승리 후 영국 국민들의 판단에 대해 그가 깨끗이 승복한 사건을 들 수 있다. 전쟁 후 영국에서 총선이 있었는데, 당시 영국 국민들은 전쟁에서 승리한 처칠의 공로를 높이 평가하지만 경제에 힘쓸 때라며 노동당에 표를 몰아주어 처칠을 실각시켰다. 처칠은 국민 판단을 받아들였고 인내하며 때를 기다리다 6년 후인 1951년에 다시 총리직에 복귀했다. 용기, 인내, 민주주의, 이 세 가지는 처칠의 인생을 요약해주는 키워드인 셈이다.

시련은 늘 대의를 이루기 전에 찾아온다

—— 에르네슈티네 슈만하잉크 ——

에르네슈티네 슈만하잉크Emestine Schumann-Heink가 굶주림과 절망에도 빛나는 명성을 얻은 것은 대오페라 역사상 가장 놀랄 만한 사건이다. 그녀는 매섭고 힘든 고생을 성공을 위해 이겨냈다. 한때 크게 낙담하고 실의에 빠져 자살하려고도 했다. 결혼은 비극으로 끝나 남편은 자기 갈 길을 떠났고, 어마어마한 부채를 남겼다. 당시 독일법에 따르면 아내는 남편의 빚을 책임져야 했기에 법원 집행관은 집 안의 의자와 침대만 빼놓고 나머지 가구를 모조리 가져갔다. 때때로 노래를 부르는 임시직 일자리를 얻었지만 집행관은 급여 대부분도 가져가버렸다.

그녀는 셋째 아이가 태어나기 여섯 시간 전에도 노래를 불러야 했다. 당시 산통을 겪고 있었지만 아이들에게 뭐라도 먹여야 했기에 노래를 부를 수밖에 없었다. 겨울이 다가오자 아이들은 굶주림에 못 이겨 울었고, 휑한 방을 따뜻하게 데울 연료도 없어 추위로 벌벌 떨었다. 절망스러운 마음에 절반쯤 정신이 나간 상태에서 그녀는 아이들을 모두 죽이고 자살하려고 했다.

다행히 그때 자살하는 대신 조금 더 참고 견뎌내 세상에서 가장 훌륭한 콘트랄토(알토)가 되었고, 바그너 전담 가수 중에서 가장 유명한 여가수로 자리매김해 관중들의 심금을 울렸다.

숨을 거두기 몇 달 전, 그녀는 나를 시카고의 저녁 식사 자리에 초대해 직접 저녁을 만들어주겠다고 약속했다. 이어 이런 말을 덧붙이기도 했다. "날 훌륭한 가수라고 생각한다면 그것도 나름 좋아요. 하지만 저녁 식사를 같이하면서 '슈만하잉크, 이렇게 맛있는 수프는 먹어본 적이 없어요'라고 말해준다면 우리는 영원히 친구가 될 거예요."

가수로 자신이 성공을 거둔 비결 중 하나로 남들을 사랑하는 것을 꼽았다. 자신의 종교가 사람들을 사랑하는 법을 가르쳐주었다는 것이다. 슈만하잉크는 매일 성경을 읽었고 무릎을 꿇고 아침과 밤에 기도를 올렸다.

인생의 여러 비극적 사건들이 노래를 부를 때 도움이 되었다고도 했다. 그런 경험이 이해, 동정, 친절, 공감 능력을 만들어주었고 그것이 자기 목소리에 신비한 분위기를 입혀 수백만 관중을 황홀하게 만든다는 것이다. 전성기일 때 그녀가 불렀던 〈묵주의 기도Rosary〉라는 노래를 당신이 들었더라면 그 신비한 분위기가 무엇인지 금방 알아차렸을 것이다.

슈만하잉크가 자녀들을 얼마나 끔찍이 사랑하는지 알았기에 나는 왜 아이들을 죽이고 자살하려고 했는지 물었다.

"그땐 배고프고, 힘들고, 우울했죠. 아무런 희망도 보이지 않았어요. 아이들이 나처럼 살지 않길 바랐죠. 차라리 그런 고생보다는 죽는 게 낫다고 생각해서 기차 앞에서 아이들과 함께 몸을 던지려고 했어요. 계획도 다 짜놓았었죠. 기차가 지나가는 시간도 정확하게 알고 있었어요. 아이들은 울면서 나한테 달라붙었고, 내 옆에서 바들바들 떨었어요. 기차가 온다는 호각 소리가 들렸고, 우리는 이미 철로 근처에 와 있었어요. 몸을 굽혀 아이들을 가까이 끌어당겼죠. 아이들과 함께 기차 앞으로 몸을 던지려는데, 갑자기 어린 딸이 내 앞에 털썩 쓰러지더니 울면서 이렇게 말했어요. '엄마, 사랑해요! 여기 너무 추워요, 우리 어서 집으로 가요!' 아아, 신이시여! 딸 목소리를 들으니 정신이 번쩍 들었습니다. 바로 아이들을 전부 챙겨서 춥고 휑한 방으로 돌아왔죠. 그리고 무릎을 꿇고 기도를 올리며 가슴이 미어터질 만큼 울었어요."

그때까지 사실상 에르네슈티네 슈만하잉크가 살면서 했던 모든 것은 헛수고로 끝났었다. 결혼이든 경력이든 모두 실패했었다. 하지만 자살 시도를 하고 몇 년 뒤에는 베를린의 로열 오페라 하우스와 런던의 코번트 가든, 뉴욕의 메트로폴리탄이 모두 그녀를 무대에 올리려고 경쟁했다. 오랜 세월 노예처럼 일하고 굶주렸지만, 세상 일이 그러하듯이 성공은 예기치 않게 눈부신 섬광처럼 찾아왔다.

슈만하잉크의 아버지는 오스트리아 장교였다. 봉급은 쥐꼬리만 한데 가족은 많았다. 에르네슈티네는 이미 어린 시절에 배고픔의 고통이 무엇인지 알았다. 먹고 싶었던 호밀 흑빵을 받을 수 있다면 그저 감사했다. 버터는 들어본 적도 없는 호사품이었다. 어머니는 수프에서 걷어낸 기름을 버터 대신 사용했다. 그것도 걷어낼 기름이 있을 경우에나 가능한 이야기였다. 학교에 가져가는 점심 도시락은 메마른 흑빵과 커피가 전부였다. 밤에도 메마른 흑빵과 수프만 먹었다. 배가 고팠던 슈만하잉크는 수업 시간에 몰래 빠져나가 도시 외곽의 작은 서커스용 동물 사육소에서 원숭이 우리를 청소해주고 샌드위치 몇 개를 받아 먹기도 했다.

몇 년이 지난 뒤 마침내 유명한 비엔나의 임페리얼 오페라 컴퍼니의 감독 앞에서 노래 부를 수 있는 기회를 얻었다. 노래를 들은 감독은 외모도 좋지 않고 개성도 없어 절대 가수가 될 수 없으니, 집으로 돌아가 재봉틀을 사서 옷이나 만들라고 악담 퍼부었다. "오페라 가수? 아서라, 절대, 절대, 절대 안 돼!"

세월이 흐르고 그녀가 세계적으로 유명해진 뒤 비엔나의 임페리얼 오페라 하우스에서 노래를 부를 기회가 생겼다. 그때 바로 그 감독이 공연을 축하하면서 이렇게 말했다. "그런데 왠지 모르게 얼굴이 익숙한데요. 제가 어디서 본 적이 있을까요?"

"하!" 슈만하잉크가 말했다. "그래서 내가 이렇게 말했죠! '네, 어디서 봤겠어요? 바로 여기서 보지 않았나요? 기억나세요?' 그리고 바로 재봉틀 이야기를 했죠. 정말 통쾌했어요!"

인생경영 포인트

결혼과 경력이 모두 파탄 난 상태에서 에르네슈티네는 아이들을 데리고 철로에 가서 자살하려다가 마음을 고쳐먹었다. 그녀가 성공의 비결을 사랑이라고 한 말을 곱씹어보면, 죽으려고 하다가 어린 딸에 대한 사랑이 되살아나 자살을 포기한 것도 그 연장선상에 있지 않나 싶다. 그녀의 쓰디쓴 인생 경험은 직업에도 큰 영감을 주었다. 고생스러운 삶으로 얻은 이해심, 공감, 동정, 연민의 감정 등이 목소리에 신비하게 스며들어가 아주 독특한 음색을 만들어낸 것이다.

세상은 이런 모순과 역설이 가득하다. 아파보지 않은 사람이 어떻게 아프지 않은 상태의 고마움을 알겠는가. 배고파보지 않은 사람이 어떻게 먹을 것이 언제나 있는 상태의 행복함을 알겠는가.

『맹자』고자告子 편에 이런 말이 나온다. "하늘이 어떤 사람에게 대임을 내리려고 할 때는 반드시 그 사람의 심지를 괴롭히고, 그 근골을 수고케 하고, 그 체부를 굶주리게 하고, 그 몸을 궁핍케 하여 무슨 일을 하든 매사에 실패를 보게끔 한다. 그런 식으로 온갖 시련을 내려 더욱더 마음에 품은 뜻을 굳건하게 한다." 에르네슈티네는 모든 시련을 하늘의 뜻이라고 생각하고 그것을 견뎌내 성공한 인물이다.

모험하지 않는 인생은
썩은 웅덩이와 같다

—— 맬컴 캠벨 ——

앞서 에디 리켄배커(42쪽 참고)에 관한 글을 쓰다 보니 맬컴 캠벨Malcolm Campbell이 머릿속에 떠올랐다. 나는 어느 날 밤 만찬에서 이 조용하고 목소리가 나긋한 두 남자 사이에 앉게 되었다. 두 사람은 외관은 침착해 보였지만 내면은 높은 속도에 대한 열망으로 온몸이 근질근질했다.

리켄배커는 돈이 필요해 카레이싱이라는 위험한 세계에 입문했다. 하지만 캠벨은? 캠벨은 더 이상 돈을 벌 필요가 없을 정도로 상당히 부유한 사람이다. 그러면 무엇 때문에 카레이싱에 입문했나? 명성? 영광? 그는 둘 다 아니라고 했다. 그저 재미있어서 시작했다는 것이다!

이어 나는 에디 리켄배커에게 고개를 돌려 맬컴이 혜성에 거의 맞먹는 속도로 빠르게 경주로를 달리는 모습을 보는 것이 즐거운지 물었다. 그러자 2백 번 이상 카레이싱을 경험한 베테랑 카레이서 에디는 이렇게 말하며 내 정신을 번쩍 들게 했다. "맬컴 경이 경주하는 걸 본 적은 없습니다. 그럴 생각도 없어요. 그렇지만 내 생각에 그분이 경주할 때마다 죽을 확률은 5분의 4 정도 될 겁니다!"

당시 맬컴 캠벨만큼 지구 표면 위를 빠르게 달려간 사람은 없었다. 한 시간에 480킬로미터, 분당 8킬로미터 그러니까 뉴욕에서 샌프란시스코를 10시간 만에 주파한 것이다! 물론 한 시간에 320킬로미터 이상으로 달렸던 사람은 네 사람 더 있었다. 시그레이브Henry Segrave, 록하트Frank Stallworth Lockhart, 키치Charles Raymond Keech 그리고 바이블Lee Bible인데 모두 명예로운 죽음을 맞이했다. 캠벨만이 유일하게 살아 있는 사람이다.

그는 운명론자다. 절대 걱정하지 않는다. 절대 불안해하지 않는다. 자동차 경주가 끝나면 그는 마치 사무실에서 집으로 차를 몰고 온 사람처럼 평온하게 차에서 내린다.

캠벨은 열여섯 살에 아버지에게 자전거 경주자가 되고 싶다고 말했다. 아버지는 어안이 벙벙해져 즉시 아들을 런던의 유명한 보험 회사인 로이즈에 사무원으로 취직시켰다. 맬컴은 그 사무실에서 2년 동안 일했지만 돈은 한 푼도 받지 못했다. 3년 차가 되자 소액의 봉급을 받았을 뿐이다. 그래도 열심히 회사생활을 했고 그렇게 해서 그는 오늘날 세계적으로 유명한 회사의 임원이 되었다.

겨우 열아홉 살에 그는 명예훼손 대비 보험을 영국의 신문사에 판매하겠다는 아이디어를 떠올렸다. 영국에서 명예훼손법은 미국보다훨씬 더 엄격했다. 캠벨은 사실상 모든 영국 신문사들이 관련 보험에 들게 만들었다.

스물한 살이 되자 그는 일을 하지 않아도 될 정도로 부유해졌다. 그는 즉시 오토바이와 자동차를 사서 경주에 참가하기 시작했고, 최고 속도 기록을 갱신하려고 25만 달러가 넘는 돈을 썼다.

저돌적인 죽음의 질주를 하기에 적합한 경주로를 찾아 수천 킬로미터를 여행하기도 했다. 덴마크, 사하라 사막, 남아프리카, 플로리다 같은 곳에 갔다. 하지만 세상에서 가장 훌륭한 경주로는 유타에 있다고 말했다. 유타에 있는 10만 년도 더 전에 말라붙은 호수의 소금 바닥은 얼음처럼 단단하고 매끈하다는 것이다.

한번은 이런 일도 있었다. 덴마크에서 경주 시합을 벌이는 중 시간당 225킬로미터로 계속 달리다가 앞쪽 타이어 하나가 빠졌다. 타이어는 곧장 경주로 근처에서 있던 군중에게 튀어 올랐고 안타깝게도 어린아이가 충격으로 목숨을 잃었다. 이어 군중을 뛰어넘은 타이어는 아찔하게 1.6킬로미터를 더 날아가더니 마침내 힘이 빠져 멈추어 섰다.

맬컴은 제1차 세계대전 중에 가장 큰 스릴을 느꼈다고 했다. 당시 비행사로 근무했는데, 영국 해협을 건너 서부 전선으로 향해야 했다. 이전에 단 한번도 가본 적 없는 곳으로 비행기를 몰아야 했고 전혀 모르는 현장에 착륙시켜야 했다. 때로 구름을 헤치고 나와 그를 향해 달려들며 기관총을 퍼붓는 독일 전투기를 피해야 하기도 했다. 그럼에도 불구하고 거의 4년 동안 비행 업무를 계속 해냈으며 상처 하나 입지 않았다!

캠벨의 인생에서 가장 큰 모험은 코코스 제도에서 숨겨진 보물을 찾아 나섰던 일이다. 그는 이 모험에 대해 무척 흥미로운 책을 쓰기도 했다. 숨겨진 해적의 보물! 코코스 제도는 세상에서 가장 음울한 곳 중 하나다. 그곳에는 민가가 전혀 없으며 백인들은 아예 살지 않는다. 원주민은 한때 세련된 잉카인이었지만 지금은 타락해버렸다. 그들은 낮에는 산 속에 숨었다가 밤이 되면 은밀하게 물가까지 내려온다. 그들은 해변의 가장자리에 있는 푸른 야자나무의 그늘보다 더 조용하게 움직인다. 백인들의 눈은 그들을 먼저 알아챌 만큼 빠르지 않았다. 그 섬에는 거미, 참게, 지네 그리고 개미 등이 바위와 모래 위에서 득실거렸다. 공기 중에는 파리와 모기가 들끓었다. 상어는 주변 해역에서 물

위에 솟구쳤다가 다시 물속으로 들어가며 미친 듯이 날뛰었다.

맬컴 캠벨은 보물을 찾으려면 먼저 작은 개울을 따라 올라가서 금이 간 커다란 바위를 찾아야 했다. 그 바위의 틈새에다 쇠지렛대를 넣어 흔들어대면 문이 열리는 것처럼 바위가 갈라질지도 몰랐다. 그럼 그의 앞엔 해적이 숨긴 황금과 눈부신 보석이 무수히 쏟아져 나올 것이다. 그것을 알라딘의 보물이라고 칭할 예정이었다.

캠벨은 찾아낼 수 있는 모든 작은 개울을 전부 따라갔다. 심지어 말라붙은 몇몇 시냇물을 따라가기도 했다. 문자 그대로 태초의 신비를 간직한 정글을 헤치고 연달아 바위를 깨뜨렸다. 하지만 모두 헛된 일이었다.

어느 날 그는 피부를 찌르는 풀과 수북한 덤불을 자르고 헤치며 나아가는 중에 바람이 북쪽으로 부는 것을 알아챘다. 정확히 그가 나아가고자 하는 방향이었다. 그와 동료들은 앞에 들불을 놓아 진로를 내기로 했다. 성냥에 불을 붙이자 즉시 나무에 불이 붙어 탁탁 소리를 내며 부러졌다. 5분 만에 정글은 맹렬히 타오르는 용광로가 되었다!

불길이 사방으로 퍼지는 것을 보고 갑자기 겁이 덜컥 났다. 불은 앞으로만 번지는 것이 아니라 그들을 향해서도 맹렬하게 달려들었다. 산 채로 통닭구이가 될 위험에 빠진 캠벨과 동료들은 끔찍한 죽음을 피하려고 허둥지둥 정신없이 정글을 헤치며 해변 쪽으로 달렸다.

마침내 온몸에 그을음을 잔뜩 묻히고 머리카락을 불에 그슬린 채로 숨을 헐떡이며 해변으로 내려와 모래사장 위에 몸을 던졌다. 정글 몇십만 제곱미터가 불탔고 새빨갛게 불길이 타오르며 하늘까지 붉게 밝혔다. 주변이 점점 뜨거워져서 식인 상어가 기다리는 바다로 들어가야 할지 말지 고민했다. 하지만 해변의 야자나무는 무척 푸르렀고 습기를 많이 머금어 불에 타지 않았기에 그들은 겨우 목숨을 건졌다.

해적의 황금을 찾으며 애태우는 3주를 보낸 뒤 맬컴 캠벨이 얻은 것이라고는 부르터서 피가 나는 두 발, 깨진 손톱 그리고 등에 생긴 물집뿐이었다. 부유한 영국인이라기보다는 죄인처럼 보였다. 지치고, 낙담하고, 열이 나던 그는 고향으로 돌아가고 싶은 생각이 간절했었다.

그는 여전히 언젠가 다시 코코스 제도로 가서 그곳에 있는 보물을 반드시 찾아내고야 말겠다고 내게 말했다. "아시잖습니까, 제가 모험이 있는 곳이라면 세상 반 바퀴를 돌아가길 마다하지 않는다는 걸."

인생경영 포인트

호메로스는 『일리아스』와 『오디세이아』라는 두 장편 서사시에서 인간은 싸움을 걸고, 모험을 하기 위해 이 지상에 왔다고 말했다. 그러니까 인간의 본성에는 싸움과 모험이 유전자처럼 새겨져 있다는 것이다. 싸움이란 도전에 대한 응전을 의미하고 모험이란 익숙한 것과 결별해 새로운 것을 알아보려고 나서는 호기심을 말한다.

카레이서 맬컴 캠벨(1885~1948)은 먼저 죽음을 상대로 싸움을 걸었고 그다음 제1차 세계대전이 터지자 비행사가 되어 독일 공군의 적기를 상대로 싸웠다. 평소 죽음을 두려워하지 않았기에 어떤 위험한 비행 업무도 마다하지 않았고, 그럼에도 가벼운 부상 하나 당하지 않고 제대했다. 죽기를 각오하면 오히려 살아난다는 교훈을 몸소 보여준 것이다. 죽음은 정말로 용감한 사람을 두려워한다는 말이 있는데 맬컴 캠벨이 그런 경우였다.

전쟁이 끝나고 평화가 찾아왔을 때도 캠벨은 다시 모험에 나섰다. 멀리 떨어진 코코스 섬에 파묻혀 있다는 해적들의 보물을 찾으러 떠났다. 이미 보험 회사의 이사로 봉직해 돈을 많이 벌었으므로 돈 때문에 보물 수색 작업에 나선 것은 아니었다. 무엇인가 지금까지 알려지지 않은 것을 발견했을 때의 쾌감과 즐거움 때문에 위험도 마다하지 않고 코코스 섬으로 갔다. 그러나 고생만 막심하게 했을 뿐 결과는 아무것도 없었다. 그럼에도 불구하고 그는 기회만 된다면 또다시 그 섬에서 가서 보물을 찾는 일에 도전해볼 마음을 갖고 있다.

인간은 살아 있는 동안 싸움과 모험을 피할 수 없다. 그것을 피한다면 인생의 흥분과 짜릿함을 느낄 수 없음은 물론이고 인생이 고요하게 정체되어 결국에는 썩을 수밖에 없는 물웅덩이가 되고 말 것이다.

인생의 우연을 어떻게 받아들일 것인가?

―――――― 칙 세일 ――――――

역사상 어떤 책으로 단어 하나당 거의 50달러를 벌어들인 저자는 딱한 명뿐이다. 바로 『전문가*The Specialist*』를 쓴 칙 세일Chic Sale이다. 『전문가』는 칙 세일의 첫 책이고 워낙 자신이 없어 초판으로 고작 2천 부만 찍었다. 처음에는 반응이 뜨겁지 않아서 다 팔릴 때까지 6주가 걸렸다. 그러다 갑자기 책은 유행을 타고 솔숲에서 맹렬하게 타오르는 불길처럼 미국 전역으로 번졌다. 결국 그 책은 중국을 주제로 한 펄 벅의 장편소설 『대지』보다도 더 많은 판매량을 기록했다!

『대지』보다 많이 팔린 책을 쓴 저자는 당연히 그 책을 자랑스러워한다고 생각할 것이다. 하지만 칙 세일은 그렇지 않았다. 그는 『전문가』를 쓴 것을 후회했다. 수많은 사람이 그 책의 유머를 오해했기 때문이다. 그래도 칙 세일은 그 책이 거둔 성공은 자랑스러워했다. 그는 자기가 듣는 데서 사람들이 그 책에 대해 말하면 당혹스러워 아무도 언급하지 않으려 했다. 특히 그들이 책 속의 유머를 천박하다고 하면 더욱 말하기를 꺼렸다. 한 번은 그의 딸이 책이 가족 전체를 망신시켰다고 말하며 엉엉 운 적도 있었다.

칙 세일은 우연한 기회로 작가가 되었다. 사실 그는 배우였고 그것도 가장 뛰어난 성격파 배우였다. 작가가 된 것과 마찬가지로 배우도 우연한 기회에 되었다. 오래 전 그는 일리노이주 어배나의 철도 상점에서 일하는 정비공이었다. 그의 누나는 무대를 향한 열망을 품고 시카고로 가서 연극 학교에 다니고 있었다. 크리스마스에 집으로 돌아온 누나는 교회 연극에서 시골 사람을 연기했다. 누나가 공연을 마치자 칙은 이렇게 말했다. "학교에서 배우지 않아도 그 정도는 나도 하겠는데." 그렇게 자신 있으면 한번 해보라는 소리에 그는 마루 중앙으로 나와 어배나 지역의 전신 기사를 흉내 냈다. 몇 분 만에 그곳 사람들은 거의 웃다가 의자에서 쓰러질 지경이었다.

그리고 그다음 주에 한 극단이 공연을 하기 위해 어배나를 찾아왔다. 극단에는 공연과 공연 사이 관중을 즐겁게 하는 코미디언이 있었는데 갑자기 병에 걸렸다고 했다. 칙 세일은 이 소식을 듣자마자 그자리에 지원했다.

쇼의 매니저는 처음에는 회의적인 태도로 나왔다. 하지만 칙이 맛보기 연기를 해보이자 그 주에 바로 일해달라고 했고 10달러를 봉급으로 주었다. 이 경험이 칙의 인생을 완전히 바꾸었다.

각광! 화려함! 5백 명의 웃음소리! 관중의 갈채! 이것을 경험한 후에는 힘이 쎄다고 알려진 미주리 노새나 통나무를 끄는 육중한 사슬이 아무리 그를 잡아당긴다고 해도 다시는 기계 공장으로 돌아갈 수 없었다.

접었다 폈다 할 수 있는 낡은 여행 가방을 들고 시카고로 황급히 가서 무대에서 일자리를 얻었다. 그리고 싸구려 하숙집 방 안에서 연습에 연습을 거듭했다. 노인의 모습을 연기하려면 구레나룻이 필요했지만 어디서 소품을 사야 할지 몰랐다. 할 수 없이 침대 매트리스를 채우는 말총을 빼내 직접 구레나룻을 만들었고, 연극용 소품을 취급하는 상인에게 진짜 구레나룻을 사기 전까지 무려 8개월 동안 이 매트리스 구레나룻을 썼다.

봉급이 무척 적었기에 한 푼 한 푼이 소중했다. 칙 세일은 너무 많이 먹지 않기 위해 싸구려 사탕을 사서 저녁 전에 잠깐 빨아먹었다. 대부분의 경우 그것만으로도 식욕을 어느 정도 잠재울 수 있었다. 그렇게 굶기를 밥 먹듯이 하다가 결국 위장이 상했다. 어쩌면 그런 싸구려 사탕이 범인일 수도 있다.

성공한 뒤에는 수백 달러를 써서 수술을 받았고 가는 곳마다 개인 요리사를 대동했다. 위가 망가져서 호텔 요리는 먹을 수 없었기 때문이다. 또한 강철로 된 트렁크도 함께 갖고 다녔는데 그것은 일종의 서류 정리함으로 그 안에는 수천 가지의 농담 자료가 들어 있었다! 그는 세상에서 가장 많은 농담을 알고 있었지만, 사적인 대화에서는 단 한 번도 농담을 하지 않았다.

브로드웨이에서 여섯 편의 코미디 뮤지컬에 출연했지만 정작 칙 세일은 노래와 춤을 전혀 하지 못했다. 또한 미국 내에서 '호른 연주자'로 알려져 있지만 실제로는 호른을 연주하지 못했다. 프랑스 파리를 주제로 한 여러 쇼에서 공연하며 5만 달러를 벌어들였지만 정작 파리에 가본 적은 없었다.

또한 같은 신발 한 켤레로 무대에서 무려 16년을 버텼다. 처음 노인을 연기할 때 신었던 그 신발이 행운을 가져온다고 믿었기에 다른 신발은 신지 않고 그 신발만 계속 수선해 신었다.

한편 보드빌 공연*을 하던 중에 그는 몬태나주 미줄라 출신의 여인과 사랑에 빠졌다. 그녀는 달빛과 활짝 핀 재스민의 아우라를 동시에 지닌 매혹적인 여인이었다. 극장에서 1천 명의 관중을 앞에 두고 연기할 때도 전혀 겁먹지 않는 그였지만, 청혼하려고 할 때는 얼굴을 붉힌 채로 말을 더듬으며 아주 비참한 기분을 느꼈다. 할 수 없이 몸 컨디션이 좋지 않다고 말하고 도망치듯 그 자리를 떠나 호텔 방으로 갔다. 호텔 객실로 들어가 전화로 청혼했고 다행히 그녀는 청혼을 받아들였다. 그들은 결혼해 네 명의 자식을 두었다.

그리고 『전문가』로 엄청난 돈을 번 뒤 칙 세일은 한 권의 책을 더 썼다. 『옥수수 껍데기 벗기는 사람이 영화관을 강타하다*The Corn Husker Crashes the Movies*』라는 책이었는데, 안타깝게도 이 책은 독자의 반응이 시원치 않아서 인쇄비도 건지지 못했다!

인생경영 포인트

칙 세일(1885~1936)의 인생에서 주목할 점은 그의 인생이 수많은 우연에 의해 좌우되었다는 점이다. 정비공이었던 그가 연극배우였던 누나의 무대에서 우연히 우스꽝스러운 연기를 선보였는데 관객들이 크게 호응했다. 마침 뒤이어서 마을에 들어온 어느 극단에 배우한 명이 아파서 참석할 수 없다는 소식이 들렸고, 칙 세일은 바로 그 자리에 지원해 꿰찼다. 관객의 웃음소리, 자신을 향한 시선, 무대의 화려함에 매료된 그는 다시는 공장으로 돌아가지 않고 배우

---

* 18910년대 중반에서 1930년대 초에 미국에서 흥행한 버라이어티쇼의 일종.

일에 매진했다. 이 뿐만 아니라 그에게 거액을 벌게 해준 농담 모음 집 『전문가』를 쓴 계기도 우연에 의한 것이었다.

인생은 우연의 연속이다. 계획한 대로 착착 진행되는 인생도 의미 있는 삶이겠지만, 우연한 기회에 새로운 나를 발견하는 일도 즐거운 일이다. 우연 속에서 적성, 흥미, 기회를 발견하려면 일단 무엇이든 해보는 것이 중요하다. 시도해보지 않으면 그런 우연조차 일어나지 않을 테니 말이다. 적극적이고 포용적인 자세로 인생을 대하는 것이 중요한 이유다.

작은 가능성을 알아보는 힘

―――― 해럴드 로이드 ――――

해럴드 로이드Harold Lloyd를 처음 보았을 때 나는 엄청난 충격을 받았다. 아마 스크린 밖에서 우연히 만났더라면 결코 알아보지 못했을 것이다. 하지만 알아보지 못하는 문제라면 다른 사람들도 다 마찬가지라고 그는 말했다. 예를 들어 한번은 그가 안경을 쓴 친구와 함께 파티에 참석한 적이 있다(로이드는 촬영하지 않을 때 절대 안경을 쓰지 않는다). 안경 쓴 친구는 로이드와 전혀 닮지 않았지만 모두가 뿔테 안경을 쓴 친구를 두고 해럴드 로이드가 틀림없다고 생각했다. 로이드의 친구는 계속 "저는 해럴드 로이드가 아닙니다. 이 친구가 해럴드 로이드예요"라고 말했지만 손님들은 그가 농담을 한다고 여겼다.

나는 늘 해럴드 로이드가 조용하고 학구적이라고 생각했지만 실제로는 전혀 그렇지 않다. 그와 이야기를 나누는 몇 시간 동안 그는 계속 웃었으며 신이 나서 흥분을 주체하지 못했다. 버릇이 없었냐고? 전혀 그렇지 않다. 그는 진지하고 서민적이었다.

해럴드 로이드는 미신을 믿는 행동을 경멸했다. 그런 행동은 무지와 암흑의 중세 시대를 연상시킨다고 말했다. 하지만 자기도 미신적 행동을 몇 가지 하고 있다고 털어놓기도 했다. 예를 들어 그는 로스앤젤레스의 특정 터널에는 들어가지 않으려 했다. 그곳에만 들어가면 재수가 없다고 생각했기 때문이다. 또 늘 들어왔던 문을 통해 다시 건물을 나오려 하고, 종종 행운을 가져온다는 돈을 손바닥에 말아서 쥐고 다녔다.

최근 몰두하는 취미는 풍경화를 그리는 것이다. 속임수와 카드 마술로 친구들을 혼란스럽게 하는 것도 즐긴다. 또한 개도 기른다. 한때 70마리의 그레이트 데인*이 그의 집 이곳저곳을 뛰어다니며 짖어대기도 했다.

해럴드 로이드는 열두 살 때 벌어졌던 한 가지 사소한 일을 내게 말했다. 당시는 사소한 것처럼 보였지만 그 일로 그의 인생이 통째로 변했다. 어느 날 네브라스카주 오마하에서 하교하는 중에 길거리 모퉁이에서 그는 다채로운 차트판에 둘러싸인 채 서 있는 어떤 점술가를 보게 되었다. 점술가는 별자리만으로 사람의 운수를 알 수 있다고 말했다. 소년 해럴드는 흥분되어 눈이 휘둥그레졌다. 그때 갑자기 소방차가 옆을 지나갔고 다른 소년들은 모두 그 뒤를 따라 달렸다. 하지만 해럴드는 따라 가지 않았고 계속 점술가의 말을 들었다. 그 나이대의 소년치고는 기이한 일이었고, 군중 속에 있던 어떤 사람은 그런 점을 눈치 채고 그 소년을 눈여겨보았다. 그 사람은 오마하의 버우드 레퍼토리 극단에서 주연 배우를 맡고 있던 존 레인 코너였다.

코너는 로이드에게 다가가서 친해진 뒤에 배우가 하숙할 만한 근사한 곳을 아는지 물었다. 해럴드는 그 기회를 놓치지 않고 꽉 잡았다.

---

* '커다란 덴마크의 개'라는 뜻이지만 진짜 원산은 독일인 사냥개.

존 설리번과 버펄로 빌이 그의 집에 하숙하고 싶어 한다고 상상하니 그보다 더 흥분될 수는 없었다. 오랫동안 로이드는 언젠가 배우가 되길 꿈꾸고 갈망해왔다.

그는 집 지하에 무대를 만들고 유치한 극본을 써서 이웃 아이들에게 입장료로 3센트를 받아 연기하곤 했다. 그런 그가 이제 진짜 배우와 하루에 세 번은 식탁을 마주하고 쳐다볼 수 있게 되었다. 코너는 오마하의 지역 레퍼토리 극단에서 소년 역을 연기할 배우가 필요하면 적극적으로 주선해 로이드가 연기를 시작하도록 도왔다. 해럴드는 어린 시절 코너의 친절한 주선을 절대 잊지 않았다. 그래서 지금 할리우드에서 코너를 고용해 팬레터를 처리하는 일을 맡기고 있다.

해럴드의 어머니는 재봉사였고 아버지는 재봉틀을 팔았다. 어느 날 아버지는 자동차 사고를 당해 허리를 다쳤고 보험사는 3천 5백 달러를 지급했다. 아버지는 그 거금을 들고 중서부를 떠나 다른 곳에서 자신의 행운을 시험하기로 했다. 하지만 어디로 가야 하나? 그의 가족은 캘리포니아와 뉴욕 중 어디로 갈지 의견이 크게 엇갈렸다. 마침내 아버지가 말했다. "동전을 던져보자. 앞면이 나오면 캘리포니아로 가는 거야. 뒷면이 나오면 뉴욕." 동전의 앞면이 나왔고 가족은 캘리포니아의 샌디에이고로 이사했다.

해럴드는 그곳의 극장에서 잡일을 했다. 그러다 마침내 영화에서 엑스트라로 연기할 기회를 얻었다. 카메라 앞에 처음 섰을 때 그는 인디언처럼 분장했다. 하는 연기라곤 음식이 담긴 식판을 백인들에게 넘겨주는 것뿐이었다. 당시 그는 영화가 성공할 것이라고 생각하지 않았고, 나머지 스태프들도 마찬가지였다. 결국 영화는 실패했고 그는 돈이 부족해져서 텐트에서 살아야 했다. 마지막 남은 동전 한 개를 쓰면 완전히 굶주릴 지경에 이르렀다. 마지막 5센트를 써서 가루 설탕을

친 기름투성이 도넛 여섯 개를 샀다.

할 수만 있다면 영화계에서 정기적인 일자리를 얻고 싶었다. 날마다 캐스팅 사무소에 전화를 걸었고 날마다 거절당했다. 그는 절박했다. 영화사 건물 안으로 들어가야 했다. 그럴려면 반드시 수위를 지나쳐야 했는데, 정오가 되면 유니버설 촬영장에서 모든 배우가 나와 길 건너 간이식당으로 간다는 사실을 그는 알아챘다. 또한 배우들이 얼굴에 분장을 하고 돌아올 때는 수위가 무사 통과시켜 준다는 것을 발견했다. 다음 날 해럴드는 분장을 하고 정오에 광고판 뒤에 숨었다가 배우 무리에 섞여서 무사히 촬영장으로 들어갔다.

일자리도 없었으면서 해럴드는 촬영장 안에서 다른 배우들과 잘 어울렸다. 그들은 해럴드를 좋아했고 심지어 분장실 창문으로 그를 들여보내주기도 해서 굳이 수위와 씨름할 할 필요도 더 이상 없었다.

촬영장에는 핼 로치Harold Eugene "Hal" Roach라는 잔뼈 굵은 배우도 있었다. 어느 날 핼 로치는 고모가 돌아가시면서 약간의 돈을 남겼는데 이것으로 희극 영화를 하나 찍을 생각이라며 해럴드에게 함께하자고 제안했다. 해럴드는 함께 단편 희극 영화를 만들었고, 우스꽝스러운 바지를 입고 찰리 채플린을 흉내 냈다.

그리고 어느 날 순전히 우연에 의해 행운이나 마찬가지인 아이디어를 떠올렸다. 당시 그는 지쳐 있었고 자기도 모르게 극장에 들어갔는데, 밀짚모자와 뿔테 안경을 쓰고 설교자 역할을 연기하는 배우를 본 것이다. 우습게 보이려고 한 것은 아니었겠지만 이 배우는 진짜로 우스꽝스러웠다. 로이드는 거기서 영감을 얻어 뿔테 안경을 트레이드마크로 삼고, 그때부터 자기를 최고의 스타로 만들어준 배역을 연기했다.

해럴드 로이드에 대해 가장 재미있는 점은 스무 살이 될 때까지 스스로 재미있는 사람이라는 것을 전혀 몰랐다는 사실이다. 그전까지는 셰익스피어 드라마의 대사를 자주 암송하곤 했다. 처음 영화를 만들기 시작했을 때는 연출자들에게 희극인 재목이 아니며 절대 희극인으로 성공할 수 없으니 영화계를 떠나 다른 곳에서 돈벌이를 하라는 충고를 듣기도 했다. 하지만 그는 계속 꿋꿋하게 버텼고 이제 세상에서 가장 부유한 희극 배우 중 하나가 되었다.

인생경영 포인트

해럴드 로이드(1893~1971)는 1920년대와 1930년대의 유명한 희극 배우로 뿔테 안경은 그의 트레이드마크였다. 일본의 유명한 소설가 다자이 오사무(1909~1948)도 『인간실격』이라는 장편소설에서 자신이 어린 시절 해럴드 로이드 안경을 쓰고서 주위 사람들을 웃긴 일화를 언급하고 있다. 이런 것을 보면 로이드는 먼 나라 일본에까지 알려질 정도로 세계적인 배우였다.

로이드는 어린 시절부터 배우가 되고 싶다는 명확한 뜻이 있었다. 그랬기에 우연히 존 레인 코너라는 배우가 건넨 기회를 잡을 수 있었다. 기회를 잡는 준비는 어떻게 해야 할까? 이를테면 이렇다. 영국과 미국의 유명 인사들은 어릴 때부터 셰익스피어의 소설을 보고 그 대사를 줄줄 외웠다. 당장은 필요 없어 보이는 일이었지만, 후일 그들이 중요한 자리에 있을 때 셰익스피어의 대사는 상대와의 공감대를 만들어주었다. 그것이 성공 기회를 확장시켜주었음은 물론이다. 배우 존 레인 코너를 알아보고 자기 집에 들여 하숙을 하게 한 해럴드 로이드처럼 당장은 내게 득이 될 일이 없어 보이지만 작은 가능성을 놓치지 않는 것, 그것이 바로 기회를 잡는 힘이다.

인생에 절대 비겁하지 말라

──── 프랜시스 예이츠 브라운 ────

대략 10년 전 어느 날 오후, 프랜시스 예이츠 브라운Francis Yeats Brown이라는 호리호리하고 진지한 얼굴의 젊은 영국인이 포리스트힐스에 있는 나의 집을 찾아와 벽난로 앞에 앉아서 대화를 나누었다. 그는 동양의 신비롭고 전설적인 땅에서 겪은 모험 이야기를 들려주며 몇 시간 동안 넋을 잃게 만들었다. 당시 그는 서른아홉이었다. 열아홉 이래로 수많은 전장에서 죽음을 보아왔으니 모험 가득한 생활을 20년이나 해온 것이다.

예이츠 브라운은 바그다드와 콘스탄티노플에서는 전쟁 포로로 심한 고생을 겪었다. 메소포타미아의 맹렬하게 뜨거운 사막 모래에서는 튀르키예인과 싸웠고, 플랑드르의 진창 벌판에서는 독일군과 싸웠다. 『피비린내 나는 시절The Bloody Years』이라는 책을 펴내기도 했지만 나는 그를 아라비아의 로런스처럼 싸움보다 시와 철학에 더 관심 있는, 목소리가 조용하고 부드러운 영국 신사라고 생각했다.

그는 20년 군인 생활을 했는데도 큰돈이 없었고, 자신의 미래가 어떻게 펼쳐질지 전혀 몰랐다. 크게 걱정하는 것 같지도 않았다. 그는 동양에 건너가 평온과 명상을 강조하는 동양 철학을 배웠고 신비주의와 요가의 사도가 되었다. 성자들 밑에서 공부했고 베단타 철학*의 비밀을 쫓았다.

평범한 사람들과는 다른 삶이었다. 39년 동안 무척 다양한 삶을 살았다. 그날 오후 그가 내게 말해준 수많은 일들―정신없이 바쁘게 살아온 삶의 경력―을 나중에 책으로 펴냈는데 책 제목은 『벵골 창기병의 삶*The Lives of a Bengal Lancer*』이었다. 그 책은 1930년의 화제작으로 큰 성공을 거두었다. 또한 사람들을 매혹시키는 할리우드 영화로도 제작되었다. 하지만 전기에 토대를 둔 대다수 할리우드 영화들이 그런 것처럼 예이츠 브라운의 믿기 힘든 경력을 온전히 묘사한 것은 아니었다.

프랜시스 예이츠 브라운이 왕립 벵골 창기병단의 푸른색과 황금색의 근사한 제복과 터번형 모자를 입었을 때는 고작 열아홉 살이었다. 벵골 창기병단은 대영제국 산하의 자긍심 넘치고 위풍당당한 기병대였으며, 선별된 집단으로 인도에 주재하는 영국군의 정예 연대였다. 그들의 봉급은 매달 10달러로 거의 없는 것이나 마찬가지였다. 게다가 말과 장비도 스스로 갖추어야 했다. 하지만 이 대담한 영국 청년들은 인도에 금전적 이득을 보자고 간 것이 아니었기에 기꺼이 복무했다. 그들은 청운의 뜻을 품고 영광을 얻기 위해 그곳에 갔고, 일찍이 키치너와 찰스 고든 그리고 프랜시스 드레이크 경과 월터 롤리 경을 세상 끝까지 데려간, 모험 정신으로 충만했다.

그들은 매일 새벽 5시에 일어나 총대가 더는 쥘 수 없을 정도로 태

---

* 베다는 베다 시대 브라만교 및 힌두교의 경전으로, 베단타는 '베다의 끝(지식의 끝)'이라는 뜻이다. 베다 철학의 최고봉으로 알려진 『우파니샤드』를 가리켜 베단타라고도 한다.

양이 뜨거워질 때까지 몇 시간 동안 훈련을 반복했다. 온도계가 그늘에서도 38도를 가리키는 날씨였지만 폴로 경기장에서 맹렬하게 움직이며 운동하는 것이 취미였다. 물론 더위를 견디지 못해 일사병으로 쓰러지거나 말라리아에 걸려 괴로움을 겪기도 했다.

예이츠 브라운은 인도 전역에서 가장 위험하면서도 짜릿한 스포츠는 '돼지 찌르기'라고 말했다. 관목이 우거진 숲과 고르지 않은 바위가 즐비한 지역에서 끝에 창이 붙어 있는 대나무 막대만 들고 멧돼지를 사냥하는 스포츠였다. 세상에서 상처 입은 멧돼지만큼 포악한 동물은 없다. 분노로 발끈한 140킬로그램의 짐승은 여우만큼 교활하고, 사자만큼 용맹하며, 기병대의 말만큼 재빨랐다. 어떤 이가 극도로 날카로운 엄니의 공격 범위 안에 들어간다면 거의 죽는다고 보아야 했다.

나는 예이츠 브라운에게 가까스로 죽음에서 벗어난 경험을 들려달라고 청했다. 그는 '돼지 찌르기'를 하러 나간 어느 날 아찔한 일이 벌어졌다고 말했다. 그와 동료들은 관목 사이에서 커다란 멧돼지를 쫓아냈다. 흉포한 돼지는 들판을 가로질러 달렸고, 거대한 엄니는 햇빛을 받아 반짝거렸다. 폴로용 조랑말에 탄 예이츠 브라운은 맹렬히 돼지를 추격했다. 돼지의 등에 창을 꽂았고, 조랑말은 휘청거렸다. 그는 꽥꽥거리는 돼지 비명과 힝힝 하는 말 울음 소리 속에서 말과 돼지와 서로 뒤엉켜 한 덩어리가 되었다. 예이츠 브라운은 공중으로 마구 발을 차대는 말 밑에 깔려 움직일 수가 없었다. 등에 창을 꽂고 있는 돼지는 어떻게든 일어나려고 바르작거렸다. 말은 거친 숨을 몰아쉬었다. 그는 가까스로 멧돼지를 몸에서 떼어내고 일어나 가장 가까운 나무로 전속력으로 달려갔다. 그러고는 나무 위에 걸터앉아 구조대가 나타날 때까지 기다렸다. 이빨이 하나 빠졌고, 엄지손가락을 접질렸으며, 머리부터 발까지 살이 멍들고 찢어졌다. 돼지는 상처를 이겨내지 못하고 죽었다. 이 와중에 조랑말은 동양인 특유의 서두르지 않는 느긋한 태도를 보이며 한가롭게 야금야금 풀을 뜯었다.

예이츠 브라운의 경력에서 가장 기묘했던 에피소드는 그가 여자로 변장한 일이다. 그는 메소포타미아(그가 '메스포트'라고 부르는 곳)에서 튀르키예인과 싸우던 중에 포로로 잡혔었다. 그 후 콘스탄티노플의 벌레가 우글거리는 감방에서 간신히 탈출했지만 도시를 빠져나가지는 못했다. 튀르키예 당국은 그를 찾느라 혈안이 되었다. 그러나 도시의 카페에서 러시아 왕자와 만나곤 했던 독일인 가정교사는 전혀 의심하지 않았다. 러시아 왕자 역시 당국의 감시 대상이었지만, 남녀를 엄격히 구분하는 튀르키예인들은 서양 남녀의 연애 사업에 끼어들 생각은 전혀 없었다. 예이츠 브라운은 챙 넓은 여자 모자를 쓰고, 검은 여우 털을 어깨에 두른 채로, 손에는 머프**를 착용하고 완벽하게 독일인 여자 가정교사처럼 치장했다. 그리고 짧고 빠른 걸음으로 카페로 들어서자 러시아 왕자는 벌떡 일어나 정중하게 모자를 벗으며 인사하고 손에 입을 맞추었다. 튀르키예 형사들은 그 광경을 보고서 한심한 남녀라는 듯 서로 보고 웃으며 어깨를 한번 으쓱했다. 어쨌든 비록 감시를 받는 몸이라 해도 러시아 왕자는 약간의 연애를 즐길 권리를 존중받았던 것이다.

그는 마드모아젤 조세핀으로 변장해서 튀르키예 국외로 나가려다 실패했다. 곧 그는 또 다른 사람으로 변신했다. 하룻밤 사이에 성별과 국적을 바꾸어 군수 공장에서 실직한 헝가리인 정비공이 되었다. 끝을 올린 가는 콧수염에, 중절모를 착용하고 금속테 안경을 썼으며, 얼룩이 묻은 흰 조끼를 입고, 옆에 고무 밴드가 달린 신발을 신었다. 사

** 손을 따뜻하게 하는 원통 모양의 모피 토시

실 삼류 코미디언처럼 보였지만 튀르키예인들은 예이츠 브라운을 진짜 정비공으로 믿었다.

그렇지만 결국에는 튀르키예인들에게 붙잡혀 그는 다시 감옥에 갇혔다. 그래도 포기하지 않았다. 다시 한번 교도소 정원에서 저녁을 먹은 그리스인 무리 중 한 사람으로 위장해 감옥을 탈출했다. 그는 그리스인들이 교도소를 나갈 때 함께 나갔고, 감옥 밖의 거리를 살아 있는 붓다만큼 차분하고 평온하게 걸어갔다.

나는 당시 전쟁에서 보았던 장면 중 가장 끔찍한 광경이 어떤 것인지 물었고 그는 이런 이야기를 들려주었다.

전쟁 포로가 되었을 때 튀르키예인은 그를 포로수용소까지 320킬로미터를 강제로 걸어가게 했는데, 걷는 도중에 그는 주민이 하나도 없는 마을을 보았다고 했다. 튀르키예군이 마을의 아르메니아 사람들을 전부 도살해서 황폐해진 것이었다. 죽음의 침묵은 마을 전체에 내려앉아 있었고 살아 있는 생물이라고는 괴괴한 거리를 주춤주춤 걸어가는 몇 마리 개와 하늘에서 빙빙 도는 솔개들뿐이었다고 했다.

![인생경영 포인트]

모험은 인생에 활력과 영감을 불어넣는 요소다. 모험의 원조는 호메로스의 『오디세이아』에 나오는 오디세우스Odysseus로 그의 모험 정신을 테니슨은 <율리시스>(오디세우스의 영어식 표기)라는 시에서 아름답게 노래한 바 있다. 그러나 오디세우스의 모험을 죽음에의 충동이라고 비하하면서 마치 이브에게 선악과를 따 먹으라고 유혹하는 뱀의 사주나 다를 바 없다고 폄훼하는 사람도 있다. 이런 해석

이 나오는 것은 모험에 필연적으로 죽음이 수반되기 때문일 것이다. 사실 영국 군인이자 작가였던 예이츠 브라운(1886~1944)이 멧돼지와 벌인 싸움은 죽음의 투우를 연상시키기도 한다.

평생 투우를 사랑한 소설가 헤밍웨이가 투우장의 현장 보고서인 『오후의 죽음』(2013, 책미래)에서 진정한 투우사를 정의한 구절을 음미해보면 모험의 본질이 무엇인지 유추할 수 있다. "투우는 예술가가 죽음의 위험 속에 빠져 있는 예술이자 연기가 뛰어난 정도에 따라 투우사의 명예가 결정되는 예술이다. 명예의 본질은 죽음이라는 위험 앞에서 비겁함을 드러내지 않는 것이다."

자신이 가고자 하는 곳으로 움직이는 일에 머뭇거림이나 어떠한 핑계가 없는 것, 그것이 모험 정신의 본질인 셈이다. 이때 위험이 크면 클수록 모험은 더 짜릿하고 보람도 더 크다. 이를테면 죽음을 무릅쓰고 에베레스트 12좌를 완등한 등반인은 얼마나 멋진가? 언제 파도에 삼켜져 죽을지도 모르는 5대양을 요트 하나로 횡단한 사람은 얼마나 대담한가! 마찬가지로 장래가 안전한 대기업을 그만두고 자기만의 스타트업 회사를 차린 청년의 모험 정신도 인생의 본질을 시사한다. 바로 도전해야만 새로운 기회가 열린다는 사실이다.

그칠 줄 아는 용기도 필요하다

—————— 우드로 윌슨 ——————

우드로 윌슨Woodrow Wilson은 어떤 부류의 사람이었나? 그는 최고의 천
재로 불렸으나 동시에 터무니없는 실패자라는 오명도 뒤집어썼다. 세
계 평화, 즉 국제 연맹이라는 비전을 위해 모든 힘과 생명력을 바쳤지
만 물거품이 되자 크게 상심하며 생을 마감했다.

1919년, 배를 타고 유럽으로 건너갔을 때 우드로 윌슨은 천 년에 한
번 나올까 말까 한 구원자로 불렸다. 전쟁 후유증으로 피를 흘리던 유
럽은 그를 신이라도 되는 듯 환호하며 맞이했다. 굶주린 농부들은 그
의 사진 앞에 촛불을 켜고 기도를 올렸다.

온 세상이 그의 발 밑에 엎드렸다. 하지만 석 달 뒤 그가 병들고 쇠
약해진 채 미국으로 돌아왔을 때는 이미 수많은 친구와 멀어지고 1억
명의 적이 생긴 뒤였다.

역사는 우드로 윌슨을 이상주의적인 사람으로 평가한다. 냉정하고
위엄 있고 사람의 온기가 없는 사람 말이다. 하지만 진실은 그것과 거
의 정반대다. 윌슨은 아주 인간적인 사람이었다. 그는 따뜻한 인간관

계를 갈망했다. 너무 수줍은 탓에 냉담하고 고고한 사람인 것처럼 보이게 된 것을 늘 슬프게 여겼다.

윌슨은 이렇게 말했다. "내 성격이 달라질 수 있다면 무엇이든 기꺼이 주겠지만, 나 스스로는 내 성격을 고칠 수가 없네." 때로 수줍은 성격에도 불구하고 편안하게 사람들을 대한 적도 있었다. 웨슬리언 대학에서 교수로 지내는 어느 날, 지붕 없는 관중석 밖으로 뛰어가더니 그가 축구 경기의 응원을 주도한 것이다. 버뮤다에 있을 때에는 순전히 흑인 뱃사공과 대화하는 즐거움 때문에 배를 타기도 했다.

우드로 윌슨은 역대 대통령 중 가장 학구적인 인물이었지만, 실은 열한 살이 될 때까지 글을 읽거나 쓰지 못했다. 그가 독서를 하며 휴식을 취한다고 하면 학구적인 분야의 책을 읽을 것 같지만 사실은 탐정소설을 가장 선호한다.

그림은 별로 좋아하지 않았다. 종종 미국의 화가 휘슬러의 동판화를 사느니 10센트 물건들을 모아 파는 가게에서 싸구려 석판화를 사는 것이 더 낫다고 말했다. 또한 평생을 상아탑의 꽉 막힌 분위기에서 보낸 고답적인 그는 셰익스피어 연극을 보느니 웃기는 뮤지컬을 보는 것이 더 좋다고 솔직하게 털어놓았다. 교양을 갖추려고 극장에 가지는 않는다는 것이다. 단지 즐기려고 극장에 갔고, 백악관에서 지낼 때는 거의 매주 보드빌 쇼를 보러 갔다.

살아오는 동안 대부분을 윌슨은 가난하게 보냈다. 교수 봉급이 워낙 적어서 부인은 직접 그린 그림을 팔아서 가족을 부양하는 데 보탰다. 당시 젊은 교수였던 그는 고급 신사복을 살 형편이 되지 않았는데 이 생활이 반복되자 나중에는 링컨처럼 외양에는 거의 신경을 쓰지 않았다. 가령 대통령 시절에 비서가 낡은 야회복을 재단사에게 보내 옷깃을 교체하자고 강력히 권유했지만 그는 이렇게 말했다. "신경 쓰지 말게. 아직 1년은 더 입을 수 있어."

월슨은 링컨처럼 음식에도 관심이 없었다. 자기 앞에 놓인 음식이라면 가리지 않고 무엇이든 먹었고, 종종 자기가 먹는 것이 무엇인지 의식조차 하지 않는 듯했다. 살면서 궐련을 딱 한 개비 피웠는데 그것마저도 끝까지 다 피운 것은 아니었다. 그러기 전에 구역질이 먼저 났기 때문이다.

유일하게 부리는 사치는 아름답게 장정된 책을 사는 것이었다. 겉모습은 냉랭했지만 우드로 월슨은 성격이 불처럼 조급하고 격렬한 데가 있는 사람이었다. 그를 아는 사람들은 시어도어 루스벨트보다 더 성격이 급하다고 했다.

첫 부인에게 보인 헌신은 강렬하면서도 감동적이었다. 대통령이 되자마자 부인에게 검은 담비 모피 세트를 사주었다. 1년 뒤 그녀가 죽었을 때는 72시간 동안 백악관에서 시신을 데리고 나가지 못하게 했다. 부인의 시신을 소파에 눕히고 사흘 동안 낮밤 없이 곁을 지켰다.

뛰어난 지성인으로 평가되었지만 말솜씨가 좋지 못했고, 세계 걸작 문학 대부분을 읽지 않았으며, 과학에도 무관심했고, 철학에 대해서는 탁상공론이라면서 거의 신경을 쓰지 않았다.

변호사로 사회에 진출했지만 법조계에서는 처참한 실패를 겪었다. 한 건의 사건도 직접 처리한 적이 없었다. 유일하게 한 의뢰인의 재산을 처리한 적이 있었는데 그 의뢰인은 월슨의 어머니였다.

월슨의 성격 중 가장 큰 흠결은 요령 부족이었다. 평생 정치인이 되겠다는 야심을 품어온 그는 소년 시절부터 한 번에 몇 시간 동안 대중 연설을 연습하곤 했다. 완벽을 위해 아주 사소한 일까지 연습했다. 예를 들면 연설에 적절한 몸짓을 알려주는 도표를 벽에 붙여놓고 따라 했다. 하지만 모든 것 중에서도 가장 중요한 것을 그는 간과했다. 단 사람을 다루는 법을 익히지 않았던 것이다. 때문에 말년에는 우정이 깨지는 비극적인 일이 연달아 발생했다. 상원의 지도자들과 말다툼을 벌였고, 하우스 대령 같은 절친한 친구와도 결국에는 갈라섰다. 그리고 공직에 민주당 후보만 선출해달라고 요청함으로써 무수한 국민들과도 멀어졌다.

상원이 국제 연맹 설립을 거부하자 윌슨은 국민들에게 직접 호소했다. 건강이 늘 약했기에 주치의들은 더는 무리하면 안 된다고 경고했지만 그는 이런 조언을 무시했다.

한때 말 한마디로 온 세상을 뒤흔들 정도의 영향력이 있던 이 대단한 지성인은 대통령 임기 마지막 해에는 너무나 노쇠하고 병약해져서 다른 사람이 손을 잡고서 대신 움직여주지 않으면 서명조차 할 수 없을 정도가 되었다.

은퇴 후에는 전 세계의 사람들이 워싱턴 S가에 있는 그의 집에 찾아왔는데, 마치 그곳이 성소聖所라도 되는 듯했다. 윌슨이 죽음과 싸울 때 그들은 집 앞 인도에서 무릎을 꿇고 윌슨의 영혼이 천국으로 가길 기도했다.

인생경영 포인트

미국의 28대 대통령(1913~1920) 우드로 윌슨(1856~1924)은 민족자결주의라는 드높은 이상을 외쳐 우리나라의 3.1운동(1919)에도 영향을 미친 인물이다.

1914년 유럽에서 제1차 세계대전이 일어나자 미국은 관망 자세를 취했으나, 1917년 6월 이후 미군을 파견해 연합국의 승리를 이끌어냈다. 그리고 전후에는 평화 구상 14개조를 발표했다. 윌슨은 유럽에서 벌어진 강화 회의에서 거의 구세주 대접을 받았고 강화 조약안을 주도했다. 이 안에는 국제 연맹을 설립한다는 내용도 들어 있었다.

귀국한 윌슨은 조약의 의회 통과를 시도했으나 공화당이 다수였던 상원은 일부 수정을 원했다. 그는 수정을 거부했고 이로 인해 조약이 부결되어 자랑스러운 업적으로 내세우려 했던 국제 연맹에 미국은 가입하지 못하게 되었다. 이것이 윌슨의 최대 패배였다.

예로부터 원만한 인생을 영위하기 위해서는 삼지三知를 실천해야 한다는 말이 있다. 지족知足(족한 줄 앎), 지분知分(자신의 분수를 앎), 지지知止(그칠 줄을 앎)가 그것이다. 윌슨은 그칠 줄을 알아야 한다는 측면에서 부족한 대통령이었다. 이는 우리의 인생에도 적용할 수 있는 교훈일 것이다.

실수를 두려워하지 않는 마음

— 마틴 존슨 —

마틴 존슨Martin Johnson은 아프리카 야생에서 수천 마리의 사자 사진을 찍었으나 정작 엽총으로 쏴서 죽인 사자는 겨우 두 마리밖에 되지 않았다. 마지막으로 아프리카에 머무른 20개월 동안 그는 이전 그 어떤 때보다 더 많은 사자를 보았다고 내게 말했다. 그럼에도 불구하고 그때 역시 한 번도 총을 쏘지 않았다. 사실 총을 들고 있지도 않았다.

몇몇 아프리카 탐험가들은 돌아와서 자기가 겪은 오싹한 경험을 사람들에게 들려주는 것을 좋아한다. 하지만 마틴 존슨은 아프리카의 야생동물을 정말로 잘 아는 자기와 같은 전문가들은 엽총이 아니라 대나무 지팡이 같은 간단한 도구만 들고서도 무사히 아프리카 북쪽의 카이부터 남쪽 끝인 희망봉까지 걸어갈 수 있다고 말했다.

또한 마지막으로 아프리카에 갔을 때에는 라디오 수신기를 휴대한 상태였는데, 1~2개월은 엄청나게 들었지만 그 이후로는 지루하고 노골적인 광고를 듣는 데 질려서 몇 달에 한 번도 들을까 말까 했다고 한다.

마틴 존슨은 어린 나이인 열네 살부터 온 세상을 돌아다니기 시작했다. 그의 아버지는 캔자스주 인디펜던스에서 사업을 하는 귀금속상이었다. 아버지는 마틴이 어릴 때 아주 멀리 떨어진 나라에서 수입해 온 물건 상자들을 열어 보여주곤 했다. 물품 상표에 적힌 기이하고 다채로운 도시 이름—파리, 제네바, 바르셀로나, 부다페스트 등—에 매료되었고 마침내 그는 그곳의 흙을 직접 밟아보겠다고 결심했다.

그렇게 어느 날 홀연히 집을 나서 미국 전역을 터벅터벅 걸어 다니다가 유럽으로 가는 가축 운반선에 몸을 실었다. 오랜 전통과 문화를 간직한 유럽에 도착해 닥치는 대로 일했다. 늘 일거리가 있는 것은 아니었다. 브뤼셀에서는 배를 곯았고, 브레스트에서는 낙담해 대서양 너머를 멍하니 바라보면서 향수에 잠기기도 했다. 런던에서는 잠자리가 마땅치 않아 나무 상자 안에서 자야 했다. 그리고 미국 캔자스로 돌아올 때에는 뉴욕으로 가는 증기선의 구명정에 온갖 우여곡절 끝에 몰래 잠입해 간신히 귀국했다.

그러다가 중요한 사건이 벌어졌다. 그의 생활을 통째로 바꾸어놓았고 그를 화려한 모험의 길로 이끈 사건이었다. 배를 타고 미국으로 오던 중 배의 기관사가 잭 런던*의 글이 실린 잡지를 그에게 보여주었던 것이다. 기사는 잭 런던이 스나크라고 하는 9미터가 조금 넘는 배로 온 세상을 여행할 계획임을 알리고 있었다.

마틴은 고향 인디펜던스로 돌아오자마자 잭 런던에게 편지를 보냈다. 몹시 흥분한 상태로 여덟 장에 이르는 편지를 열과 성을 다해 쓰고서 어떻게든 자기도 따라갈 수 있게 해달라고 간청했다. 그는 이렇게 썼다. "저는 이미 해외에 다녀온 적이 있습니다. 심지어 호주머니에

---

* 미국의 소설가. 380쪽 참고.

5달러 50센트만 있는 채로 시카고를 출발했으나 돌아올 때에도 여전히 25센트가 남아 있었습니다."

답변을 기다리며 긴장감으로 안절부절 하지 못하는 2주가 지났다. 마침내 잭 런던에게서 전보가 왔다. 달랑 세 단어로 된 짧은 문장이었지만 마틴 존슨의 삶을 바꾸었다. "당신은 요리할 수 있습니까?Can you cook?" 간결하게 요점만 적은 답신이었다.

마틴은 요리할 수 있었는가? 물론 없었다. 심지어 그때까지 밥을 지어본 적도 없었다. 하지만 간결하게 세 마디로 답신했다. "저를 믿고 써보십시오.Just try me." 이어 그는 동네의 식당으로 달려가 주방보조 일자리를 얻었다.

마침내 스나크호가 샌프란시스코만의 잔물결이 이는 바다를 지나 태평양으로 전진할 때, 마틴 존슨은 주방장이자 허드레꾼으로 승선하고 있었다. 요리 지식을 익힌 덕분에 빵, 오믈렛, 그레이비, 수프 심지어 푸딩까지 만들 수 있었다. 여행에 필요한 식량을 구매하는 것 역시 그의 일이었다. 필요한 양을 잘 계산해 선원들이 앞으로 2백 년은 버틸 정도의 소금과 후추 그리고 다른 향신료를 충분히 사두었다.

잭 런던과 함께 떠난 여행에서 그는 항해의 기술을 배웠다. 점차 스스로 전문 항해사라고 자부했기에 하루는 자기가 얼마나 유능한지 뽐내고자 스나크호의 현재 위치를 지도상에 가리켜 보였다. 그는 배가 정확히 대서양 한가운데에 있다면서 좌표를 찍었다. 하지만 사실은 달랐다. 스나크호는 태평양 한가운데에서 호놀룰루 방향으로 커다란 파도를 가르며 나아가는 중이었다.

자신의 판단이 엉터리로 판명되었어도 그는 별로 신경 쓰지 않았다. 그게 무어 그리 대수인가. 모든 소년이 살아가면서 꿈꾸는, 즐겁고 예측할 수 없는 일이 가득한 삶을 현재 살고 있는데 말이다. 한번은 타는 듯한 더운 태양 아래 보름 동안 물이 떨어져 선원들이 목이 말라 거의 죽을 뻔하기도 했다. 당시 태양은 너무 뜨거워서 갑판 이음매의 역청이 마치 무른 당밀처럼 거품을 내며 끓어 녹아내릴 정도였다!

그로부터 30년 이상 세월이 흘렀다. 그 사이 마틴 존슨은 남태평양의 산호섬부터 아프리카의 가장 깊은 정글까지 7대양 구석구석을 항해하면서 온갖 모험을 겪었다. 미국에 처음으로 식인종 사진을 소개한 것도 그였다. 소인족과 거인족, 코끼리와 기린의 사진을 찍었고, 아프리카 초원 지대의 온갖 야생동물을 카메라에 담았다. 마치 구약성경에 나오는 노아의 방주에 탄 듯한, 환상적인 동물들을 사진에 담아 가져왔다. 셀룰로이드 필름에 담긴 동물들은 수천 개가 넘는 영화에서 모습을 드러냈다. 죽어가는 야생동물의 삶을 그는 불멸의 기록으로 남겼다. 더는 아프리카의 수많은 야생동물이 존재하지 않게 될, 한참 뒤의 세상에 태어날 우리 증손자들까지도 기록을 즐길 수 있을 것이다.

마틴 존슨은 사람에게 괴롭힘을 당한 적이 없는 영양 상태 좋은 사자는 위험하지 않다고 말했다. 사람이 무슨 냄새를 풍기든 무관심하게 나온다는 것이다. 차를 몰고 15마리의 사자가 있는 곳 한가운데로 들어간 적이 있는데, 사자들은 누워서 고양이처럼 눈만 깜빡일 뿐이었다. 심지어 어느 사자 한 마리는 차로 다가와 앞쪽 타이어를 씹었다. 또 다른 때에는 암사자 한 마리가 있는 곳에 무척 가까이 차를 몰고 갔는데, 얼마나 가까운지 사자가 앞발을 뻗어 차를 만질 수도 있을 정도였다. 녀석은 수염 한 올도 꿈틀거리지 않았다.

그에게 물었다. "그럼 사자가 정말 온화한 짐승이라는 얘기입니까?"

그가 말했다. "세상에, 절대 아니죠! 내가 아는 한 최고의 자살 행위는 사자를 안전하다고 믿는 겁니다. 그놈들이 언제 어떻게 의심쩍은 행동을 하면서 달려들지는 아무도 몰라요. 달려드는 사자보다 더 위험한 건 없습니다. 수백 킬로그램의 다이너마이트가 날아오는 것과 같다니까요. 사자는 한 번에 12미터 이상을 점프하고, 막판 스퍼트를 하는 경주마보다도 더 빠르게 뛸 수 있으니까요."

나는 가장 위험했던 탈출이 무엇이었는지 물었고 그는 이렇게 답했다. "아슬아슬했던 적은 많아요. 하지만 전부 재미있었죠." 가장 위험했던 일은 남태평양 섬에서 있었는데, 일이 잘못되었으면 그는 식인종의 국그릇 속 건더기가 될 뻔했다. 하지만 이때 기지를 발휘해 위기를 모면했고 최초의 식인종 사진을 특종으로 건질 수 있었다.

당시 백인 무역업자들은 식인종이 사는 섬을 공격해 그들을 잡아다가 농장에 노예로 팔았다. 때문에 식인종들은 백인들에게 적대적이었고 의심을 풀지 못했으며 게다가 굶주렸다. 그들은 이미 백인 여러 명을 죽이고 물건도 빼앗은 상태였다. 이들은 마틴 존슨을 한번 쓱 살펴보고는 캔자스에서 온 친구가 일요일 저녁에 딱 맞는 훌륭한 부드러운 고기 덩어리가 될 것으로 보았다. 그가 족장과 이야기를 나누며 가져온 선물을 늘어놓느라 정신이 없는 사이 수십 명의 식인종이 숲에서 나와 그를 포위했다. 도와줄 수 있는 사람들은 몇 킬로미터 떨어진 곳에서 있었으므로 아무도 당장 도와줄 수는 없었다. 소형 권총을 지니고 있었지만, 100대 1로 상대해야 하니 수적으로 크게 밀렸다. 두려움으로 이마에서 식은땀이 흘렀고 심장은 제멋대로 뛰었다. 침착하게 이야기를 나누면서 시간을 끄는 수밖에 없었다. 그러는 내내 그의 주변에 있던 식인종들은 입맛을 다시며 그를 에워쌌다. 마틴 존슨은 그때 캔자스 인디펜던스를 떠나온 것을 처음으로 후회했다. 이렇게 될 줄 알았으면 아버지를 따라 귀금속 사업에 진출하는 것이 더 낫지 않았을까 하는 생각마저 들었다.

막 식인종들이 달려들려고 할 때 하나의 기적이 펼쳐졌다. 저 아래 해변에 영국 경비정이 증기를 뿜으며 다가왔던 것이다. 식인종들은 가까워지는 배를 바라보았다. 그들도 그것이 무엇을 뜻하는지 알았다. 존슨도 자기 눈을 믿지 못하겠다는 듯 경비정을 바라보았다. 존슨은 식인종 추장에게 공손히 머리를 숙이면서 이렇게 말했다. "자, 배가 나를 찾으러 왔군요. 여러분을 만나서 기뻤습니다. 안녕히 계시길." 혹시라도 식인종 중 누군가가 그를 제지할지도 몰랐으므로 그는 해변으로 미친 듯이 달음박질쳤다.

인생경영 포인트

마틴 존슨은 어린 시절부터 방랑벽이 있다는 것을 잘 알았다. 게다가 인생은 자기가 하고 싶은 것을 하면서 사는 것이라고 굳게 믿었다. 때문에 잭 런던이 요리 승무원을 찾을 때 비록 요리 기술은 없었지만 무작정 할 수 있다고 먼저 말한 것이다. 그 후 곧바로 동네 식당의 주방에 보조로 취직해 요리 기술을 배웠다. 선 결정, 후 조치의 대응이었다.

뜻이 있는 곳에 길이 있다고 열정을 갖고 있어야 행동하고 결정할 수 있다. 모험심이 없다면 불가능한 일이다. 이때 가장 중요한 점은 실수를 두려워하지 않는 것이다. 실수하면 어쩌나 하고 지레 겁먹는 태도가 오히려 일을 그르치는 때가 많기 때문이다.

이를테면 우리나라 국가대표 양궁 선수가 한두 점 차이로 금메달과 은메달이 갈리는 긴박한 상황에서 스스로에게 "쫄지 말고, 대충 쏴"라고 말한 것만 보아도 그렇다. 이 말은 실수를 두려워하지 않는 마음에서 나오는 것이요, 설사 실패하더라도 또 다른 기회가 있다는 여유로운 마음가짐에서 나오는 것이다. 바다에서 항해 중인 배의 위치를 자기 생각대로 솔직하게 말했지만 잘못된 것으로 드러나자 실수를 인정하고 담담히 넘겨버리는 마틴 존슨의 배짱도 마찬가지다.

마틴 존슨의 모험가로서 인생은 위기 앞에서 침착성을 발휘하면서 개척되었다. 덕분에 식인종들에 둘러싸인 절체절명의 위기에 놓였을 때도 차분히 대응할 수 있었다. 아프리카 야생동물의 사진을 많이 찍어서 후대에까지 이름을 남겼다. 당신은 좋아하는 것을 위해 모험을 마다하지 않고 있는가? 약간의 배짱은 원하는 인생을 만드는 데 필수 요건이다.

때로 우연이 인생을 이끈다

―――― 클래런스 대로 ――――

거의 75년 전의 일이다. 어떤 여교사가 한시도 자리에 가만히 있지 못하고 움직인다는 이유로 한 아이의 뺨을 때렸다. 다른 학생들이 보는 앞에서 맞고 모욕을 당한 아이는 집으로 오는 내내 울었다. 당시 고작 다섯 살이었지만 자신이 잔인하고 부당한 대우를 받았다고 느꼈다. 그 일로 아이는 폭력과 부당함을 싫어했고 평생 그것들과 싸웠다.

　아이의 이름은 클래런스 대로Clarence Seward Darrow. 미국에서 당대 최고로 잘 알려진 변호사다. 구체적으로 말하면 최고의 형사 사건 변호사로 그의 이름은 미국 전역의 신문에서 여러 번 굵은 헤드라인으로 장식되었다. 그는 잔학 행위와 부당함에 저항하는 약자 편에 선 개혁 운동가, 반대자, 투사, 옹호자였다.

　대로가 처음으로 수임했던 소송은 오늘날까지도 오하이오주 애슈터블라시의 노인들 사이에서 화제에 오른다. 소송의 요점은 고작 5달러 가치의 중고 마구馬具의 소유권이 누구에게 있는가 하는 것이었지만 대로가 볼 때는 자신의 원칙이 걸려 있었다. 부당함이 고개를 치켜

들려 했기에 그는 벵골 호랑이와 맞서 싸우는 것처럼 맹렬히 싸웠다. 소송 수임료로 겨우 5달러를 받았지만 자비를 들이면서까지 7년 동안 일곱 번 법정에서 싸웠고 결국 승소를 이끌어냈다.

그는 돈이나 특권을 갈망한 적이 한 번도 없었다. 항상 자신을 게으른 사람이라고 말했다. 시골 학교에서 교편을 잡는 것으로 사회생활을 시작한 그에게 어느 날 경력을 통째로 바꾸어놓는 일이 벌어졌다. 바로 편자를 제작하면서 틈틈이 한가한 시간에 법률을 공부했던 마을 편자공을 만난 일이었다. 편자공이 양철공의 가게에서 어떤 소송에 대해 논의하는 것을 우연히 듣고, 시골 웅변가들의 재치와 능변에 매료되었다. 평소 언쟁을 즐겼기에 그는 편자공의 법전을 빌려 법률을 공부하기 시작했다. 월요일 아침이면 학생들이 지리학과 산수를 자습하는 동안에 윌리엄 블랙스톤Sir William Blackstone이 영국법을 주해해놓은 책을 넘겨 보곤 했다. 이렇게 그는 변호사가 되었다.

자신을 격분시킨 다음 사건이 발생하지 않았더라면 평생 시골 변호사에 불과했을 것이라고 그는 말했다. 그와 아내는 오하이오주 애슈터뷸라시의 한 치과 의사에게 작은 집을 사기로 결정했고 가격은 3천 5백 달러였다. 대로는 은행에서 5백 달러를 인출했고(가진 돈의 전부였다) 나머지 금액은 분할해 연납하기로 합의했다. 거래가 거의 끝나갈 무렵 치과 의사의 부인은 서류에 서명하는 것을 노골적으로 거부했다. "이봐요, 젊은 양반." 그녀가 경멸하며 말했다. "나는 당신이 평생 일해도 3천 5백 달러를 벌 수 있을 것 같지가 않아요."

대로는 격분했다. 그처럼 인심 사나운 곳에서 더 이상 살고 싶지 않았기에 애슈터뷸라시를 떠나 시카고로 갔다. 시카고에 간 첫해에 번 돈은 겨우 3백 달러에 불과했다. 빌린 집의 월세조차 내기 힘든 금액이었다. 하지만 다음 해 도시 특별 변호사로 선임되어 그보다 10배 많은 3천 달러를 벌었다.

대로는 이렇게 말했다. "운이 좋은 쪽으로 바뀌자 모든 일이 빠르게 잘 풀리는 것 같았습니다." 얼마 뒤 시카고와 노스웨스턴 철도 회사의 대표 변호사로 일하게 되었고 큰돈을 버는 길을 차례차례 걸어나갔다. 그러다 사건이 터졌다. 파업이었다. 증오! 폭동! 유혈 사태!

그는 파업자들을 동정했다. 노동자 동맹인 철도 연합의 노조위원장 유진 데브스Eugene Victor Debs가 재판에 불려가자 평소 돈을 많이 벌어주던 일을 그만두고 파업자들을 변호했다. 그것이 장차 대로가 맡게 될 맹렬하고 선풍적인 변론의 시초였다. 그가 맡은 변론은 모두 법정의 역사에서 중요한 사건이 되었다. 예를 들어 레오폴드Nathan Leopold와 로엡Richard Loeb의 유명한 사건이 있다. 두 사람은 어린 바비 프랭크스Bobby Franks를 살해했다고 자백했는데, 대중은 잔혹한 범죄에 크게 충격을 받고 몸서리쳤다. 클래런스 대로가 살인자 둘을 변호하겠다고 하자 어떻게 그런 흉악범을 변호할 수 있냐며 그를 매도하고, 박해하고, 범죄자보다도 더 악질이라고 비난했다.

그가 그런 행동을 한 이유가 무엇일까? 대로는 이렇게 말했다. "나는 사람들의 증오와 악감정에 맞서 내가 할 수 있는 일을 하려고 사건을 맡았습니다. 내게 사건을 의뢰한 사람은 누구도 사형을 당한 적이 없으며, 만약 그런 일이 벌어진다면 마치 내가 살해당하는 것 같은 기분이 들 겁니다. 그간 범죄자들의 처형에 대한 이야기는 단 한번도 끝까지 읽을 수 없었습니다. 교수형이 집행되는 날이면 가능한 한 도시를 떠나 다른 곳에 가 있었죠. 사형은 국가에 의한 살인 행위로 나는 사형을 강력히 반대합니다."

사회가 사람들을 범죄자로 만들고 있기에 누구라도 범죄를 저지를 수 있다고 그는 말했다. 대로는 재판을 받는다는 게 어떤 것인지 잘 알았다. 한번은 배심원단을 매수한 혐의로 고소당해 법정에서 자신을 변호한 적도 있다. 과거에 그가 도왔던 의뢰인은 이렇게 말했다. "내 말 잘 들어요. 당신은 내가 곤란할 때 교수대에서 날 구해주었어요. 이제 당신이 곤란한 상황이니 내가 돕고 싶어요. 기꺼이 당신에게 불리한 증언을 내놓는 사람을 저지할 것이고, 그에 대해 단 한 푼도 받지 않을 거예요."

몇 년 전 대로가 자기 인생 이야기를 담은 책을 펴냈다. 책에서 인생 철학을 자세히 소개한 부분을 읽느라고 밤늦게까지 깨어 있던 것이 기억난다.

그는 이렇게 말했다. "내가 얼마나 많이 성취했는지 혹은 적게 성취했는지 확신하지 못한다. 나는 살아오면서 수많은 실수를 저질렀고, 인색한 운명의 팔을 비틀어 최대한 많은 즐거움을 누렸다. 우리가 인생이라는 여정의 방향과 끝을 유념하기만 한다면 하루하루는 그 자체로 좋은 날이고 충분한 날이다. 나는 내가 늙었다는 걸 깨닫지 못한다. 많고 많은 날들은 이제 다 어디로 갔을까? 인생의 여행을 떠날 때에는 온 세상이 내 앞에 펼쳐져 있고, 헤아릴 수 없는 많은 시간이 남아 있는 것 같았다. 그런데 그 순례는 이제 거의 끝이 났고, 하루 해도 얼마 남지 않았다. 아직 탐험하지 못한 길이 너무나 많은데, 발이 아플 정도로 걸었던 나의 길은 참으로 짧아 보인다."

인생경영 포인트

클래런스 대로(1857~1938)의 삶은 인생에서 벌어지는 세렌디피티 serendipity가 큰 영향을 미쳤다. 세렌디피티는 완전한 우연으로부터 중요한 것을 발견하는 일을 가리키는 말이다. 교사를 하던 중 철공소를 지나던 길에 공원들이 하는 법률 토론을 우연히 듣고서 법률가가 되었으니, 말하자면 그 곁을 지나간 것이 행운의 기회였던 셈이다. 초임 변호사는 돈을 벌지 못한다는 이유로 그는 거의 계약 체결이 끝나가던 주택 구매도 거절당했다. 이것이 하나의 자극이 되어 앞으로 돈을 많이 벌겠다는 결심을 하게 했다.

실제로 시청의 자문 변호사가 되어 많은 돈을 벌었고 명성도 획득했다. 그리고 여기에 또 하나의 세렌디피티가 나타났다. 바로 어린 시절 학교 선생님에게 당했던 폭력과 부당함에 대한 의분이었다. 때로 인생의 어떤 순간이 전체를 좌우하기도 하는데, 대로에게는 소년 시절에 느꼈던 부당함이 그랬다. 그는 약자의 편에 서서 변호하는 일을 하기로 선택한다.

가난한 노동자들을 위한 대부 변호사의 길은 돈과 명예가 보장되는 길이 아니라, 가난과 고난이 기다리고 있는 길이었다. 그러나 대로는 자기 인생의 목적이 무엇인지 잘 알았고 불의에 맞서는 저항의식을 끝까지 간직해 한평생을 일관했다. 오히려 그렇게 봉사할 수 있는 시간이 더 많지 못함을 아쉬워했으니 그야말로 초지일관의 정신을 보여주었다.

시도하지 않으면 가능성조차
열리지 않는다

어느 날 한 배고픈 네덜란드 소년이 학교에서 집으로 오던 중 빵집 창문 앞에서 걸음을 멈추고 따뜻한 번과 커스터드 파이를 황홀하게 바라보았다. 그러자 제빵사가 밖으로 나와 말했다.

"맛있어 보이지?"

"그럴 거예요." 소년이 답했다. "창문을 깨끗이 닦으면요."

"그래, 네 말이 맞구나." 제빵사가 말했다. "네가 날 도와서 닦아줄 수도 있지 않을까."

이것이 에드워드 복Edward Bok이 처음 일자리를 얻은 방법이다. 주마다 겨우 50센트를 받았을 뿐이지만 푼돈마저도 그에게는 거금처럼 보였다. 네덜란드인들은 무척 가난했고, 그는 매일 바구니를 들고 거리로 나가 석탄 수레가 지나가는 배수로에 떨어진 석탄 조각을 주워오곤 했기 때문이다.

에드워드 복은 영어를 전혀 모르는 채로 미국으로 이민 와서 교사가 하는 말을 단 한마디도 알아들을 수 없었다. 평생 학교를 6주 이상 다녀본 적도 없었다. 하지만 그는 미국 저널리즘 역사에서 크게 성공한 잡지 편집자가 되었다.

여자들이 어떤 글을 읽고 싶어 하는지 전혀 모른다고 그는 인정했다. 그럼에도 불구하고 세상에서 가장 훌륭한 여성지를 만들었으며, 판매 부수를 꾸준히 늘려서 은퇴하던 달에는 2백 만 부를 팔았고, 단일 호의 표지에 1백만 달러에 달하는 광고를 유치했다. 에드워드 복은 30년 동안 『레이디스 홈 저널*Ladies' Home Journal*』의 편집자였다. 은퇴한 뒤에는 『에드워드 복의 미국인 되기*The Americanization of Edward Bok*』라는 자서전을 쓰기도 했다.

빵집 창문을 닦은 뒤로 에드워드 복은 대다수 소년이 우표를 모을 때 보이는 열정을 일자리를 구하는 데 썼다. 토요일 아침에는 신문을 배달했고 토요일 오후와 일요일에는 얼음물과 레모네이드를 만들어 마차를 탄 목마른 승객들에게 팔았다. 저녁에는 생일 파티와 차회茶會에 대한 글을 작성해 지역 신문사에 넘겼다. 마침내 한 주에 16~20달러를 평균적으로 벌었다. 이 모든 게 학교를 다녀온 뒤 남는 시간을 이용해서 한 것이다. 당시 열두 살이었고 미국에 온 지는 6년도 되지 않을 때였다.

웨스턴 유니언 전신電信 회사에서 사환으로 일하고자 학교를 그만두었을 때는 열세 살이었다. 하지만 한 순간도 교육을 받겠다는 생각을 포기하지 않았고 끝내 독학을 시작했다. 미국 위인 전기 전집을 살 돈을 모을 때까지 교통비를 아끼고 점심을 굶기도 했다. 이어 전례가 없는 일을 했다. 유명인의 삶에 대해 읽고 그들에게 어린 시절에 관한 추가 정보를 요청하는 편지를 보낸 것이다. 에드워드 복은 당시에 대선 후보로 나선 제임스 가필드James A. Garfield 장군에게 편지를 보내 장군이 한때 운하 예인선의 사환으로 일한 것이 사실인지 물었다. 그는 그랜트 장군에게는 특정 전투에 대한 궁금증을 묻는 편지를 보냈다. 장군은 그를 위해 지도를 그려서 보내주었으며, 더 나아가 열네 살 소년을 저녁 식사에 초대해 하루저녁을 통째로 할애해 전투 이야기를 들려주었다.

매주 6달러 25센트를 받으며 전신 회사에서 일하던 소년은 이런 식으로 곧 당대 가장 성공한 사람들과 알고 지냈다. 그는 에머슨, 필립 브룩스, 올리버 웬델 홈스, 롱펠로, 에이브러햄 링컨 부인, 루이자 메이 올컷, 셔먼 장군 그리고 배우인 조세프 제퍼슨을 직접 만났다. 명사들과 어울리면서 그는 자신감, 비전 그리고 야심을 얻었다.

에드워드 복은 늘 습관적으로 글로 남길 새롭고 유명한 사람이 없을지 세심히 살폈다. 그러던 어느 날 거리에서 한 사람이 담뱃갑을 열고 기념 사진을 꺼내더니 던져 버리는 것을 보았다. 그는 버린 사진을 집어 어떻게 생겼는지 관찰했다. 유명 정치인의 사진이었지만 사진 뒷면은 텅 비어 있었다. 복은 이렇게 생각했다. "이 사람에 대한 짧은 전기가 뒷면에 있었더라면 종이는 버려지지 않았을지도 몰라."

다음 날 점심 때가 되자 그는 아이디어를 들고 사진을 발행한 회사를 찾기 시작했다. 책임자와 접촉했고 자기 생각을 말했다. 무척 열성적이고 설득력 있게 이야기를 전달한 덕분에 1백 개의 전기를 제공해달라는 주문을 따내고, 개당 10달러를 받았다. 그리고 이내 감당할 수 없을 정도로 많은 전기를 제공해달라는 요청을 받아, 여러 속기사들에게 일을 맡겼다. 임금은 전기 하나당 자기가 받는 금액의 정확히 절반인 5달러였다. 마침내 그는 전신 회사 사환 일을 그만두었고 본격적으로 출판 분야에 진출했다.

그가 필라델피아로 가서 『레이디스 홈 저널』의 책임자가 되었을 때는 고작 26세였다. 그리고 인생의 절정기인 56세 때 마지막으로 잡지 발행인 책상에서 일어서면서 "이제 할 일을 다 했군"이라고 말했다.

에드워드 복은 30년 동안 미국 저널리즘에서 특별한 지위를 스스로 창조했다. 당연히 큰돈을 모았다. 하지만 어떤 성공은 돈만으로 측정되지 않는다. 예를 들어 에드워드 복이 사람들을 위해 했던 일이 무엇이었는지 살펴보자.

우선 그가 청정 식품법의 제정을 위해 싸웠기에 미국인이 식탁에서 먹는 음식이 더욱 깨끗하고 건강에도 좋게 변했다는 점을 들 수 있다. 불결하고 보기 흉한 도시 폐기장에 대해 끈질기게 캠페인을 벌였기 때문에 미국 도시들은 분명 더욱 깨끗하고, 더욱 위생적이 되었다. 미국인이 사는 집도 그가 빅토리아 시대 후기의 답답함과 추한 디자인에 대항해 꾸준히 개혁 운동을 벌였기에 더욱 아름답게 변했고, 고상한 가구를 실내에 들이게 되었다. 그 시절 주택 디자인은 너무 화려해 오히려 추해 보였고 몰취향이면서 값만 비싼 경향이 있었다. 에드워드 복은 미국에서 최초로 최고의 건축가를 고용해 누구든 싼값에 집을 마련할 수 있게 해주는 주택 계획도 세웠다. 계획은 너무나 성공적이어서 시어도어 루스벨트 대통령은 이런 말을 하기도 했다. "에드워드 복은 내가 알기로 우리나라의 건축 양식을 더 나은 방향으로 바꾼 유일한 사람입니다."

은퇴 이후 10년간은 정원을 만들었다. 고향인 네덜란드에서 수만 개의 구근 식물을 들여와 길 가장자리에 심어 시민들의 눈을 즐겁게 했다. 그는 철도 역사驛舍를 장미가 만발하는 아름다운 곳으로 변화시켰다. 플로리다주에 그가 세운 종탑은 멋진 기념물로 유명하다. 그곳은 원래 모래만沙만이 펼쳐진 허허벌판이었다. 하지만 지금은 조류 보호구역으로 바뀌었고 수십 만 그루의 나무와 관목이 자라 푸른 숲으로 변했다. 숲 위로는 분홍색 대리석으로 만든 2백 피트 높이의 종탑이

솟아 있다. 종탑의 그림자는 그 부근에 조성된 인공 호수의 시원한 호면에 아름답게 드리우고 있다.

인생경영 포인트

직장인들은 상급자에게 좋은 아이디어를 개발해 내놓으라는 요구를 자주 받는다. 회사에는 일상적 업무가 산재하고 너무 바빠 다른 일을 신경 쓸 틈이 없기에 보통의 사람들은 "시간이 없다"라는 핑계로 아이디어 개발을 등한시하고는 한다. 여기서 성공하는 사람과 그렇지 못한 사람이 갈린다. 전자는 어떻게든 시간을 내서 아이디어를 개발한다. 똑같은 사물을 보아도 남다르게 생각해 아이디어의 원천으로 활용하는 것이다.

전신 회사에 사환으로 다니던 14세 소년이 심부름하기도 바쁜데, 유명 인사들에게 전보를 보내 어린 시절을 물어본 것도 마찬가지다. '위인들은 어떤 소년 시절을 보냈기에 그처럼 유명해졌을까?'라는 간단한 궁금증이 원천이 된 것이다. 질문은 시간의 유무와 상관없이 성의만 있으면 누구나 할 수 있다. 유명 인사들의 이름도 누구나 알고 있는 것이다. 그러나 그들에게 직접 질문을 해야겠다는 생각은 에드워드 복(1863~1930)만 했다. 그들이 너무 유명한 사람이라서 상대해주지 않을 것이라고 지레 짐작하는 것은 나쁜 아이디어요, 일단 한번 물어나 보자라고 생각하는 것은 좋은 아이디어다. 당첨 확률이 아주 낮은 복권도 당첨이 되려면 먼저 복권을 사야 하듯이, 시도하지 않으면 어떤 가능성으로도 연결되지 않는다.

좋은 아이디어는 일상생활의 면면을 유심히 관찰하는 능력에서 나오는 것으로, 에드워드 복은 남들이 버린 사진을 보고서 약력이라는 정보를 함께 쓰면 좋겠다는 아이디어를 떠올렸다. 아이디어는 멀리 있지 않다. 우리의 주변에서 벌어지는 사소한 일상생활이 곧 그 원천인 것이다.

1등의 도전만 기억하는 것은 아니다

—— 로버트 팰컨 스콧 ——

남극에 두 번째로 도착한 로버트 팰컨 스콧Robert Falcon Scott의 이야기보다 더 영웅적이고, 영감을 주고, 비극적인 이야기가 있을까? 스콧과 두 동료가 로스 빙붕氷棚에서 어떻게 비극적인 죽음을 맞이했는지에 대한 이야기는 여전히 인류의 마음을 뒤흔드는 힘을 갖고 있다.

스콧의 사망 소식은 1913년 2월 화창한 오후에 영국에 전해졌다. 리젠트 공원에 크로커스가 활짝 핀 계절이었다. 영국 사람들은 그의 부음에 트라팔가 해전에서 넬슨이 전사했다는 소식을 들은 것만큼이나 큰 충격을 받았다.

22년 뒤 영국은 스콧을 기리며 세계 최초로 남극에 지어진 남극 박물관을 헌정했다. 온 세상의 극지방 탐험가들이 남극 박물관이 헌정될 때 현장에 모였다. 박물관 정면에는 다음과 같이 로버트 스콧을 기리는 라틴어 명문銘文이 새겨져 있다. "그는 남극의 비밀을 찾으려 했고 그러다가 하느님의 신비를 발견했다."

스콧은 테라 노바호에서 출발해 남극을 향한 비극적인 항해를 시작했다. 남극권의 얼음으로 뒤덮인 바다로 전진하는 순간부터 그는 불운의 시련을 당했다.

어마어마한 파도가 선체를 강타한 것이다. 화물이 갑판에서 쓸려 나갔고 몇 톤이나 되는 바닷물이 짐칸으로 쏟아져 들어왔다. 보일러가 물에 잠겼고 펌프는 막혔다. 며칠 동안 배는 강타하는 바다의 파도에서 무력하게 흔들릴 뿐이었다. 하지만 더욱 안타까운 사실은 스콧의 불운이 이제 시작에 불과하다는 것이었다.

그는 시베리아의 얼어붙은 툰드라에서 추위에 둔감해진 강인한 작은 조랑말들을 데려왔지만, 남극에 간 녀석들은 극도로 고통스러워했다. 조랑말들은 가루 같은 눈 속에서 무기력하게 허우적댔고 위험천만한 크레바스에서 다리가 부러지는 바람에 총살할 수밖에 없었다. 캐나다 유콘에서 데려온 베테랑 시베리안 허스키들도 미친 듯이 날뛰었고, 빙하의 크랙 가장자리 너머로 마구 도망갔다.

결국 탐험대장 스콧과 그의 동료 네 명은 450킬로그램 무게의 썰매를 몸에 매달고 남극점을 향해 나아갔다. 날마다 그들은 힘겹게 거친 빙원氷原 위를 걸어갔고, 해수면보다 9천 피트 높은 곳에서 차갑고 희박한 공기를 들이쉬기에 숨이 턱 막히고 질식할 지경이었다.

하지만 그들은 불평하지 않았다. 인간이 수행했던 가장 잔혹한 여정의 끝에는 승리, 즉 천지창조 이후 누구도 찾지 않은 신비한 남극점이 기다리고 있기 때문이었다. 남극점에는 갈매기 한 마리조차 돌아다니지 않았다.

14일째 되는 날 그들은 남극점에 도착했지만 엄청난 실망과 비통함을 느낄 수밖에 없었다. 누군가가 그들보다 앞서 꽂아놓은 막대기에 낡은 천 조각이 혹독한 바람을 맞으며 펄럭이고 있었던 것이다. 깃발, 노르웨이의 깃발이었다! 노르웨이인 아문센이 그들보다 먼저 도착했다! 몇 년 동안 준비하고 몇 달 동안 고통을 겪었지만 겨우 5주차이로 승리를 빼앗겼다는 것을 깨달았다. 그들은 실망감에 무너지는 가슴을 붙잡고 고국을 향해 걸음을 되짚어갔다.

문명을 향해 돌아가려고 하는 그들의 비극적인 분투는 고통의 오디세이였다. 살을 찌르는 것 같은 강한 바람에 얼굴은 얼음으로 뒤덮였고, 수염은 뻣뻣하게 얼어붙었다. 발을 헛디뎌 쓰러졌고, 부상을 입을 때마다 죽음에 한 발자국씩 더 가까워졌다. 맨 처음 팀에서 가장 강인했던 부사관 에번스가 미끄러져 얼음에 머리를 부딪쳤고, 곧 후유증으로 사망했다.

다음으로 오츠 대위가 병에 걸렸다. 발에 동상이 걸려 걸을 수 없었다. 자기가 앞으로 나가려는 동료들의 발목을 붙잡고 있다는 것을 깨달은 그는 어느 날 밤 신성한 자기희생에 나섰다. 다른 대원들이라도 살 수 있도록 그는 극심한 눈보라 속으로 걸어 들어가 사라졌다. 오츠는 과장된 언행 없이 차분하게 선언했다. "밖에 다녀오겠습니다. 조금 시간이 걸릴지도 몰라요." 그러나 그는 영원히 사라졌다. 얼어붙은 그의 시신은 발견되지 않았다. 하지만 오늘날 그가 사라진 자리에 기념비 하나가 세워졌는데 거기에는 이렇게 적혀 있다. "이 근방에서 무척 용맹한 신사가 잠들다."

스콧과 두 동료는 비틀거리며 걸었다. 그들은 더는 사람처럼 보이지 않았다. 코, 손가락, 발은 지독한 추위 때문에 거의 부서질 지경이었다. 1912년 2월 19일, 남극점을 떠나고 50일째 되는 날에 마지막으로 천막을 쳤다. 한 사람당 두 잔의 차를 만들 수 있는 연료와 이틀을 더 버틸 수 있는 음식만 남아 있었다. 그들은 이제 살았다고 생각했다. 보급품을 묻어놓은 저장소까지의 거리는 불과 17킬로미터였다. 한 번만 더 끔찍한 행군을 하면 충분히 보급을 받을 수 있었다.

그런데 갑자기 비극적 상황에 휩싸였다. 얼음 가장자리 저 너머에서 극심한 눈보라가 몰아쳤고, 바람이 맹렬하게 불었다. 길쭉하게 솟은 얼음을 깎아낼 정도의 칼바람이었다. 세상 어느 생명체도 그 자연 현상을 마주하면 살아남을 수 없을 것이다. 스콧과 동료들은 눈보라가 으르렁거리며 맹위를 떨치던 11일 동안 천막 속에 포로처럼 있었다. 보급품은 바닥났다. 끝이 다가왔고 그들도 그걸 알았다.

그들에게는 아주 쉬운 탈출구가 있었다. 비상사태에 쓰려고 가져온 대량의 아편이 있었는데 그중 일부만 복용해도 고통을 잊을 수 있을 것이었다. 또한 엄청난 양을 복용하면 모두 쓰러져 행복한 꿈을 꾸며 편안히 죽을 수 있을 것이었다. 하지만 그들은 마약을 거들떠보지도 않았다. 영국의 특징인 훌륭한 스포츠맨 정신을 보여주며 죽음을 맞이하기로 결의했다.

삶의 마지막 순간에 스콧은 탐험대의 최후를 묘사한 편지를 제임스 배리 경에게 썼다. 그들에게는 식량이 남아 있지 않았고 죽음이 코앞까지 닥쳐왔지만 스콧은 이런 글을 남겼다. "우리 천막에 가득 울려 퍼지는 희망의 노래를 들으시면 경께서 대단히 흡족해하실 겁니다."

8개월 뒤 태양에 얼음이 반짝이던 평온한 남극의 어느 날, 영국 수색대가 동사한 시신을 발견했다. 그들은 마지막 숨을 거둔 그곳에 묻혔고 그 위에는 두 개의 스키로 만든 십자가가 세워졌다. 공동묘지에는 테니슨이 지은 아름다운 시가 적혔다.

> 모두 하나같이 영웅의 기개를 가진 우리,
> 시간과 운명에 의해 어쩔 수 없이 약해졌다 하여도
> 강력한 의지로 싸우고, 추구하고, 찾으며
> 결코 굴복하지 않겠노라*

아문센과 스콧(1868~1912)은 남극이라는 모험을 두고 경쟁한 역사적 라이벌이다. 1911년 12월 15일 오후 3시, 아문센은 스콧보다 먼저 남극점에 도착했고 그곳에다 의기양양하게 노르웨이 국기를 꽂았다. 그리고 1912년 1월 17일 스콧 팀 일행은 아문센보다 늦게 남극점에 도달해 펄럭이는 노르웨이 깃발을 보고 큰 실망감을 맛보았다.

아마 스콧 팀이 일부라도 목숨을 건져서 귀환했더라면 역사는 그들을 기억하지 않았을 것이다. 스콧이 기록한 비극적 죽음이 오히려 그에게 명예를 안겨준 것이다. 반면 아문센은 남극에 먼저 도착한 탐험가였음에도 불구하고 비열한 사람이라는 평가를 받았다. 스콧에게 좀 더 많은 식량을 남겨주었더라면, 은밀하게 남극 계획을 추진하지 않았더라면, 경쟁의식을 불태우지 않았더라면 하는 비난이 그를 평생 따라다녔다.

이렇게 보면 세상은 1등의 도전만 기억하는 것은 아니다. 도전한다는 것 그 자체가 때로는 누군가에게 영감을 주는 행동이다. 그러니 일단 무엇이든 시도해보는 것이 좋지 않겠는가?

---

* 알프레드 테니슨(1809~1892)의 시 〈율리시스〉의 맨 마지막 연이다. 단테의 『신곡』에 의하면 트로이 함락 후 율리시스는 고향으로 돌아가지 않고 동료 선원들을 설득해 이 세상의 끝, 지브롤터 해협 너머 서쪽 바다로 항해한다. 그리고 율리시스는 영국 탐험가 스콧처럼 그 모험 도중에 죽는다. 테니슨은 단테의 이런 14세기 해석을 약간 변형해 율리시스가 일단 집으로 돌아온 후에 그 모험 없는 심심한 생활에 지겨움을 느낀 나머지 다시 거친 모험에 나섰다고 〈율리시스〉에서 노래했다.

5장

성실이라는 기본기

일탈을 합리화하지 말라

──────── 셰익스피어 ────────

౨

아무도 그가 살아 있는 동안에는 그에게 그다지 큰 관심을 보이지 않았다. 사망한 지 백 년이 지난 뒤에도 그는 사실상 무명이었다. 하지만 그 이후로 그에 대한 무수한 글이 쏟아져 나왔다. 그는 거위 깃털 펜으로 인생의 지혜를 전한 작가 중에서 가장 많은 논평을 이끌어낸 작가가 되었다. 매년 수천 명이 그가 태어난 곳에 순례를 온다.

나 역시 그중 한 사람으로 1921년 그곳에 갔다. 나는 셰익스피어 William Shakespeare의 고향 마을인 스트랫퍼드부터 인근 마을인 슬래터리까지 걸어 다녔다. 그 들판길은 서투른 시골 소년 셰익스피어가 여자 친구 앤 웨이틀리를 만나고자 간절한 마음으로 황급히 달려가던 곳이기도 했다.

당시 윌리엄 셰익스피어는 몇 세기 동안 자기 이름이 하늘 높이 휘날릴 것이라고는 전혀 생각하지 못했다. 또한 자신의 소박한 사랑이 슬픔으로 끝나고 후회로 가득한 세월이 펼쳐질 것이라고도 상상하지 못했다.

셰익스피어의 삶에서 결혼이 하나의 비극이었다는 것은 확실하다. 앤 웨이틀리를 사랑한 것은 사실이지만, 그는 어느 깊은 달밤에 또 다른 여인 앤 해서웨이와 운명을 시험하고 말았다. 앤 해서웨이는 셰익스피어가 다른 여자와 결혼한다는 소식을 듣고 망연자실했고 두려움 때문에 거의 제정신이 아니었다. 절망에 빠진 그녀는 황급히 이웃에 있는 집들을 방문해 눈물을 흘리면서 왜 셰익스피어가 자신과 반드시 결혼해야 하는지 이유를 설명했다. 순진하고 정직한 농부인 이웃들은 그 이야기를 듣고 분노를 참지 못했고, 바로 다음 날 서둘러 마을회관으로 달려가 셰익스피어와 앤 해서웨이가 결혼했다는 보증서를 올렸다.

앤 해서웨이는 여덟 살 연상이었고, 그들의 결혼은 시작부터 비참한 드라마였다. 자신의 희곡에서 그는 나이 많은 여자와 결혼해선 안 된다고 남자들에게 여러 번 경고했다. 실제로 그는 앤 해서웨이와 거의 같이 살지 않았다. 결혼 후 대부분을 런던에서 지냈으며 1년에 한두 차례 고향에 돌아와 가족을 돌보았을 뿐이다.

오늘날 스트랫퍼드온에이번은 영국에서 가장 매력적인 마을 중 하나로 초가지붕을 얹은 작은 오두막, 접시꽃 정원, 예스러운 구불구불한 거리가 있는 사랑스러운 곳이다. 하지만 셰익스피어가 살았을 때는 어떤가? 3백 년 전 그곳은 더럽고, 빈곤에 시달리고, 역병으로 황폐했다. 하수 시설조차 없었고 돼지들이 떼지어 거리를 달려가면서 쓰레기를 게걸스럽게 먹던 곳이다. 마을 관리였던 셰익스피어의 아버지는 문밖에 마구간 쓰레기를 쌓아둔 일 때문에 벌금을 물기도 했다.

때로 현 시절을 두고 힘든 시간이라고 생각하기도 하지만 셰익스피어가 살았던 시절에는 스트랫퍼드의 인구 절반이 구제 사업에 의존해 살아야 할 정도로 어려웠다. 사람들 대다수가 문맹이었고 셰익스피어의 아버지나 어머니, 형제나 딸 그리고 손녀도 읽고 쓰지 못했다.

영문학의 최고 권위자이자 영광이 될 이 남자는 열세 살에 학교를 떠나 들판에서 일해야 했다. 그의 아버지는 장갑을 만들면서 농장일도 같이 했다. 마찬가지로 셰익스피어도 소젖을 짜서 우유를 받고, 양모를 잘라 모으고, 우유를 휘저어 버터를 만들고, 가죽을 무두질했다. 가난하고 힘든 유년 시절을 보냈지만 셰익스피어가 세상을 떠났을 때는 당시 기준으로도 상당한 부자였다.

런던에 도착한 지 5년 만에 그는 배우로서 상당한 돈을 벌었다. 극장 두 곳의 지분을 사들였고, 부동산에 잠깐 손을 댔고, 높은 이자로 돈을 빌려주어 곧 수입이 한 해에 3백 파운드를 기록했다. 당시 돈의 가치는 오늘날의 열두 배 정도였으니, 셰익스피어는 45세 무렵에 한해 2만 달러 정도의 수입을 올린 셈이다.

그런데 부인에게는 얼마만큼의 돈을 남겼는지 아는가? 단 한 푼도 남기지 않았다. 그는 집 안에서 쓰는 것들 중 두 번째로 좋은 침대 프레임을 제외하곤 아무것도 주지 않았다. 심지어 그조차 나중에 생각나서 유언장이 작성된 뒤 행간에 추가로 적어 넣은 것이다.

셰익스피어는 그의 모든 극본이 책으로 출간되기 7년 전에 죽었다. 오늘날 뉴욕에서 책의 초판을 사고 싶다면 상태가 좋은 사본 하나당 1백만 달러를 지불해야 한다. 하지만 셰익스피어는 『햄릿』, 『맥베스』, 『한여름 밤의 꿈』 같은 극본으로 6백 달러조차 벌지 못했을 것으로 짐작된다.

나는 셰익스피어에 관한 여러 연구서를 펴낸 S. A. 탄넨바움 박사에게 스트랫퍼드온에이번의 셰익스피어가 정말로 불후의 명작 드라마들을 썼다는 증거가 있는지 물어보았다. 그러자 박사는 게티스버그에서 연설한 사람이 링컨인 것만큼이나 확실하다고 대답했다. 하지만 많은 사람이 셰익스피어가 실존하는 인물이 아니라고 주장하며, 그의 드라마가 실은 프랜시스 베이컨 경이나 옥스퍼드 백작의 작품이라고 의심하며 그것을 증명하려는 수십 권의 책들을 출간했다.

나는 가끔 셰익스피어의 무덤 앞에 서서 기이한 묘비명을 한참 내려다보았다.

> 선한 벗이여 부디
> 이곳에 묻힌 유해를 파내는 걸 참아주시오.
> 이곳의 돌을 가만히 두는 자들에게 축복이 있고
> 나의 뼈를 옮기는 자에겐 저주가 있나니.

그는 마을의 작은 교회 앞에 있는 설교단 근처 묘지에 묻혔다. 이런 명예로운 자리를 허락받은 이유가 무엇일까? 3백 년이 지나도 여전히 사랑받는 재능 때문이었을까? 전혀 그렇다고 볼 수 없다. 영문학의 북극성이 될 시인이 교회에 묻힌 것은 단순히 그가 고향 사람들에게 돈을 많이 빌려주었기 때문이다. 샤일록이라는 인물을 만든 위대한 문인 셰익스피어가 고향 사람들에게 돈을 빌려주지 않았더라면 그의 유해는 오늘날 표시도 없는 무덤으로 방치된 채 사람들의 뇌리에서 잊혔을 것이다.

인생경영 포인트

윌리엄 셰익스피어(1564~1616)는 가깝게는 단테 이후, 멀게는 호메로스와 베르길리우스 이후 가장 위대한 시인 겸 극작가로 칭송되는 인물이다. 셰익스피어 이후 어떤 위대한 작가라도 그의 앞에 서면 작아지는 것을 느낀다고 실토했다. 가령 괴테는 연극 《햄릿》을 중심으로 하는 소설 『빌헬름 마이스터의 수업시대』를 쓰면서 아무리 애써도 셰익스피어를 따라잡지 못할 것 같다는 절망감을 토로했고, 도스토옙스키는 장편소설 『악령』에서 셰익스피어를 가장 위대한 작가라고 여러 번 칭송하고 있다. 심지어 버지니아 울프는 셰익스피어를 같은 작가로 생각해서는 안 되고 문학 그 자체를 뛰어넘은 사람으로 보아야 한다고 말하기까지 했다. 또한 영국의 저명한 셰익스피어 학자 스탠리 웰스Stanley Wells는 셰익스피어가 수백만 사람들에게 심미적 즐거움을 주는 지적 자극물과 같아서 도저히 그를 물리칠 길이 없다면서, 셰익스피어는 수도관 속을 흐르는 물 같은 존재로 수도관은 닳아빠질지 모르지만 물은 영원히 사라지지 않는다고 칭송했다.

셰익스피어의 생애는 다른 예술가들과는 다르게 과도한 음주, 도박, 마약, 섹스, 범죄, 정신이상 등 생활상의 일탈이 전혀 없었다. 극단에서 배우로 일하다가 극작가로 전직해 돈을 벌었고, 돈이 모이면 고향 마을에다 땅을 사두었고, 은퇴한 이후에는 고향에 내려가 편안히 살다 떠나 천수를 다했다. 때문에 이런 평범한 생활을 영위한 극작가가 어떻게 위대한 드라마들을 써낼 수 있었는지에 대한 의문이 끊이지 않는다. 인생의 쓰디쓴 경험 없이 어떻게 사랑, 질투, 열정, 광기, 의심이 가득한 인물들을 창작해냈는지, 혹시 셰익스피어가 아니라 다른 사람이 쓴 것이 아니냐는 근원적인 부정까지도 나왔다.

여러 셰익스피어 학자들, 가령 토머스 타일러나 프랭크 해리스는 셰익스피어가 쓴 14행시 소네트sonnet에서 제시된 자그마한 단서로 사생활을 역추적했다. 그중에서 대표적인 단서가 소네트 시집을 헌정한 W.H.와 소네트 147번에 나오는 운명처럼 사랑했다고 고백한 검은 여인dark lady이다.

W.H.는 윌리엄 허버트의 약자로 나중에 펨브로크 백작이 되는 인물이고, 검은 여인은 메리 피턴으로 엘리자베스 여왕의 호위 시녀였다. 셰익스피어 극단이 여왕 앞에서 연극 공연을 하는 과정에서 셰익스피어와 메리는 서로 사랑하게 된다. 두 사람이 열렬한 사랑을 나눈 것은 1597~1600년까지 약 3년간이다. 그런데 1600년에 펨브로크 백작이 이들 사이에 끼어들어 메리는 유혹에 넘어가고 만다. 그녀는 펨브로크의 아이를 가졌으나 그가 결혼을 거부하는 바람에 아이를 유산하고 에든버러 왕궁에서도 떠났다. 그렇게 런던으로 돌아온 것이 1605년 무렵이다.

그녀가 런던을 비운 부재의 5년 동안 셰익스피어는 위대한 비극을 집필했다. 『로미오와 줄리엣』의 첫사랑, 『안토니와 클레오파트라』에 나오는 성숙한 사랑, 『오셀로』의 질투, 『햄릿』의 의심, 『맥베스』의 강박증, 『리어 왕』의 광기가 모두 메리 피턴을 빼앗기고 사랑을 되찾지 못해 안타까워하던 셰익스피어의 실제 생활을 반영하고 있다. 그러니까 그가 창작해낸 멋진 캐릭터들은 모두 그의 부분적 초상화라는 이야기다.

하지만 물론 그의 사생활을 왈가왈부하는 것은 추정에 불과하고 뒷받침하는 결정적인 증거도 없다. 그저 우리는 셰익스피어가 뛰어난 극작가로 살면서도 예술가들이 흔히 저지르는 일탈을 전혀 하지 않은 바른 일생을 눈여겨보면 된다.

죽기 전까지 절대 은퇴하지 않겠다

———— 윌리엄 랜돌프 허스트 ————

1백만 달러가 수중에 있다면 무얼 할지 생각해본 적이 있는가? 윌리엄 랜돌프 허스트William Randolph Hearst는 매달 1백만 달러, 혹은 매일 3만 달러의 수입이 있다. 이 짧은 장을 읽는 시간, 그러니까 5분으로 따지면 그의 수입은 5분에 대략 1백 달러가 될 것이다.

윌리엄 랜돌프 허스트를 윌리엄이라고 부르는 사람은 없다. 가장 친한 친구들조차 'W.R.'이라고 부르며, 그의 회사에서 일하는 7만 직원은 늘 '보스'라고 존칭한다.

수백만 독자들이 그가 소유한 24개의 신문과 아홉 개의 잡지를 읽는다. 그는 세상에서 가장 부유하고 가장 영향력 높은 출판인이다. 그럼에도 불구하고 매사 비밀주의를 고집하는 신비한 인물이다. 대중은 윌리엄 랜돌프 허스트의 사생활보다 마하트마 간디의 사생활을 더 잘 알 정도다.

미국에서 가장 공격적으로 사업을 벌이는 이 출판인에 대해 나는 한 가지 놀라운 사실을 알고 있다. 말수가 적고 수줍음을 잘 타는 사람이라는 것이다. 50년 동안 그는 유명 인사들과 많이 어울렸지만 낯선 사람들 만나는 걸 그리 좋아하지는 않는다.

캘리포니아에 있는 거대한 사유지에는 보통 10명에서 60명에 이르는 손님들이 머무르고 있다. 하지만 그가 좋아하는 오락은 몰래 어디론가 빠져 나가 혼자서 솔리테르 카드 게임을 즐기는 것이다. 심지어 뉴욕에 있을 때 선호한 여가 활동은 한적한 거리를 걸어가면서 가게들의 진열장을 유심히 살펴보는 아이 쇼핑이었다!

서구에서 가장 규모가 큰 사유지는 캘리포니아에 있는 목장으로 허스트의 것이다. 부지만 1천 제곱킬로미터이며 태평양의 바위투성이 해안을 따라 무려 80킬로미터나 뻗어 있다. 말이 좋아 저택이지 실은 엄청나게 큰 땅이다.

파도 소리가 요란한 태평양에서 6백 미터 우뚝 솟은 지점, 바람이 거세게 부는 그곳에다 허스트는 무어 풍의 여러 건물이 있는 위풍당당한 대저택을 세우고 '황홀한 언덕'이라고 불렀다. 그는 엄청난 거액을 전혀 아까워하지 않고 이런 성채들을 장식하는 데 쏟아부었다. 성벽을 장식하는 벽걸이 융단 고블랭은 한때 프랑스 성을 아름답게 꾸미던 것들인데 이 집을 위해 유럽에서 공수해왔다. 조용한 홀에는 렘브란트, 루벤스 그리고 라파엘로의 은은한 그림이 귀족적 분위기를 한껏 높인다. 모두 세상 최고의 걸작으로 그 값이 과연 얼마나 나가는지 알 수 없을 정도다. 그곳을 방문한 손님들은 만찬 때면 거대한 연회홀에서 값을 매길 수 없는 예술 작품들에 둘러싸여 식사했다. 하지만 점심이라면 종이 냅킨에 올려놓은 간단한 식사를 대접받곤 했다.

허스트는 바넘 서커스단의 서커스를 우스워 보이게 할 만큼 다양한 야생동물을 수집했다. 얼룩말, 버팔로, 기린 그리고 캥거루가 대저택의 언덕을 돌아다녔고, 수천 마리의 이국적인 새가 나무 사이를 쏜살

같이 날아다녔다. 사자와 호랑이는 그의 개인 동물원에서 자기 집인 양 편안히 고함을 치고 으르렁거렸다.

내 친구 프랭크 메이슨Frank Mason은 허스트를 위해 프랑스에서 골동품을 사오곤 했다. 허스트는 귀중한 예술품들을 한 척의 배를 가득 채울 정도로—때로는 성 전체를— 사들여서 미국으로 가져왔는데 돌과 벽돌 그리고 목재를 구분해서 상자에 담고, 어디에 속하는지 숫자를 매긴 딱지를 하나도 빠짐없이 붙여 정확하게 원형 그대로 복원할 수 있었다.

무수한 예술품을 구매했으므로 그는 그것을 소장할 거대한 창고가 필요했다. 뉴욕에 마련한 창고에 지금 당장 쓰지 않는 것들을 전부 보관했다. 여기에는 20명의 직원이 상주했으며 뻐꾸기 시계부터 이집트 미라까지 소장품을 유지하는 데만 매년 6만 달러가 들어갔다.

윌리엄 랜돌프 허스트의 아버지는 미주리주의 농부였다. 허스트의 아버지는 1849년 골드러시* 때 서부로 건너왔다. 황소 떼를 거느리고 덮개를 씌운 수레를 타고서 평원을 가로질러 3천 2백 킬로미터를 횡단했다. 도중에 인디언들과 싸워가며 끝내 황금을 발견해 아버지는 백만장자가 되었다. 허스트의 아버지는 점점 나이가 들면서 자기 땅의 커다란 나무 그늘에 앉아서 편히 쉬는 것을 무척 좋아했다. 그런데 몇 년 전 허스트는 이 나무가 자기 방 창문에서 보이는 바다 풍경을 가로막는 것을 알게 되었다. 그는 아버지가 사랑하는 나무를 차마 없애버리지는 못해서 무려 4만 달러를 들여서 나무를 9미터 떨어진 곳으로 옮겼다.

---

* 1849년 미국 캘리포니아에서 노천 금광이 발견되어 사람들이 몰려들었는데, 이 현상을 골드러시라고 한다.

허스트는 동물을 무척 좋아했다. 이를테면 어느 날 영화 업계의 사장단이 할리우드에서 비행기를 타고 와서 그와 업무 회의를 하려고 했지만, 꼬리 일부분이 잘린 애완 도마뱀을 위로하느라 한참 기다리게 한 적이 있다. 또 다른 때에는 자정이 다 된 시간에 개인 요트를 보내 5백 달러의 진료비를 지불하며 수의사를 모셔오기도 했다. 애완동물인 기니 피그의 부러진 다리를 치료하기 위해서였다.

허스트는 이제 80세에 가까운 고령의 나이가 되었지만 테니스를 잘 친다. 40년 동안 테니스를 쳐왔지만 여전히 실력을 향상시키기 위해 개인 레슨을 받고 있다. 또 아마추어 사진 작가로 전문가급 실력을 자랑하며 매년 수천 장의 사진을 찍는다. 소총 사격 실력도 전문가를 뺨칠 정도다. 어느 날 요트를 타고 나갔을 때는 엉덩이에 리볼버를 고정시키고 있다가 권총을 재빨리 뽑아 들어 날아가는 갈매기를 떨어뜨려 손님들을 놀라게 한 적도 있다. 나막신 춤도 전문가처럼 잘 추고, 남을 흉내 내는 것도 코미디언과 다를 바 없으며, 이야기도 아주 맛깔나게 한다. 또한 기억력은 거의 백과사전을 통째로 암기한 것 같은 수준이다. 예를 들어 헨리 8세의 왕비들이 몇 명이었고 이름은 무엇이었는지 말해달라고 하거나, 미국 대통령들의 이름을 죽 나열해달라고 요청하면 막힘없이 술술 말해준다.

어느 날 지미 워커와 찰리 채플린이 허스트의 목장을 방문했을 때 두 사람은 성경의 어떤 구절의 문구를 두고서 논쟁을 벌였는데, 허스트는 정확히 한 글자도 틀리지 않고 구절을 암송해 두 사람의 논쟁을 단숨에 종결시켰다.

그는 젊은 사람들을 주변에 두는 것을 좋아했다. 절대 자신이 듣는 데서 죽음에 대해 이야기하는 것은 허용하지 않았다.

아버지로부터 3천만 달러를 물려받아 베짱이처럼 무위도식하며 살 수도 있었지만 그렇게 하지 않고, 거의 60년 동안 한결같이 매일 8~15시간을 일하며 재산을 불렸다. 허스트는 하느님이 자신을 은퇴시키기 전까지는 절대 은퇴하지 않을 것이라고 맹세했다.

허스트(1863~1951)는 아버지로부터 거금을 물려받았지만 그것을 흥청망청 쓰지 않고 크게 불려서 언론계의 거물급 인사가 되었다. 성경에서 주인으로부터 달란트를 받고 그것을 그대로 간직한 사람과 그것을 크게 불린 사람을 비교하면서 후자를 더 높이 평가하고 있는데, 허스트가 그런 경우라고 할 수 있다.

허스트가 큰 재산을 더욱 크게 불릴 수 있었던 이유는 세상 사물에 대한 강한 호기심과 궁금증을 지니고 있었기 때문이다. 성경과 역사에 대해 거의 백과사전적인 지식이 있었고, 고예술품에 대해서도 조예가 깊었다. 젊은 시절에 숙달해 테니스를 곧잘 치지만 80세가 넘어서도 레슨을 받는 모습만 보아도 호기심과 근면함을 짐작할 수 있다.

인생의 출발 선상에서 백리를 가려고 마음먹어도 80리를 가기 어려운데 중간에서 멈추어 설 생각을 하면 성공을 거두기는 어려운 법이다. 지금까지 이 정도 이루었으니 이제는 그만 물러가서 쉬어야지라고 생각하는 순간부터 사람은 퇴보한다. "하느님이 나를 은퇴시키기 전까지는 절대 은퇴하지 않겠다"라는 허스트의 맹세는 백세시대를 사는 우리에게 어떤 태도로 인생 후반전을 맞이해야 할지 가르침을 준다.

먼지를 뒤집어쓴 사과로 살 것인가?

───── 조앤 크로포드 ─────

⌇

10여 년 전 미주리주에서는 어떤 키 작은 여대생이 밤새 울다 지쳐 잠들곤 했다. 이 아가씨는 방값을 벌기 위해 스티븐스 대학의 구내식당에서 종업원으로 일했다. 그 시절 그녀는 너무 외롭고 힘들어서 슬피 울었다. 하지만 오늘날 그녀가 사람들 앞에 나타날 때면 주변에는 흥분한 군중이 몰려든다. 뿐만 아니라 그녀의 얼굴과 이름은 세계 7대양 주변의 모든 나라에서 셀 수 없을 정도의 많은 사람들이 알고 있다.

그녀는 너무 가난해 때때로 야간 경비원에게 돈을 빌리기도 했다. 또한 어떤 파티의 초대장을 받더라도 참석할 수가 없었다. 친구들이 그녀에게 준 헌 옷 말고는 입고 갈 옷이 없었기 때문이다. 오늘날 그녀의 옷은 무척 맵시가 좋을뿐더러 곧장 유행이 된다. 그녀가 입는 드레스는 전 세계 여자들이 어떻게든 따라서 입으려고 애쓴다. 드레스 제작자들은 제발 신상품을 입고 대중 앞에 나서달라고 간청한다. 그녀가 옷을 입어주면 저절로 인기를 얻어서 막대한 매출을 올리기 때문이다.

외롭고 비참하고 불행하고 키 작은 여대생, 드레스 하나 살 수 없을 정도로 무척 가난했던 여대생. 그녀는 대체 누구인가? 그녀의 이름은 루실 르수어다. 한번도 들어본 적이 없다고? 이것이 그녀의 진짜 이름이다. 하지만 지금 할리우드의 영화 업계에서는 조앤 크로포드Joan Crawford라는 이름으로 알려져 있다.

조앤 크로포드는 현재 가장 성공한 스타 중 하나다. 하지만 그녀도 가난했던 시절이 있었다. 돈 한 푼 없이 낯선 도시에 갇혀서 오도 가도 못한 적이 있었다. 그래서 가난한 생활이 어떤 것인지 잘 안다. 그녀는 배를 곯으면서 돈이 없어서 음식을 사 먹지 못하는 것이 무엇인지 안다. 벗어날 수 없을 것 같은 시간 속에서 괴로운 마음을 다독이며 사는 것이 무엇인지 너무나 잘 안다. 오클라호마주 로턴에서 태어나 어린 시절을 보낸 조앤 크로포드는 동네를 뛰어다니며 남자 아이들과 함께 구슬치기를 하고 나무를 타면서 대부분의 시간을 보냈다. 하지만 그 모든 일 중 마음을 가장 설레게 했던 것은 연기였다. 그녀와 친구들은 낡은 빈 상자를 주어 와 헛간에 임시 무대를 만들었다. 무대에 각광 효과를 주기 위해 랜턴에 불을 붙였다. 그곳에서 말, 비둘기 그리고 참새를 관객 삼아 조앤 크로포드는 놀라운 연기 경력을 시작했다.

그때 그곳에서 그녀는 언젠가 배우가 되어 우아한 숙녀답게 멋진 옷을 입겠다고 결심했다. 어른이 되면 붉은 벨벳 드레스를 입고 황금색 실내화를 신고 타조 깃털로 장식한 커다란 모자를 쓰고 뽐내며 다니겠다고 속으로 다짐했다.

조앤이 여덟 살이 되었을 때 집은 캔자스시티로 이사했고 어머니는 딸을 캔자스시티의 수녀원에 보냈다. 조앤은 숙식을 제공받는 대신 그곳에서 열심히 일해야 했다. 남자 아이들과의 흥미로운 달리기 시합은 더 이상 할 수 없었다. 낡은 헛간에서의 연기도 더는 없었다. 숙식을 얻는 대가로 14개의 방을 청소하고, 25명의 아이를 옷을 갈아입히고 침대에 눕혀야 했다. 그 외에도 그들이 먹을 음식을 요리하고 설거지해야 했다. 그녀는 푸른색과 흰색으로 염색한 거친 면직물 옷을 입었고 일렬로 길게 늘어선 철제 침대들 중 하나에서 쓸쓸히 잠에 들었다.

6년 뒤 그녀는 고등 교육을 받아야겠다는 대담한 생각을 했다. 일단 미주리주 컬럼비아에 있는 스티븐스 대학에 무조건 입학하고 보았다. 돈은 전혀 없었다. 이미 말했던 것처럼 그녀는 다른 여학생들이 물려준 헌 옷을 입었고, 숙식을 해결하고자 식당 종업원으로 일했다. 그 시절 식당 종업원으로 일하던 그녀를 모욕하고 업신여긴 여자들 중 몇몇은 이제 태도를 돌변해 이렇게 말한다. "조앤 크로포드요? 물론이에요, 잘 알죠. 무척 소중한 친구예요. 함께 대학을 다녔죠."

모교 스티븐스 대학은 이제 그녀의 후광으로 함께 빛나고 있고, 그녀의 거대한 사진을 구내식당 벽에 자랑스럽게 걸었다. 사진 아래에는 이런 글이 적혀 있다. '조앤 크로포드가 이 식당에서 종업원으로 일한 적이 있습니다.'

당시 그녀의 간절한 소망은 무용수가 되는 것이었다. 그래서 어떤 순회 공연단으로부터 매주 20달러의 주급을 줄테니 무용수로 오라는 제안을 받았을 때 당장 받아들였고, 마치 낙원의 가장자리에 발을 들여놓은 것 같은 기분을 느꼈다. 그러나 공연은 보름 뒤에 막을 내렸다. 공연단의 주최 측은 봉급을 줄 돈도 없었다. 한 푼도 손에 쥐지 못한 채로 그녀는 낯선 도시에서 오도 가도 못하고 갇힌 신세가 되었다.

그런 시련으로 인해 무대에 오르겠다는 조앤의 결의가 꺾였을까? 절대로 아니었다! 돈을 빌려 캔자스시티로 돌아갔고, 일하고 저축하며 열심히 돈을 모은 뒤, 어느 날 아침 시카고로 향하는 샌타페이 기차에 올랐다. 티켓을 산 그녀의 주머니에는 2달러가 남아 있었다. 얼마 남지 않은 돈마저 사라지는 것이 두려워 그날 두 번의 식사를 걸러야 했다.

조앤은 시카고의 한 카바레에서 무용수로 일했다. 그러다 뉴욕으로 와서 윈터 가든에서 코러스에 들어가 춤을 추었다. MGM 스튜디오의 영화 스카우터는 그녀의 춤을 《더 패싱 쇼》에서 보았다. 그녀에게는 우아함, 리듬감, 젊음, 개성 그리고 아름다운 두 다리가 있었다. 스카우터는 스크린 테스트를 받아보라고 제안했다.

"네? 영화요? 안 돼요!" 조앤은 영화가 아니라 연극계의 산실인 브로드웨이에서 당대 최고의 여자 무용수인 파블로바Anna Pavlovna Pavlova가 되길 열망했다. 하지만 한참 실랑이를 벌인 뒤 결국 더 이상 체면을 내세우지 않고 스크린 테스트를 받기로 했다. 그리고 할리우드행 티켓을 따냈고 더 아름다운 몸매를 만들기 위해 체중을 7킬로그램이나 줄였다. 하지만 할리우드는 그녀의 진짜 이름을 마음에 들어 하지 않았다. 루실 르수어? 시적이긴 했으나 발음하기가 너무 어려웠다. 앞으로 스타가 될지도 모르는 유명 여배우의 이름으로는 적합하지 않았다. 한 영화 잡지는 상금을 걸고 그녀의 예명을 공모했고, 이런저런 이름을 제시하는 수천 개의 편지들이 쏟아져 들어왔다. 공모 결과 루실 르수어는 조앤 크로포드로 바뀌었다.

유명 스타가 되려면 여전히 갈 길이 멀었다. 그녀는 단역을 주로 연기했고, 때로는 엑스트라로 뛰었으며, 노마 시어러Norma Shearer의 대역을 맡기도 했다. 밤에는 카바레에 나가 춤을 추었다. 찰스턴, 블랙 보텀, 세인트 루이스 홉 등의 카바레가 조앤의 무대가 되었다. 각종 춤 경연 대회에도 나가 수십 켤레의 신발이 닳도록 춤추었고, 멋진 우승컵을 수십 개나 따냈다.

그녀는 당시 지금과 같이 유명한 조앤 크로포드가 아니었다. 다소 키가 작은 토실토실한 여자였고, 크게 부풀려 올린 곱슬머리와 차가운 분위기는 수줍은 자기 감정을 은폐하기 위해 일부러 꾸민 것이었다. 그러던 어느 날 할리우드에 계속 머물면서 돈을 벌 생각이라면 변화해야 한다는 것을 깨달았다. 성공하겠다는 야심은 하룻밤 사이에 조앤을 다른 사람으로 만들었다. 낮에는 영화사에 갔다가 밤에는 춤을 추며 시간을 보내는 어정쩡한 생활을 단칼에 청산했다. 앞으로 오로지 영화에만 전력투구하겠다고 결심했다.

진지하게 공부하는 고된 일상을 기꺼이 받아들였고 프랑스어, 영어, 노래를 배웠다. 체중 감량에 돌입했고 원하는 체중에 도달하기 위해 3년 동안 끊임없이 다이어트를 하며 기회를 기다렸다. 이제 약간의 오렌지 주스로 맛을 낸 물 한 잔 마시는 것 외에는 아침 식사를 거의 하지 않았다. 하루 종일 버터밀크를 틈틈이 먹는 것 말고는 음식이라면 전혀 입에 대지도 않았다. 더욱 열심히 일했고 더 나은 평가를 받기 시작했다. 어떤 영화에서 난폭한 아파치족 인디언을 연기하다가 무대에서 떨어져 발목이 부러진 적도 있었다. 하지만 그녀는 배역을 잃을 게 두려워 의사에게 다리와 발에 테이핑만 해달라고 하고 계속 영화를 찍었다.

조앤 크로포드는 자기 인생이 크게 바뀐 것이 정말 놀랍다고 말한다. 가난하게 태어났으나 이제 돈으로 살 수 있는 것은 무엇이든지 살 수 있을 만큼 돈을 벌었고 그 결과, 호사를 누리고 있다. 아무런 지위도 없이 태어났지만 이제 가는 곳마다 열렬히 추종하는 사람들에게 둘러싸인다. 원래는 그리 아름다운 여성이 아니었으나 본인의 끊임없는 노력과 돌봄으로 이제 영화계에서 가장 아름다운 여성 중 한 사람이 되었다.

저명한 영화배우 조앤 크로포드(1905~1977)의 삶은 '가난뱅이에서 부자로 from rags to riches'라는 아메리칸 드림을 그대로 실현한 삶이다. 그녀는 자신의 불우한 처지를 한탄하지 않고 약진의 발판으로 삼아 앞으로 나아가려는 옹골찬 야심을 지니고 있었다. 먼저 자기가 무엇을 잘하는지 알아보던 중에 춤을 잘 춘다는 것을 알았다. 춤을 바탕으로 연극계에 진출해 유명한 연극배우가 되려는 인생 계획을 세웠고, 중간에 할리우드 영화사의 스카우터에게 발탁되어 영화계에 진출했다.

그녀의 시작은 참으로 미약했다. 단역이나 엑스트라 배역이 고작이었다. 크로포드는 현실을 불평하기보다는 자기 매력을 더 돋보이게 만드는 것이 선결 과제라고 생각하며 피나는 노력을 했다. 원래 통통했으나 그것이 매력 포인트가 되지 못한다는 것을 알고서 체중 감량에 돌입했다. 거의 굶는 것이나 다름없는 다이어트 생활을 3년 동안이나 했다. 그렇게 해서 몸매를 날씬하게 만들어 매력을 높였고, 영화사 사람들로 하여금 그녀를 캐스팅하도록 만들었다.

성공을 하려면 먼저 선 투자를 하고 후 보상을 기다려야 한다. 그러나 성공하지 못하는 사람은 먼저 보상을 잘 해준다면 성실히 노력하겠다며 정반대 방향으로 생각한다. 반짝이는 사과의 고사枯死를 보았는가? 먼지를 뒤집어쓰고 있는 여러 알의 사과 중에 유독 어떤 사과만 반짝반짝 빛난다고 생각해보라. 많은 사과들 중 어떤 것이 선택되겠는가? 성공의 제1요건은 자기 몸에 먼지가 앉지 않도록 열심히 갈고닦는 것이다.

난폭하게 뛰노는 마음부터 다스려라

—— 클라이드 비티 ——

그는 호랑이 발톱에 긁히고 물어뜯긴 적이 있다. 심지어 사자 이빨이 다리 뼛속까지 파고드는 것을 느끼기도 했다. 코끼리는 그를 난폭하게 두들겼고 곰은 그를 짓밟았다. 흑표범의 발톱에 상처 입기도 했고 하이에나에게 물리기도 했다. 살이 뜯긴 채로 피 흘리며 병원으로 실려 간 것만도 21번이었다. 지난번에 사자들 중 가장 큰 놈인 네로가 공격했을 때는 10주를 병원에 입원해 있었고 다리 하나를 거의 잃을 뻔했다.

클라이드 비티Clyde Beatty는 세상에서 가장 위험한 일을 한다. 그는 죽음의 입구를 날마다 한 번도 아니고 두 번씩이나 들여다본다. 생명보험사는 그가 언제든 흉포한 야수의 발톱에 갈기갈기 찢길 수 있다는 것을 잘 알기에 그의 목숨을 두고 보험을 들어주는 도박을 하지 않는다. 그는 서커스단 단원 중에 보험에 들 수 없는 유일한 출연자다.

비티는 내게 이런 말도 했다. 때로 사자와 호랑이를 다루는 일을 그만둘까 생각하지만 공장에서 출퇴근 카드를 찍거나 그와 비슷한 일을 하게 되면 지루해서 죽을지도 모른다고 했다. 어차피 죽어야 한다면 지루해서 죽는 것보다 피를 흘리며 죽는 게 더 낫다는 것이다.

클라이드 비티는 15년의 세월을 커다란 서커스단 천막 밑에서 보냈다. 오하이오주 칠리코시에 살던 어린 시절, 서커스에 미쳐 있었다.

어느 날 바넘 서커스단이 마을을 찾아왔다. 세탁소 사장은 가게 창문에 포스터를 붙였다. 노란색과 자주색 그리고 붉은색으로 채워진 화려한 포스터 속에는 우리에 갇힌 채로 고함치고 으르렁거리는 커다란 고양잇과 동물들에게 채찍을 휘두르는 사자 훈련사가 영웅적인 모습으로 그려져 있었다. 비티는 가게 안으로 달려들어가 세탁소 사장에게 서커스단이 마을을 떠나면 포스터를 달라고 간청했다. 그러자 사장이 말했다. "한 주 동안 내 심부름을 하면 줄게." 그는 곧바로 제안을 받아들였다.

열두 살 소년의 집에는 이미 달려들어 물려고 하고 으르렁거리는 '마귀들'이 있었다. 적어도 소년 자신은 개들이 그런 존재라고 믿었다. 그는 다섯 마리 개를 훈련시켜 앉고, 두 앞발을 들고, 구르고, 뒷다리로 걷게 했다. 그리고 서커스 포스터를 붙이고 이웃 아이들을 불러 모아 자기만의 야생동물 쇼를 했다. 이후 매년 서커스단이 마을에 올 때마다 그는 서커스단에 가서 일을 시켜달라고 간청했지만 너무 어리다는 이유로 매번 거절당했다.

그리고 어느 여름 서커스단의 커다란 운반차가 칙칙 소리를 내며 마을을 떠나갈 때 클라이드 비티는 몰래 차에 올라탔고, 그의 가슴은 흥분으로 마구 뛰었다. 부모는 사흘 동안 정신 나간 사람처럼 절박하게 아들을 찾았다. 아들이 서커스단에서 동물 우리를 청소하는 일자리를 얻었다고 편지를 보낼 때까지 어머니는 밤마다 눈물을 흘렸다. 당시 비티는 겨우 열다섯 살이었다. 애태우는 부모와 다르게 정작 본인은 매달 5달러를 받으며 낙원에서 살 기회를 얻었다고 생각했다.

10년이 흐르자 오하이오주 칠리코시 출신의 소년은 역대 모든 사자 훈련사를 능가하는 뛰어난 조련 실력을 보였다. 아주 대담하고 무모한 연기를 시도했는데 서커스 단원들조차 해서는 안 되는 일이라고 말릴 정도였다. 그들은 비티가 실제로 연기를 성공하자 정말 미쳤다면서 목숨이 푼돈보다도 못하냐고 질책하기도 했다. 그는 40마리의 으르렁거리고 침을 흘리는 사자와 호랑이를 같은 우리에 넣고 채찍을 휘두르며 훈련시켰다. 40마리의 사자와 호랑이는 증오심이 가득했고, 화를 참지 못해 잡아먹을 것처럼 포효했다. 서커스 단원들 사이에서도 비티의 공연은 엄청난 화젯거리였다. 서로를 숙적이라 보는 사자와 호랑이를 같은 공간에 두고 훈련시켰기 때문이다.

기이하게도 클라이드 비티는 사자와 호랑이가 가장 위험한 동물은 아니라고 말했다. 사자, 호랑이, 표범, 곰, 하이에나, 코끼리 등 온갖 동물을 겪어본 그는 가장 위험한 짐승을 북극곰으로 꼽았다. 모든 재주 중에 가장 어려운 것으로는 코끼리 등에 호랑이를 태우는 것이라고 했다. 실제로 어느 날 비티는 코끼리 때문에 죽을 뻔했는데, 코끼리가 호랑이 우리에 있다 나온 그의 몸에서 호랑이 냄새를 맡았기 때문이다.

혹시 조련사가 동물의 눈을 똑바로 보는 것으로 동물을 통제한다는 이야기를 들어본 적이 있는가? 클라이드 비티는 터무니없는 말이라고 했다. 설혹 육체파 여배우 매 웨스트가 눈을 똑바로 뜨고 쳐다보아도 사자는 전혀 신경 쓰지 않는다고 했다. 그는 조련사가 동물의 눈을 쳐다보는 유일한 이유는 그놈이 어떤 상태인지, 다음 행동이 무엇일지 알아내기 위해서라고 했다.

비티는 어떤 훈련사도 사자의 입에 실제로 머리를 밀어 넣는 일은 하지 않는다고 말했다. 그렇게 보일 뿐이라는 것이다. "엄청나게 무모한 동물 조련사 몇 명을 알기는 하지만, 사자 입안으로 머리를 밀어 넣을 정도로 미친 사람은 없었습니다." 게다가 사자는 입안에서 풍기는 냄새가 너무 지독해서 사자를 아무리 좋아하는 사람이라도 방독면을 써야 할 정도라고 했다.

사람들은 흔히 사자 조련사가 분노한 짐승을 통제하려고 시뻘겋게 달군 부지깽이를 쓴다고 오해한다. 하지만 비티는 자살하고 싶으면 그런 걸 들고 사자나 호랑이가 있는 우리로 들어가면 된다고 딱 잘라 말했다. 부엌 의자, 채찍, 빈 탄창을 넣은 리볼버 등 그는 사자에게 별로 해를 입히지 않는 무기를 쓸 뿐이다.

또한 비티가 발끈하는 경우는 사자 조련사라고 불릴 때다. 그는 사자 조련사가 아닌 훈련사였다. 자신이 맡은 사자나 호랑이는 조련되는 것이 아니라고 했다. 실제로 맹수들은 아시아나 아프리카의 정글에서 으르렁거릴 때와 다를 바 없는 야성을 그대로 간직하고 있다.

클라이드 비티는 조련된 동물, 그러니까 태어날 때부터 감금된 동물과 일한 적이 있었는데 어느 때든 길들여진 동물보다는 야생동물을 더 선호한다고 말했다. 조련된 동물은 버릇없는 아이와 같다고 했다. 그들은 새끼일 때부터 애지중지 어루만져주어서 아무것도 하려 들지 않았다.

그가 가장 자주 받는 질문은 사자와 호랑이가 붙으면 누가 이기냐는 것이다. 수십 번 사자와 호랑이가 함께 있는 커다란 우리에 들어가 바로 옆에서 싸우는 것을 보았지만, 솔직히 잘 모르겠다고 그는 대답한다. 사자는 늘 무리를 짓는 반면 호랑이는 홀로 싸웠다. 사자 한 마리가 싸움을 시작하면 모든 사자들이 도우러 온다. 특히 형제일수록 동지의식이 더 강하다. 사자는 마치 소년 같아서 싸움이 난 것을 보고 넘기는 일이 없으며 반드시 동참한다는 것이다. 하지만 호랑이는 집단의식이 없어서 다른 녀석이 죽임을 당하고 있는데도 받침대에 앉아 하품을 하기 일쑤라고 했다.

커다란 우리에서 클라이드 비티가 선보인 가장 놀라운 재주 중 하나는 곰이 완벽하게 공중제비를 돌게 한 것이다. 이것은 세상에서 그만 갖고 있는 유일한 재주였다. 이 기술을 그는 우연히 발견했다. 어느 날 우리에 들어가 있었는데 곰 한 마리가 이빨을 드러내고 발톱을 세우고 살기가 가득한 채 그를 찢어발기러 달려왔다. 공격이 너무나 갑작스럽고 맹렬해서 비티는 머리에 처음 떠오른 생각대로 반사 작용해 몸을 움직였다. 그는 곰의 코를 때렸다. 곰에게 코를 가격 당하는 것만큼 고통스러운 일이 없다. 비티의 주먹이 코를 두들기자 곰은 털썩 쓰러지더니 갑자기 완벽하게 공중제비를 돌았다. 여기서 비티는 아주 좋은 곡마단 아이디어를 얻었다. 이후 곰이 공중제비를 돌게 하려면 채찍으로 살짝 코를 치기만 하면 되었다. 한번 화살을 맞아 다친 새는 구부러진 나무만 보아도 놀란다는데 이 곰이 바로 그런 경우였다.

클라이드 비티는 누구보다도 정글과 평원의 야생동물을 잘 알았다. 그럼에도 불구하고 가장 좋아하는 동물은 개라고 말한다.

인생경영 포인트

연암 박지원은 이렇게 말했다. "우주 만물은 단지 문자나 글월로 표현되지 않았을 뿐 그것 자체로 하나의 문장이다. 어린아이들이 나비 잡는 것을 보면 『사기』를 쓸 때의 사마천의 마음을 간파해낼 수 있다. 앞다리를 반쯤 꿇고, 뒷다리는 비스듬히 발꿈치를 들고서 두 손가락을 집게 모양으로 만들어 다가가는데, 잡을까 말까 망설이는 사이에 나비가 그만 날아가버린다. 아이는 사방을 둘러보아도 사람이 없기에 어이가 없어 웃다가 얼굴을 붉히기도 하고 성을 내기도 한다." 우주 만물이 모든 것의 상징이라는 것이다.

그렇다면 동물 길들이기는 무엇의 상징일까? 바로 우리 마음의 단련이다. 의마심원意馬心猿이라는 말처럼 사람의 생각은 말과 같이 난폭하게 뛰놀고, 마음은 원숭이와 같이 제멋대로 움직여 항상 어지럽기 때문이다.

우리가 어릴 때부터 학교에 가는 것은 무엇 때문인지 아는가? 지식 습득을 위해서이기도 하지만 동시에 비좁은 공간에서 가만히 앉아 있는 법을 배우기 위해서다. 멋대로 행동했다가는 제재를 받는다는 사회의 불문율을 익히기 위한 것이다. 무엇인가를 이루고 싶다면 미루고 싶은 마음, 편안히 지내고 싶은 마음을 먼저 다스려야 한다. 그것이 바로 성실이라는 요소의 본질이다.

요행을 바라는 막연한 태도를 버려라

— 메리 픽포드 —

세상에서 가장 유명한 여성은 누구일까? 솔직히 나는 잘 모르겠다. 하지만 추측해보자면 그 명성은 글래디스 마리 스미스Gladys Marie Smith라는 체중이 44킬로그램을 겨우 넘는 아일랜드계 캐나다 여성에게 돌아가야 할 것 같다.

스미스는 아주 어렸을 때부터 무대에 올랐다. 다행스럽게도 그녀는 전문가인 데이비드 벨라스코의 지도를 받았다. 이 쇼맨십의 거장은 글래디스 스미스라는 평범한 이름을 더욱 우아하고 듣기 좋은 이름으로 바꾸어주었다. 그렇게 메리 픽포드Mary Pickford라는 이름이 탄생했다.

메리 픽포드는 그레타 가르보Greta Garbo가 여전히 스웨덴의 이발소에서 남자들의 얼굴에 비누칠을 하고 있을 때 이미 위대한 스타였다. 육체파 배우 맥 웨스트가 그 멋진 몸매로 남자들의 찬탄을 끌어내기 이전에 그녀의 이름은 널리 알려졌다.

메리는 세상 다른 어떤 영화계 스타보다 더 오래 은막의 세계에 종사해왔다. 더글러스 페어뱅크스가 처음으로 카메라 앞에 서기 전에 세계적으로 유명한 여배우였다. 그녀는 찰리 채플린이 할리우드에 건너오기 한참 전부터 가장 많은 돈을 받는 배우였다. 톰 믹스가 처음으로 말을 타고 영화 촬영장에 나타나기 전에 이미 매표소 앞에 사람들이 줄을 서게 만드는 박스 오피스 퀸이었다.

메리 픽포드는 아주 어렸을 때부터 직접 생활비를 벌었기에 아동 노동법에 저촉되었다. 때문에 뉴욕의 노인 단체인 '그레이 소사이어티' 같은 기관들은 그녀가 무대에서 연기하는 것을 막으려고 했고, 그녀가 극장에서 뽐내며 걷는 일은 그만두고 학교에서 산수를 배워야 한다고 말했다. 그래서 메리는 그들을 속일 수 밖에 없었다. 그녀에게는 한 살 더 많은 사촌이 있었는데 그의 출생증명서를 자신의 것인 양 위장해 법의 단속망을 피했다. 이것이 바로 오늘날까지 인명사전 『후즈후Who's Who in America』나 다른 안내 책자들이 그녀의 나이를 실제보다 한 살 많다고 소개하는 이유다.

메리 픽포드의 할아버지는 4월 8일에 태어났고 아버지 역시 같은 날에 태어났다. 메리가 태어나던 1894년 4월 8일은 픽포드 가문이 신생아를 위해 따로 빼둔 일종의 특별한 날이 되었다. 메리의 어머니는 이전에 시어머니가 했던 것처럼, 4월 8일에 남편의 생일 선물로 아이를 주고 싶었다. 하지만 실망스럽게도 메리의 세상 데뷔는 예정된 시간에 이루어지지 않았다.

메리는 4월 9일 새벽 3시에 세상에 나왔다. 그러나 메리 집안은 달력과 시계를 모두 무시해버리고 그녀의 생일을 4월 8일이라고 엄숙하게 선언했다.

30년 넘게 혹은 어머니가 살아 있는 동안 그런 거짓이 지켜졌고 생일 잔칫상도 계속 8일에 받았다. 하지만 어머니가 돌아가신 뒤 메리는 생일을 정확히 지키기로 해서 이제 4월 9일에 축하를 받는다.

메리 픽포드의 생애만큼 인생의 전반기와 후반기가 판이하게 달라지는 경우도 없을 것이다. 어린 시절 그녀는 직접 세탁을 하고 젖은 손수건을 유리창에 붙여 말렸으며, 고작 10센트의 식비로 하루를 버텼다. 그리고 10여 년이 지난 지금, 그녀는 시간당 약 1천 달러, 초당 약 15달러를 벌고 있다.

예전에 일도, 집도 없던 시절 그녀의 어머니는 몇 푼 안 되는 돈을 긁어모아 감자를 잘게 다져 만든 해시브라운 포테이토를 해주곤 했다. 그리고 해시브라운 포테이토는 메리 픽포드가 여전히 좋아하는 음식 중 하나다. 나는 그녀가 필레 미뇽이나 캐비어로 식사를 하는 것보다 어머니가 만들어주었던 해시브라운을 먹는 것이 더 좋다고 말하는 것을 들었다.

세상에서 가장 유명한 여자는 어떻게 살까? 취미로 무엇을 할까? 먹는 것은 메리가 즐거움을 느끼는 일이 아니다. 나는 어느 날 오후 6시에 그녀의 집에 우연히 들렀다. 그때 그녀는 하루 종일 먹은 것이라고는 토스트 한 조각과 차 한 잔뿐이라고 말했다. 배가 고프지 않은지 물어보자 이렇게 답했다. "아뇨, 전혀요."

몇 년 전 메리는 업튼 싱클레어Upton Sinclair가 쓴 『정글』*을 읽고 난 이후로 고기를 먹을 수가 없었다. 정육점 창문을 보기만 해도 몇 시간 동안 몸이 좋지 않았고, 어쩔 수 없이 지나쳐야 할 때면 늘 눈을 감아야 했다. 어렸을 때 양을 애완동물로 기르며 같이 놀았기에 식탁에 구운 양고기가 올라온 것을 볼 때마다 그녀는 어린 시절의 기억이 떠올라 도저히 먹을 수 없었다. 돼지고기도 입에 대지 않는다. 또한 자기가

---

* 미국의 소설가 업튼 싱클레어(1878~1968)가 1900년에 발표한 사회 고발 소설. 시카고 정육 업계의 비리와 부패를 적나라하게 고발했다.

낚시로 물에서 잡아 올린 생선도 먹지 못했다. 하지만 남이 잡은 것은 먹을 수 있었다.

메리 픽포드는 야망이 일종의 저주라고 말한다. 야망이 사람을 몰아치고 정신을 홀려버리기에 자기가 하고 싶은 일을 할 수 없게 만든다는 것이다. 실제로 그녀는 걷고 말을 타는 것을 좋아했지만 좀처럼 할 여유가 없었다. 하루 12~16시간을 일했고, 비서를 둘이나 데리고 있는데 자기만큼 열심히 일하거나 자기처럼 오래 일할 수 있는 비서는 기대할 수 없다고 말한다.

그녀는 시간 낭비를 아주 싫어한다. 프랑스인 여행 동반자 한 명을 데리고 자동차로 이동하는 순간조차에도 그를 상대로 프랑스어 동사 활용법을 연습한다.

메리는 세상 누구보다 더 많은 편지를 받는다. 편지를 읽는 것만 하루에 10시간이 필요할 정도다. 우체국은 어마어마하게 큰 자루에 편지를 담아 전달한다. 그중에는 동냥 편지도 수두룩하다. 그들이 요구하는 돈의 액수를 모두 합치면 그녀의 수입보다 10배는 많을 것이다.

메리 픽포드는 진실한 사람이고 사람들이 사랑할 만한 사람이다. 그런데 겸손하고 진지한 그녀는 자기가 중요한 인물이라는 생각 따위는 전혀 하지 않는다. 나는 그녀가 자기 무덤임을 알리는 묘비가 있든 없든 별로 신경 쓰지 않는다고 하는 말도 들었다.

모두가 아는 것처럼 메리는 종종 영화에서 아역을 맡기도 했다. 어린 시절 누릴 수 없었던 기쁨을 은막에서나마 누리길 갈망했기 때문이었다.

나는 픽포드에게 할리우드 스타만큼 예쁘고, 매력적이고, 능력 있는 젊은 여자가 미국에만 수천 명은 되지 않냐고 물었다. 그녀는 이렇게 말했다. "물론이죠. 하지만 성공은 기회에 달려 있어요. 기회는 우리가

'운'이라고 부르는 것의 또 다른 이름이죠. 그러니 할리우드 스타들은 운을 잘 붙잡은 사람들이에요."

메리의 아버지는 토론토, 버팔로 그리고 뉴욕을 오가는 호수 증기선의 사무장이었는데, 메리가 네 살 때 쇠로 된 도르래에 머리를 부딪치는 기이한 사고를 당해 목숨을 잃었다. 아버지의 이름은 존 스미스였다. 아버지가 환생해 아기였던 글래디스가 세상에서 가장 유명한 여자가 된 것을 본다면 얼마나 놀랄까!

인생경영 포인트

메리 픽포드(1892~1979)는 1910년대 후반과 1920년대 무성영화계 최고 스타로, 1930년대 초반에 이르러 은막에서 은퇴했다. 미국에는 그녀만큼 예쁘고, 매력적이고, 능력 있는 젊은 여자가 많은데 왜 누구는 발탁되고 누구는 발탁되지 못할까?

메리는 그것이 기회에 달려 있다고 말한다. 기회의 원어는 Break로 이 단어를 눈여겨볼 필요가 있다. 브레이크는 기존의 길에서 변경을 의미하는 것으로 곧 익숙한 것과의 결별을 뜻한다. 남들이 8시간 일한다고 나도 8시간 일하고, 남들이 주말에 편히 쉰다고 나도 그들과 똑같이 시간을 보내는 것이 누구에게나 익숙한 일상이다. 하지만 그렇게 해서는 남다른 성공을 거둘 수는 없다. 자신의 자질이 남들과 별로 다를 바 없는데 그보다 뛰어난 결과를 원하는 것은 요행을 바라는 막연한 태도인 것이다.

힘들게 성공을 거두었다 하더라도 교만해지지 않으며 초심을 유지하는 것도 중요하다. 아래에 있을 때나 위에 있을 때나 익숙한 것과의 결별을 늘 일상으로 하며 살아야 한다.

메리는 세계 최고의 스타가 되었다고 해서 스스로 특별하고 중
요한 사람이라는 생각은 조금도 하지 않았다. 오히려 더 큰 성공을
쫓는 지나친 야망을 일종의 저주라고 표현하며 경계했다. 예로부터
득롱망촉得隴望蜀이라는 말이 있다. "농나라를 얻으니 촉나라를 차지
하고 싶다"라는 뜻으로 어떤 것을 얻으면 만족하지 못하고 더 좋은
것을 얻기를 바라는 인간의 욕심을 가리키는 말이다. 어쩌면 성공
은 인간이 욕심을 제대로 다스려 기회를 발견하고 꾸준히 유지하
는 일인지도 모르겠다.

누구에게나 한번쯤
변신의 기회는 찾아온다

—————— 빌리 선데이 ——————

기독교 설교단 역사상 가장 유명한 설교자는 한때 술고래이자 야구 선수였던 빌리 선데이Billy Sunday다. 미국 남녀노소 3분의 2에 달하는 8천만 명이 그의 세련되진 않지만 열정적인 죄와 구원에 관한 메시지를 들으러 몰려들곤 했다.

악마를 맹비난하는 35년의 세월 동안 그는 1백만 명 이상의 영혼을 빛으로 인도하는 순회 전도 집회를 개최했다. 또한 금주법*을 제정하는 데 가장 큰 영향력을 발휘한 개인이었다.

나는 빌리 선데이를 자주 보았다. 그는 맹렬한 에너지를 내뿜는 인

---

* 미국 헌법 수정조항 제18조에 의거해 1920년 1월 16일부터 시행된 일체의 알코올 음료를 금지시킨 법. 고귀한 실험이라는 이름 아래 제정된 이 법은 근본주의적 사고 방식에 젖어 있는 농촌 중산 계층의 편협한 도덕심에서 생겨난 것이다. 그러나 금주법은 술을 마시고 싶은 사람들의 욕망을 억제하는 데 실패했을 뿐만 아니라 오히려 밀주, 밀매, 밀수입 등을 촉진했다. 이로 인해 금주법은 마피아 같은 범죄단이 돈을 벌게 해주는 뒷배경이 되었다. 1933년 12월에 헌법 수정조항 제21조가 의회를 통과해 금주법은 폐지되었다.

간 발전기였다. 자기 가슴을 두드리고, 상의를 황급히 벗어 던지고, 칼라와 넥타이를 풀고 의자로 뛰어오르고, 한 발로 설교단 위에 선 다음 바닥으로 몸을 날려 야구 선수가 홈 베이스로 슬라이딩하는 모습을 그는 흉내 냈다. 빌리 선데이가 하는 설교를 들으면서 조는 사람은 없다. 그의 설교는 서커스만큼 즐거웠다. 워낙 활기차게 설교하는 터라 그에게 체력 관리는 필수였다. 늘 트레이너를 대동하고 다녔고, 마사지를 받지 않고 보낸 날은 하루도 없었다.

피츠버그에서 8주 동안 설교하는 동안 수많은 신문은 그가 주최하는 집회를 매일 커다란 헤드라인으로 뽑아서 화려하게 보도했다. 도시 전체가 흥분으로 휩싸였다. 대형 백화점에서는 전 직원을 보내 설교를 듣게 했다. 공장 여공들은 떼를 지어 정오 모임에 참석했다. 어느날 10명의 경찰관이 1만 5천 명의 군중 앞에 나와 하느님의 사람이 되겠다고 선언하기도 했다.

대다수 전도자들과 다르게 빌리 선데이는 주로 남자들의 흥미를 끌었다. "저야말로 촌놈 중의 촌놈이죠. 아직도 농가 마당의 냄새가 저한테 배여 있어요. 거위 기름을 머리에 바르고, 난로에 쓰는 흑색 도료로 구두를 검게 칠합니다. 마대 수건으로 코를 닦고, 잔 받침에 커피를 마시고, 칼로 음식을 먹습니다. 저는 문법적으로 맞지 않는 말을 자주합니다. '했어'라고 말해야 할 과거형에다 '하고 있어'라고 현재형으로 말하고, '봐서 처리했어'라고 현재분사형으로 말해야 할 때 '봤어'라고 과거형으로 말하곤 합니다. 이런 말버릇에도 불구하고 여전히 천국에 갈 거라고 생각합니다."

빌리 선데이는 아이오와주 통나무집에서 태어났고 고아원에서 자랐다. 열다섯 살이 되었을 때는 학교에서 수위로 일해 매달 25달러를 벌었고, 교육을 받을 기회도 얻었다. 수위 일은 새벽 2시에 일어나

14개의 난로에 석탄을 넣고, 난로 전부가 오전 동안 꺼지지 않도록 관리하고, 바닥을 닦아 반들반들 윤을 내는 것이었다. 그런 여러 가지 일을 하면서 동시에 학교 공부도 열심히 해 뒤처지지 않아야 했다.

처음으로 얻은 '진짜 일'은 아이오와주 마셜타운에서 장의사를 보조하는 일이었다. 그 일을 하면서 야구 선수로서 이름을 알리기 시작했다.

야구 선수 중에 발이 빠른 것으로 유명해서 시카고 화이트삭스의 주장인 팝 앤슨은 그를 영입하려고 사람을 보냈다. 그리고 스물한 살이 되기 전에 빌리 선데이는 메이저리그에서 스타 선수가 되었다. 그는 이렇게 말하곤 했다. "홈에서 다시 홈으로 돌아오는 데 14초면 충분하죠. 단 한번도 깨진 적 없는 기록이에요."

그가 술을 좋아하는 야구 선수에서 존 웨슬리** 시절 이후 가장 사람을 매혹시키는 설교자로 변신한 것은 어느 날 경험한 하느님의 계시 때문이다. 그 사정은 빌리 선데이 본인의 말을 직접 인용하겠다.

"1887년 어느 날 저는 유명한 야구 선수 몇 명과 어울려 시카고 거리를 걷고 있었습니다. 우리는 술집으로 갔죠. 일요일 오후였고, 몹시 취한 채로 술집에서 나와 길모퉁이로 가서 앉았습니다. 길 건너엔 한 무리의 남녀가 악기를 연주하는 중이었죠. 호른, 플루트, 슬라이드 트롬본을 들고서요. 일부는 복음 성가를 불렀는데, 아이오와주 통나무집에서 어머니가 불러주시곤 했던 그 노래였습니다. 저는 울고 또 울었습니다. 그러자 한 젊은 남자가 앞으로 나와 이렇게 말하더군요. '우리는 퍼시픽 가든 미션***으로 가는 중입니다. 우리와 함께 가지 않겠습니

** 영국의 종교가이자 감리교의 창시자다.
*** 시카고의 노숙자 보호 시설

까? 당신도 즐거우리라 확신합니다. 주정뱅이들이 어떻게 마음을 고쳐먹게 되었는지, 여자들이 어떻게 홍등가에서 구원을 받았는지 말해줄 겁니다.' 이에 저는 일어서서 동료 선수들한테 말했죠. '내 야구 선수 생활은 끝났어. 난 예수 그리스도에게 갈 거야. 이제 우린 헤어져야겠군.' 그러고는 저는 동료들에게 등을 돌렸습니다. 몇몇은 크게 웃었고 다른 몇몇은 절 조롱했죠. 그래도 한 사람은 절 격려해주었습니다."

빌리 선데이는 이렇게 본격적인 기독교 신자의 길로 들어섰다. 의심 많은 사람들과 냉소적인 사람들은 그가 돈을 벌기 위해 대중의 종교적인 갈망을 이용하고 있다고 비난했다. 하지만 진상은 그와는 아주 다르다. 그는 야구 선수로서 매달 받는 5백 달러의 봉급을 포기하고 YMCA에서 83달러의 봉급을 받으며 일했다. 심지어 때로는 그런 봉급조차 제때 지불되지 않아 반 년 뒤에 받기도 했다!

빌리 선데이가 1917년 뉴욕에 왔을 때를 나는 기억한다. 허드슨강의 바빌론이라 불렸던 이 도시가 그토록 종교적 열성을 보인 적은 그 이전은 물론 이후로도 없었다. 그가 뉴욕에 온다는 사실은 몇 달 전부터 예고되었고 그에 대비해 적어도 2만 번의 기도모임이 열렸다. 168번가와 브로드웨이 거리가 만나는 곳에 2만 명을 수용할 수 있는 가건물 예배소가 지어질 예정이었고, 4백 명의 일꾼이 건물을 완성하기 위해 열심히 일했고, 화물차 넉 대 분량의 톱밥이 집회를 대비하기 위해 바닥에 깔렸다.**** 그리고 성가대석에만 2천 개의 의자가 놓였다. 또한 2천 명의 자원봉사자가 7백 명씩 교대로 신자들에게 좌석을 안내했다.

**** 순회 전도 집회에서는 사람들의 발소리를 줄이고, 흙먼지가 일어나는 것을 방지하고자 톱밥을 까는 게 전통이었다.

뉴욕에 머무는 동안 빌리 선데이는 그렇게 125만 명에게 설교했다. 그리고 거의 10만 명의 죄인이 설교단으로 나와 자신의 사악한 생활 방식을 버리겠다며 참회했다.

빌리 선데이(1862~1935)는 학교 수위, 장의사 보조, 프로 야구 선수, 목사 등으로 인생 유전이 심한 삶을 살았다. 그중에서도 가장 의미 있는 변신은 목사가 된 것이다. 지금까지의 삶과 완전히 다른 삶을 살겠다는 인생의 중반에 내린 과감한 결단이었다.

우리는 모두 힘없는 아이로 태어나 주위의 보살핌을 받으며 성장한다. 성인이 되면 직업을 정립하고 결혼해 가정을 꾸린다. 그러다더 이상 다른 사람의 도움이 필요하지 않을 정도로 안정적인 생활을 누리면 "인생이 이게 다야?", "더 가슴 뛰는 삶은 없을까?" 하고 주위를 두리번거리게 된다. 이것이 바로 37~42세 사이에 찾아오는 중년의 위기다.

주위에서도 평범한 사람들이 중년의 위기를 통과하는 것을 쉽게 목격할 수 있다. 가령 잘나가던 치과 의사가 병원을 그만두고 음반 가게를 차려 클래식 음악 전문가로 나선 경우가 있다. 물론 변신이 좋은 쪽으로 이루어지지 않는 경우도 있다. 회사 생활을 잘하던 사람이 가족들의 안위는 아랑곳하지 않고 갑자기 사라져서 연락을 끊어버린다든지, 아주 얌전했던 사람이 주색잡기에 빠져서 방탕해진다든지, 한 푼 한 푼 박봉에 시달리며 힘들게 살다가 도저히 이런 생활을 할 수 없다며 회사 돈을 빼돌려 주식에 투자하다가 감옥에 간다든지 하는 경우도 있다.

인생의 중반에는 누구에게나 전환의 국면이 찾아오는데, 그것이 좋은 쪽으로 이루어질 수 있도록 평소에 각별히 신경을 써야 할 것이다. 빌리 선데이는 돈보다 신앙이라는 자신의 종교적 믿음을 실천해낸 훌륭한 변신의 사례다.

행운이라는 변수를
인생에 끌어들이는 법

—— 엘리 컬버트슨 ——

1921년, 성마른 한 청년은 파리의 대로를 따라 거들먹거리며 걸어갔다. 호주머니는 텅 비어 있었지만 그의 가슴은 끓어오르는 분노로 가득 차 있었다. 4백만 달러를 강탈당했기 때문이다. 좀 더 구체적으로는 그의 가족이 그런 일을 당했기 때문이다. 미국인 지질학자이자 채광 엔지니어인 그의 아버지는 몇 년 전 러시아로 갔고, 유전을 발견해 어마어마한 재산을 모았다. 이후 제1차 세계대전이 끝났을 때 소련은 아버지의 재산을 몰수했고 단 한 푼도 남겨주지 않았다. 1921년 청년은 목숨을 구하고자 파리로 도망쳤고, 호주머니에는 달랑 20달러만 남아 있었다. 그마저 쓰고 나면 굶어야 하는 상황이었다.

청년은 모험을 걸었다. 도박 클럽으로 들어가 바카라 게임의 일종인 슈만드페르 카드 놀이에 5달러를 내놓았다. 그런데 카드를 뽑으려고 할 때 어느 프랑스인이 조롱했다. 그는 벌컥 화를 내며 욕하며 당장 사과하라고 요구했다.

프랑스인이 사과했을까? 그렇지 않았다! 오히려 엄청난 모욕을 느졌고 그에게 결투를 신청했다. 그들은 클럽 뒤로 달려 나가 맨주먹으로 서로를 마구 때리기 시작했다. 두 남자의 두 눈두덩이는 새까맣게 멍들었고, 코에서는 피가 흘렀다.

싸움이 끝나고 도박판으로 돌아왔을 때, 청년은 너무 놀라서 할 말을 잃었다. 자기가 건 돈이 판돈을 모조리 따버린 것이었다. 싸움에 정신이 팔려 있는 동안 한 번만 돈을 딴 게 아니라 계속 돈을 따서 그가 걸었던 5달러는 1만 달러라는 기하급수적인 금액이 되어 있었다.

청년의 삶은 통째로 변했고, 수백만 명의 사람에게 영향을 미치게 되었다. 어떻게 그랬냐고? 당신은 브리지 게임을 하는가? 컬버트슨 시스템은? 당시 주먹다짐이 없었다면 컬버트슨 시스템은 아예 없었을 것이다.

엘리 컬버트슨Ely Culbertson은 도박 클럽으로 돌아갔을 때 백계 러시아인 군대에 자원해서라도 전 재산인 5달러를 돌려받을 생각을 하고 있었다. 하지만 이제 주머니를 1만 달러로 채웠으니 싸움 따위는 모조리 잊어버렸다. 대신 소련 정부를 상대로 아버지가 빼앗긴 4백만 달러를 배상하라는 소송을 제기했다. 그것이 1921년의 일이었다.

컬버트슨은 당시 보잘것없는 상태로 게임이나 하고 있었지만 이제는 콘트랙트 브리지* 게임으로 매년 한 주에 1만 달러, 매년 50만 달러를 번다. 그렇게 번 돈을 전부 다 가져가지도 않는다. 전 세계 브리지 팬이 던지는 수많은 질문에 대답하는 것에 그는 매년 3만 달러를 쓴다. 그가 고용한 조수들이 질문에 무료로 답해주고 있다.

아이러니하게도 콘트랙트 브리지의 대명사인 컬버트슨은 독실한

---

* 4명이 2조로 나뉘어 하는 카드 놀이로 처음에 계약한 점수 이상으로는 점수를 딸 수 없는 것이 게임의 주된 특징이다.

장로교인인 아버지에게 모든 도박은 죄악이며, 카드는 악마의 해로운 술수라는 가르침을 받으며 자랐다.

칼 마르크스와 톨스토이에 무척 관심이 많았던 그는 늘 급진적인 사상에 사로잡혀 있었다. 심지어 러시아에서 보낸 학창 시절에도 비밀 혁명 위원회를 조직해 활동했다. 그는 미국인인 자신의 여권을 활용해 스위스로 가서 레닌이 제네바에서 발행하던 금지된 볼셰비키 신문을 비밀리에 들여오기도 했다.

1922년 미국에 갔을 때 그는 철학이나 사회학과 교수 자리를 얻으려 했지만 성공하지 못했다. 이후 석탄을 팔아보려고 했지만 실패했다. 다음으로는 커피를 팔아보려고 했지만 그것 역시 실패였다. 결국 그는 사회주의자 그룹에게 프랑스 문학을 가르치는 과외 선생이 되었고, 바이올린 연주자였던 자신의 형 밑에서 매니저로 활동했다.

당시 그는 브리지 게임을 가르쳐야겠다는 생각은 전혀 하지 못했다. 카드에 능숙하지 않았을 뿐만 아니라 고지식하기도 했다. 게임을 하면서 워낙 많은 질문을 던졌고, 게임이 끝나고 난 후에는 계속해서 복기를 하는 바람에 누구도 그와 같이 게임을 하고 싶어 하지 않았다. 브리지 게임을 다룬 책도 읽었지만 별 도움이 되지 않았던 경험을 살려 결국 그는 직접 책을 쓰기로 했다. 몇 년 동안 브리지 게임에 대해 다섯 권의 책을 썼지만 대중적인 가치는 없었다. 그 사실을 잘 알았던 그는 식자를 하기 전에 원고를 찢어버렸다. 하지만 그 이후로 쓴 책들은 10여 개 언어로 번역되었고 거의 1백만 권이 팔렸다. 그중 하나는 심지어 브라유 점자로 만들어져 시각 장애인들도 브리지 게임 실력을 늘릴 수 있다.

컬버트슨은 1910년 처음 미국에 왔다. 어머니가 아들이 예일 대학교에서 공부하길 바랐기에 미국에 왔던 것이다. 하지만 그는 영어를 제대로 알지 못해 예일 입학시험에서 떨어졌다.

참 우스운 일 아닌가! 그는 미국 시민이었다. 미국 역사를 속속들이 아주 잘 알고 있었다. 게다가 러시아어, 독일어, 프랑스어, 스페인어, 이탈리아어까지 구사했지만 영어는 제대로 말할 수 없었다.

예일 대학교 입학이 좌절된 후 그는 캐나다까지 흘러갔다. 그러다 가 철도 노동자들의 노동 시간을 기록하는 기록원으로 취직했고, 그 곳에서 노동자들이 건설 현장에서 착취당하는 사실을 직접 목격하고 대중 앞에서 분노하며 연설했다. 노동자들이 회사에게 속고 있으며 보수도 제대로 못 받고 있다는 점을 폭로했다. 노동자들의 파업을 조 직했고 그러다가 결국 회사에서 쫓겨나고 말았다. 그 후 컬버트슨은 가장 가까운 마을까지 320킬로미터를 걸어갔고, 부랑자들과 함께 여 행했다. 화물 열차에 몰래 타기도 했으며, 주방 문 앞에서 음식을 구걸 하기도 했다.

아마 지금 컬버트슨 시스템을 사용해 브리지 게임을 즐기는 여자들 중 누군가는 당시 주방 뒷문으로 엘리 컬버트슨에게 샌드위치와 따뜻 한 커피를 건넨 사람일 것이다.

인생경영 포인트

1917년 러시아 공산 혁명이 성공하면서 당시 러시아 사회의 많은 귀족과 부자들은 소비에트 혁명 정부에 재산을 모두 빼앗겼다. 한 동안 백계 러시아인 군대는 볼셰비키 정부를 상대로 내전을 벌였으 나 결국 진압되고 말았다.

이 무렵인 1921년 우연히 파리로 건너온 컬버트슨(1891~1955)은 온갖 인생 유전 끝에 브리지 게임의 정교한 놀이 규칙인 컬버트슨 시스템을 고안해 명성을 떨치게 되었다. 그는 원래 소설가나 경제학 교수가 되고 싶었다. 그러나 미국에서 취업이 안 되자 캐나다로 갔고 그곳에서도 노동자 착취가 심한 현장을 목격하고서 의분을 느껴 노조를 조직했다가 회사에서 쫓겨났다. 그럼에도 자신의 작은 기술인 브리지 게임을 주특기로 해 돈을 벌었고, 책을 써서 이름을 날리게 되었다.

인생에서 여러 번 국면 전환이 있었으나, 그는 절대 좌절하지 않았고 상황에 잘 적응했다. 인생에는 언제나 행운이라는 변수가 작용하는데 행운이 언제 찾아올지 모르니 자신을 믿고 기다리며 대비해야 한다는 것이 컬버트슨 인생의 교훈이 아닐까?

피해야겠다고 생각하면 이미 늦다

—————— 잭 뎀프시 ——————

∾

나는 일을 한 번 할 때마다 초당 2천 달러를 버는 남자와 저녁을 같이 먹은 적이 있다. 정확히 말하면 그가 한 번 일하는 시간은 237초였으므로 초당 2천 달러 이상을 번 것이고, 이것은 4분도 채 되지 않는 시간에 총 50만 달러를 번 것이다. 남자의 이름은 잭 뎀프시Jack Dempsey다. 잭 뎀프시는 권투 스포츠 역사상 전설이 된 사람이다. 나는 브루클린의 미국 연안경비대 훈련 본부에서 그를 만나 저녁 식사를 같이 했다. 그곳에서 그는 연안경비대 소령으로 근무 중이었고, 수천 명이 그에게 복싱, 레슬링 그리고 주짓수를 훈련받고 있었다.

　제2차 세계대전 초기에 잭 뎀프시의 인기가 실제로 입증되는 사건이 있었다. 중서부 지방의 한 신문사가 연안경비대에서 뎀프시가 일하고 있다는 소식을 보도한 직후였다. 기사는 지역 신병 훈련소가 문을 닫은 토요일에 나갔다. 그리고 그다음 날 일요일 아침에는 휴일인데도 불구하고 250명이 넘는 사람들이 신병 훈련소에 몰려들었다. 이 소식을 접한 해당 신문사의 편집장은 곧바로 당국에 전화를 걸어서 사정을 알렸다. 그러자 신병 훈련소는 문을 열어 잭 뎀프시의 지도 아래 훈련받으려는 이들을 전부 받아들였다.

잭 뎀프시는 인생에서 가장 괴롭고 의욕이 꺾였던 시절로 1919년 제스 윌러드Jess Willard를 이기고 세계 헤비급 챔피언이 된 직후를 꼽았다. 다른 많은 이들이 이미 발견한 사실을 자기는 그때서야 발견했다고 했는데, 그것은 바로 무엇을 소유하는 것보다 무엇을 추구할 때 인생에서 더 큰 즐거움을 느낀다는 것이다.

챔피언이 된 날, 뎀프시의 삶은 갑자기 통째로 바뀌었다. 전혀 준비되지 않은 상태에서 아주 빠르게 다른 세상에 떨어졌다. 신문사 기자, 사진사, 사인 수집가, 영업 사원, 돈을 빌려달라는 옛 친구가 그를 따라다니며 괴롭혔다. 신문사와 잡지사에서 인터뷰 요청이 빗발쳤고, 무대에서 강연을 했고, 특허 의약품을 홍보했고, 자선 단체를 위한 모금 행사를 도왔다. 할리우드는 그의 인생을 영화로 만들려고도 했다. 그는 미국과 영국에서 상류층 사람들에게 융숭한 접대를 받았는데, 고등 교육을 받은 그들은 접대를 한답시고 그가 이해하지 못하는 단어를 쓰고, 혼란스러운 여러 가지 질문으로 당혹스럽게 했다.

이런 이야기를 전하며 잭 뎀프시는 이렇게 말했다. "시골 학교에 다닐 때 노새를 타곤 했죠. 공부에는 거의 관심이 없어서 그다지 교육이라고 할 만한 걸 받지 못했습니다. 그래서 배운 사람들이 하는 말이 무슨 소린지 알아듣지 못했습니다."

심지어 사람들이 하도 따라다니며 괴롭혀 잭 뎀프시는 편히 식사조차 할 수 없었다. 호텔 방에서 식사를 주문하더라도 여섯 명의 웨이터가 식사를 가져왔고, 여섯 명 모두가 그가 식사하는 것을 가만히 서서 지켜보곤 했다.

영국에 갔을 때 메리 왕비는 버킹엄 궁전에서 한번 보자며 초대장을 보내왔는데, 뎀프시는 몸이 아파 갈 수 없다고 답했다. 버킹엄 궁전의 초대를 거부한 사람은 역사를 따져보아도 뎀프시가 유일할 것이다. 하지만 그는 정말로 몸이 좋지 않았다. 어색함, 걱정, 책임 그리고 갑자기 상승된 신분에 대한 혼란 등으로 몸에 병이 났던 것이다.

1919년 7월 4일, 잭 뎀프시가 제스 윌러드에게서 헤비급 챔피언 자리를 뺏은 날이었다. 그날 밤 그는 승리 이후 뒤따른 축하 행사로 기진맥진한 상태로 잠자리에 들었다. 그리고 끔찍한 악몽을 꾸었다. 경기에서 지는 꿈꾸었다. 꿈은 무척 생생하고 현실적이어서, 새벽 3시에 그는 잠에서 깨 곧바로 옷을 입고 계단을 달려 내려가 신문을 한 부 샀다. 잭은 이렇게 말했다. "그러면서 신문을 파는 애들 중 한 명에게 누가 경기에서 이겼는지 물어봤죠." 그러자 소년은 이렇게 답했다. "뎀프시가 이겼어요. 잠깐만, 뎀프시 아니에요?" 잭은 쑥스러워 소리 없이 웃으면서 고개를 끄덕였다. 그러자 소년은 이렇게 말했다. "그렇다면 누가 이겼는지 확실히 알고 있을 텐데요." 경기에서 지는 악몽을 꾸고서 자기가 정말 세계 챔피언이 되었다는 사실을 확인하고 싶은 멍한 상태였다는 걸 이 소년이 알았더라면 그리 놀라지 않았을 텐데!

뎀프시는 내게 이런 말을 했다. "가난이 너무나 부끄러웠습니다. 가난하지 않았더라면 내가 전문 싸움꾼이 될 일은 절대로 없었을 겁니다." 태평한 사람이었던 그의 아버지는 바이올린 켜는 것을 즐겼고, 모험을 쫓아 끊임없이 이곳저곳으로 이사를 다녔으며, 무지개 끝에 있는 황금 단지를 찾아다녔다.*

어느 날 뎀프시와 아버지는 어머니와 11명의 아이들 그리고 바이올

---

* 영국 북쪽 아일랜드에서 내려오는 신화에서 유래했다. 무지개를 타고 다니는 레프러칸이라는 작은 초록색 요정이 그 무지개 끝에 황금 단지를 숨겨놓았다는 이야기다. 여기서는 허황된 꿈을 쫓는 모습을 뜻한다.

린을 수레에 태우고 콜로라도의 높은 산맥을 통과해 이동했다. 해발 3천 미터가 넘는 높은 계곡에 이르자 공기가 희박해 말들이 탈진했고, 그중 한 마리가 죽었다. 게다가 잭의 어머니마저도 건강이 나빠져 언제 죽을지 모르는 상태였다. 그녀는 급기야 실신했고 극심한 고통으로 몸부림쳤다. 아버지는 당장 그곳에서 어머니를 내려보내 덴버에 있는 처형의 집으로 보낼 작정이었다. 승무원이 어린 잭은 무료로 태워주지 않을까 하는 기대로, 어머니는 잭과 함께 기차를 타러 갔다. 하지만 잭은 당시 여덟 살이었고, 승무원은 어머니에게 정상 요금의 반값을 내지 않으면 잭은 기차에서 내려야 한다고 단호히 말했다. 어머니는 지독히 앓고 있는 중이라 수중에 돈이 없다고 애원했다. 하지만 승무원은 돈이 없으면 기차를 타지 못한다고 딱 잘라 거절했다. 이러지도 저러지도 못해 걱정이 된 어머니는 눈물을 흘렸다.

그러자 통로 건너편에 앉은 한 카우보이가 잭을 부르더니 낮은 목소리로 말했다. "얘야, 어머니께 걱정하지 말라고 전하렴. 정 돈을 내야 하는 상황이 되면 아저씨가 네 차 푯값을 내주마."

이야기를 하며 뎀프시는 내게 이렇게 말했다. "가난해서 정말 지독하게 수치스러웠죠. 그때 굳게 결심한 겁니다. 내가 크면 다른 사람이 날 모욕하고 차에서 내리라고 명령하는 일이 절대 없도록 만들겠다고요. 어머니가 사람들 앞에서 우는 걸 보고 그렇게 수치스러울 수가 없었습니다. 거기서 바로 결심한 거예요. 프로 복서가 되자, 그래서 돈을 벌자. 그리고 언젠가 내 차 푯값을 물어준 그 카우보이처럼 부유한 사람이 되자고요."

잭 뎀프시는 집에서 키우던 사냥개처럼 투지 넘치는 싸움꾼이 되자고 마음먹었다. 그에게는 덴버라고 하는 얼룩무늬 불도그가 있었는데, 수비 자세로 싸우는 일이 단 한 번도 없었다. 그래서 잭은 상대방 개가 덴버의 등가죽을 물어뜯더라도 전혀 개의치 않았다. "덴버는 공격적인 싸움꾼이었죠. 늘 그 녀석처럼 싸우려고 했어요. 경기 중에 입술이 터지기도 했고, 눈이 찢어지지도 했고, 갈비뼈에 금이 가기도 했지만, 상대 선수의 공격 중에서 유일하게 아팠던 건 갈비뼈 석 대를 부러뜨린 존 레스터 존슨John Lester Johnson의 공격 뿐입니다. 다른 타격은 별로 영향을 주지 않았어요. 그런 공격은 신경조차 쓰지 않았죠. 링에서 나는 계속해서 나에게 말을 걸었죠. '누구도 날 멈출 수 없어. 누구도 날 다치게 할 수 없고. 난 무슨 일이 벌어지더라도 계속 싸울 거야'라고요."

덴프시는 '팜파스의 성난 황소' 루이스 피르포Luis Firpo와의 시합에 대해서도 몇 가지 놀라운 사실을 전했다.

스포츠 역사상 그처럼 짜릿하고 숨 막히는 흥분을 불러일으킨 복싱 경기는 없었다. 어마어마한 군중들이 자리에서 펄쩍 뛰어오르며 미친 듯이 소리를 내질렀다. 무려 7천 명이 경기를 보러 왔고, 총 1백만 달러의 표가 팔렸다. 237초 만에 그렇게 많은 공격이 오가는 모습은 누구도 본 적이 없었다. 첫 라운드에만 일곱 번의 녹다운이 있었다. 링 주변에 앉은 스포츠 기자들조차 두 선수가 얼마나 많이 녹다운을 당했는지 헤아리지 못할 지경이었다.

덴프시는 그 시합에서 무슨 일이 벌어졌는지 전혀 기억나지 않는다고 내게 말했다. 피르포를 여러 차례 녹다운시킨 것을 기억하지 못했다. 심지어 자기가 녹다운당해 링 밖으로 떨어진 것도 기억하지 못했다. 그렇게 쓰러지는 바람에 타자기 하나를 망가뜨리고, 여러 스포츠 기자를 덮칠 뻔했다는 것도 당연히 기억하지 못했다.

경기는 두 번째 라운드에 끝났다. 하지만 덴프시는 탈의실에 돌아왔을 때 두 라운드를 싸웠는지, 열 라운드를 싸웠는지 혹은 스무 라운드를 싸웠는지 헤아리지 못했다. 이것이 바로 그가 237초 동안 초당 2천 달러 이상을 번 경기다.

훌륭한 선수라면 자신의 두 가지 자질을 깜짝 놀랄 정도로 단련하는데, 바로 집중력과 자동적인 반사 신경이다. 뎀프시도 마찬가지였다. 그는 싸움에 돌입하면 맹렬히 집중하는 터라 관중석에서 나는 소리를 전혀 듣지 못했으며, 자신의 반응 속도가 워낙 빠르고 반사 신경적인 것이라 무엇을 하는지도 모를 때가 많다고 했다. "상황을 판단하려고 멈추어야 한다면, 그건 너무 늦는 겁니다. 나는 경기가 끝난 뒤 무슨 일이 벌어졌는지 보려고 신문을 읽곤 했어요. 상대를 녹다운시켰어도 내가 무슨 공격으로 그를 쓰러뜨렸는지 모르는 경우가 허다합니다. 어떤 때는 심판이 카운트를 세는 소리를 들을 때까지 상대가 바닥에 쓰러졌다는 것도 몰랐죠. 물론 내가 녹다운을 당해 쓰러졌을 때도 종종 무슨 일이 벌어졌는지 몰랐습니다."

잭 뎀프시는 고작 열두 살 때부터 링에 올랐다. 버려진 양계장을 임시 체육관으로 만들었고, 텀블링을 하려고 바닥에 낡은 매트리스를 깔았고, 모래와 톱밥으로 샌드백을 만들었다. 턱 근육을 강화하려고 평소 송진 껌을 계속 씹었다. 덕분에 강력한 펀치를 턱에 맞아도 다치는 일이 없었다.

1910년 7월 4일, 짐 제프리스와 잭 존슨이 세계 헤비급 챔피언 결정전을 벌인다고 발표했을 때, 잭 뎀프시는 고작 열다섯이었다. 하지만 그는 이렇게 혼잣말했다. "언젠가 저기서 이기는 사람을 내가 때려눕힐 거야." 그는 직접 만든 샌드백에 분필로 짐 제프리스의 얼굴을 그렸다. 그리고 그 옆에는 잭 존슨의 얼굴을 그렸다. 며칠 동안 그는 둘을 마구 때렸다. 잭 존슨이 경기에서 승리하자 뎀프시는 존슨의 얼굴을 샌드백 양쪽에 그리고는 마구 두들겼다.

그날로부터 9년 뒤 직접 만든 샌드백을 양계장에서 두들기던 소년
은 잭 존슨을 무너뜨린 제스 윌러드를 녹아웃시키며 세계 헤비급 챔
피언이 되었다. 당시 그의 아버지는 솔트 레이크 시티에 살고 있었는
데, 한 지역 신문사가 사옥으로 초대해 즉시 경기 결과를 알 수 있게
해주었다. 신문사 건물 밖에는 경기 결과를 알고 싶어 하는 어마어마
한 군중이 깔려 있었다. 그들은 뎀프시의 아버지에게 한마디해달라고
요청했다. 아버지는 발코니로 나와 제스 윌러드가 덩치가 너무 커서
아들이 네 라운드를 버티지 못할 것 같으며 이길 가망이 없어 보인다
고 말했다.

하지만 전보로 잭의 승리가 알려지자 아버지는 발코니로 달려 나와
이렇게 소리쳤다. "봤지! 내 아들이 이길 거라고 했잖아! 내 아들이 이
길 거라고!"

시합을 위해 훈련할 때 잭 뎀프시는 하루에도 여러 번 기도를 올렸
다. 또 시합 시작을 알리는 벨이 울리기 직전에도 늘 기도를 했다. 기
도의 힘으로 확신과 용기를 지니고 시합에 나섰다.

"평생 기도하지 않고 침대에 눕거나 밥을 먹은 적이 없습니다. 내
기도가 수천 번 응답받았다는 걸 압니다. 기도를 하면 언제나 그 기도
로부터 좋은 일이 생겼습니다."

인생경영 포인트

잭 뎀프시(1895~1983)는 1910년대 후반에 세계 헤비급 챔피언 자리
에 올라서 1926년까지 그 자리를 지킨 당대 최고의 파이터였다. 그
가 펼치는 게임은 매번 난타전이 벌어져서 관중들은 경기가 끝날

때까지 흥분의 도가니 속에서 짜릿한 전율을 느꼈다고 한다. 하지만 그런 그도 첫 번째 헤비급 챔피언 자리에 올랐을 때는 꿈인지 생시인지 분간이 안 되어 경기에서 지는 꿈을 꾸었다는 일화는 시사하는 바가 많다. 진검 승부에서 승리하는 것이 얼마나 어려운지 또 그가 이기고 싶다는 소망이 얼마나 간절했는지를 보여준다.

뎀프시는 챔피언의 자질로 집중력과 자동 반사 신경, 두 가지를 꼽았다. 상대방에 타격을 가하는 행동에 돌입할 때 어디를 때려야 하고 어떻게 피해야겠다는 생각을 하면 이미 늦다는 뜻이다. 수많은 연습을 통해 머리를 쓰기 전에 행동이 먼저 나가는 경지에 올라야 성공할 수 있는 법이다.

불가의 고승들은 도道의 실천은 아시방뇨屙屎放尿와 같은 것이라고 했다. 소변과 대변을 보는 일처럼 즉각적이고 자연스럽게 도를 실천해야 한다는 뜻으로, 잭 뎀프시나 불가의 고승들은 이미 오래전에 인생경영의 핵심을 알고 있었던 셈이다.

궁할수록 더욱 단단해지는 법이다

———— 라이어널 배리모어 ————

1918년 라이어널 배리모어Lionel Barrymore가 밀트 생크스라는 역할으로 등장한 연극《독사》가 브로드웨이에서 처음 상연되던 날, 나는 현장에 있었다. 획기적인 역사를 만들어낸 눈부신 공연이었다. 흥분한 관중들은 자리에서 벌떡 일어나 15번의 커튼콜을 외치며 격렬히 환호했다.

15년 뒤 나는 브로드웨이의 MGM 본사 그린룸*에서 라이어널 배리모어와 오래 이야기를 나누었다. 그가 배우로서 인정받기 위해 엄청 고생했다고 말했을 때 깜짝 놀랐다. "네? 배리모어 아닙니까. 선생님 뒤에는 가문의 위신이 있는데요. 절대 그런 고생 따위는 할 일이 없을 것 같습니다만!" 나는 항의했다.

그는 잠시 나를 쳐다보더니 낮고 우르릉거리는 목소리로 대답했다. "자네가 말하는 그런 짐승 같은 사람은 어디에도 없어. 가문의 배경으

* 극장이나 연주회장의 배우와 연주자를 위한 휴게실. 옛날에는 사방 벽이 녹색으로 칠해져 있어서 이런 이름이 붙었다.

로 출세를 하려 들다니. 유명한 이름은 도움이 되는 게 아니라 종종 핸디캡이 될 뿐이야."

배리모어 집안의 아이들은 기이하고 다소 우연이 넘치는 어린 시절을 보냈다. 아버지 모리스 배리모어는 아주 멋지고 매혹적인 배우였고, 때론 파격적인 행동으로 무대 뒤에서 역사를 만들기도 했다.

아버지는 주머니를 탈탈 털어서 동물을 사들였다. 심지어 곰을 집으로 데려오기도 했다. 뿐만 아니라 원숭이, 고양잇과 야생동물 그리고 다양한 종류의 개까지 데려왔다. 한번은 배리모어 형제가 스테이튼 아일랜드의 농가에서 여름휴가를 보낸 적이 있는데, 이때에도 늙은 흑인 하인 한 명과 형태, 크기, 종種이 다른 35마리의 개가 함께였다.

라이어널, 잭(존 배리모어의 별칭) 그리고 에설 배리모어Ethel Barrymore가 《라스푸틴과 황후》에 등장했을 때 할리우드는 이것이 배리모어 삼남매가 모두 출연한 최초의 작품이라고 자랑스럽게 홍보했다. 그러나 사실 할리우드 진출은 그보다 훨씬 이전의 일이었다. 배리모어 삼남매는 이미 40년 전에 데뷔했다. 데뷔 당시의 극장은 스테이튼 아일랜드의 하숙집 뒤에 있는 다 무너져 가는 헛간이었으며 관중은 이웃 아이들이었다. 입장료는 1페니였고 총매출은 37센트였다. 그들은 《카미유》를 공연했다. 누나 에설은 임시 극단주였기에 라이어널과 잭에게 각각 10센트를 주었고 형제의 항의에도 불구하고 나머지 17센트를 모두 챙겼다.

원래 라이어널이나 존은 무대 스타가 되고 싶은 생각이 없었다. 그들은 모두 화가가 되길 꿈꾸었다. 라이어널은 한때 파리에서 그림까지 공부했다.

나는 라이어널에게 과거에 돈이 다 떨어지고 굶주린 적이 있는지 물었고, 이런 답변을 들었다. "많았지. 잡지에 스케치를 팔 수 없었으니까. 집에다 전보를 치면 늘 돈을 송금받을 수는 있었어. 하지만 때때로 전보를 칠 돈조차 없었지. 잭과 나는 그리니치 빌리지에 원룸을 얻기도 했어." 그는 계속 말을 이었다. "하지만 가구를 살 돈이 없었지. 실제로 우리는 침대조차 없었어. 그래서 할 수 없이 방바닥에서 잤어. 너무 추우면 책으로 몸을 덮었어. 우리랑 같이 살던 친구는 작가였는데, 뺐다 끼울 수 있는 탈착식 금니를 하고 있었지. 돈이 다 떨어졌을 때 피치 못하게 금니를 전당포에 맡겼어. 아직도 기억이 나네. 맨해튼 동쪽에서 전당포란 전당포는 다 찾아다녔지. 조금이라도 더 쳐주는 곳을 찾기 위해서였어. 그런데 그 금니로는 70센트 이상을 받을 수가 없더라고."

26세에 라이어널 배리모어는 스타가 되었고 브로드웨이에서 이름을 드높이 알렸다. 하지만 53세에는 그저 한물간 추억이 되었다. 잘생긴 동생 존은 세상에서 가장 높은 연봉을 받는 스타 중 하나였고, 누나 에설은 자기 이름을 딴 극장을 뉴욕에 갖고 있었지만, 라이어널은 할리우드에서 연출자로 일하며 얼마 안 되는 벌이에 만족해야 했다.

친구와 가족들은 라이어널의 추락에 충격을 받았다. 그들은 미국에서 가장 재능 있는 연극배우가 허송세월하고 있다고 크게 안타까워했다. 하지만 그는 불평하지 않았다.

라이어널은 무대에서 30년 동안 얻은 기술과 지식을 영화의 연출에 아낌없이 쏟아부었다. 그는 꿈꾸었고, 연구했고, 실험했다. 동시녹음 촬영기를 손쉽게 이동시킬 수 있다는 점을 최초로 발견하기도 했다. 이 발견은 영화 촬영에 대변혁을 일으켰다. 《마담 X》의 루스 채터턴Ruth Chatterton, 《로그 송》의 로런스 티베트 그리고 《춤 한 번에 10센트》의 바버라 스탠웍Barbara Stanwyck을 통해 영화사를 화려하게 장식했다. 그는 이미 53세였고 본인도 자신의 배우 인생은 끝났다고 믿었다.

그런데 그가 앞으로 평생 연출 일만 하겠다고 마음먹는 순간에 좋은 기회가 생겨났다. 당시 노마 시어러Norma Shearer는《자유의 혼》을 제작하는 중이었는데, 아버지 역할에 훌륭한 배우가 필요했다. 라이어널 배리모어는 배역을 꿰찼고, 엄청난 영광까지 얻게 되었다. '영화 예술 과학 아카데미'에서 훈장을 받은 것이다. 그때까지 그를 한물간 배우로 여기던 제작자들이 섭외하려고 다투었다.《노란 티켓》,《마타 하리》,《그랜드 호텔》,《라스푸틴과 황후》,《아, 황야》까지 계속 흥행에 성공했다.

나는 라이어널 배리모어에게 할리우드에 돌아오기 전 낙담한 적이 있었는지 물었다. 그는 이렇게 대답했다. "아니, 나는 한 평생 오르락내리락했어. 많은 사람들이 내 배우 인생은 끝났다고 했지. 하지만 난 한 번도 그 문제를 깊이 생각해본 적이 없어. 그럴 시간이 없이 항상 너무 바빴거든."

인생경영 포인트

라이어널 배리모어의 인생은 노익장이라는 한마디로 요약할 수 있다. 노익장은 늙어갈수록 더욱 힘차진다는 뜻인데, 사람들은 노익장이라는 말은 알아도 여기에 짝을 이루는 대구가 있다는 것은 잘 모른다. 바로 궁익견窮益堅으로 궁할수록 더욱 단단해진다는 뜻이다.

라이어널은 동생이 영화배우로 이름을 날리고, 누나는 극단주가 되어 잘 나가는 동안 수입이 그리 많지 않은 영화 연출자로 지냈기에 좌절을 느낄 만했다. 하지만 기죽거나 침울해하는 일 없이 자기 일에 매진했고 그러다 보니 오히려 기회가 생겼다. 상황이 어렵게 느껴질수록 더욱 뜻을 단단하게 가져야 한다는 지혜를 전해준다.

그가 젊은 시절 파리로 건너가서 그림을 공부하면서 고생을 한 것, 뉴욕 그리니치의 원룸 시절 난방도 되지 않는 방에서 너무 추워 책을 이불 삼아 잠을 청했던 것 등은 비록 당시로서는 고생스러운 일이었으나 나중에 뒷심을 발휘할 수 있는 원동력이 되었다. 인생은 언제 좋은 기회를 만나, 어떻게 변화가 올지 모르기 때문에 늘 기회를 기다리며 준비하고 있어야 한다. 곤궁한 때일수록 더욱 성실하게 준비하라는 말은 역설처럼 들릴지도 모른다. 그러나 성공한 사람들은 대부분 역경 속에서도 좌절하지 않고 장래의 성공을 준비했던 이들이다.

6장

인생을 대하는 빛나는 태도들

내일을 기대하는 마음

— 헬렌 켈러 —

마크 트웨인은 언젠가 이렇게 말한 적이 있다. "19세기에 가장 흥미로운 인물은 나폴레옹과 헬렌 켈러다." 마크 트웨인이 그렇게 말했을 때 헬렌 켈러는 고작 열다섯 살이었다. 오늘날 그녀는 여전히 20세기의 가장 흥미로운 인물로 평가되고 있다.

헬렌 켈러Helen Keller는 눈이 완전히 멀었다. 하지만 대다수의 평범한 사람보다 훨씬 많은 책을 읽었다. 보통 사람보다 백배는 더 많은 책을 읽었을 것이며 뿐만 아니라 직접 일곱 권의 책을 쓰기도 했다. 자기 삶을 주제로 한 영화를 만들었으며 직접 연기를 하기도 했다. 완전히 귀가 먹었지만 대다수의 사람보다 훨씬 많은 음악을 즐긴다.

그녀는 어린 시절 9년 동안 언어 능력을 잃었다. 하지만 그 후 말하는 능력을 힘겹게 얻어 아메리카 합중국 모든 주에서 강연했고, 보드빌에서 주요 연기자로 활약했다. 또한 유럽 전역을 여행하기도 했다.

헬렌 켈러는 아주 정상적인 아이로 태어났다. 첫 1년 반 동안은 다른 아이들처럼 보고 들을 수 있었고 심지어 옹알이를 하며 말을 하려고까지 했다. 그러다 갑자기 참사가 닥쳤다. 원인 모를 병에 걸려 태어난 지 19개월 만에 귀가 먹고, 말을 못하고, 눈이 멀었다.

그녀는 정글의 짐승처럼 변했다. 마음에 들지 않는 물건을 박살냈고, 양손으로 음식을 집어 입속으로 마구 밀어 넣었다. 누군가 그런 행동을 바로잡으려고 하면 바닥에 쓰러져 비명을 지르며 바르작거렸다.

절망한 헬렌 켈러의 부모는 그녀를 퍼킨스 맹인 기관에 보냈고, 지도할 선생님을 주선해주길 간청했다. 그때 마치 빛의 천사처럼 앤 설리번Anne Sullivan이 나타났다. 설리번은 당시 겨우 스무 살이었지만 보스턴의 퍼킨스 기관을 떠나 귀가 들리지 않고, 말을 못하고, 눈이 먼 아이를 가르치는, 거의 불가능에 가까운 일을 기꺼이 맡았다. 앤의 삶에도 비극적이고 가슴 아픈 일들이 가득했기 때문이다.

열 살 때 앤 설리번은 어린 남동생과 함께 매사추세츠주 툭스베리의 구빈원으로 보내졌다. 그곳은 사람들로 너무 북적여서 남매는 매장을 앞둔 시신들을 잠시 놔두는 안치실에서 자야 했다. 어린 남동생은 병약해서 그곳에 들어간 지 6개월 뒤에 죽었다. 앤도 열네 살이 되었을 때 거의 눈이 멀 뻔해 퍼킨스 기관에 보내져 점자 읽는 법을 배웠다. 하지만 눈이 멀지 않았고 오히려 시력이 전보다 더 나아졌다. 그후 다시 눈이 보이지 않은 때는 설리번이 죽기 직전인 50년 뒤, 최후의 어둠이 찾아왔을 때뿐이었다.

앤 설리번이 헬렌 켈러에게 일으킨 기적을 몇 마디 말로 분명하게 설명할 수는 없을 것이다. 완전한 어둠과 침묵 속에서 산 아이와 소통하는 데 불과 한 달이 걸린 일도 마찬가지로 짧고 명쾌하게 정리할 수 없다. 그 이야기는 『헬렌 켈러 자서전』에 훌륭하게 묘사되어 있다. 그책을 읽은 사람이라면 누구든 귀가 먹고, 말을 못하고, 눈이 먼 어린아이가 어느 날 처음으로 사람에게 말이란 게 있다는 것을 깨달았던 순간, 얼마나 행복했을지 능히 상상할 수 있을 것이다. 켈러는 이렇게 말했다. "그 중대한 날이 저물 때 저보다 행복한 아이는 없었을 겁니다. 낮에 느낀 즐거움을 되새기면서 저는 침대에 누워 처음으로 내일이 오길 고대했습니다."

헬렌 켈러는 스무 살이 되자 래드클리프 대학에 입학할 정도의 고등 교육을 마쳤다. 대학에는 설리번과 함께 다녔다. 당시 헬렌 켈러는 다른 학생처럼 읽고 쓸 줄 알았을 뿐만 아니라 언어 능력까지도 회복한 상태였다. 그녀가 말하는 법을 배웠던 첫 문장은 "저는 이제 벙어리가 아닙니다"였다. 몇 번이고 그 말을 되풀이하면서 그녀는 자기에게 찾아온 기적에 황홀감과 행복감을 드러냈다. "저는 이제 벙어리가 아닙니다."

오늘날 그녀는 약간 외국 억양이 있는 사람처럼 말한다. 브라유 점자로 된 타자기로 책을 쓰고 잡지 기고문을 작성한다. 수정이 필요하면 머리핀으로 여백에 작은 구멍을 낸다.

헬렌 켈러는 뉴욕 시내에 있는 포리스트힐스에 사는데, 나는 그곳에서 몇 블럭 떨어진 곳에 산다. 내가 보스턴 불독을 데리고 산책 할 때면 때때로 목양견을 동행하고 정원에서 거니는 그녀를 보곤 한다.

나는 그녀가 종종 혼잣말로 중얼거리는 것을 보았는데, 보통 사람들처럼 입술을 움직이지 않고 대신 손가락을 움직여 수화로 혼잣말을 했다. 많은 사람이 그녀가 맹인이기 때문에 초자연적인 어떤 제6의 감각이 있을 것으로 생각하지만 그녀의 촉각과 미각 그리고 후각이 보통 사람과 똑같다는 것이 과학적 검사를 통해 입증되었다. 방향 감각도 보통 사람과 비슷하다고 켈러의 비서가 말했다. 켈러는 종종 집으로 오는 중에 길을 잃었고 실내의 가구가 옮겨지면 완전히 당황했다.

하지만 그녀의 촉각은 무척 예리해 손가락을 살짝 친구들의 입술에 대는 것만으로도 무슨 말을 하는지 이해할 수 있었고, 피아노나 바이올린의 나무 부분에 손을 얹는 것만으로 음악을 즐길 수 있었다. 심지어 선반에서 느껴지는 진동으로 라디오를 듣기까지 했다. 그녀는 가수의 목에 살짝 손가락을 대는 것으로 노래를 즐기기도 한다. 그러나 아쉽게도 직접 노래를 부르지는 못한다. 당신이 헬렌 켈러와 오늘 악수를 하고 5년 뒤 다시 악수를 하게 된다면 그녀는 악수만으로도 당신을 기억할 것이다. 당신이 화가 나 있든, 행복하든, 낙담하든, 유쾌하든 어떤 심리 상태에 있더라도 말이다.

헬렌 켈러는 배의 노를 젓고, 수영을 하고, 말에 타 숲속을 질주하는 일을 즐긴다. 또 특별히 전용으로 만든 장비로 체스를 둔다. 심지어 손으로 더듬어 그림과 숫자를 알 수 있게 만든 카드 팩으로 혼자서 하는 솔리테르 카드 게임까지 즐긴다. 비가 오는 날이면 종종 뜨개질이나 코바늘 뜨개질로 시간을 보낸다.

우리 대다수가 세상에서 가장 큰 고통은 앞이 보이지 않는 것이라고 생각한다. 하지만 헬렌 켈러는 눈이 머는 것은 귀를 먹은 것만큼 고통스럽지 않다고 한다. 그녀를 세상으로부터 단절시키는 완전한 어둠과 침묵 속에서 그녀가 가장 그리워하는 것은 사람의 친근한 목소리다.

인생경영 포인트

셰익스피어의 『리어 왕』에서 글로스터 백작은 에드가와 에드먼드라는 두 아들을 두었다. 사생아 에드먼드는 형 에드가를 아버지에게 무고해 집안에서 쫓겨나게 한다. 글로스터 백작은 에드먼드에게 배

신당하고 정적에게 두 눈알을 뽑힌 후에야 비로소 누가 자신을 도와줄 진짜 아들인지 깨닫는다. 역설적이게도 앞을 보지 못하게 되었을 때 비로소 사태의 진실을 알아보게 된 것이다.

광야에서 백작을 만난 리어 왕은 이렇게 말한다. "오호, 너도 나와 같은 신세냐? 눈에는 눈알이 없고 지갑에는 돈이 없는 신세. 네 눈은 겉껍데기만 있고 네 지갑은 앞뒤가 짝 달라붙었단 말이지? 그렇지만 너는 이제 이 세상이 어떻게 돌아가는지 볼 수 있게 되었다." 이것은 빛의 반대편인 어둠에 들어갔을 때 사태의 진상을 더 잘 보게 된다는 역설이다.

헬렌 켈러(1880~1968)는 눈이 멀고, 귀가 멀고, 말을 할 수 없는 삼중의 고통을 겪었으나 좌절하지 않고 선량한 교사 앤 설리번을 만나 어려움을 모두 극복했다. 위기를 극복하기 전에는 아무런 기대도 없는 삶을 살았으나, 말을 하게 되고부터는 내일이 오기를 기대하는 마음으로 잠에 들었다고 한다. 또 어둠과 침묵 중에서 침묵이 더 두렵다고 말하며 친구들의 다정한 음성을 아주 소중하게 여겼다.

당신은 헬렌 켈러와 같이 내일을 기대하며 잠드는가? 나에게 주어진 당연한 것들에 감사하는 마음, 가족과 친구들의 다정한 음성을 소중히 여기는 마음이 있을 때 우리 삶은 더욱 밝게 빛날 것이다.

평생 근심 걱정 없는 때는
한 달도 되지 않는다

—— 마크 트웨인 ——

할리우드는 이 나라가 배출한 가장 주목할 만한 사람의 생애를 다룬 영화를 제작하는 데 2백만 달러를 썼다. 그는 당대 가장 유명한 문인이었으며, 역사상 가장 널리 읽힌 책을 써낸 유머 작가였다.

그는 열두 살이 될 때까지 통나무집을 개조한 학교에 다녔다. 그가 받은 정규 교육이라곤 그것이 전부였다. 하지만 후일 옥스퍼드 대학과 예일 대학은 그에게 명예 학위를 주었으며, 세상에서 가장 박식한 사람들은 그와 가까이 지내려고 애썼다. 그는 책을 집필해 수백만 달러를 벌었다. 실제로 역사상 그 어떤 작가보다 그의 펜에서 나온 작품으로 더 많은 돈을 벌어들였다. 34년 전에 죽긴 했지만 책에서 나오는 인세, 영화와 라디오에 판매한 저작권은 여전히 그의 가족에게 엄청난 돈을 가져다준다. 이 작가의 진짜 이름은 새뮤얼 랭혼 클레멘스 Samuel Langhorne Clemens이지만, 세상 사람들은 그를 필명 마크 트웨인 Mark Twain으로 알고 있다.

마크 트웨인의 삶은 평생 모험 그 자체였다. 그는 미국 역사상 가장 다채로운 시기에 살았다. 110년 전 미시시피강에서 그다지 멀지 않은 미주리주의 작고 조용한 마을에서 그는 태어났다. 미국에 첫 철도가 설치된 지 7년이 지난 후였다. 당시 에이브러햄 링컨은 아직 맨발로 들판을 뛰어다니는 농장 일꾼이었고, 나무 쟁기를 단 황소를 몰며 열심히 밭을 갈고 있었다.

마크 트웨인은 75년을 살다가 1910년에 세상을 떠났다. 23권의 책을 썼다. 몇몇은 이미 잊혔지만 『허클베리 핀의 모험』*과 『톰 소여의 모험』은 불멸의 작품이 되어 앞으로도 여러 세기 동안 꾸준히 읽힐 것이다. 세상 소년들이 모험가 정신을 잃지 않는 한 사랑받을 것이다. 두 권의 책은 그가 겪은 경험을 바탕으로 완성된 작품이다. 좀 더 정확하게 말하면 그 소설은 목적을 갖고 쓴 게 아니라 그의 머리로부터 마치 봇물이 터져 나오듯 흘러나온 것이다.

마크 트웨인은 미주리주 플로리다에서 두 개의 방이 딸린 작은 오두막집에서 태어났다. 아마 오늘날의 현대식 농부라면 마크 트웨인이 어렸을 때 살았던 오두막을 소나 닭을 키우는 우리로도 쓰지 않을 것이다. 그런 어두운 방 두 칸에서 여덟 명이 살았다. 가족은 일곱 명이었고 노예로 부리는 소녀가 한 명 있었다. 마크 트웨인은 어린 시절 몸이 너무 허약했기에 가족들은 그가 첫해 겨울을 나지 못할 것으로 보았다. 그러나 결국에는 무럭무럭 자랐고 점점 커다란 골칫거리가 되었다. 그의 어머니는 마크 트웨인이 나머지 아이들 모두를 합친 것보다 더 많은 문제를 일으켰다고 말했다.

---

* 1884년에 발표된 마크 트웨인의 대표작이자 『톰 소여의 모험』의 후속작. 헉과 톰의 모험을 그린 이 소설은 미국 남부의 생활을 생생하게 기록해 '미시시피강의 오디세이'라는 평판을 얻었다. 헉과 톰이 집에서 도망처 흑인노예 짐과 함께 뗏목을 타고 미시시피강을 따라 흘러내려가는 과정에서 겪는 여러 모험을 담고 있다.

그는 늘 엉뚱한 장난을 쳤다. 학교생활에 신물이 나서 때때로 집에서 도망쳤는데, 그럴 때면 늘 올드맨강(미시시피강의 별칭)을 향해 달렸다. 장대한 미시시피강과 그곳의 신비로운 섬, 강 위를 천천히 움직이는 뗏목, 바다로 흘러드는 장엄한 물결에 그는 매료되곤 했다. 몇 시간이고 강가에 앉아서 이런저런 백일몽을 꾸는 게 취미였다. 마크 트웨인은 무려 아홉 번이나 익사할 뻔하기도 했다. 인디언과 해적 연기를 하며 여러 동굴을 탐험하고, 거북이 알을 먹고, 뗏목을 타고 떠다녔다. 이렇게 쌓은 귀중한 경험이 훗날 자신의 두 장편소설에서 여러 장면과 등장인물로 구현되었다.

마크 트웨인의 유머는 어머니에게서 물려받은 것이다. 그는 아버지가 웃는 것을 한 번도 본 적이 없다고 분명하게 말했다. 어머니에 대해서는 이렇게 언급한다. "남자에게선 드물고, 여자에게선 거의 찾아볼 수 없는 능력이 어머니에겐 있었다. 그건 자기 이야기가 하나도 우습지 않다고 짐짓 꾸미면서 남들에게 재밌는 이야기를 해주는 능력이었다." 마크 트웨인은 어머니에게서 물려받은 그 능력 덕분에 일찍이 본 적 없는 아주 유머러스한 대중 연설가가 되었고 큰돈을 벌었다.

그의 어머니는 문자 그대로 파리도 죽이지 않을 정도로 인정이 많은 사람이었다. 심지어 쥐를 죽인 고양이를 혼낸 적도 있었다. 또 한번은 새끼 고양이들을 도저히 기를 수 없어 물에 빠뜨려 죽이기로 결정한 때가 있었는데, 어머니는 새끼 고양이들이 덜 고통스러웠으면 하는 마음에 물을 따뜻하게 데우기도 했다.

마크 트웨인은 늘 학교를 경멸했다. 학교는 자유를 빼앗는 존재에 불과했다. 그는 숲을 돌아다니고 신비로운 미시시피강둑을 탐험하고 싶었다. 하지만 학교는 그를 통나무 벽으로 둘러싸인 작은 건물 안에 가두어두려 했다.

열두 살이 되었을 때 아버지가 돌아가시면서 지긋지긋한 학교로부터 도망칠 수 있었다. 그는 아버지를 영원히 만날 수 없게 되자 지난날을 되돌아보며 반항심에 아버지의 말을 어겼던 일들을 크게 후회했다. 그리고 그제서야 자책과 반성으로 눈물을 흘렸다.

어머니는 위로하려고 이렇게 말했다. "지나간 일은 지나간 일일 뿐이야. 하늘에 계신 아버지도 더 이상 그걸 문제 삼지 않을 거야. 이제 엄마는 네가 약속을 하나 해주었으면 하는데……."

그러자 소년은 훌쩍이며 이렇게 말했다. "뭐든 약속할게요. 학교로 돌려보내지만 않는다면, 뭐든지."

며칠 뒤 마크 트웨인의 가족은 교육을 받으면서 생활비도 벌 수 있는 인쇄소로 그를 보내 도제 생활을 하게 했다. 도제 생활을 하는 동안 받는 급여는 숙식비와 의류비로 충당되었다. 2년 뒤 인쇄업자가 된 마크 트웨인은 어느 날 오후 미주리주 해니벌 길을 걷다가 바람에 날리는 한 장의 종이를 발견했다. 책에서 찢겨 나온 페이지인 듯했다.

그것은 사소한 일이었지만 그 후 마크 트웨인의 삶에 그 어떤 사건보다 큰 영향을 미쳤다. 그 종이는 잔 다르크 전기에서 찢긴 페이지였고, 거기에는 잔다르크가 루앙 요새에 포로로 붙잡힌 내용이 담겨 있었다. 열네 살 소년은 잔 다르크를 전혀 몰랐지만 그 글 속의 부당함에 커다란 충격을 받았다. 그 후 그녀를 다룬 글을 모조리 찾아 읽었다. 잔 다르크의 생애에 대한 흥미는 반평생을 넘는 기간 동안 유지되었고, 46년 후 마크 트웨인은 『잔 다르크의 추억Recollection of Joan of Arc』**이

** 잔 다르크(1412~1431)를 다룬 역사 소설로 1896년에 펴냈다. 잔 다르크의 시종이며 비서였던 루이 드 콩트의 육필 원고가 프랑스 국립 문서보관소에 보관되어 있었는데, 그 프랑스어 원문을 장 프랑수아 알덴이라는 사람이 영어로 번역한 것이 이 책이라는 허구적 형식을 취하고 있다.

라는 책을 펴냈다. 세간의 비평가들은 이 책이 마크 트웨인을 대표할 만한 작품은 아니라고 했지만, 본인만은 자신의 걸작이라고 생각했다. 그는 평소 필명을 달고 출간하면 사람들이 유머러스한 책으로 받아들일 것이라는 걸 잘 알았기에, 책에 저자의 이름을 쓰지 않는 방안을 진지하게 고민하기까지 했다.

네 권으로 된 마크 트웨인의 전기를 쓴 앨버트 비글로 페인은 마크 트웨인이 잔 다르크 책의 한 페이지를 주우면서 역사에 커다란 흥미가 생겼고, 끝내 엄청난 열정을 갖게 되었다고 했다. "그것은 마크 트웨인이 탐구한 지적 영역에서 가장 두드러진 특징이었고, 숨을 쉬는 마지막 날까지 멈추지 않았습니다. 바람에 날리던 한 페이지가 그의 손으로 들어온 순간부터 그의 대단한 경력이 시작된 건 확실합니다."

마크 트웨인은 사업 수완이 전혀 없었다. 말도 안 되는 투자 계획에 멍청해 보일 정도로 홀랑 빠져들곤 했다. 이를테면 어떤 책을 읽고 아마존강 상류의 푹푹 찌는 정글에서 카카오나무 열매를 모아 팔면 돈을 벌 수 있겠다고 생각했다. 당시 그는 카카오나무에 대해 아는 바가 전혀 없었고, 남아메리카 여행에 필요한 경비도 없었다. 또한 설혹 아마존강 상류에 도착하더라도 그곳 원주민과 말이 통하지 않아 일을 제대로 추진할 수 없었을 테고, 최악의 상황에는 열대병으로 죽을지도 모르는 일이었다. 하지만 정말 황당무계한 이야기처럼 들리겠지만, 그는 어느 날 길에서 바람에 날리는 50달러를 주웠고 그 돈을 노자 삼아 아마존강으로 떠났다. 그리고 신시내티까지 간 뒤 돈이 다 떨어지고 나서야 여행을 포기했다.

훗날 여러 작품과 강연으로 막대한 수익을 올렸지만 사업에 돈을 투자할 때마다 번번이 실패를 맛보았다. 몇 가지 구체적인 사례를 들어보겠다. 그는 증기를 발생시키지 못하는 '특허 받은' 증기 발생기에 투자했다. 또한 첫 배당금도 지급하지 못할 정도로 빠르게 망해버린 시계 회사에 투자하기도 했다. 제대로 작동되지도 않는 증기 도르래에도 투자했다. 뿐만 아니라 자기 책을 직접 인쇄해 돈을 벌겠다며 출판사를 차렸다가 16만 달러의 손해를 보기도 했다. 활자를 조판할 기계를 20만 달러라는 막대한 돈을 들여 사들였지만 기계가 조판한 활자는 '마크 트웨인' 딱 다섯 글자뿐이었다.

그러던 어느 날 마크 트웨인은 알렉산더 그레이엄 벨Alexander Graham Bell이라는 젊은 발명가를 만났다. 벨은 마크 트웨인에게 전화기라고 하는 최신 발명품에 투자하라며 설득했다. 벨이라고 하는 남자는 자신의 발명품을 이렇게 설명했다. "당신은 집 안에 앉아서도 다른 동네에 사는 사람과 유선으로 대화를 나눌 수 있습니다." 마크 트웨인은 코웃음을 쳤다. 그는 자기가 어리석기는 하지만 백치는 아니라고 대꾸했다. 유선으로 다른 동네의 사람과 이야기를 나눈다고? 이 얼마나 우스꽝스러운 발상인가!

마크 트웨인이 당시 5백 달러를 투자해 벨의 주식을 샀더라면 오늘날 수백만 달러의 엄청난 재산을 가진 백만장자가 되었을 것이다. 하지만 그는 전화기에 5백 달러를 투자하는 대신 사흘 뒤 파산해버린 친구에게 그 돈을 빌려주었다.

1893년 마크 트웨인이 58세였을 때는 빚에 허덕였다. 미국 경제는 불경기로 휘청거리고 있었고, 마크 트웨인도 건강이 나빠져 고통을 겪고 있었다. 마음만 먹으면 파산 신청으로 채무를 회피할 수 있었지만 그렇게 하지 않았다. 자신의 빚을 마지막 한 푼까지 갚겠다고 결심했고, 글을 쓰고 전 세계로 강연을 다녀 번 돈으로 채무를 상환할 계획을 세웠다. 나빠진 건강과 강연에 대한 거부감에도 불구하고 5년 동안 강연 투어를 했다. 강연 투어는 엄청난 성공을 거두었다. 그의 강연을 듣기 위해 몰려드는 군중을 모두 수용할 수 있는 대형 강연장을 마련하는 것이 거의 불가능할 정도였다. 그리고 마침내 채무를 청산했을 때 마크 트웨인은 이런 글을 남겼다. "나는 다시 깊은 마음의 평안을 얻었다. 부담감은 전혀 없다. 다시 일은 즐거움이 되었다. 일을 해도 더 이상 노동으로 느껴지지 않았다."

마크 트웨인은 사업보다 연애에서 훨씬 더 운이 좋았다. 결혼할 여자를 보기도 전에 그녀의 자그마한 초상화를 보고서 사랑에 빠졌는데, 훗날 그녀는 마크 트웨인의 편집자 역할을 톡톡히 했다. 그녀를 알게 된 것은 팔레스타인으로 배를 타고 성지 여행하던 도중이었다. 그는 이 성지여행을 나중에 『철부지 여행기 The Innocents Abroad』라는 작품으로 펴냈다.

그 운명적인 날에 배를 타고 가던 마크 트웨인은 친구 찰스 랭던의 선실에 들렀다. 그곳에는 친구의 누이인 아름다운 올리비아 랭던의 초상화가 걸려 있었다. 순식간에 그는 이 여자가 자신의 결혼 상대라고 확신했다. 항해가 계속되는 동안 몇 번이고 랭던의 선실로 가서 초상화를 지그시 바라보았고, 그때마다 운명적인 끌림을 느꼈다.

몇 달 뒤 마크 트웨인은 뉴욕의 한 만찬장에서 올리비아 랭던을 직접 만났다. 말년에 남긴 글에서 그는 이렇게 회상했다. "처음 만난 날부터 지금에 이르기까지 단 한 순간도 그녀를 생각하지 않은 적이 없다." 이후 마크 트웨인은 곧 뉴욕주 엘마이라에 있는 그녀의 집에 초대를 받았다.

방문을 마치고 돌아가야 할 때가 되었지만 떠나고 싶지 않았던 그는, 랭던의 마부에게 마차가 움직일 때 좌석이 저절로 뒤집어지게 조작해달라고 부탁했다. 그래야 땅에 내동댕이쳐져 랭던의 집에 계속 머무를 수 있기 때문이었다. 그렇게 미리 꾸며놓고 그는 가방을 챙겨

작별의 인사로 손을 흔들며 마차에 올랐다. 곧바로 마부가 채찍을 휘둘렀고 말이 앞으로 달려 나가자, 계획대로 좌석은 뒤집어졌고, 순식간에 마크 트웨인은 땅바닥에 내던져졌다. 그는 죽기 일보직전으로 보였다.

당연히 랭던의 집에서는 엄청난 비상이 걸렸다. 랭던 가족은 그를 일으켜 세워 집으로 데려가 침대에 눕혔다. 이후 보름 동안 침대에 누워 있었다. 그렇지만 딱히 문제될 것은 없었다. 그런 식으로 마차 좌석으로 장난치는 일은 미주리주 해니벌에서 보낸 어린 시절에 이미 숙달해놓은 방식이었다. 사랑에 눈이 먼 그에게 침대에 드러누워 아름다운 연인에게 간호받고 보살핌받는 것만큼 중요한 일도 없었다. 그녀는 마크 트웨인을 '자기'라고 불렀고, 그도 그녀를 '사랑하는 리비'라고 불렀다. 34년 뒤 그녀가 숨을 거둘 때까지 부부는 늘 서로를 그렇게 불렀다. 그녀는 남편에게 받은 연애편지를 상자에 보관해 자물쇠를 달아두었다. 그리고 매년 휴가를 떠날 때마다 연애편지 상자를 은행의 보관함에 맡기곤 했다.

아내는 마크 트웨인의 원고를 모두 교정하고 편집했다. 밤이면 그는 그날 쓴 글을 아내의 침대머리 작은 탁자에 올려놓았고, 그녀는 잠들기 전에 원고를 읽었다. 원고에서 욕설을 모두 삭제하고 내용이 너무 상스럽지 않은지를 살피곤 했다. 마크 트웨인은 아내가 원고를 어떻게 수정하든 아무 이의 없이 받아들였다.

그는 원고를 잃어버리거나 잘못 놔두는 것을 너무나 두려워해 하녀에게 절대 책상 청소를 하지 못하게 했다. 하얀 분필로 바닥에 선을 긋고 하녀가 넘지 못하게 해 원고를 지켰다.

일흔이 되었을 때 마크 트웨인은 무엇이든 마음대로 해도 될 나이라는 생각이 들어 14벌의 흰 양복과 1백 개의 흰 넥타이를 주문했고,

그 후 평생 동안 머리부터 발끝까지 온통 하얗게 입고 돌아다녔다. 심지어 야회복도 흰색으로 맞추었다.

마크 트웨인이 태어나던 1835년 밤하늘에는 핼리 혜성이 있었다. 핼리 혜성은 76년마다 지구 주변으로 돌아왔고, 마크 트웨인은 다시 혜성을 볼 때까지 살고 싶었다. 그리고 실제로 그 별이 다시 지구 주변으로 돌아올 때까지 살았다. 핼리 혜성은 1910년 그가 숨을 거둔 날, 다시 밤하늘에 나타나 반짝거렸다.

마크 트웨인은 마지막 부탁으로 둘째 딸 랭혼에게 평소 그가 무척 좋아했던 옛 스코틀랜드 노래를 불러달라고 했다. 다음은 마크 트웨인이 여러 해 전에 먼저 요절한 첫째 딸 수지의 묘비에 새긴 넉 줄의 시다. 과연 다정한 마크 트웨인을 사랑했던 국민들이 자신의 묘비에다 새기고 싶어 했을 만한 아름다운 시다.

> 따뜻한 여름 햇빛, 여기서 다정하게 빛난다.
> 따뜻한 남쪽 바람, 여기서 온화하게 불어온다.
> 네 위로 푸르른 잔디가 푹신하게 펼쳐져 있구나.
> 편히 쉬렴, 내 사랑, 편히, 아주 편히.

인생경영 포인트

마크 트웨인(1835~1910)은 미국의 대표적인 유머 작가로 명성이 높다. 또 미국인의 모험 정신을 아름답게 묘사한 두 편의 장편소설 『톰 소여의 모험』과 『허클베리 핀의 모험』으로도 유명하다.

마크 트웨인은 이문에 밝지 않아 여러 번 투자에 실패했고, 말년

에는 채무에 허덕였다. 트웨인이 이와 같은 인생의 어려움을 극복
할 수 있었던 것은 타고난 유머 감각 덕분이었다. 유머는 미국인의
삶에서 아주 중요한 요소로, 인생의 기쁨과 슬픔을 절충시켜주는
뛰어난 윤활유다. 유머는 기본적으로 여유와 아량을 갖고 있어야
생기는 능력으로 마크 트웨인의 성정을 엿볼 수 있다.

인생에서 근심 걱정이 하나도 없는 순간은 정말로 얼마 되지 않
는다. 8세기 스페인에 막강한 아랍 국가를 세운 칼리프 압달 라만
은 평생을 통틀어서 근심 걱정 없이 자유로웠던 때는 불과 한 달도
채 되지 않았다고 말했다. 인생이 당신에게 신 레몬을 내어준다면
당신은 그 레몬을 가지고 달콤한 레몬수를 만들면 된다. 이것이 트
웨인 유머의 정수였다.

인생은 당장 붙잡고 즐겨야 하는 것

—————— 조지 버나드 쇼 ——————

머리글자로만 언급해도 누구인지 알 정도로 유명한 사람은 그리 많지 않다. 그중 G. B. S.라는 머리글자를 가진 아일랜드 사람은 전 세계에서 가장 유명한 생존 문인이다. 그의 믿기 힘든 놀라운 경력을 담은 책 표지에도 이름은 없고 단순히 머리글자만 적혀 있다. 그는 바로 조지 버나드 쇼George Bernard Shaw다.

쇼의 삶은 대조적인 사건들로 가득하다. 이를테면 그는 고작 5년만 학교에 다녔을 뿐이다. 정규 교육이 부족한데도 당대 저명한 작가가 되었고, 작가가 받을 수 있는 가장 큰 영예인 노벨 문학상도 받았다. 이 상에는 3만 5천 달러의 상금도 있었지만 쇼는 돈이나 영예는 불필요한 것이라고 생각해 상금받기를 거부했다. 하지만 주위의 설득에 3만 5천 달러를 받은 뒤 영국-스웨덴 문학 동맹에 모두 넘겼다.[*]

———————

[*] 실제로는 상금을 직접 받지 않고 스웨덴 극작가 아우구스트 스트린드베리의 작품을 영어로 옮기는 데 그 돈을 써달라고 요청했다.

버나드 쇼의 아버지는 훌륭한 아일랜드 가문 태생이었지만 그의 가족은 한 푼도 재산을 상속받지 못했다. 애당초 아버지와 어머니의 결혼을 고모가 반대했었기 때문이다. 집안의 재정 상황은 무척 열악해 버나드는 열다섯일 때 일을 하러 가야 했다. 취업 첫해에 점원으로 일하면서 5달러도 안 되는 월급을 받았다. 열여섯부터 스물이 될 때까지 집안 사정은 나아지지 않았다. 출납원 겸 잡역부 업무를 계속했고 주급으로 8달러를 받았다. 그는 사무실 일을 싫어했다. 예술과 음악 그리고 문학이라는 드높은 제단 위에서 밤새 공부하며 연구하는 삶을 살아온 집안에서 성장했기 때문이었다.

열일곱이 되었을 때 버나드 쇼는 셰익스피어와 버니언, 『천일야화』와 성경을 읽었다. 스무 살이 되자 바이런의 작품에 몰두했다. 디킨스, 뒤마 그리고 셸리의 책들은 10대 초반에 읽어치웠다. 열여덟이 되자 틴들, 스튜어트 밀, 허버트 스펜서 등 사상가들의 책도 읽었다. 훌륭한 작가들은 상상력을 자극했고 꿈이 이루어지게 하는 재료가 되었다. 부동산 중개인과 자산관리사의 비서로 사무실에 틀어박혀 노예처럼 일하던 시절 그는 일에 아무런 흥미를 느끼지 못했다. 생각은 온통 문학, 예술, 과학과 종교의 무릉도원에 가 있었다.

스무 번째 생일 직전에 쇼는 혼잣말을 했다. "사람은 한 번 살 뿐인데 사무실에 틀어박혀 잡일이나 하면서 평생을 보내서는 안 되지."

1876년 그는 배수진을 치고 돌이킬 수 없는 길로 들어섰다. 당시 어머니가 노래 교실을 운영하며 생계를 이어가던 런던으로 간 것이다. 그곳에서 버나드 쇼는 문학 경력을 시작했고 그로 인해 장차 막대한 재산과 전 세계적 명성을 얻었다.

당시 글을 쓴다고 곧바로 돈을 벌었던 것은 아니었다. 무려 9년이 지나서야 비로소 돈을 벌었다. 그는 마음이 내키든 말든 관계없이 매일 다섯 페이지 분량의 글을 쓰도록 자기 자신을 채찍질했다. 하루 딱 다섯 페이지를 정해놓았고 그 이상은 쓰지 않았다. 쇼는 이렇게 말했다. "내 안에 여전히 학생과 점원 시절 습관이 남아 있어서 문장 중간에 다섯 페이지 분량이 채워지면 그 문장을 끝내는 일은 다음 날로 미루곤 했다."

쇼는 다섯 편의 장편소설을 썼는데 그중 하나가 『예술가들 사이의 사랑*Love among the Artists*』이었다. 그는 원고를 영국과 미국의 모든 출판사에 보냈다. 출판사들은 소설을 반송하면서 출간 기회를 주지 않았다. 하지만 가장 중요한 출판사가 다음 작품을 보고 싶다는 의사를 알려왔다. 그 후 출판사에 원고를 보냈을 때 출판사에서는 출간 가능성에 의심을 품었지만, 그의 문학적 재능까지 의심하는 것은 아니었다. 그가 소설 속에서 전개한 사상이 너무 난해했던 것뿐이다.

버나드 쇼는 형편이 어려워 당시 출판사에 원고를 보내는 데 필요한 우표를 사는 것조차 힘에 부쳤다. 글쓰기에 전념하는 9년 동안 그가 올린 수입은 다 합쳐 단돈 30달러에 불과했다.

신발 밑창과 바지 엉덩이 부분에 구멍이 났을 때는 교묘하게 가린 채로 런던 거리를 걸어 다녔다. 하지만 밥을 굶은 적은 없었다. 그의 어머니가 제빵사와 청과물 상인에게 충분한 신용을 얻어놓아 외상으로 재료를 가져올 수 있었기에, 극한의 상황에 처하는 것은 막을 수 있었다.

소설을 쓰던 9년 동안 그는 딱 한 번 특허의약품에 대한 기사를 쓰고 25달러를 받은 적이 있다. 어떤 변호사가 의뢰한 것으로 왜 그런 집필을 의뢰했는지 목적은 도무지 알 수 없었다. 또 한번은 선거일에 개표하는 일을 하고 5달러를 벌기도 했다.

그렇다면 쇼는 생활비를 어떻게 조달했는가? 그는 자기가 가족을 절박하게 부양할 필요가 있었다는 것을 솔직히 인정했다. 실제로 가족을 전혀 부양하지 않았다. 오히려 가족이 자신을 부양하도록 했다. 쇼는 이렇게 말했다. "나는 생업에 뛰어들지 않았다. 대신 어머니를 생업에 뛰어들게 했다."

쇼는 마침내 모든 순수 예술을 다루는 비평가로서 자립했다. 그 후 소설이 아닌 극본 쓰기로 첫 경제적 성공을 거두었다. 그의 초기 극본은 모두 실패했는데, 실제로 21년 동안 글을 쓴 뒤에야 비로소 여자의 재산에 눈먼 사람처럼 보이지 않는 상태로 부유한 여자와 결혼할 수 있었다.

버나드 쇼는 대규모 군중 앞에서 혼인법, 종교, 민주주의의 진부한 문구 그리고 인류가 소중히 여기는 전통을 맹렬히 비난했다. 그런 사람이 수줍음, 소심함 그리고 열등감으로 괴로워했다는 말은 믿을 수 없는 소리다. 하지만 그는 평소 소심한 성격 때문에 극도로 괴로워했다. 예를 들어 어렸을 때 런던 템스강둑에 사는 친구들을 보러 갈 때마다 어떻게 행동하고 무엇을 느꼈는지 버나드 쇼의 말을 직접 인용해보겠다.

"나는 수줍음이 많아 늘 괴롭고 힘들었다. 때로는 감히 문을 두들길 용기가 없어서 20분 정도를 둑에서 이리저리 방황해야 했다. 나는 이 세상에서 뭐라도 하려면 이런 식으로 나를 내버려둬선 안 된다는 사실을 본능적으로 깨달았다. 만약 그 깨달음이 없었더라면 '도망치는 게 이렇게 쉬운데 뭣 하러 스스로 이렇게 고통을 주는 거지' 하면서 모든 걸 포기하고 서둘러 집으로 돌아갔을 것이다."

그 후 사회생활을 할 때 그가 보여주어야 하는 행동거지에 무척 신경 썼고, 대영 박물관 도서관에서 예절에 관한 모든 책을 샅샅이 찾아 읽었다. 그중 유일하게 도움이 되었던 책은 『상류 사회의 예절과 분위기』*Manners and Tone of Good Society*』였다.

마침내 그는 소심함과 두려움을 정복하는 가장 빠르고 확실한 방법을 발견했다. 공개적으로 연설하는 법을 배우고 토론회에 가입하는 것이었다. 토론회에서 처음 몇 번 연설하고 난 뒤, 우연히 남들에게 강한 자신감을 지녔다는 인상을 주어 다음 모임에서 의장을 맡아달라는 요청까지 받았다. 하지만 실상은 손이 덜덜 떨릴 정도로 긴장해서 의사록에 서명을 할 수 없을 정도였다. 원고가 없으면 한마디도 말할 수 없었고, 설령 원고가 있다 하더라도 제대로 읽지 못했다. 그럼에도 불구하고 아무도 그의 난처한 상황은 눈치 채지 못하고, 항상 그의 말에 귀를 기울였다. 소심한 성격을 극복하겠다는 결의가 무척 강했던 터라, 그는 일부러 공공 토론이라면 모두 참석했고 늘 벌떡 일어나서 논쟁에 적극적으로 임했다. 스물여섯이던 어느 날 저녁, 쇼는 『진보와 빈곤』의 저자 헨리 조지Henry George**가 단일세 이론에 대해 연설할 것이라는 이야기를 들었다.

조지 버나드 쇼는 그 연설을 듣고 정치경제학자의 길로 들어섰고, 즉시 토지국유화를 역설했다. 사회민주주의자들에게 단일세를 말하자, 그들은 쇼에게 카를 마르크스의 책과 헨리 조지의 『진보와 빈곤』을 읽지 않고는 단일세 문제를 논의할 자격이 없다고 대꾸했다. 쇼는

** 미국의 재야 경제학자 헨리 조지(1839~1897)는 『진보와 빈곤』(1879)을 저술해 당시로서는 획기적인 조세 방식, 즉 모든 세금을 면제하고 오로지 토지의 가치에만 세금을 매기자는 단일세를 주장했다. 그의 사상은 당시 아일랜드 토지 문제로 골치를 앓던 대영제국에 커다란 인상을 주었고, 영연방인 호주와 뉴질랜드에서 헨리 조지의 사상이 일부 실천되었다. 헨리 조지의 사상이 전 세계적 호응을 얻어가던 시기에 마르크스 사상이 미국에 수입되면서 두 사상 사이에 갈등이 벌어졌고, 그 결과 헨리 조지의 단일세 정책은 마르크스 경제학파와 아담 스미스의 고전 경제학파, 양쪽 모두에서 무시받고 잊혔다.

이후 서구의 역사에 지대한 영향을 미치고, 러시아 혁명에 많은 관련이 있으며, 세상을 뒤흔든 경제학 책을 읽게 되었다. 바로 카를 마르크스가 쓴 『자본론』이라는 책었다. 쇼는 그 책이 자신의 삶에 어떤 영향을 미쳤는지 직접 언급한 바 있다.

"『자본론』을 읽은 건 내 인생에서 하나의 전환점이 되었다. 마르크스는 계시와도 같았다. 나중에 나는 그의 추상적인 경제학이 틀렸다는 걸 알게 되었지만 마르크스는 내 눈을 가리고 있던 베일을 벗겼다. 역사와 문명에 눈뜨게 했고, 아주 새로운 개념을 제공했으며, 내 삶에 뚜렷한 목적과 임무도 부여했다. 요약하자면 그는 나라는 사람을 만들었다."

그렇다. 비유하자면 버나드 쇼는 이제 온몸에 불이 붙은 상태였다. 확신과 이상의 불길이었다. 수줍음? 소심함? 그런 것은 더 이상 존재하지 않았다. 예전의 모습은 전부 사라졌다. 쇼는 책을 발견했고, 개혁 운동가의 열정에 불탔으며, 과거의 자신에 대해선 깡그리 잊었다. 사회의 대의大義 이외에 다른 것은 중요하지 않았다. 쇼는 12년 동안 거의 매일 저녁, 거리 모퉁이나 공회당 심지어 영국과 스코틀랜드 전역의 교회에서 사회주의를 전파하고, 야유를 퍼붓는 사람들과 논쟁하고, 믿지 않으려고 하는 사람의 모욕을 견디며 당대 가장 훌륭한 연사이자 토론가로 변모해나갔다. 그가 연설할 때면 프롤레타리아 청중이 금권주의자 청중에게 밀려날 정도로 붐볐다. 그는 자신의 연설이 많은 수익을 낸다는 것을 알았지만 그럼에도 연설을 하고 돈을 받은 적은 한 번도 없었다. 사회 대의를 위해 모금 활동을 벌이고 기부를 받았지만 자기 자신을 위해 돈을 받는 일은 전혀 없었다.

1896년 쇼는 샬럿 페인-타운센드Charlotte Frances Payne-Townsend를 만났다. 쇼는 마흔의 총각이었고 그녀도 서른아홉의 처녀였다. 그녀는 상당한 재산을 상속받았고 쇼도 미국에서 연극이 성공해 한 해 10만 달러를 벌고 있었다. 그녀는 사교계 생활에 점점 신물이 나는 중에 페이비언 사회주의***에 정신없이 빠져들었다. 점점 쇼에게 호감이 생겼고 그런 심정을 솔직하게 고백했다. 그러면서도 샬럿은 쇼를 짐승이라고 부르면서 만났던 사람 중 가장 이기적이라고 비난했다.

두 사람이 서로 알게 된 지 두 해가 흘렀다. 쇼는 결혼 같은 것은 생각조차 하지 않았기에 1898년 3월 샬럿은 로마로 건너가서 도시 제도를 공부하려고 했다. 로마에 도착했을 때 쇼가 위중하다는 전보를 받은 그녀는 서둘러 런던으로 돌아갔다. 샬럿은 쇼가 과로로 건강을 크게 해쳤다는 것을 알게 되었고, 그가 일했던 작은 방의 상태를 보고는 더 큰 충격을 받았다.

쇼는 자기 방을 두고 다이너마이트를 터뜨려야 치울 수 있을 것이라고 단언했다. "가정부를 일곱 명을 불러 대걸레로 50년 동안 닦는다고 해도 아무런 효과가 없을걸."

샬럿이 불결한 방이 아닌 자신의 시골 저택에서 건강을 회복하게 해주겠다고 고집하자, 그는 수긍하며 가서 반지를 하나 사오고 혼인 증명서를 받아오라고 했다.

쇼는 이렇게 말했다. "나는 절대 불가능하다고 생각했던 이유로 그녀와 결혼했다. 이 세상에 나보다 더 소중한 사람이 있다는 생각은 일찍이 상상조차 하지 못했던 것이다."

*** Fabian Socialism. 점진적 사회주의라고 번역되며 이 사상을 전파하기 위해 1884년에 영국에 페이비언 협회가 설립되었다. 조지 버나드 쇼와 시드니 웹이 대표적 발기인이다. 파비우스식으로 급격한 행동을 삼가고 점진적인 수단으로 사회를 개혁하자고 주장했다. 한편 파비우스는Fabius 기원전 3세기의 로마 장군으로 파죽지세로 공격해 들어오는 한니발에 맞서서 신중한 지구전을 펼쳐서 결국 한니발을 이탈리아에서 몰아내는 데 성공한 인물이다.

그들은 쇼 부인이 1943년 9월 12일 숨을 거둘 때까지 45년을 함께 행복하게 살았다. 모두가 쇼보다 그녀가 스무 살은 어려 보여서 그가 먼저 죽을 것이라 예상했다. 하지만 실제로 두 사람은 나이가 불과 4개월 차이였을 뿐이다.

쇼는 1856년에 태어났지만 여전히 너무 바빠 죽음을 생각할 시간이 없다고 단언한다. "나는 삶을 그 자체로 누리고 있다. 삶은 내게 잠깐 타는 양초가 아니다. 오히려 눈부신 횃불로 당장 내가 붙잡고 즐겨야 하는 것이다. 나는 후대에 그 횃불을 넘겨주기 전까지 최대한 그것을 밝게 타오르게 하고 싶다."

인생경영 포인트

버나드 쇼(1856~1950)는 1925년에 노벨 문학상을 수상한 아일랜드 출신의 저명한 극작가다. 이런 문학계의 거장도 9년 동안 아무런 수입 없이 글을 썼고, 여섯 편의 장편소설도 모두 실패로 돌아간 적이 있었다. 쇼는 1890년 희곡 집필에 착수하면서 비로소 작가의 경력이 본궤도에 오르게 되었다.

쇼는 입센의 희곡에 영향을 받아서 모름지기 사회성과 사상성이 강해야 한다는 문학 사상 아래 일관된 극본을 썼다. 또한 자기의 신념을 확신하면서 페이비언 사회주의 실천에 한평생 헌신했다. 샬롯과 결혼한 이후에도 명상 생활을 위해 일체의 성 관계를 거부하는 독신이나 다름없는 삶을 살았다. 그는 당대 최고 여배우인 엘렌 테리와 패트릭 캠벨 부인과 오랜 세월 동안 편지를 교환하면서 정신적 사랑을 나누었고, 특히 엘렌 테리를 위해서는 희곡을 몇 편

쓰기도 했다.

쇼는 사람은 가능한 한 오래 살아야 자신의 신념을 구체적으로 실현할 수 있다는 철학 아래 백세를 살 것처럼 인생 계획을 세웠고 그것을 직접 실천했다. 94세까지 살았으니 말과 행동이 일치된 삶이었다. 그저 인생이 주어졌으니 살아간 것이 아니라 인생을 '당장 붙잡고 즐겨야 하는 것'으로 여기며 살았다.

"우물쭈물하다가 내 이럴 줄 알았지!"라는 오역으로 널리 알려진 쇼의 묘비명은 제대로 번역하면 "오래 버티면 내 이런 일이 생길 줄 알았지!I knew if I stayed around long enough, something like this would happen!"다. 삶을 그 자체로 누리며 유머와 풍자, 위트를 잃지 않았던 쇼의 태도가 인상 깊다.

단순한 기쁨을 얼마나 느끼고 있는가?

———— W. C. 필즈 ————

오늘날 할리우드에서 가장 인기 있는 스타 중 한 사람은 크고 붉은 코에 돌출된 눈 그리고 정수리에 머리카락이 하나도 없는 다정한 대머리 신사다. 아름다운 모습과는 사실 조금 거리가 있지만, 아마 패러마운트 스튜디오는 벨베데레 궁전*의 아폴로 조각상과도 그를 바꾸지 않을 것이다.

이 뚱뚱한 신사의 이름은 클로드 윌리엄 듀켄필드Claude William Duken-field다. 2~3년 전만 해도 그는 감독을 한번 만나게 해달라고 엉덩이가 닳을 정도로 섭외실을 들락거렸다.

그는 지난 10년 동안 '지그펠드 폴리스' 극단에서 스타였으며, 지난 20년 동안 영화계에서도 활발한 활동을 펼쳤다. 하지만 곧 빈털터리가 되었고 기회만 준다면 무급으로라도 시나리오를 쓰고, 연기하고, 연출까지 하겠다고 애원할 정도가 되었다. 그는 큰소리를 내기도 하

* 바티칸의 예술 작품 보관실.

고, 간청하고, 감언이설도 했다. 하지만 상대방의 답은 늘 같았다. "안 됩니다. 절대 안 된다고요!"

그러나 영화 《데이비드 코퍼필드》의 제작이 끝났을 때 클로드 윌리엄 듀켄필드는 단 열흘간 일한 대가로 거금 5만 달러 수표를 받아서 현금으로 바꾸었다. 하루에 5천 달러, 분당 10달러를 번 것이다. 그는 할리우드에서 연기하면서 미국을 통치하는 대통령보다 25배나 많은 일급을 받았다. 가난한 미코버**라는 인물에 대한 듀켄필드의 해석은 능수능란했다. 클로드 윌리엄 듀켄필드가 누구도 흉내 낼 수 없는 연기를 펼치는 W. C. 필즈Fields였기 때문이다.

번쩍이는 백색광 네온사인에서 자기 이름이 등장하는 것은 그에게 새로운 일도 아니다. 다른 한편으로 하수구에 처박힐 정도로 아주 가난하게 살아가는 것도 그에게 새로운 일이 아니었다. 한때 그는 4년 내내 안락한 침대에서 자지 못했다. 공원 벤치와 포장용 박스가 그의 침대였고 심지어 움푹 팬 구덩이를 리놀리움(건물 바닥재)으로 덮고 그 안에서 자기도 했다. 그는 오늘날까지 삶에서 가장 전율했던 호사는 밤에 갓 세탁한 이불을 덮고 길게 발을 뻗고 자는 것이라고 말했다.

아슬아슬한 저글링 기술에 관한 한 세상 누구도 W. C.필즈를 따라오지 못할 것이다. 그는 열네 살 이후로 물건을 공중에 던졌다가 잡는 일을 해왔다. 그는 헛간과 대장간에서 사과와 테니스공으로 저글링을 시작했다. 매일 연습했고 때로는 하루에 16시간을 연습했다. 심지어 몸이 너무 아파서 간신히 몸을 일으킬 수 있는 상태에서도 연습을 게을리하지 않았다.

** 디킨스의 장편 소설 『데이비드 코퍼필드』(2011, 동서문화사)에 나오는 인물로, 데이비드 코퍼필드의 아버지다. 채무자로 감옥에 들어갈 정도로 가난했으나 허풍을 잘 치는 아주 낙관적인 인물이다.

그는 저글러라면 손에 들 수 있는 무엇이든 저글링할 수 있어야 한다는 지론을 갖고 있다. 오늘날 W. C. 필즈는 달걀, 판자, 모자, 지팡이, 프라이팬, 접시, 신발, 비스킷, 궐련, 벽돌, 촛대 심지어 다리미로 아주 휘황찬란한 저글링 곡예를 선보인다.

그는 온 세상을 돌아다니며 저글링 기술을 보여주고 사람들을 깜짝 놀라게 했다. 보어 전쟁으로 시름이 깊던 시절에도 요하네스버그 시민들은 그의 곡예에 갈채를 보냈다. 물론 미국-스페인 전쟁 직후 저글링 공연을 했을 때는 마드리드의 애국자들에게 야유를 받기도 했다. 인도, 이집트, 프랑스, 독일, 영국, 호주의 시민들에게 저글링은 참으로 쉬운 기술이라고 말했다. 그 방법을 안다면 말이다.

많은 사람이 필즈가 영국인이라고 생각하지만 사실 그는 미국 펜실베이니아주에서 태어났으며, 필라델피아 소시지만큼이나 확실한 토박이다.

W. C. 필즈는 황갈색 머리카락을 휘날리던 열한 살일 때부터 세상을 돌아다녔다. 아버지와의 갈등 때문에 어린 시절에 가출했는데, 오늘날에는 아버지와의 일을 갈등이라 하지 않고 오해라고 말한다. 그 이야기를 할 때면 그의 눈은 밝게 빛난다.

사건은 한 자루의 삽에서 시작되었다. 소년은 삽을 무심코 땅에다 놔두었다. 그런데 듀켄필드의 아버지가 우연히 그 삽을 밟았고, 삽은 튀어 오르며 아버지의 정강이를 가격했다. 아버지는 버럭 화를 내면서 그 삽을 잡아 아들의 어깨를 한 번 세게 때렸다. 그 일격은 운명을 시험하는 듯했다. 어린 클로드는 도전을 받았다고 느꼈다. 그래서 소년은 큰 상자를 하나 집으로 갖고 들어와 출입문 꼭대기에다 아슬아슬하게 얹어 놓았다. 몇 분 뒤 아버지가 들어오자 상자가 아래로 떨어져 아버지 머리를 강타했고, 아버지는 벌렁 나자빠지면서 아주 멋진 슬랩스틱 코미디 장면을 만들어냈다.

그 후 이 놀랍고도 버릇없는 소년은 할 수 있는 것 중 가장 편리한 방법을 택했다. 깡마르고 긴 다리를 최대한 빨리 움직여서 멀리 줄행랑을 친 것이다. 그는 너무 빨리, 너무 멀리 달아나서 다시는 집으로 돌아가지 못했다. 다음에 아버지를 다시 만났을 때 그는 어린 클로드 듀켄필드가 아니라 세상에서 가장 훌륭한 저글러 W. C. 필즈가 되어 있었다.

집을 떠난 날부터 열여섯 살까지 그는 잡종견 새끼처럼 이리저리 굴러다니는 노숙자였다. 몸을 웅크릴 수 있는 구석이라면 어디서든 잤고, 동냥하고 훔친 음식이 무엇이든 먹었다. 그는 잘사는 집의 현관에서 수도 없이 우유병을 훔쳤기에 오늘날에도 경비견을 보면 몸서리친다. W. C. 필즈와 이야기를 나누다보면 디킨스 소설의 등장인물과 이야기를 나누는 것 같은 기분이 든다.

한때 그는 물에 빠진 척하면서 호객 행위를 했다. 바닷물 속으로 일부러 걸어 들어가 물에 빠져 허우적거리는 흉내를 내면서 도와달라고 크게 소리친 것이다. 그러면 사람들이 자연스럽게 몰려오는데 그때 자신이 어떻게 구조되는지 지켜보도록 했다. 필즈가 숨도 제대로 못 쉬고 푸푸거리며 어떻게든 숨을 쉬려고 애쓰는 동안 그의 친구들은 구경꾼들에게 핫도그와 아이스크림을 열심히 팔았다. 많게는 하루에 4~5번 물에 빠지는 연기를 하기도 했다.

그는 일일이 다 셀 수 없을 정도로 많이 체포되었다. 만약 오늘날에도 예전과 같은 일을 한다면 미리 표시해둔 카드 팩에서 에이스를 뽑는 것보다 더 빠른 속도로 감옥에 가게 될 것이라고 자조했다.

얼음 배달 마차에서 일하던 동안에는 매일 새벽 4시에 일어났다. 일하는 내내 저글링을 연습했고, 공중에 던질 만한 물건이 없으면 작은 얼음 조각이나 말을 먹일 옥수수 대를 가지고 저글링을 했다. 그렇게 2년 동안 연습한 뒤 그는 저글러를 찾는 신문 구인 광고를 보고 지원해 취직했다. 주급은 5달러였지만 탐욕스러운 매니저에게 수수료로 주당 1달러 50센트를 지급해야 했다. 그는 돈을 아끼고자 분장실에서 자면서 한 조각에 5센트 하는 파이를 먹고 살았다.

급여도 제대로 못 받고 일만 해야 하는 계절을 세 번 보냈다. 물론 그는 주급을 받아야 했지만, 늘 무언가 잘못되어 받지 못했다. 가령 쇼가 망했거나 매니저가 돈을 들고 도망쳤거나 하는 사고가 늘 벌어졌다. 하지만 필즈는 달관한 자세로 받아들였다. 적어도 하루에 세 번은 먹고, 침대에서 잤지 않냐는 것이었다. 여태껏 많은 일을 겪다 보니 인생은 늘 그렇게 흘러가는 것이라 느꼈다.

오늘날 W. C. 필즈는 할리우드에 훌륭한 저택을 소유하고 있고, 50개의 모자가 천장에 걸린 개인 옷방이 있다. 사람들은 40년간 다듬어서 원숙해진 그의 태평하고 익살스러운 쇼를 보러 미국 전역의 극장 밖에서 긴 줄을 선다. 그는 이제 갓 세탁한 새 이불을 덮고 매일 밤 잠에 든다. 그는 이렇게 말한다. "요새 이불을 덮을 때마다 웃습니다. 침대에 들어가 다리를 쭉 뻗는 건 그야말로 하나의 센세이셔널한 일이죠!"

인생경영 포인트

저글러 겸 영화배우 필즈(1880~1946)의 인생은 전형적인 '호레이쇼 앨저 스토리'다. 호레이쇼 앨저(1832~1899)는 미국의 대중 소설가로 소년들을 위한 청춘소설을 많이 썼다. 그 소설들의 주제는 언제나 비슷했는데, 가난과 유혹에 맞서 싸우던 소년이 결국에는 부와 명성을 거머쥐는 성공신화를 담고 있다. 미국에서 '호레이쇼 앨저 스토리'라고 하면 비천한 신분에서 출발해 유명하고 돈 많은 사람이 된 이야기를 지칭한다.

필즈의 인생에서 한 가지 눈여겨볼 대목은 지난 40년 동안 시간과 공간만 있으면 자신의 주특기인 저글링을 단 하루도 빼놓지 않고 연습했다는 것이다. 세상 모든 일의 성공은 연습이 결정한다. 신체의 근육을 단련하려면 하루도 빼놓지 않고 바벨을 들어야 하고, 글을 잘 쓰려면 하루도 쉬지 않고 단 한 문장이라도 글을 써야 하며, 사업을 잘 하려면 돈이 오가는 상황을 날마다 관찰하면서 예리한 안목을 길러야 한다.

필즈의 또 다른 특징은 아무리 실패와 좌절을 겪었어도 그에 대해 분노하거나 절망하지 않고, 주변에서 벌어지는 작은 일에 감사할 줄 알았다는 것이다. 그는 사소하고 평범한 일상에도 고마워하면서 인생은 살 만하다고 생각했다. 깨끗이 세탁한 이불을 덮고 자는 것이 얼마나 멋진 일인가 하고 감탄할 줄 알았다. 온갖 고생을 다 겪은 사람의 단순한 기쁨이 잘 묻어난다.

필즈의 이런 태도는 거센 비바람이 지나간 후의 평온한 바다를 연상케 한다. 옥수수는 밤중에 키가 자라고 사람은 시련을 겪은 후에야 인생의 즐거움을 제대로 알게 된다고 하지 않던가. 아침잠에서 깨어날 때마다 오늘 또 좋은 하루가 시작되었구나, 오늘은 또 어떤 감사할 만한 일이 벌어질까, 오늘도 어제처럼 늘 하던 일을 할 수 있으니 이 얼마나 좋은가 하고 생각하는 습관이야말로 성공의 출발점이다.

효심은 인생을 올바른 길로 인도한다

—————— 엔리코 카루소 ——————

❦

엔리코 카루소Enrico Caruso가 1921년 48세의 나이로 세상을 떠났을 때 온 나라가 놀라고 슬픔에 잠겼다. 세상에서 가장 아름다웠던 목소리를 이제 영원히 들을 수 없게 되었기 때문이다.

카루소는 세상의 갈채를 한 몸에 받던 중 목숨을 잃고 말았다. 그는 과로하다 감기에 걸렸으나 증상을 가볍게 여겼고 그러다가 무려 6개월 동안 죽음과 싸웠다. 그를 사랑하는 세상 사람들은 그의 쾌유를 바라는 열렬한 기도를 올렸고 그 기도에 날개가 달려 하늘 높이 올라가 운명의 문을 닫아주길 바랐다.

카루소의 황홀한 목소리는 신에게 받은 선물이 아니라 오랜 세월 끈기 있게 연습하고, 지칠 줄 모르는 투지를 발휘하며 엄청나게 노력해 얻은 보상이었다. 음악을 시작할 때 그의 목소리는 무척 가볍고 얇아서 한 음악 선생은 이렇게까지 말했다. "넌 노래할 수 없어. 전혀 목소리라고 할 게 없어. 바람에 셔터가 덜거덕거리는 소리 같다니까."

여러 해 동안 그의 목소리는 고음을 내면 날카로운 소리가 났고, 무대 위의 연기마저 무척 엉성해 청중들로부터 야유를 받았다. 이후 카루소는 성공의 와인을 흠뻑 마셨을 때에도 성공에 도취될 만도 하지만 초기에 겪은 시련을 떠올리며 눈물을 흘리곤 했다.

그의 어머니는 그가 열다섯이었을 때 세상을 떴다. 이후 카루소는 평생 동안 어디 갈 때마다 어머니의 얼굴 사진을 가슴에 품고 다녔다. 그의 어머니는 21명의 자식을 낳았으나 그중 18명은 아주 어려서 죽고 고작 세 명만 살아남았다. 그의 어머니는 고난과 슬픔 외에는 아는 것이 거의 없는 소작농이었지만, 아들 하나가 천재성이 있다는 것은 알아채고 그가 큰 성공을 거둘 수 있게 어떠한 희생도 마다하지 않았다. 카루소는 이렇게 말하곤 했다. "어머니께선 내가 노래할 수 있게 하려고 신발도 못 사 신고 맨발로 다니셨죠." 그는 그 말을 할 때마다 눈물을 글썽였다.

카루소가 겨우 열 살이 되었을 때 아버지는 그를 학교에서 퇴학시켜 공장에서 일하게 했다. 일이 끝나면 저녁마다 카루소는 음악을 공부했다. 공장을 그만두고 본격적으로 노래를 부를 수 있게 된 것은 스물한 살때였다.

그 시절 그는 인근 카페에서 저녁 식사 한 그릇에 노래를 부를 수 있어도 감지덕지했다. 그는 어떤 여자의 창문 밑에서 세레나데를 부르는 일에 자주 고용되었다. 여자의 음치 연인이 달빛을 받으며 흠모의 몸짓으로 구애하고 있는 동안 뒤에 숨어서 아폴로만큼이나 그윽하면서도 유혹적인 목소리로 사랑의 감정을 토로했다.

마침내 오페라에서 처음으로 노래를 부를 제대로 된 기회를 잡았을 때, 그는 무척 불안했다. 그 때문인지 리허설을 할 때 목소리는 깨진 유리처럼 갈라졌다. 계속 시정하려 했으나 나오는 음마다 참사 수준이었고 마침내 눈물을 왈칵 쏟으며 극장에서 도망쳤다.

이후 사실상의 첫 오페라 데뷔 무대도 엉망이었다. 그는 술에 취해 있었고, 관중은 비웃음과 야유로 그의 목소리를 파묻어버렸다. 그 경위는 이렇다.

그 시절 그는 대역에 불과했다. 그런데 어느 날 저녁 주연인 테너가 갑자기 아파서 결석을 했다. 무대에 대신 올라가야 할 카루소는 그때 극장에 없었다. 심부름꾼이 찾아냈을 때 그는 와인 술집에 있었고 만취 상태였다. 카루소는 최대한 빨리 극장으로 달려갔다. 흥분을 참지 못하고 숨을 헐떡이며 극장에 도착했더니 와인의 취기에 답답한 분장실의 열기까지 더해져 도저히 노래를 부를 상황이 아니었다. 갑자기 온 세상이 회전목마처럼 빙빙 돌기 시작했고, 카루소가 무대에 오르자 극장에는 야유와 고함으로 대혼란이 벌어졌다. 결국 공연이 끝나고 그는 해고되었다. 다음 날 그는 비참함을 참을 수 없었고 자포자기해 자살을 결심하기까지 했다.

그의 주머니에는 1리라가 있었는데 딱 와인 한 병을 살 수 있는 돈이었다. 종일 아무것도 먹지 못하고 와인을 마시며 어떻게 죽을지 고민하던 차에 카페 문이 벌컥 열리고 심부름꾼이 들어왔다. 오페라 극단에서 보낸 사람이었다.

그가 소리쳤다. "카루소! 카루소, 날 따라와! 사람들이 다른 테너가 부르는 노래를 듣지 않으려고 한다고. 야유와 고함을 치면서 그를 내보내더라니까. 다들 널 데려오라고 난리야! 널 말이야!"

"나를!" 카루소가 소리쳤다. "웃기는 소리야. 그 사람들 내 이름도 모르잖아." "당연히 모르지. 그래도 그 사람들이 널 보고 싶어 한다니까. 그 주정뱅이를 데려오라고 고함치고 있다니까!" 심부름꾼이 헐떡이며 말했다.

엔리코 카루소가 세상을 떠났을 때 그는 백만장자가 세 번은 되고도 남을 만한 엄청난 재산을 남겼다. 축음기 음반으로만 2백만 달러 이상을 벌어들였다. 하지만 그는 젊을 때 겪은 가난에 심하게 데여 숨을 거둘 때까지 모든 지출을 작은 공책에 일일이 기록하곤 했다. 귀중하고 오래된 레이스 천을 사거나 조각된 상아를 수집용으로 사들일 때 혹은 호텔의 벨보이에게 팁을 줄 때 등을 가리지 않고 일일이 장부에 정확히 적어두었다.

그는 이탈리아 소작농이 믿는 온갖 미신을 그대로 믿었다. 죽는 날까지 그는 이블 아이*를 두려워했다. 그는 점성가와 먼저 상담하는 일 없이 대양을 건넌 적이 한 번도 없었다. 금요일이 되면 그는 절대 사다리 밑을 걸어가거나 새 정장을 입지 않았다. 다른 사람이 무슨 말을 해도 그는 목요일이나 금요일에 여행을 떠나거나 새로운 일을 시작하지 않았다.

병적으로 청결을 중시했고 그래서 집으로 들어올 때마다 속옷부터 각반**까지 입고 있던 모든 것을 갈아입을 정도였다.

세상에서 가장 희귀하고 진귀한 목소리를 지녔지만 평소 분장실에서 메이크업을 받을 때면 담배를 피웠다. 흡연이 목을 해치지 않느냐는 질문을 받으면 그저 빙긋 웃었다. 그는 식이요법을 비웃었다. 모든 공연을 앞두고 무대에 오르기 직전이면 목을 가다듬기 위해 탄산수에 위스키 소량을 타서 마셨다.

---

* evil eye. 저주를 부르는 시선. 이 악의 눈길에 맞서기 위해 다양한 부적이나 제스처가 만들어졌는데 대부분 음란한 내용의 것이다. 베르길리우스의 「농경시」에서도 악의 눈길이 양들을 죽였다는 이야기가 나온다. 악의 눈길은 그리스 신화의 메두사 에피소드와 관련이 있는 것으로 보인다. 메두사는 머리카락이 모두 뱀인 여자 악귀인데 그것을 본 사람들은 모두 돌로 변했다고 한다.
** 걸음을 걸을 때 발목 부분을 가뜬하게 하기 위해 발목에서부터 무릎 아래까지 돌려 감거나 싸는 띠.

열 살에 학교를 떠난 이후 그는 실질적으로 한 번도 책을 통독해본 적이 없었다. 그는 아내에게 이렇게 말했다. "책을 왜 읽어? 난 삶에서 배운다고."

책을 읽는 대신에 우표와 희귀한 동전 컬렉션을 보며 몇 시간씩을 거뜬히 보냈다. 그는 캐리커처에도 뛰어난 재능이 있어 어느 이탈리아 정기 간행물에 매주 만화를 기고하기도 했다.

오랫동안 그는 정신이 얼얼해질 정도의 극심한 두통으로 고생했는데 그런 통증을 이기지 못해 비명을 내지르기 일쑤였다. 나이가 들면서 엄청난 정력은 줄어들기 시작했다. 그는 조용한 서재에서 더 많은 시간을 보냈고, 군중의 갈채는 더 이상 신경 쓰지 않았다. 마침내 그는 우울감에 굴복했고 신문에서 잘라내고, 다듬고, 붙여둔 스크랩북을 자세히 보면서 수많은 시간을 보냈다.

엔리코 카루소는 나폴리에서 태어났다. 하지만 고향에서 처음 노래를 부르려고 했을 때 신문은 그를 악평했고, 관중은 냉담하게 반응조차 하지 않았다. 카루소는 깊은 상처를 받았고 이후 그들을 절대 용서하지 않았다. 영광을 누리던 전성기에 종종 나폴리를 다녀갔지만 그곳에서 노래를 불러달라는 요청은 매섭게 거절했다.

그의 삶에서 가장 행복했던 순간은 그가 처음으로 양팔에 어린 딸 글로리아를 안았을 때였다. 그는 딸이 자라나 복도를 달려와 자신의 연습실 문을 열고 들어오는 순간을 고대하고 있다고 몇 번이고 말했다. 그리고 어느 날 카루소가 피아노 옆에 서 있었는데 그가 바라던 그 일이 일어났다. 이제 소녀가 된 어린 딸을 가슴에 꼭 껴안고 두 눈에 눈물이 그렁그렁한 채로 아내에게 말했다. "기억해? 내가 이 순간이 오길 얼마나 고대했는지?" 그 후 일주일도 채 되지 않아 그는 숨을 거두었다.

가수 엔리코 카루소(1873~1921)는 성공하고 나서도 어머니의 사랑과 희생을 떠올리면 눈물이 날 정도로 효심이 지극했다. 부모에 대한 고마운 마음은 인생을 경영해나가는 중대한 원동력이 되기도 한다. 예로부터 부모에 대한 애틋함을 노래한 고사는 수없이 많다.

자로子路가 스승 공자에게 말하기를 "제가 옛날에 부모님을 모실 때 가난해서 질경이와 콩깍지를 먹었습니다. 그러다가 우연히 부모님을 위해 백리 밖에서 쌀을 구해 어깨에 메고 온 적이 있습니다. 그땐 정말 기뻤습니다. 이제 부모님은 돌아가시고 저는 초나라에서 벼슬해 1만 섬의 곡식을 쌓아놓고 먹고 있습니다. 그렇지만 백리 밖에서 쌀을 지고 올 때의 그 기쁨을 다시 맛볼 수가 없어서 너무 슬픕니다"라고 했다. 부와 명성을 얻었지만 나를 키워준 부모와 함께할 때의 기쁨에 비할 바가 안 된다는 것이다.

한편 당 태종은 생일날 여러 신하들의 축하 인사를 받으며 성대한 잔치를 열자는 제안을 받았으나 거절했다. "내 생일이라 세속에서는 다 즐거워하지만 나에게는 아픈 느낌만이 가득하다. 이제 천하에 군림하고 부유함이 온 땅을 가질 정도가 되었어도 부모의 슬하에서 즐거움을 얻는 일은 영원히 가질 수 없게 되었다. 자로가 말한 부미지한負米之恨이 바로 이런 것이로군. 『시경』에서도 '슬프고 슬프다, 우리 부모님. 나를 낳아 기르시느라 고생만 하셨구나'라고 했으니 어찌 부모님께서 나를 낳으시며 고생한 날에 잔치를 베풀며 즐길 수 있겠나?"

유머라는 인생을 사는 무기

—— 밥 호프 ——

∽

내가 아는 사람 중에 웃음을 전하려고 13만 킬로미터를 여행한 유일한 사람은 빙 크로스비*의 옆집에 사는 그의 절친한 친구 밥 호프Bob Hope다. 13만 킬로미터는 적도 길이의 세 배가 넘는 것으로, 밥 호프는 군대에 복무 중인 장병들에게 웃음을 선사하기 위해 기꺼이 그 먼 거리를 이동했다.

그는 북아프리카의 알제리에서 폭격을 당했고, 이탈리아에서는 폭격을 받는 공항과 군수품 적치장 사이에 갇혀 있었다. 그는 고향을 그리워하는 병사들이 있는 곳에 나타나 농담을 던지고 기관총 유머를 줄줄 읊어대며 트럭, 탱크, 지프차 주변을 휘젓고 돌아다녔다.

호프는 미국의 어떤 곳에서 6백 명의 장병이 그의 야외 공연을 보러 황무지를 가로질러 16킬로미터를 걸어왔지만, 근처에 갈 수 없어

---

* 『라이프』지가 선정한 20세기 가장 영향력 있는 100인의 미국인에 연예인으로서 루이 암스트롱, 엘비스 프레슬리, 밥 딜런과 함께 이름을 올린 인물.

실망한 채로 돌아갔다는 소식을 들었다. 호프는 공연을 마치자마자 동료들을 여러 지프차에 나누어 태우고 그들을 쫓아 달렸다. 그리고 억수로 쏟아지는 비를 맞으며 황무지에서 그들만을 위해 공연을 처음부터 끝까지 반복했다.

밥 호프의 기록에 필적할 연기자는 없다. 그는 전쟁에 장병 위문이 필요하자 전선으로 달려가 병사들을 즐겁게 해준 첫 연예인이다. 또한 유럽 전장 전역에서 공연했을 뿐만 아니라 알래스카를 포함한 모든 훈련소에서 공연하기도 했다.

알래스카에서 작전 본부의 책임자였던 고故 사이먼 버크너 중장은 어느 날 무척 이상한 전보를 받았다. "우리는 노래하고, 춤추고, 이야기를 전합니다." 전보는 또 이렇게 알렸다. "턱시도를 입고 여행할 겁니다. 순회공연을 해도 될까요?" 전보에는 밥 호프라는 서명이 들어 있었다.

장군으로부터 "물론이죠!"라는 답신을 받자마자 호프는 동료들을 모아 알래스카로 달려갔고, 전초 기지와 병영에서 고생하는 장병들의 함성을 이끌어내기 위해 왕궁에서 공연하는 것에 못지않게 열성적으로 연기했다. 심지어 장병들이 자리를 떠날 수 없는 알류샨 열도의 전쟁터에 가서도 양철집과 판잣집을 마다하지 않고 연기를 펼쳐 장병들에게 웃음을 선사했다.

밥 호프는 코미디언들 중에서 가장 미국적인 사람이라고 알려져 있지만, 실은 영국에서 태어났다. 그가 두 번째 어금니가 나기 전에 그의 부모는 미국 클리블랜드로 이사왔다. 그리고 호프는 일곱 살이 되었을 때 이미 무대에 서기로 결심했다.

한 번은 지역 교회에서 딸기 축제가 열렸다. 레슬리Leslie Townes Hope로 알려져 있던 소년 밥은 무대에 올라 시를 낭송했다. 그는 자기가 단어를 전부 엉뚱하게 발음해 낭독을 망쳤으나 관중들을 미친 듯이 웃게 만들었다는 사실을 깨달았다. 그 나이의 대다수의 꼬마라면 수치심을 이기지 못하고 도망쳤을 테지만, 밥은 오히려 아주 기뻐하며 까불었고 여유 있게 허리를 굽혀 답례하기까지 했다. 순간, 밥은 자기 삶에서 가장 큰 즐거움을 주는 일은 사람들을 왁자지껄하게 떠들며 웃게 만드는 일이라는 것을 알아챘다.

12년 뒤 직장에서 일을 할 때에도 여전히 무대의 유혹은 잊을 수 없었다. 그는 자동차 부품 창고에서 야간에 일했는데 당시 사장의 사무실에서 구술 녹음기를 발견하고서는 유혹을 참을 수 없었다. 청년들을 모아 4중창단을 만들었고, 그때부터 구술 녹음기에 노래를 녹음하면서 대부분의 저녁 시간을 보냈다. 뮤지컬 영화《스위트 애더라인》처럼 달콤한 생활이었다. 어느 날 아침, 사장이 출근해 구술 녹음기를 켰을 때 "오늘밤 옛 고향에서는 화끈한 한때가 벌어질 거야"라는 합창이 흘러나오기 전까지는 말이다. 그날 밤은 정말 화끈한 한때가 되었고 레슬리 타운스 호프는 당일로 해고되었다.

자신이 해고당한 경위를 곰곰 생각해보더니 그는 일하다 빈털터리가 되나 무대에 올라 빈털터리가 되나 어차피 마찬가지이니 무대에 서기로 결심했다. 그 후 어느 파트너와 함께 노래를 부르며 춤추면서 가난하게 살았다. 몇 년 동안 베이크드 빈스와 도넛을 너무 많이 먹어 오늘날에도 베이크드 빈스와 도넛 생각만 하면 위장이 펄쩍 놀라며 하이랜드 플링**을 출 정도다.

인생의 전환점은 아주 우연한 기회에 찾아왔다. 그가 일하던 작은 극장의 매니저는 무대로 나가 다음 주에 상연될 공연을 알리라고 지

** 한 사람이 추는 아주 빠른 스코틀랜드 춤

시했다. 밥은 관중에게 이렇게 말했다. "여러분, 경영진이 저보고 다음 주에 훌륭한 공연이 있을 거라고 나가서 여러분께 장담하라고 하더군요. 제목은 이러한데……" 그때 관중들의 열광적인 반응 때문에 말을 끝낼 수가 없었다. 그들은 휘파람을 불고 발을 굴렀고, 밥은 10분 동안 계속 농담을 던지며 사람들을 웃겼다. 그들은 배꼽을 움켜쥐며 통로 쪽으로 굴러 떨어질 정도로 폭소를 터뜨렸다. 다 끝내고 퇴장했을 때 매니저는 이렇게 말했다. "밥, 노래하고 춤추는 건 자네의 재능을 낭비하는 일이야. 자넨 1인극을 해야 해." 밥은 매니저의 조언을 받아들여 독립했고, 그때부터 계속 출세 가도를 달렸다.

그는 이제 한 해 40만 달러를 번다. 할리우드 외부 사람들은 그가 이재에 밝다고 말한다. 몇 년 전 할리우드의 한 투자 중개인이 밥 호프의 계좌 중 가장 거액이 예치된 은행장에게 찾아가 이렇게 물었다. "왜 호프에게 날 추천하지 않습니까? 사업 매니저로 내가 유용한 조언을 많이 해줄 수 있는데요." 그러자 은행장은 이렇게 답했다. "그럴 것 같나? 내가 밥 호프를 지난 3년 동안 봤는데, 차라리 자네가 그 사람한테 돈을 맡기면 더 좋을 것 같네!"

마치 스키 활주로처럼 콧대가 높았던 이 영리한 청년은 1930년에 유일하고도 큰 기회를 놓쳤다. 라디오 방송을 한번 해보는 것이 어떻겠냐는 제안을 받았는데 거절했던 것이다. 밥은 콧방귀를 뀌며 대답했다. "미안하지만 시간 낭비하긴 싫어서요. 라디오는 절대 잘되지 않을 겁니다."

5년 뒤 라디오가 중요한 매체가 되자 밥에게 두 번째 기회가 찾아왔다. 그는 라디오 채널에서 어떻게든 성공하고 싶어서 원고를 준비하며 날밤을 새우기까지 했다. 하지만 스튜디오에 도착해 관중 없이 프로그램 진행을 해야 한다는 것을 깨달았을 때 엄청나게 당황했다.

호프가 직접 말했던 것처럼 빈 좌석만큼 무대 공포증을 생겨나게 하는 것도 없었다.

옆방을 보니 찰리 매카시Charlie McCarthy와 에드가 버겐Edgar Bergen이 방송 중이었고 방청객들로 엄청나게 붐볐다. 이에 밥은 경비를 매수해 버겐의 스튜디오에 있는 가이드 로프***를 자신의 스튜디오에까지 연결되게 했다. 방청객이 몰려나오자 그는 소리쳤다. "여기입니다, 여기가 출구예요!" 어리둥절한 사람들은 밥의 스튜디오로 들어갔고, 자기가 유치한 방청객들에게 첫 라디오 공연을 선보였다.

밥 호프는 활력이 넘치는 사람이라서 평소 가만히 앉아 있는 것을 싫어한다. 수많은 일을 동시에 해서 어떤 사람은 그를 '바쁜 사람의 완벽한 초상'이라고 묘사하기도 한다. 실제로 자신의 전화에 특별한 선을 잇기도 했다. 이 선은 몇 미터 길이라 전화하는 동안에도 방을 이리저리 걸어 다닐 수 있다. 그는 한군데 오래 앉아서 책 한 권을 대충이라도 넘겨보는 일이 드물다. 하지만 신문이나 잡지의 연재만화는 빼놓지 않고 재미있게 읽는다.

밥 호프가 자연스럽게 던지는 재기발랄한 농담은 실은 피와 땀으로 섬세하게 계획한 것이다. 그가 가장 소중하게 생각하는 물건은 그의 침실 바로 옆 튼튼하게 빗장을 지른 방에 보관되어 있는데 바로 농담을 모은 거대한 서류철이다. 이 방 열쇠는 밥 자신 외에는 아무도 갖고 있지 않다고 한다. 여기에 더해 여섯 명의 유머 작가가 한 해 내내 그를 위해 머리를 쥐어짜는데, 마치 보석 세공사가 다이아몬드를 세공하는 것처럼 애정과 기량을 담아 재담을 가다듬는다.

1억 3천만 명의 사람이 그의 농담에 배를 움켜쥐지만 아내 돌로레

*** 사람들에게 통로를 알려주는 설치물

스Dolores Hope는 그렇지 않은 유일한 사람이다. 그녀는 화면 속 남편이 재미있다고 생각하고 남편의 라디오 방송을 즐겨 듣지만, 집에서만큼은 남편이 절대로 관중들을 웃기는 것만큼 웃기지는 못한다고 말한다. "나한테 무슨 문제가 있는 걸까요? 하지만 밥이 집에서 농담이랍시고 말하면 그렇게 썰렁할 수가 없어요!"

훌륭한 배우들이 그런 것처럼 호프도 미신을 믿는다. 패러마운트 스튜디오가 새로운 분장실을 제공했는데도 그는 첫 영화를 찍을 때 쓴 분장실을 그대로 쓰겠다며 거절했다. 그 분장실은 너무 작고 비좁아 벽장이라 불려도 이상하지 않았다. 이제 패러마운트는 그 비좁은 공간 주변에 공을 들인 여러 스위트룸을 제공해 밥 호프가 불길한 사람을 들이거나 징크스를 겪는 일 없이 기존에 쓰던 거울 앞에서 분장할 수 있게 지원하고 있다.

밥 호프는 언젠가 오스카상을 받길 꿈꾼다. 그는 오스카상을 두고 냉정하다고 말한다. 하지만 오스카상이 있든 없든 그는 전선에 나간 병사들의 마음속에선 최고의 배우이며 미국인들에게 셀 수 없이 많은 즐거운 순간을 선사한 배우다. "저는 인생에서 단 한 가지에만 진지합니다. 그건 바로 웃음이죠!" 이렇게 말한 사람답게 무척 잘하고 있다는 것이 내 생각이다.

인생경영 포인트

밥 호프(1903~2003)는 미국의 유명한 코미디언으로 한국 전쟁 당시에 배우 마릴린 몬로와 함께 한국 전선의 미군 병사들을 위문하기 위해 한국에도 온 적이 있는 인물이다. 그는 전쟁 중에 장병 위문

활동을 많이 한 공로를 인정받아 미국 정부는 물론이고 영국 정부로부터 공로패를 받기도 했다. 밥 호프가 처음부터 연기자였던 것은 아니다. 그는 자동차 부품 창고에서 월급을 받으며 일하는 평범한 직장인에 불과했다. 그러다 어느 날 '일을 하다가 실수해 빈털터리가 되나 무대에 서는 연기자가 되어 빈털터리가 되나 같은 일 아닌가!' 하는 생각에 자기가 좋아하는 일을 하기로 결단했다. 평소 유머의 힘을 믿었던 그였기에 가능한 참으로 가뿐한 결심이었다.

한편 미국 국민들을 들었다 놓았다 하는 그의 유머가 정작 아내 돌로레스에게는 전혀 통하지 않았다는 것은 재미있게 들리면서도 생각할 여지를 준다. 왜 코미디언의 유머는 집에서 통하지 않을까? 말하는 사람과 듣는 사람 사이에 적당한 거리가 유지되지 않기 때문이다. 영어의 "too close for comfort너무 가까이 있어서 불편하다"라는 말이나 로마 시인 호라티우스가 남긴 풍자시의 한 구절 "이름만 바꾸면 그건 네 이야기가 된다nomine mutato, fabula de te narratur"는 적당한 거리를 지키지 않은 유머가 실패할 수밖에 없음을 보여준다. 이는 사회생활을 할 때도 마찬가지다. 상대방의 약점을 건드리는 유머는 실패하기 마련이다. 유머를 구사할 때 우리가 깊이 명심해야 할 사항이다.

불안한 마음이 신체를 좀먹는다

────── 찰스 디킨스 ──────

백 년 전 크리스마스 무렵 런던에서 책 한 권이 출간되었다. 장차 불후의 명작이 될 작품이었다. 많은 사람들이 책을 두고 '세상에서 가장 훌륭한 책'이라고 했다. 처음 출간되었을 때 영국의 스트랜드가나 펠맬가에서는 친구를 만날 때마다 이렇게 묻곤 했다. "그거 읽어봤어?" 그리고 질문에 대한 답은 늘 이랬다. "그럼, 나도 읽었지. 작가에게 축복이 있기를!"

그 책은 출간 당일 1천 부가 팔렸다. 보름 안에 출판사는 황급히 1만 5천 부를 찍었다. 그 이래로 책은 무수히 많은 판에 판을 거듭했고, 하늘 아래 거의 모든 언어로 번역되었다. 그리고 몇 년 전 J. P. 모건은 그 책의 육필 원고를 어마어마한 거액으로 사들였고, 그가 도서관이라고 부르는 뉴욕의 박물관Pierpont Morgan Library에 값을 따질 수 없는 다른 보물들 사이에 보관되어 있다.

세계적으로 유명한 이 책은 무엇인가? 바로 찰스 디킨스Charles Dickens의 『크리스마스 캐럴』이다. 찰스 디킨스는 장차 영문학에서 책을 가장 많이 써내고 가장 사랑받는 저자가 될 운명이었다. 하지만 처음 글을 쓰기 시작했을 때는 비웃음을 당할 것이 너무 두려워 한밤에 몰래 우편함을 찾아가서 원고를 발송하곤 했다. 그는 당시 스물두 살이었고, 자기 소설이 실제로 인쇄되었을 때는 기쁨을 주체하지 못하고 눈물을 주르륵 흘리며 거리를 쏘다녔다.

하지만 그 소설로 단 한 푼도 벌지 못했다. 그다음에 쓴 여덟 편의 단편소설로도 그는 전혀 돈을 벌지 못했다. 마침내 단편소설로 진짜 돈을 벌게 되었을 때는 5달러 수표를 받았다. 그렇다, 처음에는 소설을 써서 고작 5달러를 벌었다. 하지만 그의 마지막 원고는 단어당 15달러로 계산되었다. 이는 인류의 역사가 시작된 이래 작가에게 지급한 원고료 중 최고의 액수였다! 단어당 15달러라니!*

대다수 작가는 사후 5년이면 존재 자체가 잊힌다. 그러나 출판사들은 디킨스가 죽은 지 63년이 지난 뒤 디킨스가 자녀들을 위해 쓴『예수의 생애』로 누적 20만 달러 이상을 그의 가족에게 지급했다.

지난 백 년 동안 찰스 디킨스의 소설은 경이로울 정도로 많이 팔렸다. 셰익스피어의 작품과 성경을 제외하면 그의 소설들보다 많이 팔린 책은 없다. 사람들은 계속해 그의 소설을 읽었고, 연극이나 영화에서도 마찬가지로 그의 책을 인용했다.

찰스 디킨스는 평생 4년 이상 학교에 다닌 적이 없지만 영어로 된 위대한 장편소설을 17편 썼다. 부모는 학교를 운영했지만 그는 학교

---

* 1850년대에 영국 중산층 가정의 연간 수입이 대략 1천 달러였다. 그리고 도시 노동자나 말단 사무직의 연봉이 3백 달러였다. 영단어 1자당 15달러는 엄청난 금액으로 작가가 더 이상 작품을 써낼 수 없는 생애 마지막 순간의 원고료이고 또 육필 원고의 골동품으로서의 가치도 같이 친 것이기 때문에 이처럼 이례적으로 높은 값을 지불했을 것이다.

에 다니지 않았다. 왜 그랬을까? 부모가 운영하는 학교가 여학교였기 때문이다. 적어도 여학교로 운영할 계획이었으나 성공을 거두지는 못했다. 황동판에는 이런 말이 새겨져 있었다. '디킨스 부인의 학교'. 황동판은 한 해 내내 문밖에 걸려 있었지만, 런던을 통틀어 단 한 명의 여학생도 그곳에 다니지 않았다.

요금 청구서는 무섭게 쌓였다. 채권자들은 권리를 주장하고, 욕설하고, 책상을 마구 내리쳤다. 마침내 그들은 분을 못 이겨 디킨스의 아버지를 채무 불이행이라는 죄목으로 감옥에 집어넣었다.

찰스 디킨스의 어린 시절은 무척 어둡고도 애잔했다. 아니, 그 이상으로 비참했다. 아버지가 감옥에 갇혔을 때 그는 고작 열 살이었고, 가족에게는 먹을 것이 아무것도 없었다. 매일 아침 찰스는 전당포에 가서 얼마 남지도 않은 집 안 가구를 팔아야 했다. 심지어 무척 아꼈고 유일한 벗이었던 열 권의 책도 할 수 없이 팔아야 했다. 나중에 그는 이렇게 말했다. "책을 팔아야 했을 때의 비통함은 이루 말할 수가 없습니다."

결국 디킨스 부인은 네 명의 아이들을 데리고 채무자 감옥으로 들어가서 남편과 함께 살았다. 찰스는 해가 뜨면 감옥에서 종일 가족과 함께 보냈고 밤이 되면 혼자 터벅터벅 감옥에서 걸어 나와 음울한 다락방으로 돌아갔다. 그곳에는 이미 런던 빈민굴의 부랑아 두 명이 자리를 차지하고 있어 어쩔 수 없이 그들과 함께 자야 했다. 부랑아 때문에 집 안은 말 그대로 지옥과 다름없었다.

마침내 그는 쥐가 우글거리는 창고에서 검은 구두약 병에다 상표를 붙이는 일을 얻었고, 처음으로 받은 몇 페니의 봉급으로 다른 방을 빌렸다. 더럽고 지저분한 다락방이었고, 구석에는 더러운 침구가 무더기로 쌓여 있었다. 하지만 디킨스는 그 작은 다락방이 "낙원 같았다"라고 말했다.

훗날 작가가 된 디킨스는 『올리버 트위스트』**에 텅 빈 죽 그릇을 내밀며 더 달라고 구걸하는 아이를 등장시키고 어엿한 신사로 성장하는 모습을 그려 자기 어린 시절에 대한 복수를 했다.

디킨스는 완벽한 가정의 화목을 생생하게 묘사했지만 정작 자신의 결혼 생활은 실패였다. 그것도 울적하고 비극적인 실패였다. 그는 사랑하지도 않는 아내와 23년을 살았다. 둘은 10명의 자식을 두었지만, 매년 부부 사이의 고통은 커져만 갔다. 온 세상이 그의 비위를 맞추었지만 자기 집안만은 상심과 비탄으로 가득했다. 마침내 고통이 가슴을 저미 듯이 크게 느껴지자 더 이상 버틸 수 없었다. 빅토리아 시절에는 전례가 없었던 일을 감행했다. 잡지에 글을 실어 아내와 별거 중이라고 선언한 것이다. 그는 사람들의 비난을 모두 자기 탓으로 감수했을까? 그렇게 하지 않았다. 오히려 모든 비난을 아내에게 돌리려고 애썼다.

디킨스는 관대한 사람으로 알려져 있다. 죽을 때 20만 달러를 처제에게 남긴 것 때문이다. 하지만 자기 자식들의 어머니(아내)에게는 얼마나 주었을까? 고작 주당 35달러였다! 그는 공작새처럼 허영이 심했다. 지극히 미미한 비판에도 불처럼 화를 냈다. 자신의 매력적인 외양

** 디킨스가 1837년에 발표한 소설. 올리버 트위스트라는 소년이 시골의 고아원에서 자라다 너무나 배가 고파 그곳을 탈출해 런던으로 올라오는데, 런던에 있는 유대인 악당 페이긴의 소굴에 떨어지고서도 타락하지 않은 채 어엿한 신사로 성장한다는 이야기다. 『올리버 트위스트』는 성장 소설과 사회 비판 소설이라는 두 가지 측면을 지니고 있으며 디킨스 문학의 앞날을 예고하는 이정표 같은 작품이다. 성장 소설 성향은 나중에 『데이비드 코퍼필드』와 『위대한 유산』과 같은 더욱 정교하고 심오한 소설로 이어졌고, 사회 비판의 성향은 빈민들의 삶을 다룬 『어려운 시절』, 영국 사법부의 비리를 다룬 『황폐한 집』, 채무자 감옥의 생활을 다룬 『작은 도릿』 등으로 확대되어 나갔다.

을 자랑스러워했고, 1842년 처음 미국에 갔을 때 진홍색 조끼와 청록색 외투를 입어 대중의 감탄을 자아냈다. 대중 앞에서 머리를 빗는 행동으로 미국인들을 깜짝 놀라게 했고, 반대로 미국인들은 뉴욕 거리에 돼지를 풀어 마구 돌아다니게 해 그에게 큰 충격을 안겼다.

디킨스는 당대에 가장 사랑받는 우상이었다. 두 번째로 미국에 방문했을 때 사람들은 디킨스 낭독회 티켓을 사려고 몇 시간이나 차가운 바람에 덜덜 떨면서 줄을 서서 기다렸다. 브루클린에서 사람들은 모닥불을 켜고 거리에 밤새 누워 있었고, 동상과 폐렴에 걸릴 위험도 마다하지 않았는데 이 모든 것은 인당 3달러로 그의 말을 듣기 위해서였다. 티켓이 매진되자 수백 명은 돌아가야 했고 팬들은 실제로 폭동을 일으켰다.

문학의 역사에는 모순적인 성격을 지닌 인물이 가득하지만, 그런 사실을 감안한다 하더라도 찰스 디킨스는 아주 놀라울 정도로 이례적인 사람임이 분명하다.

인생경영 포인트

찰스 디킨스(1812~1870)는 어린 시절 구두약 공장에 들어가서 유리병에 라벨을 붙이는 노동을 했다. 주급 1달러 50센트에 아침 8시부터 저녁 8시까지 일하는 강행군이었다. 소년에게 당시 노동은 씁쓸한 추억이었고 나중에 결혼해서도 아내에게 그 일을 숨길 정도였다. 다행히 디킨스의 아버지가 할머니의 유산을 물려받아 디킨스 가족은 채무자 굴레에서 벗어날 수 있었다. 디킨스는 그 덕분에 공장을 그만두고 4년 동안 학교에 다녔다.

디킨스는 자신의 열등한 출생 배경을 평생 숨기고 싶은 치부로 여기며 살았다. 그래서 다른 지적인 작가들에게 엄청난 열등감을 느끼곤 했다. 남들의 비평을 잘 견디지 못했고 자기 작품을 두고 실패작이라고 말하는 논평은 더욱 참아주지 못했다. 게다가 마음속 깊은 곳에서 자신을 불신하는 경향이 있었다. 때문에 부족함을 메우려는 보상심리가 강했고, 남을 지배하고 싶은 충동이 있었으며, 자기 고집을 굽히지 않으려 했다. 그 성향을 보여주는 예로 소설 집필에 과도하게 매달린 것과 생애 후반에 공개 낭독 행사를 무리하게 강행한 것 등이 있다.

낭독회는 영국은 물론이고 멀리 미국에서도 큰 인기를 끌었다. 마지막 미국 낭독회(1867)는 주치의가 적극 말렸으나 강행했고 이것 때문에 건강이 악화되어 때 이른 죽음을 맞이했다. 그의 고집과 충동적인 성향은 10명의 아이를 낳아준 아내 캐서린 호가스와 갈등을 불러일으키기도 했다. 결국 디킨스 부부는 별거했는데 그 후 두 사람은 두 번 다시 만나지 않았다.

디킨스의 자기 불신과 사회에 대한 분노는 내면의 깊은 공포에서 나오는 것이었다. 디킨스는 불우한 유년 시절을 무언가 훌륭한 것으로 극복해야 한다는 심리가 아주 강했다. 때문에 더 좋은 작품을 써내려 했고, 더 좋은 일을 많이 만들려 했고, 더 충실하게 인생을 즐기려 강박적으로 매달렸다. 46세 때 28세 연하의 연극배우 엘렌 터난과 내연관계를 맺으면서 아내와 별거한 것도 그런 보상심리가 작용한 것이다. 그는 58세라는 아까운 나이에 뇌출혈로 사망했는데 죽는 날 당일 오전에도 『에드윈 드루드의 미스터리』라는 탐정소설을 썼다고 한다. 가난하고 고통받고 박해받는 사람들을 이해하고 사랑한 위대한 소설가였던 디킨스는 웨스트민스터 사원 내 시인의 묘역에 안장되어 있다.

이런 위대한 인물도 성공 후에 열등감에서 벗어나지 못했다는 사실은 평범한 사람에게 어떤 동질감을 느끼게 한다. 때때로 열등감을 느낄 때 '나보다 훨씬 위대한 사람도 스스로를 확신하지 못하는데 나라고 그렇지 않을 수 있겠어' 하고 버틸 힘과 용기를 주는 것이다.

거짓은 절대 말하지 않는다

———— 시어도어 드라이저 ————

시어도어 드라이저Theodore Dreiser는 미국에서 가장 놀랍고 가장 유명한 소설가 중 한 사람이다. 한 세기의 3분의 1을 그는 문학으로 풍미했다. 그는 쇼트혼 황소와 비슷한 사람이었다. 큰 소리로 고함치고 코를 흥흥거리고 땅을 파헤치는 황소와 같은 정력으로 많은 소설을 써냈다.

그는 미국 문학에 엄청난 영향을 미쳤다. 오늘날 독자들이 읽고 있는 여러 책들은 시어도어 드라이저가 없었더라면 약간 달라졌을지도 모른다.

1900년 그는 『시스터 캐리』(2016, 문학동네)*라는 선풍적인 소설을 썼고, 사람들은 만나기만 하면 그 책에 대해 이야기를 나누었다. 비평가

---

* 가난한 처녀 캐리 미버는 찰스 드루엣이라는 세일즈맨을 만나 그의 정부가 된다. 그러나 남자가 능력 부족이라고 생각해 그를 차버리고 다시 술집 주인이면서 중년 유부남인 조지 허스트우드를 만나 함께 몬트리얼로 달아났다가 이어 뉴욕으로 간다. 조지는 뉴욕에서 술집을 하다가 사업이 망해 건달이 되고, 캐리는 술집 무대의 단역으로 출발해 주연 배우로 올라선다. 캐리는 점점 부담스러운 조지를 내버려두고 집을 나가 돌보지 않았고, 조지는 점점 더 영락해 자살하고 만다.

들은 그 책을 부도덕하고 외설적이라고 맹비난했다. 설교자들은 설교 단을 마구 두드리며 분개했고, 부녀회는 분노에 차 금서로 지정할 것을 요구했다. 출판사들은 겁에 질려 책 판매를 거부했다. 드라이저는 깜짝 놀랐다. 그는 자기 소설에 과연 부도덕한 내용이 들어 있는지 이해하기 어려웠다. 자신이 보아온 삶을 있는 그대로 묘사했을 뿐이기 때문이다.

하지만 때는 1900년이었다. 그 후 수십 년이 흘렀고 이제는 아무도 그의 책을 비난할 생각조차 하지 않는다. 오늘날 『시스터 캐리』의 초판본을 얻고자 한다면 350달러는 줘야 할 것이다. 나는 한때 이 우중충하고, 침울하고, 걸걸한 거인을 만나러 갔었다. 그는 나를 아주 솔직하게 대해 깜짝 놀라게 했었다. 그는 사람들에 대한 자신의 생각을 숨김없이 말해 늘 문제가 되었다. 이를테면 한 파티에서 뉴욕의 저명한 은행가와 러시아를 주제로 논쟁을 벌였을 때, 은행가를 바보라고 비난하면서 산적이라고 불렀다. 은행가의 터무니없는 헛소리를 결코 용납하지 않겠다고 말하기도 했다.

드라이저는 미국인의 삶에 대해 아주 감동적인 비극 소설을 계속 써냈다. 그의 가장 유명한 소설인 『아메리카의 비극』(2020, 을유문화사)**은 1925년에 출간되었는데, 당시 그는 방세도 내지 못할 정도의 생활고에 시달리고 있었다. 그때 그 책이 미국 전역에 돌풍을 일으켜

** 캔자스시의 복음 전파사의 아들인 클라이드 그리피스는 부유한 친척 새뮤얼의 도움으로 뉴욕의 의류 공장에 취직한다. 그곳에서 여공 로버타를 만나 사랑에 빠지고 그녀는 임신을 한다. 클라이드는 부잣집 딸인 산드라와도 교제하기에 점점 로버타가 부담스러워진다. 산드라와 결혼해야 출세할 수 있다고 생각한 클라이드는 로버타를 물에 빠뜨려 죽이기로 결심한다. 그러나 막상 호수에 데려가 보트를 태우니 주저하게 된다. 그때 갑자기 심한 바람이 불어와 보트가 뒤집어져서 로버타는 죽고 클라이드는 헤엄쳐 나와 살았다. 그리고 그는 재판을 받고 사형에 처해진다.

마치 눈사태와 같은 50만 달러의 인세를 그에게 가져다주었다. 할리우드는 영화 제작권으로만 거의 20만 달러를 지급했다. 나는 그 돈을 어떻게 썼는지 물었는데 주식과 채권 그리고 저당권에 투자해 30만 달러를 잃었다고 대답했다.

드라이저는 날것 그대로의 삶에 대해 썼다. 그것이 바로 인디애나 주 테러호트, 설리번, 에번스빌 그리고 워소 등지에서 그가 성장하며 보았던 인간의 생활이었기 때문이다. 그의 어머니는 남의 세탁물을 받아서 대신 빨래해주는 것으로 돈을 벌어 가까스로 13명의 아이를 먹여 살릴 수 있었다. 그럼에도 소년 시어도어는 때로 굶주렸고 빈번히 추위에 시달렸다. 그는 몸을 눕힐 침대가 없어 잠자리를 짚으로 대충 만들어 바닥에서 개처럼 웅크리고 자야만 했다. 때로 철도를 따라 떨어져 있는 작은 석탄 덩어리를 주워 와서 집 안을 데우는 데 사용하기도 했다. 또한 신발이 없어서 학교에 가지 못하는 일도 잦았다.

학교에 다닐 때 그는 일종의 지진아였는데 학과 공부를 거부했기 때문이다. 그는 수학을 증오했고 문법을 경멸했다. 문법을 공부한 적도 공부하려고 한 적도 없다고 그는 내게 말했다. 자기 마음대로 할 수 있다면 모든 문법 교육과 영문학 교육, 단편소설 작문에 대한 강의 그리고 모든 저널리즘 학교를 폐지할 것이라고 말했다. 그런 식으로는 결코 작가가 될 수 없다고 그는 말했다.

드라이저는 어느 날 갑자기 신문 기자가 되기로 결심하고서 『시카고 글로브Chicago Globe』에 지원했다. 그는 그들이 일자리를 줄 때까지 죽치고 앉아 있었다. 한 달 넘게 매일 의자에 앉아서 기다렸다. 그것이 1892년의 일이다. 그리고 같은 해 6월에 시카고에서 민주당 전당대회가 열려 추가로 기자가 필요할 때 드라이저는 마침내 일자리를 얻게 되었다. 그 후 믿기 힘든 일이 벌어졌다.

평생 신문에 단 한 줄도 싣지 않은 이 풋내기 신문 기자는 다른 기자들과 함께 오디토리움 호텔의 바에서 술을 마시고 있었는데, 그때 그들은 대선 후보가 누가 될지 아무도 모른다며 한탄하고 있었다. 드라이저는 칵테일을 몇 잔 마신 뒤였고 자랑을 하고 싶어서 이렇게 말했다. "난 누가 대선 후보가 될지 알아. 다크호스인 캘리포니아 남부 상원의원 머켄티라고." 그러자 바로 그때에 머켄티 상원의원이 문을 열고 들어왔다. "내 이름이 언급되다니 영광이군요. 어떤 분이 말씀하셨죠?"

드라이저는 자기가 그랬다고 대답했다. 그러자 상원의원은 이렇게 말했다. "훌륭하군요. 같이 술이나 마십시다." 5분 뒤 그는 드라이저에게 같이 점심을 먹자고 제안했고, 몇 잔의 진 리키Gin Rickey를 사주었다. 술에 취해 좌중의 분위기가 부드럽게 되자 상원의원은 이렇게 말했다. "나와 함께 워싱턴으로 가지. 자넬 내 개인 비서로 쓰고 싶네."

며칠 뒤 점심을 함께 먹고 난 후 머켄티는 이렇게 말했다. "잘 듣게. 비밀을 하나 알려주지. 그로버 클리블랜드Grover Cleveland가 대선 후보가 될 거야. 자네는 이걸 아는 첫 신문 기자가 됐군."

드라이저는 깜짝 놀랐다. 기자가 된 지 겨우 이틀 되었는데 그해의 가장 큰 특종 기사를 터뜨리게 된 것이다.

몇 달 뒤 세인트루이스의 『글로브 데모크랫Globe Democrat』지에서 스카우트 제안이 왔다. 『글로브 데모크랫』에 입사하고 세 달이 지난 뒤 연극 담당 편집자가 물러났고, 드라이저가 그의 일을 이어받게 되었다. 그는 극장에 대한 것은 아무것도 몰랐기에 왜 회사에서 그런 인사 결정을 내렸는지 짐작조차 하지 못했다.

어느 월요일 밤 세인트루이스에서는 네 개의 쇼가 열렸고, 드라이저는 모두 참석할 수가 없어서 하나만 보고 나머지 세 개는 보지도 않고 적당히 상상해 리뷰를 썼다. 공연의 앞좌석에서 앉아 있었던 척하면서 기사를 작성했던 것이다. 심지어 연기에 대해 조롱하는 것 같은 언급을 남기기까지 했다. 다음 날 아침 이 기사가 인쇄된 후에야 그는 홍수로 철로가 쓸려 내려가 세인트루이스에서 그 어떤 쇼도 열리지 않았다는 사실을 알게 되었다. 그는 자신이 저지른 소행에 심한 혐오감을 느끼고 곧바로 신문사를 그만두었다.

나는 시어도어 드라이저에게 성공 비결이 무엇인지 물었고, 그는 이렇게 답했다. "하느님의 자비가 있어야 해. 그게 전부지."

인생경영 포인트

미국의 도금 시대는 1865~1890년경으로 산업화와 공업화의 영향으로 엄청난 양의 부를 축적했던 시기이자, 황당무계한 투기와 불안정한 가치가 판을 쳤던 시기다. 이 말은 마크 트웨인의 소설 『도금 시대The Gilded Age』(1874)에서 가져온 것으로, 이 시대에 돈은 먼저 잡는 사람이 임자고 부를 획득하는 과정에서 양심이나 도덕은 그리 중요하지 않았다. 간단히 말해서 상업주의와 물질주의를 숭배했고 '탐욕은 좋은 것이다greed is good'라는 모토를 갖고 있었다.

이 시대를 살았던 시어도어 드라이저(1871~1945)는 자기가 똑똑히 보고 경험한 것들을 기사로, 소설로 쓰는 삶을 살았다. 당시 도금 시대에 대한 반발은 격렬했고 머크레이커muckraker(추문 폭로자)의 활약도 대단했다. 미국의 언론인 아이다 타벨은 『스탠더드 석유회사의 역사The Standard Oil Company』에서 석유재벌 록펠러의 탐욕스러운 문어발식 확장을 폭로했고, 링컨 스테펀스는 『도시의 수치The Shame Of The

Cities』에서 시정 운용의 비민주성을 폭로했다. 제이콥 리스는 사진으로 도시 공동 주택 거주민의 비인도적인 생활 상태를 보도했으며, 소설가 업튼 싱클레어는 『정글』이라는 소설에서 고기 도축 산업의 비리 행위를 다루었다. 또한 레이 스태너드 베이커는 남부의 파업 노동자에게 가해지는 잔혹한 탄압과 인종 차별을 취재해 보도했다. 시어도어 드라이저 역시 시대의 영향으로 그의 대표 장편소설을 두 편 썼다. 운수재벌의 추악한 일대기를 폭로한 『자본가*The Financier*』와 『거인*The Titan*』이 바로 그것이다.

드라이저는 늘 솔직했다. 빈말이나 거짓말을 할 줄 몰랐기에 파티에 참석하면 곤혹을 겪기도 했다. 그가 거짓말을 한 적이 딱 한 번 있는데, 신문 기자가 되고 취재 없이 기사를 상상으로 쓴 일이다. 그는 이 일을 계기로 자신에게 환멸을 느껴 신문 기자를 그만두고 만다. 끝까지 자신의 인생철학을 저버리지 않은 것이다.

건강을 챙기지 않으면 모든 것을 잃는다

—— 잭 런던 ——

40여 년 전에 한 부랑자는 버팔로행 화물 열차에 무단 승차했고, 열차에서 내려서는 이 집 저 집을 돌아다니며 음식을 구걸했다. 그 모습을 본 한 경찰관이 부랑죄로 체포했고, 판사는 그에게 교도소에서의 중노동 30일을 선고했다. 30일 동안 그는 돌을 쪼갰고 빵과 물 이외엔 아무것도 먹지 못했다.

하지만 고작 6년 뒤에 부랑자이자 거지였던 놈팡이는 서부 해안에서 사람들이 가장 보고 싶어 하는 유명 인사가 되었다. 그는 캘리포니아의 최고 유명 인사들의 접대를 받았으며, 문학계의 크게 빛나는 스타로 소설가, 비평가, 편집자에게 칭송받았다. 그는 열아홉이 될 때까지 고등학교를 다니지 않았고, 마흔에 죽었지만 51권의 책을 남겼다. 이 사람은 바로 『야성의 부름』(2010, 민음사)을 쓴 소설가 잭 런던Jack London이다.

잭 런던이 1903년 『야성의 부름』을 썼을 때 그는 삽시간에 유명해졌다. 편집자들은 새로운 원고를 달라고 끊임없이 요구했다. 하지만 그는 첫 히트작으로 푼돈밖에 벌지 못했다. 『야성의 부름』에 대한 모든 권리를 고작 2천 달러에 넘겼기 때문이다. 하지만 출판사와 훗날 할리우드 영화 제작자들은 그 작품 하나만으로 1백만 달러를 벌어들였다.

책을 쓰는 데 가장 중요한 것은 글감을 확보하는 것이다. 잭 런던의 놀라운 성공 뒤에는 풍부한 글감이 있었다. 그는 짧고 열정적인 삶을 살면서 무수히 다채로운 경험을 했다. 그는 돛대 앞의 선원이었고, 부두 노동자였으며, 굴 밀렵꾼이기도 했고, 금광 광부로 일하기도 했다. 또 북부 지대(알래스카)에서 바다표범을 사냥하기도 했다. 그는 세상의 절반을 걸어서 여행 다녔고, 나중에 그 경험을 책으로 쓰기도 했다. 자주 배를 곯았고, 공원 벤치와 짚 더미 그리고 화물차에서 잤다. 딱딱한 맨바닥에서 자는 것은 예사였고, 때로는 일어나 보니 지난 밤 잠들었던 곳이 풀장이라는 사실을 발견한 일도 있었다. 때때로 잘 곳을 찾는 데 쓸 힘조차 없을 때는 화물 열차 밑바닥에서 자기도 했다.

그는 미국에서 수백 번 체포되고 투옥되었는데 멕시코, 만주, 일본, 조선의 감옥에도 갇힌 적이 있다. 잭 런던의 어린 시절은 빈곤과 고난의 연속이었다. 그는 샌프란시스코만의 부둣가를 배회하는 깡패 무리와 어울려 제멋대로 살았다.

그는 학교를 우습게 보고 대부분 무단결석했다. 하지만 어느 날 공공 도서관에 들어가 『로빈슨 크루소』를 읽고 그는 책에 크게 매료되었다. 배가 고프긴 했지만 집에 저녁을 먹으러 갈 생각도 않고 계속 책을 읽었다. 다음 날 그는 도서관으로 달려가 다른 책들을 빌려 읽었다. 새로운 세상이 그의 앞에 펼쳐졌다. 그런 세상은 『아라비안나이트』의 바그다드처럼 기이하고 다채로웠다. 그때부터 그는 채울 수 없는 독서열에 시달렸다. 하루에 10~15시간 책을 읽는 것은 흔한 일이었다. 그는 닉 카터부터 셰익스피어, 허버트 스펜서, 카를 마르크스까지 모든 책을 마치 삼킬 것처럼 읽었다. 그리고 열아홉에 육체노동을 그만두고 머리를 쓰기로 마음먹었다. 그는 부랑자짓에 지쳤고, 경찰에게 얻어맞거나 보조 차장에게 랜턴으로 머리를 두드려 맞는 일에 신물이 났다.

잭 런던은 열아홉 살에 캘리포니아주 오클랜드에 있는 고등학교에 입학했다. 자는 시간도 줄여가며 밤낮으로 공부해 경이로운 일을 해낸 것이다. 그는 실제로 4년 동안 배워야 할 것을 3개월 만에 벼락치기로 배웠고, 검정고시를 통과한 뒤 캘리포니아 대학교에 입학했다.

반드시 위대한 작가가 되고 말겠다는 야망에 사로잡힌 그는 『보물섬』, 『몬테크리스토 백작』, 『두 도시 이야기』를 연구하고 또 연구했으며, 열정적으로 글을 썼다. 그는 하루에 5천 단어* 분량을 썼는데, 이는 20일이면 제대로 된 소설 한 편을 완성하는 속도였다. 그는 때로 출판사 편집자들의 손에 30편의 단편소설을 동시에 쥐여주기도 했다. 하지만 그 단편들은 전부 고스란히 돌아왔다. 그렇게 그는 글쓰기를 배워나갔다.

그러던 어느 날 「일본 앞바다의 태풍」이라는 제목의 단편소설이 『샌프란시스코 콜』 신문사가 후원한 공모전에서 최우수상을 받았다. 하지만 그가 이 소설로 받은 돈은 고작 20달러에 불과했다. 그는 빈털터리였고 방세조차 내지 못했다.

그때가 바로 극적인 사건과 흥분이 벌어졌던 1896년이다. 그 무렵 황금이 알래스카의 클론다이크에서 발견되었다. 이런 엄청난 소식은

---

* 영단어는 70단어가 200자 원고지 1매에 해당하므로 5천 자는 200자 원고지 70매에 해당한다.

미 대륙으로 퍼졌고 온 나라가 흥분으로 들썩였다. 노동자는 가게를 떠났고, 군인은 군대에서 탈영했으며, 농부는 농지를 버렸고, 상인은 가게를 폐쇄했다. 금을 찾는 사람들이 그렇게 클론다이크로 옮겨갔다. 메뚜기떼가 날아가듯 사람들은 북극광 아래 황금의 땅으로 몰려들었다.

잭 런던도 그들과 함께 갔다. 그는 클론다이크에서 황금을 찾으며 정신없이 바쁜 한 해를 보냈다. 믿기 힘든 고난도 겪었다. 그곳의 물가는 아주 높아서 달걀은 한 개에 25센트였고, 버터는 1파운드당 3달러에 팔렸다. 그는 온도계가 영하 58.9도를 가리키는 차가운 땅바닥에서 자기도 했다. 마침내 그는 주머니에 한 푼도 챙기지 못하고 알래스카를 떠나 미국으로 떠밀리 듯 돌아왔다.

그는 무슨 일이든 했다. 식당에서 설거지를 했고, 바닥을 문질러 닦았으며, 부두와 공장에서 일했다. 그러다 어느 날 마지막 2달러를 쓰고 나면 쫄쫄 굶어야 하던 때였다. 그는 영원히 육체노동을 그만두고 문학에만 전적으로 매달리기로 결심했다. 그때가 1898년이었다. 5년 뒤 1903년 그는 여섯 권의 책과 125개의 단편소설을 펴냈고, 미국 문학계에서 가장 화제를 많이 불러일으키는 작가가 되었다.

잭 런던은 1916년, 마흔에 사망했는데 마음을 도사리고 진지하게 글을 쓰기 시작한 지 18년이 지났을 때였다. 그동안 그는 무수히 많은 소설 외에도 해마다 평균 약 세 권의 책을 썼다.

생전에 그가 올린 연간 수입은 미국 대통령의 두 배였다. 사후에도 그의 책은 여전히 유럽에서 막대한 인기를 구가했으며, 그는 가장 널리 읽히는 미국 작가 중 한 사람이 되었다. 원고료로 고작 2천 달러밖에 받지 못한 『야성의 부름』은 몇 십 개국 언어로 번역되었다. 150만 권이 넘게 팔렸으며 또한 미국 문학사에서 가장 인기 있는 책 중 하나다.

잭 런던은 『하얀 이빨』이나 『야성의 부름』 같은 동물을 애호하는 영
미권 독자들의 감성에 호소하는 작품으로 알려져 있다. 그 외에 잭
런던의 여러 단편소설은 작품의 질이 고르지 못하다. 짧은 생애 동
안에 엄청나게 다작했기 때문이다. 잭 런던은 날마다 영단어 5천
자(200자 원고지 70매)를 써내야 한다고 마음먹었고 실제로 그렇게
했다. 그래서 그의 걸작 단편들은 잘 집필되었다는 느낌보다는 잘
말해졌다는 느낌을 준다. 그 단편들은 놀라울 정도로 절제되어 있
고 딱 필요한 곳에 딱 필요한 사건들을 도입한다. 그렇지만 문장은
좋지 않으며 문구도 상투적이고 대화는 산만하다.

오랫동안 잭 런던은 영어권 국가보다 프랑스와 독일에서 훨씬
더 높은 평가를 받았다. 파시즘을 경고한 그의 장편 『강철 발꿈치』
(2009, 궁리)는 히틀러가 등장하면서 널리 읽혔고, 그는 좌익 혹은
프롤레타리아 작가로 명성을 누렸다. 하지만 그의 정치적 입장은 그
렇게 확정적인 것이 아니었다. 그가 정치적으로 명확한 입장을 취
한 사람이었더라면 아마 그런 흥미로운 작품들을 써내지 못했을
것이다.

그는 1898년 소설가로 대성하겠다고 마음먹은 이후 너무 무리하
게 글을 써냈고, 그것이 원인이 되어 마흔이라는 짧은 나이에 생을
마감했다. 프랑스의 소설가 발자크Honoré de Balzac가 너무 많은 글을 쓰
다가 51세에 사망한 것과 비슷하다. 잭 런던처럼 인생 경험이 풍부
한 작가가 건강에 유의하는 절제된 생활을 했더라면 더 많은 작품
을 더 오래 쓸 수 있었을 텐데 말이다.

보통 사람들의 삶도 마찬가지다. 일주일에 하루씩 쉬어야 오래

일할 수 있지, 돈을 더 많이 벌겠다고 그 하루마저도 일을 하면 결국에는 건강을 해쳐서 병원비가 더 많이 들게 된다. 병원비로 막을 수 있다면 그나마 좋겠지만 자기 목숨을 과로의 대가로 지불해야 하는 일도 종종 있으므로, 인생에서 일과 건강의 균형을 잡는 일은 무엇보다도 중요하다고 할 수 있다.

당신 인생의 주제는 무엇인가?

─── 조지 고든 바이런 ───

ᨳ

백 년 전 완벽한 연인의 모습은 어떤 것이었을까? 할머니들의 마음을 두근거리게 하고, 난롯가에 앉은 할아버지들을 질투심에 불태웠던 남자는 누구일까? 그 먼 옛날 돈 후안, 발렌티노, 클라크 게이블이었던 사람은 누구였을까? 답은 쉽다. 백 년 전 여자의 호감을 사는 데 있어 조지 고든 바이런George Gordon Byron과 어깨를 겨룰 수 있는 남자는 없었다.

바이런은 당대 최고의 시인이었다. 그의 영향력은 19세기 문학의 흐름을 통째로 바꾸어놓았다. 영미권의 시선집에서 볼 수 있는 가장 흥미롭고 낭만적인 시를 여럿 선보였으며, 몇몇의 미묘한 시를 쓰기도 했다. 그는 수십 명의 여자를 사랑했지만 그중에서도 가장 기이한 사랑은 이복 여동생과 한 것으로, 이 스캔들은 온 유럽을 충격에 빠뜨렸고 여동생의 삶도 망쳐놓았다. 둘 사이가 멀어진 뒤 바이런은 그녀에게 아주 아름다운 시를 하나 써서 보냈다.

오랜 세월 흐른 뒤

그대를 다시 만나면

어떻게 인사해야 할까?

말없이 눈물을 흘릴 뿐.[*]

하지만 바이런의 악명이 높아질수록 여자들은 더욱 열렬히 그를 사랑했다. 여자들이 너무 광적으로 그를 흠모한 나머지, 바이런의 부인이 마침내 남편의 무도한 짓을 버티지 못하고 떠났을 때도 유럽 여자들의 절반은 그의 아내를 맹비난했다. 그리고 그들은 바로 바이런에게 시와 사랑을 고백하는 편지, 머리카락 댕기 따위를 쇄도하듯 보냈다. 어떤 유명한 영국의 여자 귀족은 재기가 뛰어나고 부유했으며 모든 런던 사람이 흠모하는 미인이었는데도, 일부러 소년처럼 꾸미고 비가 퍼붓는 거리에 서서 완벽한 연인 바이런이 집에서 외출하기를 몇 시간씩 기다리기도 했다. 한 여자는 분별력을 잃을 정도로 그에게 빠져 영국에서 이탈리아까지 내내 그를 따라다녔고, 스스로 포기하기 전까지 그를 성가시게 했다.

그렇다면 만인의 연인이자 한 세기 전의 발렌티노인 바이런은 어떻게 생겼을까? 그는 발이 기형이었고 다리를 심하게 절었다. 손톱을 물어뜯었고 담배를 씹었다. 그는 19세기 영국의 대낮에 마치 시카고 폭력배처럼 장전된 권총을 차고 온갖 허세를 부리며 삐기듯 걸어 다녔다. 성미마저 포악했다. 사람들이 그를 쳐다보면 혈압이 치솟았는데, 기형인 발을 보고 있다고 오해했기 때문이다.

---

[*]   바이런의 시 〈우리 둘이 헤어졌을 때When we two parted〉(1815)의 마지막인 네 번째 연. 그 바로 앞은 이렇다. "우리는 은밀히 만났고/ 난 침묵 속에서 슬퍼했지요./ 그대 마음 나를 잊을 수 있다는 것에/ 그대 영혼 나를 저버린 것에"

완벽한 로미오로 칭송된 이 시인은 여자를 지독하게 괴롭히는 것을 즐겼다. 결혼식을 치르고 두 시간 뒤에 신부에게 너를 혐오한다고 말했으며, 결혼도 악의에서 한 것이었으니 자기를 처음 본 날을 후회하게 될 것이라고 악담했다. 그리고 그녀는 실제로 결혼을 후회했다.

부부 생활은 1년간 지속되었다. 아내를 때린 적은 단 한 번도 없었지만 그는 가구를 박살냈고 집으로 애인들을 데려왔다. 결국 부인은 그가 미쳤는지 확인하려고 의사를 불렀다.

바이런의 대저택 근처에 사는 시골 주민들은 기이한 이야기를 전했다. 그의 모든 하인이 젊고 쾌활한 성격을 지닌 아름다운 여자라는 것이다. 또한 바이런과 손님들이 긴 검은색 성직복을 입고 난잡한 파티에 탐닉한다고 떠들어댔다. 마치 바빌론 왕 벨사살의 만찬을 기독교 자선 단체의 아침 식사처럼 보이게 만들 정도의 파티라고 했다. 쾌활한 젊은 여자 하인들은 와인을 가져왔고 바이런과 친구들은 사람의 두개골에 술을 담아 마셨다. 두개골이 어디서 난 것인지 알 수 없지만, 그 표면은 사막의 보름달처럼 빛날 때까지 긁어서 윤이 났다.

호리호리하고 우아한 바이런은 종종 벨베데레의 아폴로 조각상에 비유되기도 했다. 피부가 워낙 새하얘서 여자들은 그를 두고 '설화석고로 만든 내부가 빛나는 아름다운 꽃병'처럼 보인다고 칭송했다. 하지만 겉으로 그렇게 보이려고 바이런이 날마다 겪는 고통이 얼마나 심했는지 그들은 몰랐다. 그는 매일, 매 시간을 군살을 상대로 짜증 나고 지루한 싸움을 벌였다. 날씬하고 매력적인 몸매를 유지하기 위해 극심한 다이어트를 견뎌야 했는데 그런 식이요법은 심지어 할리우드에서조차 들어본 적이 없는 것이었다.

예를 들어 하루에 한 끼만 먹었는데, 그마저도 감자를 조금 먹거나 밥 위에 식초를 뿌려 먹는 것이 다였다. 식단에 변화를 주고 싶었던 그는 얼마 안 되는 메마른 비스킷을 우걱우걱 씹고 탄산수를 한 잔 들이키기도 했다. '설화석고로 만든 내부가 빛나는 아름다운 꽃병'이라! 그가 대기근 지역에서 발견되는 뼈만 남은 중국인처럼 보이지 않는 것이 기적이라면 기적이었다.

그토록 혐오하는 군살을 억제하고자 바이런은 펜싱, 복싱, 승마, 수영 등에 열중했다. 당대 최고의 시인이라는 이 남자는 자신이 불멸의 명시를 지었다는 것보다는 헬레스폰트 해협에서 수영했다는 사실을 훨씬 더 자랑스러워했다. 크리켓을 할 때는 일곱 번 속옷을 갈아입었다. 하지만 일곱 번 속옷을 갈아입을 정도로 땀을 흘려도 군살을 없애기에는 충분하지 않아서 매주 세 번은 증기탕에서 일대 군살 전쟁을 벌여야 했다.

지독한 다이어트는 바이런의 소화 능력을 엉망진창으로 만들어놓았다. 그 결과 침실은 온갖 소화제 냄새가 진동했다. 그의 침실은 세상에서 가장 훌륭한 연인의 매혹적인 휴식처라기보다 다량의 약제를 입하한 약국에 더 가까웠다.

악몽에 끔찍하게 시달렸던 그는 아편 물약에 의존했다. 하지만 아편 물약조차 악몽을 완전 제압하지 못하자 장전된 권총 두 자루를 침대 곁에 두었다. 조용한 한밤중에 그는 소리를 지르며 일어나 이를 마구 갈고 권총과 단검을 휘두르며 방을 이리저리 오가곤 했다.

바이런이 악몽을 꾸던 낡은 대저택은 한때 수도원이었고 그곳에는 오래전에 죽은 수도사의 유령이 출몰했다. 바이런은 검은 두건을 쓴 유령이 종종 끔찍하게 충격적인 눈빛을 번쩍거리며 어두운 복도에서 자신을 지나친다고 말했다. 그리고 그는 이 끔찍한 유령을 불행한 결혼식 전야에도 목격했다. 또한 몇 년 뒤 이탈리아에서는 시인 퍼시 셸리Percy Bysshe Shelley의 영혼이 숲으로 걸어가는 것을 보았다고 그는 말했다. 셸리는 당시 몇 킬로미터 떨어진 곳에 살고 있었다. 물론 바이런도 그 사실을 알았다. 그런데 흥미롭게도 셸리의 유령을 본 지 얼마 되지 않아 셸리가 죽었다. 배를 타고 인근 도시에 갔다가 돌아오던 중 커다란 호수에서 폭풍을 만나 익사한 것이다. 바이런은 화장에 쓸 장작더미를 손수 쌓아놓고 셸리의 시신을 불태웠다.

살아생전 그는 또 다른 미신에 끊임없이 시달렸다. 바로 어느 집시 점쟁이가 그에게 서른일곱이 되는 해에 죽을 것이라고 경고한 것이다. 그는 실제로 서른여섯 번째 생일을 쇠고 석 달 후에 죽었다.

바이런은 사악한 저주가 자신의 가족을 모조리 파멸시켰다고 평생 믿었다. 자신의 혈족에게 서른여섯 번째 생일은 치명적이라고 그는 단언했다. 바이런이 사망한 후 몇몇 현대 전기 작가는 그의 말에 동의하는 쪽으로 마음이 기울기까지 했는데, 이는 바이런의 아버지가 서른여섯에 죽었고, 바이런과 아주 비슷한 삶을 살았던 딸도 서른여섯 번째 생일을 맞이하기 전날 죽었기 때문이다.

인생경영 포인트

1788년 귀족 집안에서 태어난 바이런(1788~1824)은 어릴 때부터 글쓰기에 뛰어난 재능을 보였으며, 케임브리지대학교에서 역사와 문학을 전공했다. 그러나 학업에 큰 관심을 두지 않아 자유로운 삶을 살았고, 1812년 『차일드 해럴드의 순례』(2022, 믿음사)를 발표하며 19세기 낭만주의를 여는 시인이 되었다. 독일, 스위스, 이탈리아를 여행하며 『차일드 해럴드의 순례』 3, 4장을 썼다. 그리스 문화를 사랑해 1823년 그리스 독립 전쟁에 참여했다가 이듬해 36세라는 젊은 나이에 열병으로 세상을 떠났다.

후대 문인들에게 영감이 된 '바이런적 영웅'이라는 표현은 바이런의 자유롭고 낭만적인 면모를 부각한 표현이다. 바이런 자신의 성격과 작품 속 인물들이 이러한 인간상의 특징을 잘 보여준다. 그는 프랑스의 발자크와 스탕달, 러시아의 푸시킨과 도스토옙스키, 미국의 허먼 멜빌 등 작가뿐 아니라 화가 들라크루아, 작곡가 베토벤과 베를리오즈에게도 폭넓은 영향을 미쳤다. 문학 작품 속에서 '바이런적 영웅'을 나타내는 주인공들은 에밀리 브론테의 『폭풍의 언덕』의 히스클리프, 허먼 멜빌의 『모비딕』의 에이해브 선장, 푸시킨의 『오네긴』의 주인공 등이 대표적이다.

우리의 인생도 한 편의 문학이다. 우리 각자의 이야기는 어떤 결말을 향해 달리고 있다. 그 이야기의 끝은 누구나 죽음이지만 그 죽음을 의미 있게 만들 수는 있다. 당신의 이야기는 어떤 가치에 중점을 두고 어떤 결말로 나아가고 있는가?

당신이 추구하는 가치는 무엇인가?

──────── 톨스토이 ────────

《아라비안 나이트》의 어떤 이야기처럼 믿기지 않는 인생 이야기가 여기 있다. 그것은 우리 시대, 정확히 말하면 1910년에 죽은 한 예언자에 대한 이야기다. 그는 20년 동안 사람들로부터 무척 공경을 받았으며 사람들은 죽기 전까지 끊임없이 그의 집으로 순례를 왔다. 그들은 그저 그의 얼굴을 잠시라도 보거나, 목소리를 듣거나, 옷자락이라도 만질 수 있지 않을까 하는 기대를 품고서 그런 장거리 순례를 했다.

그의 친구들은 한번 그의 집을 들르면 몇 년을 그곳에서 살면서 그가 하는 모든 말을 속기로 적었다. 아주 일상적인 대화도 그런 식으로 기록했다. 또한 일상에서 그가 보이는 아주 사소한 행동까지도 세밀하게 묘사했다. 이런 기록은 이어 대량으로 인쇄되었다.

거의 2만 3천 권―2천 3백 권이 아니라 2만 3천 권이 맞다―의 책과 5만 6천 건의 신문과 잡지 기사에 이 남자와 그의 사상에 대한 글이 실렸다. 그가 직접 쓴 작품도 1백 권이나 되었다. 한 사람이 집필했다고 보기에는 엄청나게 많은 양이다.

그의 인생 이야기는 그가 직접 쓴 몇몇 소설들만큼이나 다채롭다. 그는 방이 42개가 있는 대저택에서 부에 둘러싸인 채로 태어났고, 옛 러시아 귀족제의 호화로움 속에서 성장했다. 하지만 말년에는 자신의 땅을 모두 농민들에게 기부했고, 그의 이름으로 된 온갖 세속적인 물건들을 버렸으며, 수중에 한 푼도 없이 외딴 러시아 철도 역사에서 농부들에게 둘러싸인 채 죽었다.

젊을 때 그는 잘난 체하는 속물이었고, 거들먹거리며 걸었고, 모스크바의 맞춤 양복점에 들어가 옷을 주문하면서 돈을 펑펑 쓰곤 했다. 하지만 말년에는 러시아 농부들이 입는 거칠고 조잡한 옷을 입었으며, 직접 만든 신발을 신었고, 손수 침대를 정리하고 방을 청소했으며, 나무 그릇과 숟가락으로 낡은 탁자에서 소박한 음식을 먹었다.

젊은 시절 그는 스스로 "지저분하고 포악하다"라고 말한 삶을 살았다. 술에 진탕 취하면 결투를 일삼았고 상상할 수 있는 온갖 죄를 저질렀다. 거기에는 심지어 살인까지 포함되어 있었다. 하지만 말년에는 문자 그대로 예수의 가르침을 따르려고 노력했으며, 신성한 러시아에서 가장 성스러운 영향력을 가진 사람이 되었다.

결혼 초기 톨스토이Leo Tolstoy 부부는 무척 행복했다. 실제로 무릎을 꿇고 전지전능한 신에게 이런 천상의 축복이자 신성한 황홀경이 계속되길 빌었다. 하지만 나중에 부부는 비참할 정도로 불행했다. 마침내 부인을 보는 것조차 혐오하게 되었고, 죽을 때에는 장례식에 부인을 들이는 것조차 허락해선 안 된다고 말했다.

젊은 시절 톨스토이는 대학 입학에 실패했고, 개인 교사들은 그의 아둔한 머리에 합리적인 생각을 집어넣는 일이 너무나 어렵다며 절망했다. 하지만 30년 뒤 그는 세상에 알려진 가장 훌륭한 소설 두 권을 집필했고, 앞으로 몇 세기 동안 그 책은 고전으로 살아 숨 쉴 것이다.

바로『전쟁과 평화』와『안나 카레니나』다.

톨스토이는 음울하고 피비린내 나는 제국을 통치했던 그 어떤 러시아 황제보다 더 러시아 밖에서 유명하다. 그런데 이런 훌륭한 소설들을 써서 그가 행복했을까? 한동안은 그랬다. 그러다가 자신의 소설을 완전히 부끄러워했고, 남은 삶은 평화와 사랑 그리고 빈곤 퇴치를 설파하는 소책자를 쓰는 데 온전히 바쳤다. 소책자들은 보급판으로 인쇄되어 수레에 담겨 집집마다 방문 판매되었고, 불과 4년 만에 1천 2백 만 부가 유통되었다.

몇 년 전 나는 운 좋게도 톨스토이의 막내딸을 파리에서 직접 만날 수 있었다. 아버지의 말년 동안 그녀는 비서 역할을 했으며 아버지가 숨을 거둘 때도 옆에 함께 있었다. 나는 그녀에게 톨스토이에 대한 많은 사실을 들을 수 있었다. 그 후 그녀는『톨스토이의 비극*The Tragedy of Tolstoy*』이라는 아버지에 대한 책을 쓰기도 했다.

진정으로 톨스토이의 삶은 비극이었다. 원인은 바로 결혼 생활이었다. 그의 부인은 사치를 좋아했지만 그는 경멸했다. 그녀는 명성과 사교계의 갈채를 갈망했지만 그에게 그런 시시한 일은 아무런 의미가 없었다. 그녀는 돈과 부유함을 쫓았지만, 그는 부의 획득과 사유 재산은 죄악이라고 여겼다. 그녀는 힘으로 다스리는 것을 믿었지만, 그는 사랑으로 다스리는 것을 믿었다.

설상가상으로 부인은 질투심에 불타던 사람이었다. 그녀는 남편의 친구들을 끔찍이 혐오했다. 뿐만 아니라 딸에게도 질투심을 느꼈다. 집에서 딸을 쫓아내고 톨스토이의 방으로 달려가 방에 있는 딸의 사진을 공기총으로 쏠 정도였다.

오랜 세월 그녀는 남편에게 잔소리하고, 비난하고, 소리를 지르고, 욕설을 퍼부었다. 톨스토이가 말한 것처럼 집은 진정한 지옥으로 변했는데 그 이유는 무엇이었을까? 그가 자신의 책의 저작권료를 받지 않고 자유로이 출판할 권리를 러시아 사람들에게 주겠다고 고집했기 때문이다.

그녀는 톨스토이가 자신의 의견에 반대하면 히스테리로 온몸에 경련을 일으켰고, 아편이 든 병을 입에 물고 방바닥을 데굴데굴 굴렀으며, 자살하겠다고 협박하며 우물 속으로 뛰어들려고 했다.

톨스토이 부부는 거의 50년 동안 함께 살았다. 때로 부인은 남편 앞에 무릎을 꿇고, 48년 전 자신을 향한 애정을 기록한 무척 아름답고 가슴 아픈 일기를 읽어달라고 간청했다. 오래전에 두 사람은 서로 열렬히 사랑했었다. 이제는 완전히 사라진, 그 아름답고 행복했던 시절에 관한 글을 읽으면서 톨스토이 부부는 함께 비통하게 울었다.

마침내 82세가 되던 1910년 톨스토이는 자기 집에서 벌어지는 비극적인 불행을 도저히 견딜 수 없어 10월 21일 밤 아내에게서 도망쳐 추위와 어둠 속으로 길을 떠났고, 행선지를 알리지도 않았다. 그리고 11일 뒤 시골의 한 철도 역사에서 "하느님께서 모든 걸 처리하실 것이다"라는 말과 함께 숨을 거두었다. 그가 남긴 마지막 말은 "진리를 추구하라, 항상 진리를 추구하라"였다.

인생경영 포인트

1882년 발표한 톨스토이(1828~1910)의 『고백록』은 1879년 무렵 그가 겪은 정신적 위기를 고백한 책이다. 톨스토이는 정교회 집안에서 태어났으나 10대 시절 종교에 회의를 느끼고 이탈했다. 그러나 50세가 되자 자기 인생을 종교적으로 정당화하고 싶다는 욕망이 아주 강렬해졌다. 그렇게 종교에 다시 귀의하게 된 과정을 『고백록』에서 서술한 것이다. 그가 마침내 도달한 깨달음은 '후대의 믿음은 사도 바울과 교부들의 가르침 등이 모두 배제된 순수하고 단순한 기독교로 기울어야 한다'라는 것이다.

그가 볼 때 순수한 기독교의 가르침은 붓다, 소크라테스, 노자 등의 것과 별반 다르지 않았다. 그는 원죄, 속죄, 삼위일체, 성육신成肉身의 교리가 왜곡이라며 거부했다. 또한 기독교의 핵심 사상은 예수 그리스도가 가르친 바와 같이 보편적 사랑이며 폭력을 완전히 버리는 것이라고 믿었다. 이런 종교적 사상을 바탕으로 타락한 정치를 비판했으며 자신이 이전에 쓴 작품들도 모두 부정했다.

그러나 이러한 위대한 대문호의 솔직한 자기고백에도 불구하고 오늘날 톨스토이의 작품 중 높이 평가되는 것은 『참회록』이 아니라 그가 써낸 두 편의 장편 소설 『전쟁과 평화』와 『안나 카레니나』다. 톨스토이의 성경 해석은 많은 후대 논평가들의 다양한 해석 중 하나일 뿐인 반면에 두 장편소설은 톨스토이가 아니면 써낼 수 없는 독창적 걸작이기 때문일 것이다.

나폴레옹 전쟁 때 러시아 사람들의 애국 항쟁을 다룬 『전쟁과 평화』와 귀족 사회의 위선과 애욕을 폭로한 『안나 카레니나』는 세월이 흐를수록 그 시대 러시아 사람들의 진정한 모습을 보여주는 걸작으로 높이 평가되고 있다.

톨스토이의 작품뿐 아니라 아내와 대립을 이루었던 결혼 생활도 시사하는 바가 크다. 그의 아내는 돈과 명예, 권력에 목숨을 걸었고 톨스토이는 진리 추구와 타인을 향한 사랑에 헌신했다. 우리는 인생에서 어떤 가치를 추구해야 할까? 그 선택은 당신의 몫이다.

데일 카네기 인생경영론

1판 1쇄 발행 2023년 12월 15일
1판 5쇄 발행 2025년 1월 21일

지은이 데일 카네기
옮긴이 이종인
발행인 박명곤 **CEO** 박지성 **CFO** 김영은
기획편집1팀 채대광, 이승미, 김윤아, 백환희, 이상지
기획편집2팀 박일귀, 이은빈, 강민형, 이지은, 박고은
디자인팀 구경표, 유채민, 윤신혜, 임지선
마케팅팀 임우열, 김은지, 전상미, 이호, 최고은

펴낸곳 (주)현대지성
출판등록 제406-2014-000124호
전화 070-7791-2136 **팩스** 0303-3444-2136
주소 서울시 강서구 마곡중앙6로 40, 장흥빌딩 10층
홈페이지 www.hdjisung.com **이메일** support@hdjisung.com
제작처 영신사

"Curious and Creative people make Inspiring Contents"
현대지성은 여러분의 의견 하나하나를 소중히 받고 있습니다.
원고 투고, 오탈자 제보, 제휴 제안은 support@hdjisung.com으로 보내 주세요.

이 책을 만든 사람들
기획 김준원 **편집** 이승미 **디자인** 임지선

현대지성 클래식 살펴보기